Fehler und Fallen der Statistik

Standardwerke aus Psychologie und Pädagogik
Reprints

herausgegeben von Detlef H. Rost

Band 1

Waxmann Münster / New York
München / Berlin

Ingeborg Stelzl

Fehler und Fallen
der Statistik

für Psychologen, Pädagogen und
Sozialwissenschaftler

Waxmann Münster / New York
München / Berlin

Bibliografische Informationen Der Deutschen Bibliothek
Die Deutsche Bibliothek verzeichnet diese Publikation in
der Deutschen Nationalbibliografie; detaillierte bibliografische
Daten sind im Internet über http://dnb.ddb.de abrufbar.

Standardwerke aus Psychologie und Pädagogik *Reprints*,
hrsg. von Detlef H. Rost, Band 1

ISSN 1860-4498
ISBN 3-8309-1506-3

Originalausgabe 1982
© Verlag Hans Huber Bern; mit freundlicher Genehmigung

Waxmann Verlag GmbH, 2005
Postfach 8603, D-48046 Münster
http://www.waxmann.com
E-Mail: info@waxmann.com

Umschlag: Christian Averbeck, Münster
Druck: Hubert & Co., Göttingen
Gedruckt auf alterungsbeständigem Papier, DIN 6738

Vorwort des Reihenherausgebers

Wissenschaftler und Studierende kennen das: Der Briefkasten quillt über – voll von Buchprospekten. Monatlich erscheinen allein in Deutschland Dutzende von Büchern zur Pädagogik und Psychologie, jährlich dürften es mehrere Hundert sein. Ein großer Teil dieser Neuerscheinungen ist leider von nachgeordneter Qualität und damit bestenfalls überflüssig, und viele Bücher werden zu Recht nicht zur Kenntnis genommen. Sie verstauben in Bibliotheken oder werden verramscht. Ein anderer, deutlich kleinerer Teil der neuerscheinenden Bücher hat zu seiner Zeit seine Bedeutung und Relevanz, bringt inhaltlich Neues, stößt Entwicklungen an. Aber die Wissenschaft entwickelt sich weiter, die Zeit tut ihr Übriges, und diese Bücher finden ihren Platz in der Geschichte der Wissenschaften, verlieren mit zunehmenden zeitlichen Abstand zum Erscheinungstermin ihre Bedeutung.

Ein noch kleinerer Teil von Büchern ist nicht nur im Zeitraum des Erscheinens von Relevanz. Diese Werke strahlen weit darüber hinaus und verkünden eine für längere Zeit gültige oder gar zeitlose Botschaft. Solche Bücher werden immer wieder gern zu Rate gezogen, sie werden viel gelesen, die zerfledderten Exemplare in Bibliotheken zeugen davon. Es sind rein wirtschaftliche Interessen, nicht Qualitäts- oder Relevanzgesichtspunkte, die es mit sich bringen, daß diese qualitätsvollen Bücher nicht neu aufgelegt worden sind: Die erste Auflage oder die ersten Auflagen sind verkauft, und kleinere Nachdrucke sind für die lediglich umsatzorientierten größeren wissenschaftlichen „Buchfabriken" nicht wirtschaftlich.

Um so begrüßenswerter ist es, daß der Waxmann Verlag bereitwillig meine Anregung aufgenommen hat, ausgewählte Standardwerke aus Pädagogik und Psychologie, die zweifelsohne zur letzteren, kleinsten und „dauerhaften" Gruppe gehören, Studierenden und nachwachsenden Wissenschaftlern und Wissenschaftlerinnen zugänglich zu machen und sie in einer neuen Buchreihe „Standardwerke aus Psychologie und Pädagogik – Reprints" zu veröffentlichen. Diese Reihe wird mit dem Band „Fehler und Fallen der Statistik" von Ingeborg Stelzl, Professorin für psychologische Methodenlehre und psychologische Diagnostik am Fachbereich Psychologie der Philipps-Universität Marburg, verfaßt, eröffnet – ein „Muß" für alle empirisch arbeitenden Psychologen, Pädagogen und Sozialwissenschaftler. Er befaßt sich mit den häufigsten Fehlern, die bei der Planung, Auswertung und Interpretation pädagogisch und psychologischer Untersuchungen gemacht werden. Er zeigt exemplarisch an eindrucksvollen Beispielen auf, wie *nicht* geforscht, *nicht* ausgewertet werden soll. Das zweite Buch dieser Reihe ergänzt Ingeborg Stelzls Werk vortrefflich. Die Einführung von Karl Josef Klauer, jetzt Emeritus am Institut für Erziehungswissenschaft der RWTH Aachen, in „Das Experiment in der pädagogisch-psychologischen Forschung" ist ein sachkundiges Plädoyer für die stärkere Verwendung experimenteller Methoden in der pädagogisch-psychologischen Forschung. Es bietet eine Anleitung zum pädagogisch-psychologischen Experimentieren und stellt die wichtigsten Fehlerquellen, Versuchspläne und typische Effekte, denen man bei experimenteller Forschung immer wieder begegnet, in den Vordergrund. Wie auch das Werk von Ingeborg Stelzl wird Klauers Buch hoffentlich dazu beitragen, bessere empirische und experimentelle Forschung zu stimulieren. Älteren und jüngeren Pädagogen und Psychologen werden beide Bücher helfen, empirische Feldstudien und experimentelle Arbeiten kritisch zu lesen und zu beurteilen. Beide Bände zeichnen sich neben guter Verständlichkeit durch solide methodische Fundierung aus. Weiterführende Kenntnisse der Statistik, Testtheorie und Versuchsplanung werden nicht vorausgesetzt, sieht man von wenigen Passagen ab, die der methodisch weniger bewanderte Leser problemlos überschlagen kann.

Es liegt in der Natur der Sache, daß sich Forschungsmethoden wesentlich langsamer verändern als Forschungsinhalte – und deshalb sind Bücher, die methodische Fragen thematisieren, länger aktuell als Bände, die ausschließlich „Inhalte" aufarbeiten. Daß es aber auch „inhaltliche" Standardwerke gibt, die noch nach vielen Jahren von hoher Aktualität sind, dokumentiert das dritte Buch dieser Reihe, welches demnächst erscheinen wird: Jacob S. Kounins weltberühmte „Techniken der Klassenführung". Dieses Buch zählt zu den besonders einflußreichen pädagogisch-psychologischen Werken, und es hat – wie kaum ein anderes Buch weltweit – einen gewichtigen Beitrag zur Verbesserung von Unterricht geleistet und kann ihn auch heute noch leisten.

Marburg, Frühjahr 2005   Detlef H. Rost

Vorwort

Dieses Buch ist kein Lehrbuch der Statistik, sondern im Gegenteil: Es handelt davon, wie man Statistik nicht anwenden soll. Die erste Anregung zu diesem Thema geht auf ein Seminar zurück, das Prof. Wolins 1973 als Gastprofessor in Marburg abhielt und in dem er anhand von Literaturbeispielen auf typische Fehler in der statistischen Auswertung hinwies. Und das ist auch das Ziel des vorliegenden Buches: auf Fallen der Statistik aufmerksam zu machen, damit Fehl- und Kurzschlüsse seltener werden.

Beim Leser wird vorausgesetzt, daß er bereits eine Standardausbildung in Statistik, Versuchsplanung und Testtheorie absolviert hat, etwa in dem Umfang, wie sie für Psychologen bis zum Vordiplom üblich ist. Die vollständige Beherrschung dieses Stoffes wird nicht vorausgesetzt, sondern die für die einzelnen Kapitel wesentlichen Begriffe und Formeln werden jeweils kurz erläutert – freilich nicht in dem Umfang, wie es bei einer systematischen Einführung angebracht wäre.

Die ersten vier Kapitel befassen sich mit Planungs- und Auswertungsfehlern im Umgang mit Signifikanztests. Kapitel 5 bis 8 gehören thematisch insofern zusammen, als sie sich alle mit Korrelation und Regression befassen, wobei Kapitel 6 bis 8 (Regressionseffekt, Differenzmaße, Veränderungsmessung) direkt aufeinander Bezug nehmen, also zusammen gelesen werden sollten. Die letzten beiden Kapitel (9 Korrelation, Partialkorrelation, multiple Korrelation; 10 Kovarianzanalyse) sollten ebenfalls zusammen gelesen werden, da Kapitel 10 auf den Ergebnissen von Kapitel 9 aufbaut. Die letzten beiden Kapitel sind hinsichtlich der erforderlichen Vorkenntnisse vielleicht etwas anspruchsvoller als die übrigen, sollten aber für Studenten mit Vordiplom immer noch gut lesbar sein.

Mein herzlicher Dank gilt Herrn Prof. Dr. F. Merz, Herrn Prof. Dr. H. Scheiblechner und Herrn Dr. M. Brambring für die kritische Durchsicht des Manuskripts und viele Anregungen. Bedanken möchte ich mich auch bei Frau M. Weskamm für die Anfertigung der Abbildungsvorlagen und ihre Hilfe bei der Überprüfung der Korrekturabzüge und Anfertigung der Register, Frau R. Schmitt und Frau E. Thürfelder für das Schreiben des Manuskripts.

Inhaltsverzeichnis

7

9

1. Wie man bekannte Effekte nicht repliziert

1.1 Das vergessene Beta-Risiko und seine Folgen

Von den experimentellen Naturwissenschaften wie Physik oder Chemie her ist man gewohnt, daß sich experimentelle Effekte, wie z. B. die Ablenkung einer Magnetnadel im elektrischen Feld oder die Brechung eines Lichtstrahls beim Übergang von Luft in Wasser, jederzeit zweifelsfrei und mit beliebiger Genauigkeit demonstrieren lassen. Der Laie könnte daher erwarten, daß die Psychologie, zumindest dort, wo sie mit experimentellen Methoden arbeitet, mit ebenso konstanten Ergebnissen aufwarten kann. Wer jedoch die psychologische Fachliteratur kennt oder selbst in der Psychologie empirisch gearbeitet hat, weiß es besser: Verschiedene Untersuchungen zum selben Thema kommen häufig nicht zum selben Ergebnis, und selbst wenn jemand ein in der Literatur dargestelltes Experiment so genau wie möglich wiederholt, kann es vorkommen, daß das Ergebnis nicht repliziert wird.

Beispiele für uneinheitliche Ergebnisse trotz nahezu gleicher Fragestellung und Methodik lassen sich in der Literatur leicht finden. So z. B. berichten MACCOBY & JACKLIN (1974, S. 193f.) in ihrem Buch «The psychology of sex differences» über 6 Untersuchungen, die sich mit Geschlechterunterschieden beim Gruppieren von Objekten befassen und nach folgender Methode vorgehen: Der Vp werden Bilder von je 3 Objekten gezeigt, und sie wird gefragt, welche beiden zusammengehören. Sie kann dabei den Gruppierungsgesichtspunkt wählen, wie sie will. Der von der Vp gewählte Gesichtspunkt wird dann als entweder «relational» (Gruppierung aufgrund einer funktionalen Beziehung), «inferential» (Gruppierung aufgrund eines Oberbegriffs) oder «descriptive analytic» (Gruppierung aufgrund eines Details) klassifiziert. MACCOBY & JACKLIN fassen die Ergebnisse zusammen «In a set of 5 studies with children ranging from age 3 to age 16, no sex differences in the use of analytic-descriptive groupings have been found (. . .). In only one study (. . .), with first graders, was a sex difference found, with boys giving more analytic responses.»

Welche Schlußfolgerung soll man nun ziehen, wenn eine Untersuchung einen signifikanten Geschlechterunterschied ausweist, 5 Untersuchungen jedoch nicht? Kann man einfach die Untersuchungen abzählen und feststellen, die überwiegende Mehrheit der Untersuchungen spreche gegen Geschlechterunterschiede bei Gruppierungsaufgaben? Und wenn tatsächlich kein Geschlechterunterschied besteht, wie soll das eine abweichende Ergebnis erklärt werden? Muß man annehmen, bei der Versuchsdurchführung sei ein unbemerkter Fehler unterlaufen?

Wenn man bei der Interpretation so vorgeht, so unterstellt man indirekt, auch in der Psychologie müßten, genau wie in der klassischen Physik, gleich angelegte Experimente auch immer zum selben Ergebnis führen, nämlich entweder alle einen signifikanten Unterschied ausweisen oder alle mit der Beibehaltung der Nullhypothese enden. Nur dann wäre es vernünftig, sich einfach nach der Mehrzahl der Ergebnisse zu richten und das abweichende Ergebnis zu vernachlässigen.

Wenn man mit statistischen Signifikanztests arbeitet, führt jedoch die Wiederholung desselben Experiments nicht mit Sicherheit, sondern nur mit einer bestimmten Wahrscheinlichkeit zum selben Ergebnis. Ergebnisse, die auf Signifikanztests basieren, sind nämlich immer mit einem bestimmten Irrtumsrisiko verbunden. Wenn die Nullhypothese (kein Geschlechterunterschied) zutrifft, führt ein nicht signifikantes Ergebnis zu einer richtigen Entscheidung (Beibehalten der Nullhypothese), ein signifikantes Ergebnis zu einer Fehlentscheidung (Annahme der Alternativhypothese «Es besteht ein Geschlechterunterschied beim Klassifizieren»). Die Wahrscheinlichkeit, daß trotz Zutreffen der Nullhypothese ein signifikantes Ergebnis auftritt, heißt Risiko erster Art oder Signifikanzniveau «alpha». Dieses Risiko wird vom Versuchsleiter gewöhnlich auf 0.05 oder 0.01 festgelegt und ist damit bekannt.

Wenn die Alternativhypothese zutrifft, führt ein signifikantes Ergebnis zur richtigen Entscheidung (Annahme der Alternativhypothese), ein nicht signifikantes Ergebnis zu einer Fehlentscheidung (Beibehalten der Nullhypothese). Die Wahrscheinlichkeit, daß trotz Zutreffen der Alternativhypothese (Bestehen von Geschlechterunterschieden in der Grundgesamtheit) kein signifikantes Ergebnis auftritt, heißt Risiko zweiter Art oder Beta-Risiko. Das Beta-Risiko hängt von verschiedenen Bestimmungsstücken ab (siehe S. 15) und kann nur geschätzt werden.

Je nachdem, wie Alpha- und Beta-Risiko der einzelnen Untersuchungen waren, können ein signifikantes und fünf nicht signifikante Ergebnisse eher für die Nullhypothese oder für die Alternativhypothese sprechen (Näheres dazu siehe Übungsaufgabe Nr. 1, S. 46).

Während das Alpha-Risiko bekannt ist und im Mittelpunkt der Aufmerksamkeit steht, verzichten die meisten Untersucher auf eine explizite Schätzung des Beta-Risikos und verlassen sich auf ihre allgemeine Erfahrung. Dabei wird jedoch das Beta-Risiko in der Regel erheblich unterschätzt und mit unvernünftig hohen Risiken gearbeitet. Darauf haben bereits mehrere Autoren hingewiesen:

KAHNEMAN & TVERSKY (1971) legten bei einer Tagung der «Mathematical Psychological Association» jeweils einer Gruppe von Teilnehmern folgende Frage vor: «Nehmen Sie an, Sie haben ein Experiment mit 20 Vpn durchgeführt und ein signifikantes Ergebnis ($z = 2.23$ p $< .05$, zweiseitig) gefunden, das Ihre Theorie bestätigt. Sie führen nun das Experiment mit einer weiteren Gruppe von 10 Vpn durch. Wie hoch schätzen Sie die Wahrscheinlichkeit, ein signifikantes Ergebnis zu erhalten, wenn sie für diese Gruppe getrennt einen einseitigen Signifikanztest durchführen?»

Der Median der Antworten lag bei 0.85, d. h. die Mehrheit erwartete mit hoher Wahrscheinlichkeit eine erfolgreiche Replikation. Nur 9 von 84 Antworten lagen im Bereich 0.40 bis 0.60. Die beste Schätzung für die Wahrscheinlichkeit, unter diesen Umständen ein signifikantes Ergebnis zu erhalten, lautet jedoch 0.48 (das rechnerische Vorgehen, das zu diesem Ergebnis führt, ist in Übungsaufgabe 2, S. 47, dargestellt). Ein Beta-Risiko von 0.52 bedeutet, daß bei Zutreffen der Theorie ein Mißlingen des Replikationsversuchs etwa gleich wahrscheinlich ist wie ein Erfolg.

Dieselbe Tendenz zeigte sich bei den Antworten auf folgende weitere Frage: «Nehmen Sie an, einer Ihrer Dissertanten habe ein schwieriges und zeitraubendes Experiment mit 40 Tieren durchgeführt. Er hat eine Vielzahl von Variablen erfaßt und ausgewertet: Seine Ergebnisse sind im allgemeinen nicht schlüssig (inconclusive), aber ein Vorher-Nachher-Vergleich ergibt einen hochsignifikanten Wert $t = 2.70$, was überrascht und von größerer theoretischer Bedeutung sein könnte. Wenn Sie nun die Bedeutung des Ergebnisses, seinen überraschenden Charakter und die Zahl der von dem Studenten durchgeführten Auswertungen bedenken – würden Sie empfehlen, die Untersuchung zu wiederholen, bevor sie publiziert wird? Wenn ja, wieviele Tiere würden Sie ihm empfehlen zu untersuchen?»

Die überwiegende Mehrheit der Befragten (66 von 75) sprach sich für eine Replikation aus, wohl weil sie vermuteten, das einzelne signifikante Ergebnis könnte zufällig sein. Das Mittel (Median) der Empfehlungen für den Stichprobenumfang des Replikationsexperiments lag bei 20. Würde der Student dieser Empfehlung folgen, so läge jedoch sein geschätztes Beta-Risiko bei über 50% (das rechnerische Vorgehen, das zu diesem Ergebnis führt, ist in Übungsaufgabe 3, S. 48, dargestellt). Zweifellos würde keiner der Befragten ein so hohes Beta-Risiko absichtlich in Kauf nehmen, vielmehr wurde Beta wieder viel zu niedrig geschätzt.

Wenn die Teilnehmer einer Tagung über mathematische Psychologie zu solchen Fehleinschätzungen gelangen, liegt die Vermutung nahe, daß auch in der Forschungspraxis häufig Signifikanztests mit sehr hohem Beta-Risiko durchgeführt werden. COHEN (1962) stellte sich die Frage, wie es bei den in Fachzeitschriften publizierten psychologischen Untersuchungen um das Beta-Risiko der durchgeführten Signifikanztests bestellt ist. Da das Beta-Risiko u. a. auch von der Größe des Effekts in der Grundgesamtheit abhängt, gibt er zunächst plausible Definitionen für kleine, mittlere und große Effekte: So z. B. betrachtet er einen Mittelwertunterschied von 0.25 σ (Standardabweichungs-Einheiten) als klein, 0.5 σ als mittel und 1.0 σ als groß. Er berechnet dann für alle im Journal of Abnormal and Social Psychology 1960 erschienenen Signifikanztests die Teststärke für kleine, mittlere und große Effekte. Er kommt zu dem Ergebnis, daß die durchschnittliche Teststärke für kleine Effekte 0.18, für mittlere Effekte 0.48 und für große Effekte 0.83 beträgt. Geht man davon aus, daß es Psychologen meist mit Effekten mittlerer Größe zu tun haben, so bedeutet das, daß in der Regel mit einer viel zu geringen Teststärke gearbeitet wird. Zu ganz ähnlichen Ergebnissen kamen J. K. BREWER (1972) bezüglich der Artikel im American Educational Research Journal, Journal of Research in Science Teaching und The Research Quarterly, L. J. CHASE & R. K. TUCKER (1975) bezüglich der in 9 verschiedenen Zeitschriften für Sprach- und Kommunikationsforschung erschienenen Artikel, L. J. CHASE & R. B. CHASE (1976) bezüglich der im Journal of Applied Psychology erschienenen Artikel.

Aufgrund dieser Ergebnisse kann man wohl sagen, daß die gängige Praxis, auf eine Schätzung des Beta-Risikos bei der Planung von Experimenten zu verzichten, dazu geführt hat, daß ein erheblicher Teil der psychologischen Forschung mit viel zu hohem Beta durchgeführt wird. Die Folge davon sind mißglückte Replikationen, vorzeitig ad acta gelegte Einfälle und, wie OVERALL (1969) gezeigt hat, ein unnötig hoher Anteil von Alpha-Fehlern unter den publizierten signifikanten Ergebnissen (siehe Übungsaufgabe Nr. 4, S. 48). Das folgende Kapitel ist daher der Schätzung des Beta-Risikos gewidmet.

1.2 Zur Schätzung des Beta-Risikos

Auf den folgenden Seiten werden die Begriffe «Beta-Risiko» und «Teststärke» am Beispiel des t-Tests erläutert. Leser, die damit hinlänglich vertraut sind, mögen diese Seiten (bis S. 20) überschlagen.

Das Beta-Risiko ist (wie bereits auf S. 12 dargestellt wurde) die

Wahrscheinlichkeit, daß die Nullhypothese beibehalten wird, obwohl die Alternativhypothese richtig ist. Die Wahrscheinlichkeit, daß man bei Zutreffen der Alternativhypothese ein signifikantes Ergebnis erhält und damit die richtige Entscheidung (Annahme der Alternativhypothese) trifft, heißt «Teststärke» des Signifikanztests. Die Teststärke ist das Komplement zum Beta-Risiko, also $1 - \beta$.

Das Beta-Risiko hängt von mehreren Größen ab, nämlich

1.) von der relativen Größe des Effekts (Mittelwertsunterschied ausgedrückt in Sigma-Einheiten, Höhe der Korrelation usw.): Beta ist umso kleiner, je größer der Effekt

2.) vom Stichprobenumfang: Beta sinkt mit zunehmendem Stichprobenumfang

3.) von der Festlegung des Alpha-Risikos: Beta sinkt bei Inkaufnahme eines höheren Wertes für Alpha.

Für das nun folgende Rechenbeispiel zur Schätzung des Beta-Risikos machen wir folgende Annahmen:

Der Einfluß einer vorangehenden Frustration auf den Erfolg bei Problemlösungsaufgaben soll untersucht werden. Dazu sollen 100 Studenten nach dem Zufall in zwei Gruppen zu je $n = 50$ Vpn geteilt und die einen unter Frustrations-, die anderen unter neutraler Bedingung untersucht werden. Es ist beabsichtigt, Alpha = 0.05 festzulegen und einen t-Test für unabhängige Stichproben und homogene Varianzen (t_{hom}) durchzuführen. Um festzustellen, ob bei Zutreffen der Alternativhypothese auch eine vernünftige Chance besteht, das Ergebnis statistisch zu sichern, soll das Beta-Risiko geschätzt werden.

Um Beta bestimmen zu können, benötigt man außer den bereits vorhandenen Angaben über das Signifikanzniveau Alpha und den Stichprobenumfang auch noch eine Angabe über die Größe des Effekts. Aufgrund der Erfahrungen in diesem Forschungsbereich (Einfluß von Motivation auf die Lösung von Denkaufgaben) liegt es nahe, den Effekt – so vorhanden – in einer Größenordnung von 1 bis maximal 10 IQ-Einheiten zu suchen. Ein kleinerer Effekt wäre praktisch irrelevant, ein größerer ist kaum anzunehmen. IQ-Einheiten haben in der Gesamtbevölkerung definitionsgemäß eine Streuung von 15. Bei Studenten kann man von einer Varianzeinschränkung ausgehen, also von einer Standardabweichung von etwa 10. Die Populationsmittelwerte μ_1 und μ_2 der beiden Verteilungen würden damit vermutlich 0.2 bis 1.0 Sigma-Einheiten auseinanderliegen. Für diesen Bereich soll also Beta bestimmt werden. Dazu betrachten wir die Prüfgröße für den t-Test. Sie lautet bei gleichem Stichprobenumfang in beiden Gruppen:

$$t = \frac{\overline{X}_1 - \overline{X}_2}{s} \cdot \sqrt{\frac{n}{2}}$$

mit

$$s = \sqrt{\frac{1}{2}(s_1^2 + s_2^2)}$$

wobei
$\overline{X}_1, \overline{X}_2$ = Stichprobenmittelwerte
s_1, s_2 = Standardabweichungen in den Stichproben
n = Stichprobenumfang pro Gruppe.

Die Nullhypothese wird angenommen, wenn der errechnete t-Wert dem Betrag nach kleiner ist als der kritische Wert t_α. Um das Beta-Risiko zu bestimmen, muß man daher die Wahrscheinlichkeit ausrechnen, daß t kleiner als t_α ausfällt.

Diese Wahrscheinlichkeit erhält man, wenn man die Verteilung der Prüfgröße t bei gedachter unendlicher Wiederholung des Experiments betrachtet und aus dieser Verteilung den Flächenanteil links von t_α bestimmt (siehe Abb. 1.1). Die genaue Verteilung der Prüfgröße t unter Geltung der Alternativhypothese wäre die nichtzentrale t-Verteilung. Der Einfachheit halber benutzen wir jedoch die Normalverteilung, was man bei einem Stichprobenumfang von n = 50 als hinrei-

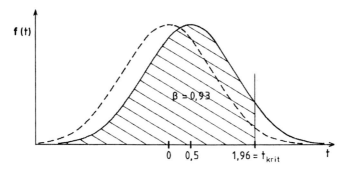

Abb.1.1: Verteilung der Prüfgröße t unter der Nullhypothese und unter der Alternativhypothese.
    Verteilung von t unter der Nullhypothese $\mu_1 - \mu_2 = 0$
    Verteilung von t unter der Alternativhypothese $\mu_1 - \mu_2 = 0.1\ \sigma$ bei n = 50. Die Fläche links von t_{krit} entspricht dem Beta-Risiko, die Fläche rechts von t_{krit} der Teststärke $1 - \beta$.
Beide t-Verteilungen sind durch die Normalverteilung genähert.

16

chend gute Näherung akzeptieren kann. Die Prüfgröße t ist (ungefähr) normalverteilt mit einem Erwartungswert von

$$E(t) = \frac{\mu_1 - \mu_2}{\sigma} \cdot \sqrt{\frac{n}{2}}$$

und einer Varianz von

$$Var(t) = 1$$

Aufgrund unserer Vorüberlegung, daß die beiden Populationsmittelwerte μ_1 und μ_2 vermutlich 0.1 bis 1 Sigma-Einheiten auseinanderliegen, setzen wir zunächst

$$\mu_1 - \mu_2 = 0.1\sigma$$

ein. Wir erhalten dann für

$$E(t) = \frac{0.1\sigma}{\sigma} \cdot \sqrt{\frac{50}{2}} = 0.5$$

Das heißt: Wenn der Unterschied zwischen den beiden Populationsmittelwerten 0.1 Sigma-Einheiten beträgt (aufgrund unserer Vorüberlegungen etwa 1 IQ-Punkt), ist die Prüfgröße t mit einem Erwartungswert 0.5 und einer Varianz von 1 normalverteilt. Da der kritische Wert t_α ungefähr (d.h. genähert durch den entsprechenden Wert der Normalverteilung) 1.96 ist, ergeben sich folgende Wahrscheinlichkeiten:

1.) Die Wahrscheinlichkeit, daß t größer als 1.96 wird, ist 0.07. Da bei $t > 1.96$ die Alternativhypothese angenommen wird, ist das die Teststärke.

2.) Die Wahrscheinlichkeit, daß t kleiner als 1.96 wird, ist 0.93. Da bei $t < 1.96$ die Nullhypothese angenommen wird, ist das das Beta-Risiko. Die Wahrscheinlichkeit, daß $t < -1.96$ wird, wollen wir vernachlässigen. Sie ist nur 0.007. In diesem Fall würde die entgegengesetzte Alternativhypothese ($\mu_1 < \mu_2$ wenn das Gegenteil, nämlich $\mu_1 > \mu_2$ richtig ist) angenommen. Dieselben Berechnungen kann man nun unter beliebigen Annahmen über die vermutliche Größe des Effekts anstellen. Man setzt dann eben für $\mu_1 - \mu_2$ entsprechend viele Sigma-Einheiten ein. Tabelle 1.1 gibt für Effekte zwischen 0.1 bis 1.0 Sigma-Einheiten das Beta-Risiko an.

Tab. 1.1: Beta-Risiko des t_{hom}-Tests in Abhängigkeit von der Größe des Effekts bei Alpha = 0.05 und n = 50 Vpn/Gruppe.

Größe des Effekts	Beta-Risiko
0.1	0.93
0.2	0.83
0.3	0.68
0.4	0.50
0.5	0.30
0.6	0.16
0.7	0.07
0.8	0.02

Aus der Tabelle sieht man, daß bei relativ kleinen Effekten bis 0.3 Sigma-Einheiten das Beta-Risiko über 0.50 beträgt, also eine Fehlentscheidung wahrscheinlicher ist als eine richtige. Erst wenn die Verteilungen 0.6 Sigma-Einheiten auseinanderliegen, sinkt Beta unter 0.20, was als akzeptabler Wert gelten kann.

Was ist nun die Konsequenz aus diesem Ergebnis? Wenn auch kleine Effekte (0.3 Sigma-Einheiten entsprechen hier etwa 3 IQ-Punkten) durch das Experiment nachgewiesen werden sollen, ist das Experiment in der geplanten Form ungeeignet. Erst Effekte ab etwa 0.6 Sigma-Einheiten (etwa 6 IQ-Einheiten) können mit hinreichender Wahrscheinlichkeit nachgewiesen werden.

Ist man auch an kleineren Effekten interessiert, muß man überlegen, wie man Beta reduzieren kann. Dazu kommen mehrere Wege in Betracht:

1. Man nimmt ein höheres Alpha-Risiko in Kauf. Der kritische t-Wert t_α ist dann kleiner und die Wahrscheinlichkeit, daß der errechnete t-Wert den kritischen Wert überschreitet, entsprechend größer. Da aber im vorliegenden Fall Alpha ohnedies schon 0.05 beträgt, wird man eine weitere Erhöhung kaum in Betracht ziehen.

2. Man erhöht den Stichprobenumfang.
   In der Formel für die Prüfgröße t steht im Zähler $\sqrt{n}$. Bei einer Vervierfachung des Stichprobenumfangs wird der t-Wert der Erwartung nach verdoppelt. Der kritische Wert wird mit größerer Wahrscheinlichkeit überschritten.

3. Man erhöht die relative Größe des Effekts.
   Die relative Größe des Effekts ist (wie bereits auf S. 15 definiert) die Differenz der Populationsmittelwerte gemessen in Streuungs-Einheiten, also $(\mu_1 - \mu_2)/\sigma$. Es gibt zwei Möglichkeiten, den relativen Effekt zu vergrößern: Man könnte daran denken, $\mu_1 - \mu_2$ zu vergrö-

ßern, indem man die experimentellen Bedingungen extremer gestaltet, im vorliegenden Experiment also die Frustration entsprechend kräftiger ausfallen läßt. Dies geht allerdings nicht ohne erheblichen Eingriff in den Inhalt des Experiments ab.

Eine zweite Möglichkeit, die Größe des relativen Effekts zu erhöhen, besteht darin, die Varianz innerhalb der Gruppen σ zu reduzieren. Würde man mit noch homogeneren Gruppen arbeiten, also z. B. nur Mathematikstudenten als Versuchspersonen heranziehen, so würde es vielleicht gelingen, die Varianz von $\sigma^2 = 100$ auf $\sigma^2 = 36$ zu reduzieren. Einem Effekt der Frustration von 2 IQ-Punkten würde dann nicht ein relativer Effekt von $^2/_{10} = 0.2$, sondern von $^2/_6 = 0.33$ entsprechen. Betrachtet man die Wirkung dieser Varianzeinschränkung auf den t-Test, so sieht man, daß sich bei einer Erhöhung des relativen Effekts von 0.2 auf 0.33 der erwartete t-Wert um den Faktor 1.66 erhöht. Wollte man dasselbe durch eine Erhöhung des Stichprobenumfangs erreichen, müßte man n mit 1.66^2 multiplizieren. In unserem Beispiel also statt n = 50 Vpn nunmehr n = 139 Vpn pro Gruppe untersuchen.

4. Man ändert den Versuchsplan so, daß ein effizienteres statistisches Verfahren angewendet werden kann.

a) Verwendung von parallelisierten Stichproben

Statt die beiden Gruppen nach dem Zufall auf die beiden experimentellen Bedingungen aufzuteilen, könnte man sie nach einem Vortest, z. B. einem anderen Intelligenztest, parallelisieren und dann den t-Test für abhängige Stichproben t_{korr} verwenden.

Die Parallelisierung wird durchgeführt, indem man Paare von Vpn gleicher Vortestleistung zusammenstellt und nach dem Zufall den einen Paarling der einen, den anderen der zweiten experimentellen Bedingung zuweist. Die Leistungen der Paarlinge im Hauptversuch (Bearbeiten von Problemlösungsaufgaben nach vorangegangener Frustration oder unter neutraler Bedingung) werden dann korrelieren. Bezeichnet man diese Korrelation mit ρ, so läßt sich über die Effizienz von t_{korr} gegenüber t_{hom} folgendes sagen:

Die Prüfgröße t_{korr} fällt der Erwartung nach um den Faktor $1/\sqrt{1-\rho}$ größer aus als t_{hom}. Andererseits hat t_{korr} nur $n-1$ Freiheitsgrade, t_{hom} hingegen $2 \cdot (n-1)$ Freiheitsgrade, was für die Größe des kritischen Werts eine Rolle spielt. Bei größeren Stichprobenumfängen spielt jedoch der Unterschied in den Freiheitsgraden kaum mehr eine Rolle, da t_α schon nahe seinem Grenzwert liegt (z. B. für $\alpha = 0.05$ und 50 Freiheitsgrade $t_\alpha = 2.01$; Grenzwert für t_α bei $\alpha = 0.05$ und unendlich vielen Freiheitsgraden $t_\alpha = 1.96$) und sich mit der

Zahl der Freiheitsgrade kaum mehr ändert. Sieht man also von der Frage der Freiheitsgrade ab, so kann man sagen, daß eine Korrelation von $\rho = 0.5$ im Hauptversuch den zu erwartenden t-Wert um den Faktor $1/\sqrt{1-0.5} = 1.4$ erhöht, was einer Verdoppelung des Stichprobenumfangs entspricht.

b) Kovarianzanalyse

Die Durchführung einer Parallelisierung bedeutet gewöhnlich, daß die Versuchsdurchführung mindestens zwei Sitzungen erfordert, zwischen denen der Vortest ausgewertet und die Gruppeneinteilung für den Hauptversuch vorgenommen wird. Wenn die Vortestwerte nicht in einer einzigen Gruppensitzung erhoben werden, sondern erst nach und nach anfallen, kann der Versuchsplan völlig unpraktikabel werden. In dem Fall könnte man daran denken, den Vortest nicht zur Parallelisierung zu verwenden, sondern als Kovariable. Die Vp erhält zunächst den Vortest, wird dann nach dem Zufall der einen oder anderen experimentellen Bedingung zugewiesen, und der Hauptversuch wird sofort angeschlossen. Zum t-Test für unabhängige Stichproben (oder, was geläufiger ist: zur einfachen Varianzanalyse, in dem Fall mit nur 2 Gruppen) kann dann eine Kovarianzanalyse mit den Vortestwerten als Kovariable durchgeführt werden. Wenn strikt darauf geachtet wird, daß die Vortestwerte noch nicht von den experimentellen Bedingungen beeinflußt sein können, und wenn die Voraussetzungen für eine Kovarianzanalyse erfüllt sind, kann damit nahezu dasselbe erreicht werden wie mit einer Parallelisierung.

1.3 Zur Teststärke der geläufigsten statistischen Verfahren; Faustregeln zur Bestimmung des erforderlichen Stichprobenumfangs

Auf den vorangehenden Seiten wurden für einen Spezialfall, nämlich Verwendung des t_{hom}-Test bei einem Stichprobenumfang von je 50 Vpn pro Gruppe, Teststärke und Beta-Risiko in Abhängigkeit von der Größe des Effekts (Unterschied der beiden Populationsmittelwerte ausgedrückt in Sigma-Einheiten) berechnet. Dabei stellte sich heraus, daß ein Stichprobenumfang von 50 Vpn pro Gruppe ausreicht, wenn der tatsächliche Effekt in der Größenordnung von etwa 0.6 oder mehr Sigma-Einheiten liegt, nicht aber bei kleineren Effekten.

COHEN (1977) hat sich mit dem Problem der Teststärke ausführlich befaßt und ein umfangreiches Tabellenwerk erarbeitet, in dem die

Teststärke gängiger statistischer Verfahren in Abhängigkeit von Signifikanzniveau, Größe des Effekts und Stichprobenumfang zu entnehmen ist. Die folgenden Seiten enthalten demgegenüber nur einen kurzen Abriß, der jedoch für eine Groborientierung genügen sollte. Ziel ist es, dem Leser einen ungefähren Anhaltspunkt zu geben, welcher Stichprobenumfang für seine Untersuchung erforderlich ist.

Im folgenden werden nacheinander einzelne statistische Verfahren besprochen. Für jedes Verfahren werden in Anschluß an COHEN (1977) kleine, mittlere und große Effekte definiert. In einer Tabelle ist dann jeweils angegeben, welcher Stichprobenumfang in Abhängigkeit von der Größe des Effekts und vom Signifikanzniveau α erforderlich ist, um eine Teststärke von 0.80 zu gewährleisten. Eine Teststärke von 0.80 bedeutet ein Beta-Risiko von 0.20, und das ist immer noch hoch, verglichen mit den für das Alpha-Risiko üblichen Werten ($\alpha = 0.05$ oder $\alpha = 0.01$). Wenn man für das Beta-Risiko einen höheren Wert zuläßt als für das Alpha-Risiko, so entspricht das der Auffassung, daß man einen weniger schwerwiegenden Fehler begeht, wenn man einen vorhandenen Effekt nicht aufzeigt (Beta-Fehler), als wenn man einen nicht vorhandenen Effekt proklamiert (Alpha-Fehler). Es lassen sich aber auch Fälle denken, bei denen das Übersehen eines vorhandenen Effekts weit schwerwiegendere Folgen hat als ein falscher Alarm: z.B. wenn es um gefährliche Nebenwirkungen von Medikamenten geht. In diesem Fall ist ein Beta-Risiko von 0.20 nicht tolerierbar, sondern man wird $\beta = 0.05$ oder $\beta = 0.01$ festlegen müssen (also Werte, wie man sie für das Alpha-Risiko gewohnt ist).

Wenn im folgenden bei der Frage nach dem erforderlichen Stichprobenumfang das Alpha-Risiko auf $\alpha = 0.05$ oder $\alpha = 0.01$ und das Beta-Risiko auf $\beta = 0.20$ festgelegt wird, so ist das nicht etwa als allgemein verbindliche Norm zu betrachten, sondern nur als eine in der Regel vernünftige Festsetzung.

Außer dem Stichprobenumfang, bei dem Beta 0.20 beträgt, ist jeweils auch der Stichprobenumfang angegeben, bei dem das Beta-Risiko auf 0.50 steigt, als auf einen indiskutabel hohen Wert. Die in den Tabellen enthaltenen Werte sind COHEN (1977) entnommen. Wenn das statistische Verfahren einseitige und zweiseitige Fragestellung zuläßt, bezieht sich das angegebene Signifikanzniveau immer auf die zweiseitige Fragestellung.

1.3.1 t-Test für Mittelwertsdifferenzen

a) Unabhängige Stichproben

Wir können auf unser Beispiel von S. 15 (Einfluß einer vorausgegangenen Frustration auf das Lösen von Problemlösungsaufgaben, Mittelwertsvergleich zwischen einer Gruppe frustrierter und einer Gruppe nicht frustrierter Vpn) zurückgreifen. Die Größe des Effekts hatten wir als Abstand der beiden Populationsmittelwerte ausgedrückt in Sigma-Einheiten (d.h. dividiert durch die Standardabweichung innerhalb der Gruppen) definiert.

Nach einem Vorschlag von COHEN (1969, 1977 abweichend von COHEN 1962) ist eine Differenz von 0.2 Sigma-Einheiten als klein,von 0.5 Sigma-Einheiten als mittel und ab 0.8 Sigma-Einheiten als groß zu betrachten. Abbildung 1.2 zeigt jeweils zwei Verteilungen, deren Mittelwerte (a) 0.2, (b) 0.5 und (c) 0.8 Standardabweichungen auseinander liegen.

Tabelle 1.2a gibt nun für $\alpha = 0.05$ und Tabelle 1.2b für $\alpha = 0.01$ (jeweils zweiseitige Fragestellung) an, wieviel Vpn pro Gruppe erforderlich sind, um $\beta = 0.2$ zu erhalten, und bei welcher Vpn-Zahl β auf 0.5 ansteigt.

Wenn in den Tabellen die Zahl der Vpn pro Gruppe angegeben wird, so wird angenommen, daß beide Gruppen gleich groß sind, also $n = n_1 = n_2$. Ist das nicht der Fall, so kann man die Tabellen näherungsweise benutzen, wenn man das harmonische Mittel aus n_1 und n_2 verwendet, also

$$n = \frac{2n_1\, n_2}{n_1 + n_2} \qquad \text{berechnet.}$$

Sind die Varianzen ungleich, so führt das zu Unklarheiten bezüglich der relativen Größe des Effekts, die ja in Sigma-Einheiten ausgedrückt werden soll.

COHEN (1977) empfiehlt die beiden Varianzen s_1^2 und s_2^2 auf folgende Art zu mitteln:

$$s^2 = \frac{s_1^2(n_1 - 1) + s_2^2(n_2 - 1)}{n_1 + n_2 - 2}$$

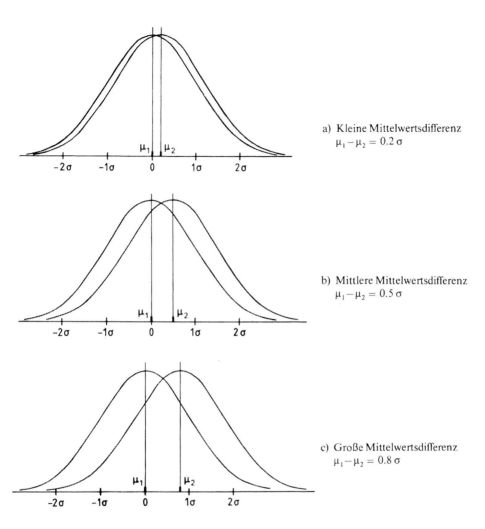

a) Kleine Mittelwertsdifferenz
$\mu_1 - \mu_2 = 0.2\,\sigma$

b) Mittlere Mittelwertsdifferenz
$\mu_1 - \mu_2 = 0.5\,\sigma$

c) Große Mittelwertsdifferenz
$\mu_1 - \mu_2 = 0.8\,\sigma$

Abb. 1.2: Normalverteilungen mit unterschiedlicher Mittelwertsdifferenz.

Tab. 1.2a: Erforderlicher Stichprobenumfang in Abhängigkeit vom Beta-Risiko und der relativen Größe des Effekts. t-Test für unabhängige Stichproben. Alpha = 0.05.

	Relative Größe des Effekts							
	0.2	0.3	0.4	0.5	0.6	0.7	0.8	1.0
$\beta = 0.2$	393	175	99	64	45	33	26	17
$\beta = 0.5$	193	86	49	32	22	17	13	9

23

	Relative Größe des Effekts							
	0.2	0.3	0.4	0.5	0.6	0.7	0.8	1.0
$\beta = 0.2$	586	259	148	95	67	49	38	25
$\beta = 0.5$	333	149	85	55	39	29	22	15

Die Streuung, die sich daraus errechnen läßt, wird der Berechnung der relativen Größe des Effekts zugrunde gelegt.

Da für viele psychologische Untersuchungen ein Effekt im Bereich von 0.5 Sigma-Einheiten plausibel ist und Alpha meist auf 0.05 festgesetzt wird, kann man als Faustregel für die Verwendung des t-Tests bei unabhängigen Stichproben etwa *60 Vpn pro Gruppe* fordern.

b) Abhängige Stichproben

Abhängige Stichproben entstehen gewöhnlich entweder weil die Gruppen parallelisiert wurden (siehe Beispiel S. 19) oder weil dieselben Vpn unter beiden Bedingungen untersucht wurden. In jedem Fall kommt es zu einer Korrelation der beiden Messungen (Messungen an den beiden Paarlingen im Fall der Parallelisierung, oder der beiden Messungen an denselben Vpn). Je höher die Korrelation ist, desto höher ist die Teststärke des t-Tests für korrelierende Stichproben im Vergleich zum t-Test für unabhängige Stichproben.

Man kann Tabelle 1.2a und 1.2b näherungsweise auch für den t-Test für korrelierende Stichproben verwenden, wenn man die geschätzte Größe des Effekts (Abstand der beiden Populationsmittelwerte ausgedrückt in Sigma-Einheiten) noch mit $1/\sqrt{1-\rho}$ multipliziert. Bei kleineren Stichprobenumfängen (unter 20) wird bei diesem Vorgehen allerdings der notwendige Stichprobenumfang unterschätzt, da in diesem Bereich noch ins Gewicht fällt, daß der t-Test für abhängige Stichproben weniger Freiheitsgrade hat als der t-Test für unabhängige Stichproben. Genauere Vorgehensweisen sind bei COHEN (1969) dargestellt.

Wir wollen uns hier mit der Grobschätzung begnügen. Gehen wir von einem mittelgroßen Effekt (0.5 Sigma-Einheiten) aus und nehmen an, die durch eine Parallelisierung erzeugte Korrelation zwischen den Paarlingen betrage $\rho = 0.3$. Wir multiplizieren den Effekt mit $1/\sqrt{1-\rho}$ und erhalten $0.5/\sqrt{1-0.3} = 0.60$. Schaut man unter diesem Wert in Tabelle 1.2a nach, so stellt man fest, daß 45 Vpn benötigt werden, wenn bei α = 0.05 β = 0.20 sein soll. Wäre die Korrelation höher, so wären weniger Vpn erforderlich, z. B. bei ρ = 0.5 nur 33 Vpn.

Als Faustregel kann man beim t-Test für abhängige Stichproben bei mittelgroßen Effekten und α = 0.05 davon ausgehen, daß je nach Höhe der Korrelation zwischen den beiden Meßwertreihen etwa 30 – 50 Vpn-Paare ausreichend sind.

1.3.2 Korrelationskoeffizienten (Maßkorrelation)

Die Maßkorrelation ist das geläufigste Maß zur Kennzeichnung des linearen Zusammenhangs zwischen zwei Variablen X und Y. Im folgenden wird die Korrelation in der Population mit ρ, die aus der Stichprobe berechnete Korrelation mit r bezeichnet.

Wenn man die Korrelation r nur zur Beschreibung des linearen Zusammenhangs zwischen X und Y in der vorliegenden Stichprobe verwendet, so sind dazu keinerlei Voraussetzungen über die Verteilungsform von X und Y erforderlich. Wenn man jedoch Korrelationen auf Signifikanz prüft und Überlegungen zur Teststärke dieser Signifikanztests anstellt, so setzen die entsprechenden Verfahren bivariate Normalverteilung voraus. Ähnlich wie beim t-Test gilt jedoch, daß insbesondere bei größeren Stichproben mäßige Verletzungen der Voraussetzungen nicht allzu sehr ins Gewicht fallen (COHEN, 1977, S. 75; HAVLICEK et al., 1977 berichten über Simultationsstudien, in denen die Robustheit der Signifikanzprüfung von Korrelationskoeffizienten gegen Null selbst bei kleinen Stichprobenumfängen bis n = 5 und erheblichen Abweichungen von den Verteilungsvoraussetzungen belegt wird).

a) Signifikanzprüfung eines Korrelationskoeffizienten

Will man einen Korrelationskoeffizienten auf Signifikanz prüfen, d.h. für die Grundgesamtheit die Nullhypothese verwerfen, so kann man dazu einschlägige Tabellen (z.B. MITTENECKER, 1970, S. 209) benutzen. Ist der errechnete Wert größer als der für den entsprechenden Stichprobenumfang und das gewünschte Signifikanzniveau angegebene Mindestwert, so ist die Korrelation signifikant.

Die Teststärke des Signifikanztests hängt von ρ, der Höhe des Zusammenhangs in der Grundgesamtheit (analog zur Größe des Effekts beim t-Test), und vom Stichprobenumfang ab.

Tabelle 1.3a und 1.3b geben für α = 0.05 und für α = 0.01 an, welcher Stichprobenumfang für β = 0.2 erforderlich ist und bei welchem Stichprobenumfang β auf 0.5 steigt.

Tab. 1.3a: Erforderlicher Stichprobenumfang bei der Signifikanzprüfung von Korrelationen in Abhängigkeit von ρ und β-Risiko. Alpha = 0.05.

	Betrag der Korrelation in der Grundgesamtheit								
	0.1	0.2	0.3	0.4	0.5	0.6	0.7	0.8	0.9
β = 0.2	783	193	84	46	28	18	12	9	6
β = 0.5	384	95	42	24	15	10	7	6	4

Tab. 1.3b: Erforderlicher Stichprobenumfang bei der Signifikanzprüfung von Korrelationen in Abhängigkeit von ρ und β-Risiko. Alpha = 0.01.

	Betrag der Korrelation in der Grundgesamtheit								
	0.1	0.2	0.3	0.4	0.5	0.6	0.7	0.8	0.9
β = 0.2	1163	286	124	67	41	27	18	12	8
β = 0.5	662	164	71	39	24	16	12	8	6

Aus den angegebenen Tabellen kann man als Faustregel entnehmen, daß für die statistische Sicherung eines Zusammenhangs, den man im Bereich 0.3 bis 0.5 vermutet, etwa 50 bis 100 Vpn erforderlich sind.

b) Signifikanzprüfung des Unterschieds zwischen zwei unabhängigen Korrelationskoeffizienten

Wir nehmen an, die Korrelation zwischen Intelligenz (X) und Schulleistung (Y) bei Mädchen soll mit der entsprechenden Korrelation bei Knaben verglichen werden. Die Nullhypothese lautet, die beiden Korrelationen, die wir kurz mit ρ_1 und ρ_2 bezeichnen wollen, seien gleich, es gelte also $\rho_1 = \rho_2$. Die Alternativhypothese besagt, die Korrelationen seien verschieden, also $\rho_1 \neq \rho_2$.

Solche Fragestellungen, die auf einen Unterschied von zwei unabhängigen Korrelationskoeffizienten abzielen, erfordern in der Regel einen sehr viel größeren Stichprobenumfang als die Absicherung nur eines Koeffizienten gegen Null. Das liegt daran, daß die Differenz zwischen zwei von zufälligen Schwankungen (Stichprobenfehlern) beeinflußten Größen mit größerer Unsicherheit verbunden ist als die Differenz von einer von zufälligen Schwankungen (Stichprobenfehler) beeinflußten Größe zu einer festen Konstanten (der Zahl Null).

Wir bezeichnen die in den beiden Stichproben (Knaben und Mädchen) erhobenen Korrelationen mit r_1 und r_2, die zugehörigen Stichprobenumfänge mit n_1 und n_2. Will man nun den Unterschied zwischen r_1 und r_2 auf Signifikanz prüfen, so hat man im ersten Schritt die beiden Koeffizienten der z'-Transformation nach R.A. FISHER zu unterziehen.

$$z' = \frac{1}{2} \ln \left(\frac{1+r}{1-r} \right)$$

ln = natürlicher Logarithmus

Die Prüfgröße für den Unterschied der beiden Koeffizienten ist dann

$$z = \frac{z'_2 - z'_1}{\sqrt{\dfrac{1}{n_1 - 3} + \dfrac{1}{n_2 - 3}}}$$

Diese Prüfgröße z ist unter der Nullhypothese standardnormalverteilt, so daß für Alpha 0.05 die Nullhypothese bei $|z| > 1.96$ verworfen wird.

Mit Hilfe von Rechenbeispielen kann man sich leicht überzeugen, daß es bei der Beurteilung der Signifikanz eines Korrelationsunterschieds nicht einfach nur auf die Differenz zwischen den beiden Korrelationen und den Stichprobenumfang ankommt, sondern auch auf den Betrag der beiden Korrelationen:

Nehmen wir an, es sei $r_1 = 0.1$ und $r_2 = 0.3$, der Stichprobenumfang sei jeweils $n_1 = n_2 = 150$. Die Differenz der beiden Korrelationen ist $r_2 - r_1 = 0.2$. Die Signifikanzprüfung ergibt bei $z'_1 = 0.1$ und $z'_2 = 0.31$ einen Wert für die Prüfgröße z von 1.8, was nicht signifikant ist.

Nehmen wir dagegen an, $r_1 = 0.7$ und $r_2 = 0.9$, so ist die Differenz zwischen den beiden Korrelationen ebenfalls $r_2 - r_1 = 0.2$. Der Stichprobenumfang sei wie zuvor $n_1 = n_2 = 150$. Nun zeigt der Signifikanztest jedoch einen signifikanten Unterschied an: $z'_1 = 0.87$, $z'_2 = 1.47$. Daraus errechnet sich $z = 5.14$, womit der kritische Wert von 1.96 weit überschritten ist.

Allgemein kann man sagen, daß bei dem Betrag nach hohen Korrelationen (also Korrelationen nahe $+1$ oder nahe -1) ein Korrelationsunterschied eher signifikant ist als derselbe Unterschied bei Korrelationen in der Nähe von Null. Das hat damit zu tun, daß bei dem Betrag nach niedrigen Korrelationen die Konfidenzintervalle sehr viel breiter sind, die einzelne Korrelation also viel ungenauer erfaßt ist als bei einer dem Betrag nach höheren Korrelation.

Will man den zur Sicherung eines Korrelationsunterschiedes erforderlichen Stichprobenumfang schätzen, muß man zunächst eine Vermutung darüber anstellen, in welcher Größenordnung die Korrelationen ρ_1 und ρ_2 in den Grundgesamtheiten liegen und in welcher Größenordnung der Unterschied liegen könnte. Hat man plausible Annahmen über ρ_1 und ρ_2 gemacht, so führt man die z'-Transformation nach FISHER durch und berechnet die Differenz $z'_2 - z'_1$. Man kann dann Tabelle 1.4a und Tabelle 1.4b benutzen, um den für $\beta = 0.2$ erforderlichen Stichprobenumfang abzulesen und den Stichprobenumfang, bei dem β auf 0.5 ansteigt.

Die Werte in der Tabelle geben den für jede der beiden Korrelationen erforderlichen Stichprobenumfang an.

Die Werte in der Tabelle geben den für jede der beiden Korrelationen erforderlichen Stichprobenumfang an.

Bei der Erstellung der Tabellen 1.4a und 1.4b wurde davon ausgegangen, daß beide Korrelationen auf gleich großen Stichproben basieren, also $n_1 = n_2 = n$. Ist das nicht der Fall, so empfiehlt COHEN (1977, S. 130), nach folgender Formel zu mitteln

$$n = \frac{2(n_1 - 3)(n_2 - 3)}{n_1 + n_2 - 6} + 3$$

Tab. 1.4a: Erforderlicher Stichprobenumfang bei der Signifikanzprüfung von Korrelationsunterschieden in Abhängigkeit von der Differenz $z'_2 - z'_1$ und β-Risiko. Alpha = 0.05.

	Differenz der z'-transformierten Korrelationen										
	0.1	0.2	0.3	0.4	0.5	0.6	0.7	0.8	1.0	1.2	1.4
$\beta = 0.2$	1573	395	177	101	66	47	35	28	19	14	11
$\beta = 0.5$	771	195	88	51	34	24	19	15	11	8	7

Tab. 1.4b: Erforderlicher Stichprobenumfang bei der Signifikanzprüfung von Korrelationsunterschieden in Abhängigkeit von der Differenz $z'_2 - z'_1$ und β-Risiko. Alpha = 0.01.

	Differenz der z'-transformierten Korrelationen										
	0.1	0.2	0.3	0.4	0.5	0.6	0.7	0.8	1.0	1.2	1.4
$\beta = 0.2$	2339	587	263	149	96	68	51	39	26	19	15
$\beta = 0.5$	1330	335	150	86	56	40	30	24	16	12	10

Wir wollen auf unser Eingangsbeispiel zurückkommen und die Anwendung von Tabelle 1.4a und 1.4b erläutern:

Im eingangs genannten Beispiel (Korrelation zwischen Intelligenz und Schulleistung) dürften beide Korrelationen im Bereich von 0.3 bis 0.7 zu suchen sein. Wir nehmen an, eine Differenz der beiden Korrelationen von $\rho_2 - \rho_1 = 0.2$ sollte mit hinreichender Wahrscheinlichkeit $1 - \beta = 0.8$ statistisch zu sichern sein. Wir setzen zunächst ein $\rho_1 = 0.3$ und $\rho_2 = 0.5$. Daraus ergibt sich $z'_1 = 0.31$, $z'_2 = 0.55$ und $z'_2 - z'_1 = 0.24$. Setzt man $\alpha = 0.05$, so entnimmt man Tabelle 1.4a, daß man etwa 300 Vpn (zwischen 177 und 395 grob interpoliert) pro Korrelation benötigt. Wären beide Korrelationen höher, nämlich $\rho_1 = 0.5$ und $\rho_2 = 0.7$, so ergäbe sich $z'_2 - z'_1 = 0.87 - 0.55 = 0.32$ und es wären nur etwa 170 Vpn pro Gruppe nötig. Man wird also einen Stichprobenumfang von 200 Vpn pro Gruppe keinesfalls unterschreiten dürfen und möglichst 300 oder mehr Vpn pro Gruppe untersuchen.

Um einen deutlicheren Eindruck davon zu vermitteln, wie groß der Stichprobenumfang bei Untersuchungen, die auf Korrelationsunterschiede abzielen, zu planen ist, wollen wir noch für einige ausgewählte Fälle ausrechnen, welcher Stichprobenumfang für $\beta = 0.2$ bei $\alpha = 0.05$ erforderlich ist. Die Rechenschritte werden im einzelnen nicht mitgeteilt, der Leser kann die Ergebnisse jedoch anhand von Tabelle 1.4a nachrechnen.

a) Korrelationsunterschiede zwischen niedrigen Korrelationen
  $\rho_1 = 0.0$ $\rho_2 = 0.2$ erforderlich für $\beta = 0.2$ bei $\alpha = 0.05$ n = etwa 400
  $\rho_2 = -.2$ $\rho_2 = 0.2$ erforderlich für $\beta = 0.2$ bei $\alpha = 0.05$ n = etwa 100
b) Korrelationsunterschiede zwischen mittelhohen Korrelationen
  $\rho_1 = 0.3$ $\rho_2 = 0.5$ erforderlich für $\beta = 0.2$ bei $\alpha = 0.05$ n = etwa 300
  $\rho_1 = 0.2$ $\rho_2 = 0.7$ erforderlich für $\beta = 0.2$ bei $\alpha = 0.05$ n = etwa 40
c) Korrelationsunterschiede zwischen hohen Korrelationen
  $\rho_1 = 0.7$ $\rho_2 = 0.9$ erforderlich für $\beta = 0.2$ bei $\alpha = 0.05$ n = etwa 45
  $\rho_1 = 0.9$ $\rho_2 = 0.97$ erforderlich für $\beta = 0.2$ bei $\alpha = 0.05$ n = etwa 45

1.3.3 Prozentzahlen und Kontingenztafeln

a) Vorzeichentest (Test auf Abweichung von 50 Prozent)

In einer Längsschnittuntersuchung soll festgestellt werden, ob zwischen dem 50. und 60. Lebensjahr eine Tendenz zum sozialen Rückzug besteht. Für jede Person wird u. a. festgestellt, ob die Zahl der Kontaktpersonen, mit denen sie mindestens ein Mal wöchentlich spricht, zu- oder abgenommen hat. Wenn sich zwischen den beiden Zeitpunkten nur zufällig Änderungen abspielen, sollte man erwarten, daß bei etwa gleich viel Personen die Zahl der Kontaktpersonen zu- wie abgenommen hat. Unter der Alternativhypothese wird häufiger eine Abnahme als eine Zunahme erwartet. Der Vorzeichentest prüft, ob der in der Stichprobe gefundene Prozentsatz signifikant von 50% abweicht.

Vorteil des Vorzeichentests ist, daß lediglich die Richtung, nicht aber das Ausmaß der Veränderung bekannt zu sein braucht. Ist das Ausmaß der Veränderung bei der einzelnen Vp bekannt, so sind andere statistische Verfahren (WILCOXON-Test, SIEGEL, 1956, S. 75ff.; t-Test für abhängige Stichproben) effizienter.

Die Signifikanzprüfung mit dem Vorzeichentest erfolgt bei kleineren Stichproben über die Binomialverteilung (SIEGEL, 1956, S. 68ff.), bei größeren Stichproben (n > 25) mit Hilfe der Prüfgröße

$$z = \frac{X - 0.5\,n}{0.5\,\sqrt{n}}$$

wobei X = Zahl der positiven Vorzeichen (Personen mit Zunahme)
n = Gesamtzahl der Vorzeichen (Personen).

Die Prüfgröße z ist annähernd standardnormalverteilt, d.h. der errechnete z-Wert ist signifikant, wenn er den entsprechenden Wert der Tabelle der Standardnormalverteilung (z.B. für $\alpha = 0.05$ den Wert 1.96) überschreitet.

Wir bezeichnen die Auftretenswahrscheinlichkeit des häufigeren Vorzeichens in der Grundgesamtheit mit π. Je höher $|\pi - 0.5|$ ist, je weiter π von 0.5 entfernt ist, desto leichter wird es sein, die Abwei-

Tab. 1.5a: Erforderlicher Stichprobenumfang beim Vorzeichentest in Abhängigkeit von π und vom β-Risiko. Alpha = 0.05.

	Wahrscheinlichkeit π des häufigeren Vorzeichens in der Grundgesamtheit							
	0.55	0.60	0.65	0.70	0.75	0.80	0.85	0.90
$\beta = 0.2$	783	194	85	49	30	20	15	12
$\beta = 0.5$	384	96	44	25	17	12	9	6

Tab. 1.5b: Erforderlicher Stichprobenumfang beim Vorzeichentest in Abhängigkeit von π und vom β-Risiko. Alpha = 0.01.

	Wahrscheinlichkeit π des häufigeren Vorzeichens in der Grundgesamtheit							
	0.55	0.60	0.65	0.70	0.75	0.80	0.85	0.90
$\beta = 0.2$	1165	289	127	70	44	32	15	15
$\beta = 0.5$	663	166	74	42	26	18	12	12

chung von 0.5 anhand der Stichprobenergebnisse statistisch zu sichern.

Tabelle 1.5a und 1.5b geben bei $\alpha = 0.05$ und $\alpha = 0.01$ für verschiedene Werte von π an, wieviele Vpn erforderlich sind, um ein Beta von 0.2 zu gewährleisten, und bei welchem Stichprobenumfang Beta auf 0.5 steigt.

b) Chi-Quadrat-Test zur Analyse von Häufigkeiten

Vergleich mehrerer Häufigkeitsverteilungen, Kontingenztafeln.

Wir nehmen an, der Zusammenhang zwischen Wohngegend und Art der psychischen Erkrankung solle untersucht werden. Eine Stichprobe von psychisch Kranken werde nach der Wohngegend in $k = 4$ Kategorien, nach der Art der Erkrankung in $r = 3$ Kategorien geteilt, woraus sich eine Häufigkeitstabelle (= Kontingenztafel) mit 4mal 3 Zellen ergibt.

Die Frage nach dem Zusammenhang zwischen Wohngegend und Art der Erkrankung läßt sich auch als Frage nach der Gleichheit mehrerer Häufigkeitsverteilung formulieren:

Man kann die Patienten aus den vier Wohngegenden getrennt betrachten und für jede der 4 Gruppen feststellen, wie sie sich auf die Krankheitsarten verteilen. Unter der Nullhypothese (kein Zusammenhang) sind diese vier Häufigkeitsverteilungen nur zufällig verschieden.

Man kann ebensogut die Patienten der drei Krankheitsarten getrennt betrachten und für jede Krankheitsgruppe eine Häufigkeitsverteilung aufstellen, die die Zugehörigkeit zu den Wohngegenden angibt. Unter der Nullhypothese (kein Zusammenhang zwischen Krankheitsart und Wohngegend) sind die drei Häufigkeitsverteilungen nur zufällig verschieden.

Die Frage nach dem Zusammenhang zwischen zwei kategorialen Variablen (Wohngegend und Krankheitsart) und der Vergleich mehrerer Häufigkeitsverteilungen sind also sachlich dasselbe.

Wir führen folgende Bezeichnungen ein:

$\pi_{i.}$ = Wahrscheinlichkeit (relativer Anteil) von Patienten aus Wohngegend i in der Grundgesamtheit aller Patienten
$i = 1 \ldots k$

$\pi_{.j}$ = Wahrscheinlichkeit (relativer Anteil) von Patienten mit Diagnose j in der Grundgesamtheit aller Patienten
$j = 1 \ldots r$

π_{ij} = Wahrscheinlichkeit, daß ein Patient aus Wohngegend i stammt und Diagnose j hat (relativer Anteil in den Zellen)

$p_{i.}$, $p_{.j}$, p_{ij} sind die entsprechenden Symbole für die Stichprobe. Unter der Nullhypothese (kein Zusammenhang) ist die Wahrscheinlichkeit der Kombination (Wohngegend i und Krankheit j) das Produkt der Einzelwahrscheinlichkeiten, also

$$\pi_{ij} = \pi_{i.} \cdot \pi_{.j}$$

Die Nullhypothese wird mit dem Chi-Quadrat-Test geprüft. Die Anwendung des Chi-Quadrat-Tests setzt allerdings voraus, daß in keinem Feld der Kontingenztafel die unter der Nullhypothese erwartete Anzahl $n\,p_{i.}\cdot p_{.j}$ kleiner als 5 (besser: nicht kleiner als 10) ist. Ist diese Voraussetzung erfüllt, so errechnet man die Prüfgröße χ^2 wie folgt:

$$\chi^2 = n \sum_i \sum_j \frac{(p_{ij} - p_{i.} \cdot p_{.j})^2}{p_{i.} \cdot p_{.j}}$$

Zahl der Freiheitsgrade: $fg = (k - 1)(r - 1)$
n = Stichprobenumfang

Ist der für Chi-Quadrat errechnete Wert größer als der für die Zahl der Freiheitsgrade und das gewünschte Signifikanzniveau tabellierte Wert, so ist der in der Stichprobe gefundene Zusammenhang signifikant.

Die Höhe des Zusammenhangs kann mit dem Kontingenzkoeffizienten C von PEARSON angegeben werden. Wir definieren zunächst einen zu Chi-Quadrat analogen Ausdruck φ^2 für die Grundgesamtheit

$$\varphi^2 = \sum_i \sum_j \frac{(\pi_{ij} - \pi_{i.} \cdot \pi_{.j})^2}{\pi_{i.} \cdot \pi_{.j}}$$

Der Kontingenzkoeffizient von PEARSON ist dann für die Grundgesamtheit definiert als

$$C = \sqrt{\frac{\varphi^2}{\varphi^2 + 1}}$$

und für die Stichprobe

$$\hat{C} = \sqrt{\frac{\chi^2/n}{1+\chi^2/n}} = \sqrt{\frac{\chi^2}{\chi^2+n}}$$

Um Unklarkeiten vorzubeugen, sei erwähnt, daß es außer dem PEARSONschen Kontingenzkoeffizienten auch einen Vorschlag von CRAMER gibt, nämlich

$$CC = \frac{\varphi}{\sqrt{r-1}}$$

Tab. 1.6a: Erforderlicher Stichprobenumfang beim Chi-Quadrat-Test in Abhängigkeit von φ bzw. Kontingenzkoeffizienten C, von der Höhe des Beta-Risikos und von der Zahl der Freiheitsgrade. Alpha = 0.05.

| φ | C | Zahl der Freiheitsgrade | | | | | |
		1	2	3	5	10	20
0.1	0.1	785	964	1090	1283	1624	2096
		384	496	576	699	919	1226
0.2	0.2	196	241	273	321	406	524
		96	124	144	175	230	307
0.3	0.29	87	107	121	143	180	233
		43	55	64	78	102	136
0.4	0.37	49	60	68	80	102	131
		24	31	36	44	57	77
0.5	0.44	31	39	44	51	65	84
		15	20	23	28	37	49
0.6	0.51	22	27	30	36	45	53
		11	14	16	19	26	34
0.7	0.57	16	20	22	26	33	43
		8	10	12	14	19	25
0.8	0.62	12	15	17	20	25	33
		6	8	9	11	14	19
0.9	0.67	10	12	13	16	20	26
		5	6	7	9	11	15

C = Kontingenzkoeffizienten nach PEARSON
φ = siehe Text (im Spezialfall der 4-Feldertafel gleich dem Punktvierfelder-koeffizienten)
Der obere Wert in der Tabelle gibt den für $\beta = 0.2$ erforderlichen Stichprobenumfang an, der untere Wert den Stichprobenumfang, bei dem $\beta = 0.5$ ist.
Man beachte die auf S. 32 angegebene Regel, wonach die erwartete Anzahl der Fälle in jeder Zelle mindestens 5 – 10 betragen muß. Der in der Tabelle eingetragene Stichprobenumfang ist nicht ausreichend, wenn diese Regel nicht erfüllt ist.

Tab. 1.6b: Erforderlicher Stichprobenumfang beim Chi-Quadrat-Test in Abhängigkeit von φ bzw. Kontingenzkoeffizienten C, von der Höhe des Beta-Risikos und von der Zahl der Freiheitsgrade. Alpha = 0.01.

φ	C	Zahl der Freiheitsgrade					
		1	2	3	5	10	20
0.1	0.1	1168	1388	1546	1787	2218	2816
		664	819	931	1103	1413	1845
0.2	0.2	292	347	386	447	554	704
		166	205	233	276	353	461
0.3	0.29	130	154	172	199	246	313
		74	91	103	123	157	205
0.4	0.37	73	87	97	112	139	176
		41	51	58	59	88	115
0.5	0.44	47	56	62	71	89	113
		27	33	37	44	57	74
0.6	0.51	32	39	43	50	62	78
		18	23	26	31	39	51
0.7	0.57	24	28	32	36	45	57
		14	17	19	23	29	38
0.8	0.62	18	22	24	28	35	44
		10	13	15	17	22	29
0.9	0.67	14	17	19	22	27	35
		8	10	11	14	17	23

C = Kontingenzkoeffizienten nach PEARSON
φ = siehe Text (im Spezialfall der 4-Feldertafel gleich dem Punktvierfelder-
koeffizienten)
Der obere Wert in der Tabelle gibt den für β = 0.2 erforderlichen Stichprobenumfang
an, der untere Wert den Stichprobenumfang, bei dem β = 0.5 ist.
Man beachte die auf S. 32 angegebene Regel, wonach die erwartete Anzahl der Fälle
in jeder Zelle mindestens 5 – 10 betragen muß. Der in der Tabelle eingetragene Stichprobenumfang ist nicht ausreichend, wenn diese Regel nicht erfüllt ist.

wobei: r = Zahl der Zeilen, wenn die Zahl der Zeilen kleiner ist als die
der Spalten (sonst: Spaltenzahl)
Der Koeffizient von CRAMER fällt im Fall der Vierfeldertafel mit
dem Punktvierfelderkoeffizienten zusammen.
Tabellen 1.6a und 1.6b geben für α = 0.05 und α = 0.01 in Abhängigkeit von C bzw. φ und der Zahl der Freiheitsgrade an, wieviel Vpn
nötig sind, um β = 0.2 zu gewährleisten, und bei welchem Stichprobenumfang β auf 0.5 ansteigt.

c) Chi-Quadrat-Test zum Vergleich einer empirischen mit einer theoretischen Verteilung

Häufig wird der Chi-Quadrat-Test verwendet, um zu prüfen, ob die in der Stichprobe vorgefundene Verteilung mit der Annahme einer bestimmten theoretischen Verteilung (z. B. Normalverteilung, Gleichverteilung) in der Grundgesamtheit vereinbar ist.

Nehmen wir an, es sollte geprüft werden, ob die an $n = 200$ Schülern erhobenen Testrohwerte signifikant von der Normalverteilung abweichen. Die Schüler werden nach dem Testrohwert in k Kategorien geteilt, und für jede Kategorie wird berechnet, wieviel Prozent der Schüler in dieser Kategorie unter der Nullhypothese (Normalverteilung) zu erwarten wären (näheres dazu ist einschlägigen Statistik-Lehrbüchern zu entnehmen).

Wir bezeichnen mit

π_i = unter H_0 erwartete relative Häufigkeit in der i-ten Meßwertklasse

p_i = beobachtete relative Häufigkeit in der i-ten Meßwertklasse

Trifft die Nullhypothese nicht zu,so ist der Erwartungswert der relativen Häufigkeit in der i-ten Meßwertklasse nicht π_i, sondern ein anderer Wert, den wir mit π_i^* bezeichnen.

Die Signifikanzprüfung erfolgt über die Prüfgröße χ^2

$$\chi^2 = n \sum_i \frac{(p_i - \pi_i)^2}{\pi_i}$$

Die Zahl der Freiheitsgrade bestimmt sich aus der Zahl der Kategorien minus der Zahl der Restriktionen, im Fall der Anpassung an die Normalverteilung als $k - 3$ (Restriktionen: n, $\overline{X}$, s).

Die Teststärke des Chi-Quadrattests hängt davon ab, wie stark die in der Gesamtheit tatsächlich vorliegende Verteilung von der unter der Nullhypothese postulierten Verteilung abweicht, also von der Differenz $\pi_i^* - \pi_i$. Definiert man φ^2 als Maß für den Unterschied zwischen Null- und Alternativhypothese

$$\varphi^2 = \sum_i \frac{(\pi_i^* - \pi_i)^2}{\pi_i}$$

so kann man die Tabelle 1.6a und 1.6b benutzen, um in Abhängigkeit von φ und der Zahl der Freiheitsgrade den Stichprobenumfang zu bestimmen, der für β = 0.2 erforderlich ist, und bei welchem Stichprobenumfang Beta auf 0.5 ansteigt.

Als erstem Anhaltspunkt kann man davon ausgehen, daß eine Prüfung der Verteilungsform minimal 50 – 100 Vpn erfordert: Um überhaupt eine Verteilungsform erkennen zu können, wird man wenigstens 5 Meßwertklassen bilden müssen. 50 – 100 Vpn sind dann notwendig, um in jeder Meßwertklasse eine erwartete Häufigkeit von 10 oder mehr zu erhalten. Das reicht dann auch aus, um bei starken Abweichungen von der postulierten Verteilungsform ein Beta von 0.2 zu erhalten. Um zu veranschaulichen, was unter einer starken Abweichung zu verstehen ist, betrachten wir ein Beispiel.

Beispiel: Abweichung von der Gleichverteilung

Unter der Nullhypothese werde angenommen, daß die Zahl der Unfälle auf die 5 Arbeitstage gleich verteilt ist. Tatsächlich treffe die Alternativhypothese zu, und die Unfallwahrscheinlichkeiten verhielten sich wie in der 2. Zeile von Tabelle 1.7 angegeben. Berechnet man φ, so erhält man φ = 0.45. Aus Tabelle 1.6a kann man durch grobe Interpolation zwischen den Werten für φ = 0.4 und φ = 0.5 einerseits und zwischen den Werten für 3 und 5 Freiheitsgrade andererseits entnehmen, daß bei etwa 61 Vpn (Mittel aus den Tabellenwerten 68, 44, 80, 51) das Beta-Risiko nicht höher als 0.2 ist.

Tab. 1.7: Verteilung der Unfälle auf die Arbeitstage unter der Nullhypothese (Gleichverteilung) und einer stark abweichenden Alternativhypothese.

	Mo	Di	Mi	Do	Fr
H_0	0.2	0.2	0.2	0.2	0.2
H_1	0.3	0.1	0.1	0.2	0.3

1.3.4 Der F-Test in der Varianzanalyse

a) Einfache Varianzanalyse mit unabhängigen Gruppen

Nehmen wir an, im Rahmen einer Untersuchung über Lärm und Konzentrationsfähigkeit solle untersucht werden, ob bei gleicher Lautstärke die Art des Lärms einen Einfluß auf die Konzentrationsleistung hat. Die Vpn werden nach dem Zufall auf die k = 5 Lärmbedin-

36

gungen (Sprache, Rauschen, Straßenlärm, Maschinenschreiben, Musik) aufgeteilt und ihre Leistung in einem Konzentrationsleistungstest gemessen. Sind die entsprechenden Voraussetzungen (Normalverteilung innerhalb der Gruppen und Varianzhomogenität) erfüllt, so kann mit Hilfe der einfachen Varianzanalyse geprüft werden, ob zwischen den 5 Stichprobenmittelwerten signifikante Unterschiede bestehen.

Auf die rechnerische Durchführung der Varianzanalyse und der Signifikanzprüfung mit dem F-Test soll hier nicht eingegangen werden. Sie ist in allen einschlägigen Statistik-Lehrbüchern dargestellt. Statt dessen wollen wir zunächst einige Bezeichnungsweisen einführen und uns dann sofort der Frage nach dem Beta-Risiko bzw. dem für $\beta = 0.2$ erforderlichen Stichprobenumfang zuwenden.

Wir bezeichnen die Populationsmittelwerte der einzelnen Bedingungen mit

$\mu_1, \mu_2 \ldots \mu_j \ldots \mu_k$ (im vorliegenden Beispiel ist k = 5)

und das arithmetische Mittel aus den k Populationsmittelwerten mit μ, also

$$\mu = \frac{1}{k} \sum_j \mu_j$$

Als Effekt einer Bedingung j definieren wir

$$\alpha_j = \mu_j - \mu$$

Hat man diese Definitionen eingeführt, kann man die Nullhypothese (keine unterschiedliche Wirkung der Lärmarten auf die Konzentrationsleistung) formulieren als

$H_0: \alpha_j = 0$ für alle Bedingungen j

und die Alternativhypothese (Abhängigkeit der Konzentrationsleistung von der Art des Lärms) als

$H_1: \alpha_j \neq 0$ für zumindest einige Bedingungen j oder, mathematisch knapper, als

$$H_1: \sum_j \alpha_j^2 > 0$$

Wir wenden uns nun dem Beta-Risiko zu. Ähnlich wie im Fall des t-Tests für unabhängige Gruppen (S. 22), wo es um den Vergleich zweier Mittelwerte ging, hängt auch bei der einfachen Varianzanalyse das Beta-Risiko von der Größe der Effekte im Vergleich zur Standardabweichung innerhalb der Gruppen und natürlich vom Stichprobenumfang pro Gruppe ab.

Wir definieren eine Größe f als

$$f = \sqrt{\frac{1}{k} \sum_j \alpha_j^2} \cdot \frac{1}{\sigma_\varepsilon}$$

mit σ_ε = Standardabweichung innerhalb der Gruppen

Die Größe f drückt die Streuung der Populationsmittelwerte zur

Tab. 1.8a: Erforderliche Freiheitsgrade im Nenner des F-Tests in Abhängigkeit von der Größe der Effekte, von der Zahl der Freiheitsgrade im Zähler und vom Beta-Risiko. Alpha = 0.05.

f	fg_1										
	1	2	3	4	5	6	8	10	15	20	40
1	7.85	9.64	10.90	11.94	12.83	13.62	15.02	16.24	18.81	20.96	27.56
	3.84	4.96	5.76	6.42	6.99	7.50	8.40	9.19	10.86	.12.26	16.58
0.8	12	15	17	19	20	21	23	25	29	33	43
	6	8	9	10	11	12	13	14	17	19	26
0.7	16	20	22	24	26	28	31	33	38	43	56
	8	10	12	13	14	15	17	19	22	25	34
0.6	22	27	30	33	36	38	42	45	52	58	77
	11	14	16	18	19	21	23	26	30	34	46
0.5	31	39	44	48	51	54	60	65	75	84	110
	15	20	23	26	28	30	34	37	43	49	66
0.4	49	60	68	75	80	85	94	102	118	131	172
	24	31	36	40	44	47	53	57	68	77	104
0.3	87	107	121	133	143	151	167	180	209	233	306
	43	55	64	71	78	83	93	102	121	136	184
0.2	196	241	273	299	321	340	376	406	470	524	689
	96	124	144	160	175	188	210	230	272	307	415
0.1	785	964	1090	1194	1283	1362	1502	1624	1881	2096	2756
	384	496	576	642	699	750	840	919	1086	1226	1658

f = Maß für die Größe der Effekte (siehe Text)

Der obere der beiden Tabellenwerte gibt jeweils die für $\beta = 0.2$, der untere Wert die für $\beta = 0.5$ erforderliche Zahl der Freiheitsgrade an.

Für Werte von f, die in der Tabelle nicht enthalten sind, kann man den für fg_2 erforderlichen Wert errechnen, indem man den für f = 1 angegebenen Wert durch f^2 dividiert.

Standardabweichung innerhalb der Gruppen aus und ist ein Maß für die relative Größe der Effekte.

Außer von der relativen Größe der Effekte hängt die Teststärke des F-Tests auch von der Zahl der Freiheitsgrade im Zähler und Nenner ab. Für die einfache Varianzanalyse ist die Zahl der Freiheitsgrade im Zähler (fg_1):

$$fg_1 = k - 1$$

und die Zahl der Freiheitsgrade im Nenner (fg_2):

$$fg_2 = k\,(n - 1)$$

mit n = Zahl der Vpn pro Gruppe.

Tab. 1.8b: Erforderliche Freiheitsgrade im Nenner des F-Tests in Abhängigkeit von der Größe der Effekte,von der Zahl der Freiheitsgrade im Zähler und vom Beta-Risiko. Alpha = 0.01.

f	fg_1										
	1	2	3	4	5	6	8	10	15	20	40
1	11.68	13.88	15.46	16.75	17.87	18.87	20.64	22.18	25.43	28.16	36.55
	6.64	8.19	9.31	10.23	11.03	11.75	13.02	14.13	16.48	18.45	24.54
0.8	18	22	24	26	28	29	32	35	40	44	57
	10	13	15	16	17	18	20	22	26	29	38
0.7	24	28	32	34	36	39	42	45	52	57	75
	14	17	19	21	23	24	27	29	34	38	50
0.6	32	39	43	47	50	52	57	62	71	78	102
	18	23	26	28	31	33	36	39	46 ·	51	68
0.5	47	56	62	67	71	75	83	89	102	113	146
	27	33	37	41	44	47	52	57	66	74	98
0.4	73	87	97	105	112	118	129	139	159	176	228
	42	5i	58	64	69	73	81	88	103	115	153
0.3	130	154	172	186	199	210	229	246	283	313	406
	74	91	103	114	123	131	145	157	183	205	273
0.2	292	347	387	419	447	472	516	555	636	704	914
	166	205	233	256	276	294	326	353	412	461	614
0.1	1168	1388	1546	1675	1787	1887	2064	2218	2543	2816	3655
	664	819	931	1023	1103	1175	1302	1413	1648	1845	2454

f = Maß für die Größe der Effekte (siehe Text)
Der obere der beiden Tabellenwerte gibt jeweils die für β = 0.2, der untere Wert die für β = 0.5 erforderliche Zahl der Freiheitsgrade an.
Für Werte von f, die in der Tabelle nicht enthalten sind, kann man den für fg_2 erforderlichen Wert errechnen, indem man den für f = 1 angegebenen Wert durch f^2 dividiert.

Tabelle 1.8a und 1.8b geben für $\alpha = 0.05$ und $\alpha = 0.01$ in Abhängigkeit von f und fg_1 an, wieviele Freiheitsgrade im Nenner erforderlich sind, damit das Beta-Risiko nicht höher als $\beta = 0.2$ ist, und bei wieviel Freiheitsgraden im Nenner das Beta-Risiko auf $\beta = 0.5$ steigt.

Da f als Maß für die relative Größe der Effekte zunächst eine etwas unanschauliche Größe ist, sollen die Werte f = 0.1, f = 0.25 und f = 0.40 an Beispielen veranschaulicht werden.

Beispiel für f = 0.1

Ein f = 0.1 kann als klein bezeichnet werden. Bei nur 2 Gruppen würde sich f = 0.1 ergeben, wenn die Differenz der beiden Populationsmittelwerte 0.2 Streuungseinheiten beträgt (vgl. Definition von «kleinen» Effekten beim t-Test S. 22). Beim Vergleich von 5 Gruppen würde sich ein f = 0.1 ergeben, wenn z. B. die Varianz innerhalb $\sigma_\varepsilon^2 = 100$ wäre und die 5 Mittelwerte $\mu_1 = 98.6, \mu_2 = 99.3, \mu_3 = 100, \mu_4 = 100.7, \mu_5 = 101.4$ wären. Tabelle 1.8a entnimmt man, daß bei 4 Freiheitsgraden im Zähler 1194 Freiheitsgrade im Nenner erforderlich wären, um bei $\alpha = 0.05$ ein Beta-Risiko von 0.20 nicht zu überschreiten. Aus $fg_2 = k(n-1)$ entnimmt man $1194 = 5(n-1)$ und damit: n = 240.

Es sind also 240 Vpn pro Gruppe nötig, um $\beta = 0.20$ zu gewährleisten. Bei 642 Freiheitsgraden im Nenner steigt bei $\alpha = 0.05$ das Beta-Risiko auf $\beta = 0.50$. Einer Zahl von 642 Freiheitsgraden im Nenner entsprechen bei 5 Gruppen n = 130 Vpn pro Gruppe. Die hier errechneten Stichprobenumfänge sind weit größer als in psychologischen Experimenten üblich. Das bedeutet, daß in den meisten psychologischen Experimenten kaum Aussicht besteht, Effekte dieser Größenordnung statistisch zu sichern.

Beispiel für f = 0.25

Ein f = 0.25 ergäbe sich z. B. bei $\sigma_\varepsilon^2 = 100$ und den 5 Mittelwerten: $\mu_1 = 96.5, \quad \mu_2 = 98.25, \quad \mu_3 = 100, \quad \mu_4 = 101.75, \quad \mu_5 = 103.5$.

Die bei $\alpha = 0.05$ und $fg_1 = 4$ für $\beta = 0.2$ erforderliche Zahl der Freiheitsgrade im Nenner erhält man, indem man in Tabelle 1.8a zwischen f = 0.2 und f = 0.3 interpoliert. Es ergibt sich $df_2 = 191$. Das sind bei 5 Gruppen 39 Vpn pro Gruppe. Bei $df_2 = 103$, entsprechend 22 Vpn pro Gruppe, steigt das Beta-Risiko auf $\beta = 0.5$.

Im Fall von nur k = 2 Gruppen entspricht einem f = 0.25 eine Differenz der beiden Populationsmittelwerte von 0.5 Streuungseinheiten. In Einklang mit der auf Seite 22 getroffenen Festsetzung soll bei der einfachen Varianzanalyse ein f = 0.25 als mittelgroßer Effekt bezeichnet werden.

Beispiel für f = 0.40

Bei nur 2 Gruppen würde sich f = 0.4 ergeben, wenn die Differenz der beiden Populationsmittelwerte 0.8 Streuungseinheiten beträgt. Entsprechend der auf Seite 22 für den t-Test getroffenen Festsetzung soll daher ein f = 0.40 als groß gelten.

Bei 5 Gruppen ergibt sich ein f = 0.4 z.B. bei $\sigma_\varepsilon^2 = 100$ und den Mittelwerten $\mu_1 = 94.4$, $\mu_2 = 97.2$, $\mu_3 = 100$, $\mu_4 = 102.8$, $\mu_5 = 105.6$. Hier genügen bei $\alpha = 0.05$ und 4 Freiheitsgraden im Zähler 75 Freiheitsgrade im Nenner. Das sind 16 Vpn pro Gruppe. Bei 40 Freiheitsgraden im Nenner, entsprechend 9 Vpn pro Gruppe, steigt das Beta-Risiko auf $\beta = 0.5$.

Stellt man fest, daß die Teststärke des geplanten Experiments zu gering ist, so wird man zur Verbesserung der Teststärke alle Möglichkeiten in Betracht ziehen, die schon im Zusammenhang mit dem t-Test genannt wurden: Inkaufnahme eines höheren Alpha-Risikos, Erhöhung des Stichprobenumfangs, Vergrößerung der Mittelwertsunterschiede durch extremere Versuchsbedingungen, Reduktion der Varianz innerhalb der Gruppen durch Verwendung homogener Vpn-Gruppen, Reduktion der Prüfvarianz durch Kovarianzanalyse, Verwendung abhängiger statt unabhängiger Gruppen (Parallelisierung, Verwendung derselben Vpn in allen Bedingungen). Darüber hinaus sollte man sich fragen, ob man vor Beginn des Experiments nicht speziellere Hypothesen aufstellen kann, als die recht unbestimmte Alternativhypothese «zwischen den Populationsmittelwerten gibt es irgendwelche Unterschiede», die mit dem F-Test der einfachen Varianzanalyse geprüft wird. Die Anwendung speziellerer Signifikanztests ist oft mit einer wesentlichen Reduktion des Beta-Risikos (bzw. des bei einem bestimmten Beta-Risiko erforderlichen Stichprobenumfangs) verbunden.

In den Beispielen, die oben für die Berechnung von f und die Bestimmung der erforderlichen Stichprobenumfänge angegeben wurden, steigen z.B. die Populationsmittelwerte von μ_1 nach μ_5 linear an. Hat man eine entsprechende Hypothese vor dem Experiment aufgestellt, so kann man mit Hilfe der Methode der vorher geplanten Kontraste (siehe KIRK, 1968, Kap. 4.6) die Quadratsumme für den linearen Anstieg gegen das mittlere Quadrat innerhalb prüfen. Der Gewinn an Teststärke ergibt sich daraus, daß bei gleichem Wert für f nur 1 Freiheitsgrad im Zähler verrechnet wird: Wir greifen das erste Beispiel mit f = 0.1 heraus. Für $\beta = 0.2$ waren bei Verwendung des F-Tests der einfachen Varianzanalyse (4 Freiheitsgrade im Zähler) n = 240 Vpn/Gruppe erforderlich. Testet man die Quadratsumme des linearen

Anstiegs, so bleibt $f = 0.1$, da die Populationsmittelwerte tatsächlich linear ansteigen. Bei $f = 0.1$ und 1 Freiheitsgrad im Zähler sind jedoch laut Tabelle 1.8a nur 785 Freiheitsgrade im Nenner erforderlich, um bei $\alpha = 0.05$ ein $\beta = 0.2$ zu gewährleisten. Das bedeutet bei 5 Gruppen 158 Vpn pro Gruppe, also rund ein Drittel weniger als beim F-Test der einfachen Varianzanalyse.

Die Methode der vorher geplanten Kontraste kommt überall dort in Betracht, wo vor dem Experiment eine gezielte Hypsothese (linearer Anstieg, U-förmiger Zusammenhang, gezielte Gegenüberstellung von zwei Gruppen von Mittelwerten usw.) aufgestellt werden kann. Es hat jedoch keinen Zweck, vor dem Experiment wahllos viele spezielle Hypothesen aufzustellen und an den Daten auszuprobieren. Jede einzelne Signifikanzprüfung ist mit einem Alpha-Risiko verbunden, und mit der Zahl der durchgeführten Signifikanztests steigt die Wahrscheinlichkeit, einen oder mehrere Alpha-Fehler zu begehen (Näheres dazu Kap. 4).

b) Zwei- und mehrfache Varianzanalysen mit unabhängigen Gruppen

Im folgenden wird vorausgesetzt, daß der Leser mit vollständig faktoriellen Versuchsplänen und ihrer varianzanalytischen Auswertung vertraut ist. Das bezieht sich vor allem auf die Begriffe «Haupteffekt», «Wechselwirkung» und die Bestimmung der Freiheitsgrade, aber auch auf die Quadratsummenzerlegung und die Durchführung der F-Tests. Darstellungen findet man in Lehrbüchern der Varianzanalyse, z. B. KIRK (1968, Kap. 7).

Wir nehmen an, ein Experimentalpsychologe wolle die Leistung im Labyrinthlernen bei $p = 3$ genetisch unterschiedlichen Rattenstämmen (a_1, a_2, a_3) unter $q = 4$ verschiedenen Beleuchtungsbedingungen (b_1, b_2, b_3, b_4) untersuchen. Aus jedem der 3 Stämme werden Tiere nach dem Zufall ausgewählt und nach dem Zufall auf die 4 Beleuchtungsbedingungen verteilt. Gemessen wird die Summe der Fehler in den ersten 10 Durchgängen.

Tab. 1.9a: Hypothetische Populationsmittelwerte der Fehlerzahl beim Labyrinthlernen in Abhängigkeit vom Rattenstamm und der Beleuchtungsart.

	Beleuchtungsart			
	b_1	b_2	b_3	b_4
Stamm a_1	21	26	21	20
Stamm a_2	21	21	15	15
Stamm a_3	21	22	18	19

Tab. 1.9b: Varianzanalytische Effekte, berechnet aus Tabelle 1.9a. Die Werte in den Zellen sind die Beträge der Wechselwirkung.

	Beleuchtungsart				Zeilen-mittel	Haupt-effekt A
	b_1	b_2	b_3	b_4		
Stamm a_1	-2	$+1$	$+1$	0	22	$\alpha_1 = +2$
Stamm a_2	$+2$	0	-1	-1	18	$\alpha_2 = -2$
Stamm a_3	0	-1	0	$+1$	20	$\alpha_3 = 0$
Spaltenmittelwert	21	23	18	18		
Haupteffekt B	$\beta_1 = +1$	$\beta_2 = +3$	$\beta_3 = -2$	$\beta_4 = -2$		

Um zu zeigen, wie die Formel für f (S. 38) für die Anwendung auf mehrfache Varianzanalysen zu modifizieren ist, gehen wir von einem Zahlenbeispiel aus. Wir nehmen an, die 3 × 4 unbekannten Populationsmittelwerte hätten folgende, in Tabelle 1.9a angegebenen Werte: Tabelle 1.9b enthält die aus Tabelle 1.9a errechneten Beträge für die Haupteffekte A, B und die Wechselwirkung AB.

Die Varianz innerhalb der Gruppen σ_ε^2 in der Varianzanalyse (geschätzt durch das mittlere Quadrat innerhalb) sei 25.

Wir betrachten als erstes den Haupteffekt A: und setzen in die Formel

$$f = \sqrt{\frac{1}{k} \sum_j \alpha_j^2} \cdot \frac{1}{\sigma_\varepsilon}$$

ein:

$$f = \sqrt{\frac{1}{3}[(+2)^2 + (-2)^2 + 0^2]} \cdot \frac{1}{5} = 0.327 \sim 0.3$$

Unter k ist also die Anzahl der A-Bedingungen zu verstehen.

Entsprechend erhalten wir für B, indem wir für k = 4 und statt der α_j die Haupteffekte von B einsetzen

$$f = \sqrt{\frac{1}{4}[(+1)^2 + (+3)^2 + (-2)^2 + (-2)^2]} \cdot \frac{1}{5} = 0.424 \sim 0.4$$

Bei der Wechselwirkung ist unter k die Zahl der AB-Bedingungen, also pq zu verstehen. Als Effekte sind die 3 × 4 Wechselwirkungsbeträge einzusetzen.

$$f = \sqrt{\frac{1}{4 \cdot 3} [(-2)^2 + (+2)^2 + 0^2 + \ldots (-1)^2 + (+1)^2]} \cdot \frac{1}{5} = 0.22$$

Die Prüfgröße (= Nenner des F-Tests) für alle drei Effekte A, B und AB ist das Mittlere Quadrat innerhalb (MQ_{inn}). Die Zahl der Freiheitsgrade für MQ_{inn} ist:

$$fg_2 = fg_{inn} = pq(n-1)$$

n = Zahl der Vpn/Gruppe

Nun wollen wir feststellen, wieviele Vpn erforderlich sind, damit für keinen der drei Signifikanztests (A, B, AB) ein Beta-Risiko von $\beta = 0.2$ überschritten wird.

Wir beginnen mit dem Haupteffekt A und stellen fest, daß bei $\alpha = 0.05$, einer Effektstärke von $f = 0.3$ und $p - 1 = 2$ Freiheitsgraden im Zähler laut Tabelle 1.8a 107 Freiheitsgrade im Nenner erforderlich sind, damit $\beta = 0.2$ gewährleistet ist. Setzt man diesen Wert in die Formel für die Freiheitsgrade des MQ_{inn} ein und löst nach n auf, so erhält man

$$fg_{inn} = pq(n-1)$$
$$107 = 4 \cdot 3(n-1)$$
$$n = 10$$

Es sind also 10 Vpn pro Gruppe nötig, wenn der Haupteffekt A mit einem Beta-Risiko von $\beta = 0.2$ getestet werden soll. Auf demselben Weg stellt man fest, daß für den Haupteffekt B (bei $\alpha = 0.05$, $f = 0.4$ Freiheitsgrade im Zähler: $fg_1 = q - 1 = 3$) 69 Freiheitsgrade im Nenner erforderlich sind, um $\beta = 0.2$ nicht zu überschreiten. Das entspricht 7 Vpn/Gruppe.

Für die Wechselwirkung AB schließlich findet man, daß (bei $\alpha = 0.05$, $f = 0.22$, $fg_1 = 6$) 281 Freiheitsgrade im Nenner erforderlich sind, um $\beta = 0.2$ nicht zu überschreiten. Das entspricht etwa 24 Vpn/Gruppe.

Damit kommen wir zu folgendem Ergebnis: Wenn keiner der Signifikanztests für A, B, AB ein Beta-Risiko von mehr als $\beta = 0.2$ haben soll, müssen etwa 24 Vpn pro Gruppe herangezogen werden.

Obiges Rechenbeispiel wurde durchgeführt, um die Anwendung der Formel für f (S. 38) und die Benutzung von Tabelle 1.8a auf komplexere Designs zu demonstrieren. Für die Forschungspraxis sind hingegen konkrete Annahmen über die Populationsmittelwerte nicht nötig und wären meist auch nicht möglich. Es genügt vielmehr zu überlegen, ab welcher Größenordnung die Effekte mit hinreichender Wahrscheinlichkeit statistisch gesichert werden sollen.

Wir nehmen an, in einem $2 \times 3 \times 4$ Versuchsplan sollte für Effekte «mittlerer» Größe eine Teststärke von 0.80 erreicht werden. Als «mittlere» Größe soll $f = 0.25$ angesehen werden. Wir erhalten dann

Effekte	Freiheitsgrade im Zähler	erforderliche Freiheitsgrade im Nenner für $\beta = 0.2$
A	$p - 1 = 1$	126
B	$g - 1 = 2$	153
C	$r - 1 = 3$	176
AB	$(p - 1)(q - 1) = 2$	153
AC	$(p - 1)(r - 1) = 3$	176
BC	$(q - 1)(r - 1) = 6$	218
ABC	$(p - 1)(q - 1)(r - 1) = 6$	218

Mit Rücksicht auf die Wechselwirkungen BC und ABC muß das MQ_{inn} mindestens 218 Freiheitsgrade haben. Aus der Formel für die Freiheitsgrade von MQ_{inn}, nämlich: $fg_{inn} = pqr(n - 1)$, ergibt sich $n = 10$. Es sind also mindestens 10 Vpn pro Gruppe nötig.

Ähnlich wie bei der einfachen Varianzanalyse ist es auch bei der Auswertung von zwei- und mehrfaktoriellen Versuchsplänen nützlich zu überlegen, ob nicht statt der üblichen globalen Haupteffekt- und Wechselwirkungshypothesen speziellere Hypothesen aufgestellt werden können. Die Testung spezieller Hypothesen über die Haupteffekte (z. B. linearer Anstieg der Zeilenmittelwerte als spezielle Hypothese über den Haupteffekt A), die Prüfung spezieller Hypothesen über die Wechselwirkung (z. B. unterschiedlich starker Anstieg von a_1 über a_2 nach a_3 je nach B-Bedingungen als spezielle Hypothese über die Wechselwirkung AB) wird bei KIRK (1968, Kap. 7.7) beschrieben. Wie bei der einfachen Varianzanalyse ist die Prüfung von vor dem Versuch aufgestellten speziellen Hypothesen mit der Methode der vorher geplanten Kontraste effektiver als die Testung dieser Hypothesen im Rahmen der relativ pauschal formulierten Haupteffekt- und Wechselwirkungshypothesen in der üblichen varianzanalytischen Auswertung.

1.4 Übungsaufgaben

Aufgabe 1: Von 6 inhaltlich gleich angelegten Untersuchungen zum Thema «Geschlechterunterschiede beim Gruppieren von Objekten» wird in 5 Untersuchungen (A, B, C, D, E) kein signifikanter Unterschied gefunden, in einer Untersuchung (F) wird jedoch gefunden, daß Buben signifikant häufiger nach «deskriptiv-analytischen» Gesichtspunkten gruppieren.

Spricht die Gesamtheit der Ergebnisse eher für die Nullhypothese (kein Geschlechterunterschied) oder für die Alternativhypothese (bestehen eines Geschlechterunterschieds)? Beantworten Sie diese Frage unter folgenden Annahmen über das Alpha- und Beta-Risiko der einzelnen Untersuchungen.

a) In allen Untersuchungen betrug $\alpha = 0.05$ und $\beta = 0.20$
b) $\alpha = 0.01$ und $\beta = 0.50$
c) $\alpha = 0.01$ und $\beta = 0.20$

Lösung:

Zu 1a)

Bei Zutreffen der Nullhypothese handelt es sich bei den 5 nicht signifikanten Ergebnissen um richtige Entscheidungen, bei dem einen signifikanten Ergebnis um einen Alpha-Fehler. Die Wahrscheinlichkeit, in 6 unabhängigen Untersuchungen einen oder mehr Alpha-Fehler zu machen, läßt sich nach der Binomialverteilung errechnen:

Wahrscheinlichkeit für Null Alpha-Fehler ist
$\text{Prob} (0 \text{ Alpha-Fehler}/H_0) = (1 - \alpha)^6 = 0.95^6 = 0.74$
Die Wahrscheinlichkeit für 1 oder mehr Alpha-Fehler daher
$\text{Prob} (1 \text{ oder mehr Alpha-Fehler}/H_0) = 1 - 0.74 = 0.26$

Wenn dagegen die Alternativhypothese zutrifft, so handelt es sich bei dem einen signifikanten Ergebnis um eine richtige Entscheidung, bei den 5 nicht signifikanten Ergebnissen um Beta-Fehler. Die Wahrscheinlichkeit, 5 oder mehr Beta-Fehler zu machen, ergibt sich aus der Binomialverteilung.

$\text{Prob} (6 \text{ Beta-Fehler}/H_1) = \beta^6 = 0.2^6 = 0.000064$
$\text{Prob} (5 \text{ Beta-Fehler}/H_1) = 6 (1 - \beta)\beta^5 = 6 \cdot 0.8 \cdot 0.2^5 = 0.0015$
$\text{Prob} (5 \text{ oder } 6 \text{ Beta-Fehler}/H_1) = 0.000064 + 0.0015 = 0.0016$

Vergleicht man die beiden Werte (0.26 für H_0 versus 0.0016 bei Zutreffen von H_1), so sieht man, daß die 6 Untersuchungsergebnisse insgesamt besser mit der Nullhypothese als mit der Alternativhypothese vereinbar sind.

Zu 1b)

Setzt man für $\alpha = 0.01$ und für $\beta = 0.5$ und führt die Rechenschritte analog zu 1a durch, so erhält man
Prob (1 oder mehr Alpha-Fehler/H_0) = 0.06
Prob (5 oder mehr Beta-Fehler/H_1) = 0.11
Die 6 Untersuchungsergebnisse insgesamt sprechen also stärker für die Alternativhypothese als für die Nullhypothese.

Zu 1c)

Setzt man für $\alpha = 0.01$ und für $\beta = 0.2$, so erhält
Prob (1 oder mehr Alpha-Fehler/H_0) = 0.06
Prob (5 oder mehr Beta-Fehler/H_1) = 0.0016
Die 6 Untersuchungsergebnisse sind zwar mit der Nullhypothese besser vereinbar, doch sind beide Wahrscheinlichkeiten ziemlich klein. Das legt den Schluß nahe, daß weder die Nullhypothese für alle 6 Untersuchungen zutrifft noch die Alternativhypothese für alle 6 Untersuchungen. Vielmehr dürften zwischen den Untersuchungen bisher unbeachtete inhaltliche Unterschiede bestehen, die dafür verantwortlich sind, daß einmal Geschlechterunterschiede auftreten, einmal nicht.

Aufgabe 2: Jemand hat einen Versuch mit n = 20 durchgeführt und einen z-Wert von z = 2.23 erhalten, der bei zweiseitiger Fragestellung bei $\alpha = 0.05$ signifikant war. Er führt denselben Versuch mit weiteren n = 10 Vpn durch und beabsichtigt, für diese Gruppe getrennt einen einseitigen Signifikanztest durchzuführen. Wie groß ist die Wahrscheinlichkeit, daß er ein auf dem 5%-Niveau signifikantes Ergebnis erhält, wenn H_1 zutrifft und die relative Größe des Effekts in der Grundgesamtheit dem in der ersten Stichprobe gefundenen Ergebnis entspricht?
Lösung: Man verwendet die Ergebnisse des ersten Experiments als beste Schätzung über die entsprechenden Populationsparameter und berechnet unter diesen Annahmen die Teststärke für das zweite Experiment.
Da der Erwartungswert der Prüfgröße z mit $\sqrt{n}$ steigt, bedeutet eine Halbierung des Stichprobenumfangs, daß im zweiten Experiment der Erwartungswert der Prüfgröße nur $E(z_2) = 2.23/\sqrt{2} = 1.58$ ist. Die Varianz der Prüfgröße z_2 ist 1. Da in einer Normalverteilung mit Mittelwert 1.58 und Varianz 1 nur 47.6% der Fälle rechts vom kritischen

Wert 1.64 liegen, ist die Teststärke nur *0.476*, das Beta-Risiko also über 50%!

Aufgabe 3: Jemand hat bei einem Vorher-Nachher-Vergleich, den er mit dem t-Test für abhängige Stichproben durchgeführt hat, bei einem Stichprobenumfang von n = 40 einen t-Wert von t = 2.7 erhalten, der bei zweiseitiger Fragestellung auf dem 5%-Niveau signifikant ist. Er führt den Versuch nochmals mit n = 20 Vpn durch und plant, für diese Gruppe getrennt einen Signifikanztest bei Alpha = 0.05 und zweiseitiger Fragestellung durchzuführen. Wie groß ist die Teststärke dieses Signifikanztests?

Lösung: analog zu Aufgabe 2: Die Prüfgröße für t_{korr} wächst mit $\sqrt{n-1}$. Setzt man die Ergebnisse des ersten Versuchs als Schätzwerte der entsprechenden Populationswerte ein, so ergibt sich für den zweiten Versuch als Erwartungswert für die Prüfgröße $E(t_2) = 2.7\sqrt{19/39}$ = 1.88. Da der kritische t-Wert für 19 Freiheitsgrade und $\alpha = 0.05$ zweiseitig t_{krit} = 2.09 beträgt, wird er in weniger als 50% der Fälle überschritten. Das Beta-Risiko ist also größer als 50%.

Aufgabe 4: Eine Forschergruppe A führt ihre Signifikanztests bei α = 0.05 und β = 0.2 durch. Signifikante Ergebnisse werden publiziert. Angenommen, in 40% der Fälle trifft die Nullhypothese zu, welcher Anteil an den publizierten Ergebnissen dieser Forschergruppe ist auf Alpha-Fehler zurückzuführen?

Man vergleiche dann eine Forschergruppe B, die bei sonst gleichen Umständen mit einem β = 0.5 arbeitet.

Lösung: Forschergruppe A hat im Durchschnitt auf 100 durchgeführte Signifikanztests mit folgenden Fehlern und richtigen Entscheidungen zu rechnen:

| | Wahrer Sachverhalt | |
	H_1 trifft zu	H_0 trifft zu
Ergebnis signifikant	richtige Entscheidungen 48	Alpha-Fehler 2
Ergebnis nicht signifikant	Beta-Fehler 12	richtige Entscheidungen 38
	60	40

Von den 50 signifikanten Ergebnissen sind 2 auf Alpha-Fehler zurückzuführen.

Forschergruppe B dagegen hat im Durchschnitt auf 100 durchgeführte Signifikanztests mit folgenden Fehlern und richtigen Entscheidungen zu rechnen:

	Wahrer Sachverhalt	
	H_1 trifft zu	H_0 trifft zu
Ergebnis signifikant	richtige Entscheidungen 30	Alpha-Fehler 2
Ergebnis nicht signifikant	Beta-Fehler 30	richtige Entscheidungen 38
	60	40

Von den 32 signifikanten Ergebnissen sind 2 auf Alpha-Fehler zurückzuführen.

Wenn beide Forschergruppen gleich viel publizieren, wird unter den publizierten signifikanten Ergebnissen der Forschergruppe A der Anteil der Alpha-Fehler geringer sein als bei Forschergruppe B (hier 4% gegenüber 6.25%).

2. Wie man ohne Arbeit den Stichprobenumfang vervielfacht

Die Durchführung von Forschungsvorhaben ist mit Arbeit verbunden, die lästig werden kann. Dann z. B., wenn man 100mal oder mehr denselben Versuch durchführen soll. Dies ist angesichts des hohen Beta-Risikos, das man bei zu kleinen Stichprobenumfängen eingeht, leider nötig.

So kommt dann mancher auf Ideen, die arbeitssparend zu einer inkorrekten Auswertung führen.

2.1 Die Multiplikation von Versuchspersonen

2.1.1 Augenfällige und weniger augenfällige Beispiele

Beispiel 1: Wenn einer herginge, 10 Vpn untersuchen würde und 100 schreiben, würde er zum bewußten Betrüger, den hoffentlich die gerechte Strafe ereilt.

Beispiel 2: Wenn ein anderer, der 100 Vpn befragen soll, nur 10 befragen würde, aber jede 10mal hintereinander, so daß sie 10mal «ja, ja, ja, ja . . .» oder «nein, nein, nein, nein . . .» sagen würde, würde er sich eine Menge Lauferei und Warterei ersparen, aber letztlich genauso sträflich handeln wie oben genannter Betrüger, der die Sache noch plumper und zeitsparender betreibt. Wenn er aus 7 ja-sagenden Vpn und 3 nein-sagenden Vpn 70 Ja-Antworten und 30 Nein-Antworten macht, so passiert offenbar nichts anderes, als daß die Vpn-Zahl mit 10 multipliziert wird. An der statistischen Unbedeutsamkeit des Verhältnisses 7 : 3 (z. B. als Abweichung von 5 : 5) kann sich dabei nichts ändern; tut es das doch, so kann etwas nicht mit rechten Dingen zugegangen sein.

Beispiel 3: Nun nehme man an, ein klinischer Psychologe habe Traumprotokolle über 1000 Träume, die von 100 neurotischen Patienten unterschiedlichen Alters stammen. Von einem Patienten hat er 1 – 20, im Durchschnitt 10 Träume. Er teilt nun die Träume nach dem Alter des Träumers auf und stellt fest, wieviel Prozent der Träume in einer jeden Altersklasse ein bestimmtes inhaltliches Motiv, z. B. offene Aggression, enthalten bzw. nicht enthalten und führt einen Chi-Quadrat-Test durch.

Bei diesem Beispiel ist die wunderbare Vermehrung des N nicht so augenfällig wie bei den beiden vorherigen Beispielen, dem Betrüger, der einfach eine Null anhängt, und dem skrupulanten Betrüger, der eine Vp 10mal das gleiche tun läßt und wie 10 Vpn verrechnet. Trotzdem ist aus N = 100 Vpn ein N = 1000 Träume geworden. Und das ging nicht mit rechten Dingen zu. Inwiefern nicht mit rechten Dingen, soll im folgenden erörtert werden.

2.1.2 Warum es so nicht geht: theoretische Überlegungen

Die statistische Theorie, die in der Psychologie angewendet wird, geht davon aus, daß aus einer Population eine Stichprobe von N unabhängigen Beobachtungen gezogen wird (bzw. aus mehreren Populationen mehrere Stichproben, von denen jede aus unabhängigen Beobachtungen besteht).

Im folgenden soll nun erörtert werden, was unabhängige Beobachtungen sind und was nicht; und wie man sich in die Tasche lügt, wenn man Beobachtungen als unabhängig behandelt, die es nicht sind.

Dazu soll zunächst das einfache Urnenmodell, das zu unabhängigen Beobachtungen führt, im Zusammenhang mit geläufigen statistischen Verfahren wiederholt werden. Dem wird dann ein zweistufiges Ziehungsverfahren gegenübergestellt (Urnen-Sack-Modell), bei dem N Ziehungen im allgemeinen nicht zu N unabhängigen Beobachtungen führen. Die beiden Ziehungsverfahren sind grob unterschiedlich zu beurteilen, wenn es um die Schätzgenauigkeit von Populationsparametern und damit um die Möglichkeit statistischer Schlüsse auf der Basis von jeweils N Beobachtungen geht.

a) Das einfache Urnenmodell

Beobachtungen sind unabhängig, wenn die Tatsache, daß man beim ersten Ziehen eine bestimmte Beobachtung gezogen hat, nichts an der Wahrscheinlichkeit, beim zweiten Ziehen eine bestimmte Beobachtung zu ziehen, verändert.

Der Vorgang der Erhebung unabhängiger Beobachtungen wird gewöhnlich durch ein einfaches Urnenmodell veranschaulicht. Aus einer Urne werden Kugeln gezogen, wobei die Urne der Population, die gezogenen Kugeln der Stichprobe entsprechen. Die Urne wird als unendlich groß gedacht (oder jede Kugel wird nach dem Ziehen zurückgelegt), so daß sich durch die Entnahme einzelner Kugeln nichts an dem Mischungsverhältnis in der Urne ändert. Man kann sich die Kugeln als qualitativ verschieden (z. B. Farbe) vorstellen und aus diesem Modell eine statistische Theorie über Häufigkeitsdaten herleiten oder sich denken, daß auf den Kugeln Zahlen stünden, und eine statistische Theorie quantitativer Daten entwickeln.

In der psychologischen Statistik wird zwischen Verfahren für abhängige und unabhängige Stichproben unterschieden. In jedem Fall wird dabei vorausgesetzt, daß die Datenerhebung dem einfachen Urnenmodell entspricht. Das soll im folgenden an einfachen Beispielen näher erläutert werden:

Beispiel: t-Test für unabhängige Stichproben:

Es soll untersucht werden, ob Männer im Durchschnitt größer sind als Frauen. Jede der beiden Populationen stellt eine Urne dar, die Messungen an den einzelnen, zufällig aus der Population ausgewählten Vpn sind als unabhängige Ziehungen aus diesen beiden Urnen zu betrachten. Ein solches Ziehungsverfahren entspricht den Voraussetzungen des t-Tests für unabhängige Stichproben.

Beispiel: Korrelation:

Die Korrelation zwischen Körpergröße und Körpergewicht bei männlichen Studenten soll untersucht werden. Die Population aller männlichen Studenten stellt die Urne dar, jeder einzelne Student eine Kugel. Jede Kugel enthält zwei Angaben, eine für Körpergröße und eine für Körpergewicht. Wählt man nach dem Zufall 100 Studenten aus der Population aus und stellt für jeden Körpergröße und -gewicht fest, so entspricht das 100 unabhängigen Ziehungen aus der Urne. Ein solches Ziehungsverfahren entspricht den Voraussetzungen über die Unabhängigkeit der Meßwertpaare, wie sie z.B. bei der Signifikanzprüfung von Korrelationen gemacht werden.

Beispiel: t-Test für abhängige Stichproben:

Zum Vergleich zweier Unterrichtsmethoden werden zwei Vpn-Gruppen nach der Intelligenz parallelisiert, die eine Gruppe nach Methode A, die andere nach Methode B unterrichtet. Einer gezogenen Kugel entspricht nun ein Probandenpaar, auf der Kugel stehen die zwei Zahlen, nämlich für den Lernerfolg des nach Methode A und nach Methode B unterrichteten Paarlings. Beobachtungseinheit ist hier ein Paar, der t-Test für abhängige Stichproben setzt die unabhängige Ziehung der Meßwertpaare voraus.

Man sieht also, daß sowohl Verfahren für abhängige wie auch für unabhängige Stichproben auf dem einfachen Urnenmodell basieren. Bei Verfahren für abhängige Stichproben werden zwar pro Beobachtungseinheit mehrere Merkmale erhoben, die einzelnen Beobachtungseinheiten müssen jedoch unabhängigen Ziehungsvorgängen entstammen.

b) Das Urnen-Sack-Modell (zweistufiges Ziehungsmodell)

Man vergleiche mit obigem einfachen Urnenmodell, das das Datenerhebungsmodell der psychologischen Statistik ist, folgendes andere, mehrstufige Modell:
Die Grundgesamtheit wird wieder durch eine Urne dargestellt. In der Urne befinden sich jedoch nicht Einzelkugeln, sondern Säcke. In den Säcken befinden sich Kugeln. Die Säcke sind gleich groß, d. h. sie machen denselben Anteil am Urneninhalt aus, das Mischungsverhältnis der Kugeln ist jedoch von Sack zu Sack verschieden. Das Ziehungsverfahren besteht darin, daß man zunächst einen Sack zieht, aus diesem eine gewisse Zahl von Kugeln entnimmt, und dann den nächsten Sack zieht.
Bei Ziehung von n Säcken und Entnahme von je k Kugeln aus jedem Sack hat man insgesamt $N = n \cdot k$ Kugeln untersucht. Für die Schätzung der Genauigkeit des Urneninhalts insgesamt ist es jedoch offensichtlich nicht egal, ob bei $N = 100$ Kugeln alle 100 aus 1 Sack stammen, oder je 20 Kugeln aus 5 Säcken, oder je 1 aus 100 Säcken genommen wurde. Im letztgenannten Fall (je 1 Kugel pro Sack) liegen unabhängige Beobachtungen vor und die Genauigkeit ist am besten. Zieht man hingegen mehrere Kugeln aus demselben Sack, so liefern diese mehr oder weniger redundante Information, können also für die Schätzung des Urneninhalts nicht das gleiche leisten wie eine entsprechende Zahl Kugeln aus verschiedenen, unabhängig voneinander gezogenen Säcken. Zieht man gar alle 100 Kugeln aus demselben Sack, erhält man über den Urneninhalt insgesamt kaum Information (siehe Übungsaufgabe S. 85).
Wir wollen nun zu den eingangs genannten Beispielen zurückkehren. Die nähere Betrachtung dieser Beispiele zeigt nämlich, daß hier die Datenerhebung einem zweistufigen Zufallsprozeß, also dem Urnen-Sack-Modell entspricht, so daß eine statistische Auswertung, die $N = n \cdot k$ Beobachtungen entsprechend einem einstufigen Zufallsprozeß als unabhängig betrachtet, falsch ist. Außerdem wollen wir fragen, wie die Auswertung korrekt aussehen müßte.
Beispiel 1: Kann wohl übergangen werden. Man streiche die Null wieder und leugne, je den Gedanken daran gehabt zu haben.
Beispiel 2: Mehrmalige Befragung derselben Personen, der Prozentsatz der Ja-Antworten in der Grundgesamtheit soll geschätzt werden: Befragt man n Personen jede k-mal, so hat man insgesamt $N = n \cdot k$ Antworten. Diese entstammen jedoch einem zweistufigen Zufallsprozeß: Im ersten Schritt wird, entsprechend der Ziehung eines Sacks aus der Urne, eine Vp zufällig ausgewählt. Die Tendenz dieser Vp «ja» zu

sagen kann durch den Anteil der Ja-Kugeln in diesem Sack dargestellt werden (einer entschiedenen Vp, die entweder jedesmal «ja» oder jedesmal «nein» sagt, entspricht ein Sack mit 100% Ja- oder 100% Nein-Kugeln. Bei einer weniger entschiedenen Vp enthält der Sack einen ihrer Ja-Tendenz entsprechenden Anteil von Ja-Kugeln). Eine solche Stichprobe aus n · k Antworten, von denen je k von derselben Person stammen, ist keine einfache Zufallsstichprobe aus N unabhängigen Beobachtungen. Da die Antworten, die von derselben Vp stammen, weitgehend redundant sind, enthält sie weit weniger Information über die Population als N Antworten von N unabhängig ausgewählten Vpn.

Zur Schätzung des Prozentsatzes der Ja-Antworten in der Grundgesamtheit verwendet man zweckmäßigerweise den aus allen N = n · k Antworten berechneten Prozentwert. Die Genauigkeit einer solchen Schätzung wird gewöhnlich durch ein Konfidenzintervall angegeben, dessen Breite (je breiter das Konfidenzintervall, desto ungenauer die Schätzung) im wesentlichen vom Stichprobenumfang abhängt. Würde man nun für den Stichprobenumfang N = Anzahl der Antworten einsetzen, obwohl mehrere Antworten von derselben Vp stammen, so würde man die Genauigkeit stark überschätzen. Auch die Formeln für die Berechnung von Konfidenzintervallen setzen einfache Zufallsstichproben (einstufige Ziehungsverfahren) voraus.

Eine korrekte Auswertung erfordert, daß nicht die einzelne Antwort, sondern eine Vp als Beobachtungseinheit gewählt wird. Berechnet man für jede Vp die relative Häufigkeit, mit der sie bei k-maliger Befragung «ja» gesagt hat, als Maß ihrer individuellen Ja-Tendenz, so hat man 1 Meßwert pro Vp zu verrechnen. Damit ist eine einfache einstufige Zufallsstichprobe gegeben und es können gängige statistische Verfahren für die Auswertung von quantitativen Variablen (insbesondere auch zur Berechnung von Konfidenzintervallen) verwendet werden.

Beispiel 3: Auch beim dritten Beispiel, den 1000 Träumen, die von 100 Patienten stammen und nach dem Alter des Träumers eingeteilt werden, ist ein zweistufiger und nicht, wie bei der Auswertung mit Chi-Quadrat vorausgesetzt wird, ein einfacher Zufallsprozeß im Spiel: Zum einen sind die Vpn als Zufallsstichprobe aus ihrer Altersklasse zu betrachten (erste Ziehungsebene: Säcke), auf der zweiten Ziehungsebene (Kugeln) werden von jedem Träumer 10 Traumberichte (Stichprobe aus allen Träumen dieses Träumers) in die Auswertung einbezogen.

Will man mit Chi-Quadrat auswerten, so darf bei der Häufigkeitsauszählung jede Vp nur 1mal gezählt werden. Das wäre der Fall, wenn von jeder Vp nur 1 Traum herangezogen und festgestellt wird, ob offene Aggression als Inhalt vorkam oder nicht.

Will man jedoch auf die Auswertung des gesamten Traummaterials einer Vp nicht verzichten, so muß man versuchen, die Tendenz der Vp zu offen aggressiven Trauminhalten aufgrund der vorliegenden Träume bestmöglich zu quanitifizieren. Wie das geschieht, ist ein inhaltliches Problem: Man könnte an ein Experten-Rating, eine Auszählung aggressiver Wörter oder andere Arten der Inhaltsanalyse denken. Hat man dann eine Maßzahl definiert und für jede Vp einen Score berechnet, so steht einem Vergleich der verschiedenen Altersstufen mittels statistischer Verfahren für quantitative Variablen (Varianzanalyse, Kruskal-Wallis H-Test) nichts mehr im Wege. Beobachtungseinheit ist nun wieder die Vp und Stichprobenumfang die Zahl der Vpn.

In Beispiel 2 und 3 bestand der Fehler jeweils darin, daß N Reaktionen (Antworten, Träume) als unabhängige Beobachtungen behandelt werden, obwohl mehrere von derselben Person stammten. Kann man dieses Ergebnis nun dahingehend verallgemeinern, daß mehrere Beobachtungen an derselben Person grundsätzlich keine unabhängigen Beobachtungen sind? – Dies ist zwar eine Faustregel, die den größten Teil aller Anwendungsfälle in der Psychologie abdeckt; nähere Überlegungen anhand des Urnen-Sack-Modells zeigen jedoch, daß es auch Spezialfälle gibt, in denen mehrere Beobachtungen an derselben Person als unabhängige Beobachtungen verrechnet werden können:

1. Wenn es keine interindividuellen Unterschiede gibt: Wenn alle Säcke gleich gefüllt sind, ist es offenbar egal, ob mehrmals aus demselben Sack oder aus verschiedenen Säcken gezogen wird. Allerdings wird man in der Psychologie kaum ein Beispiel finden, bei dem man interindividuelle Unterschiede ausschließen kann.

2. Wenn die Aussagen auf eine bestimmte Vp als Einzelfall begrenzt werden sollen: Solche Einzelfallstudien mit wiederholten Beobachtungen an derselben Person kommen z. B. im Bereich der klinischen Psychologie vor, wenn Krankheitsverlauf oder Rehabilitationsprozeß an einem bestimmten Probanden untersucht werden (Näheres siehe PETERMANN & HEHL, 1959). Im Urnen-Sack-Modell entsprechen einer Einzelfallstudie wiederholte Ziehungen aus demselben Sack, wobei Aussagen nur über denselben Sack gemacht werden sollen. Es liegt somit ein einfacher Ziehungsprozeß vor. Bedenken gegen die Unabhängigkeit der Beobachtungen können sich jedoch aus anderen Gründen ergeben: Erinnerung, Motivationseinflüsse, usw. können aus einer Messung resultieren und die darauffolgenden Reaktionen direkt beeinflussen. Ob solche Effekte eine Rolle spielen, ist unter inhaltlichen Gesichtspunkten zu überlegen.

2.2 Die Multiplikation von Gruppen

2.2.1 Die Gruppe als korrekte Beobachtungseinheit

In den bisher gebrachten Beispielen war jeweils die Vp die korrekte Beobachtungseinheit und der Fehler bestand darin, daß statt dessen die einzelnen Reaktionen der Vp als Einheit betrachtet wurden. Damit wurde die Voraussetzung unabhängig gezogener Beobachtungen verletzt.

Es gibt jedoch auch eine Vielzahl von Anwendungsfällen, in denen eine Vpn-Gruppe die korrekte Beobachtungseinheit darstellt, so daß die Zahl der Vpn-Gruppen, nicht die der Einzelpersonen als Stichprobenumfang anzusehen ist.

Dies ist gewöhnlich der Fall:

a) Wenn den Versuchsbedingungen nach dem Zufall nicht einzelne Vpn, sondern Vpn-Gruppen zugeordnet wurden.
b) Wenn die Versuchsdurchführung in Gruppen erfolgt und mit Effekten der gemeinsamen Versuchsdurchführung zu rechnen ist.
c) Wenn sonstige Zufallseinflüsse in einer experimentellen Bedingung mehr als eine Person gleichzeitig betreffen.

Beispiel:

Es soll untersucht werden, welche von zwei Unterrichtsmethoden (a_1, a_2) erfolgreicher ist. Es stehen 20 Schulklassen mit je etwa 25 Schülern zur Verfügung. 10 Klassen sollen mit Methode a_1, 10 Klassen mit Methode a_2 unterrichtet werden. Die Zuordnung der Klassen zu den Unterrichtsmethoden erfolgt nach dem Zufall. Das Ergebnis soll auf alle Schulklassen (unter gleichen Bedingungen) verallgemeinert werden.

Kann man nun einfach die 250 Schüler, die mit Methode a_1 unterrichtet wurden, zusammenfassen und den 250 mit Methode a_2 unterrichteten (z. B. mittels t-Test) gegenüberstellen?

Nein. Den Unterrichtsmethoden wurden nicht einzelne Schüler, sondern ganze Schulklassen nach dem Zufall zugeordnet. Die einzelnen Schulklassen unterscheiden sich hinsichtlich Vorgeschichte, Ausgangsleistung, usw. Die Wirkung des Unterrichts kann von Ausgangsleistung und Vorgeschichte stark abhängig sein. In Hinblick auf diese Variablen und die dadurch entstehenden Varianzkomponenten (Varianz zwischen den Klassen) beträgt der Stichprobenumfang eben 2×10 und nicht 2×250.

Dazu kommen Effekte der gemeinsamen Versuchsdurchführung.

Wenn der Unterricht in stark normierter Form vorliegt (z. B. schrift-
lich vorgelegte programmierte Texte, die jeder Schüler für sich durch-
arbeitet) und kurz (1 Schulstunde) dauert, so können diese Einflüsse
vernachlässigbar sein. Wenn hingegen der Unterricht Interaktion mit
den Schülern in der Gruppensituation erfordert, so wird er auch bei
gleichem Unterrichtskonzept zwangsläufig von Klasse zu Klasse unterschiedlich ablaufen. Solche Variationen des Verlaufs mögen mit
den Ausgangsbedingungen in den einzelnen Klassen in Zusammenhang stehen oder zufällig sein – in jedem Fall wirken sie auf die Klasse
als Einheit und variieren nicht zufällig von Schüler zu Schüler. Daher
ist auch im Hinblick auf diese Effekte die Zahl der Klassen und nicht
die der Schüler als Stichprobenumfang anzusehen.

Solche Fälle, in denen starke Effekte der gemeinsamen Versuchsdurchführung bestehen oder gar direkte gegenseitige Beeinflussung der
Vpn stattfindet, sind außer in der pädagogischen Psychologie auch in
der Sozialpsychologie und in der Klinischen Psychologie häufig anzutreffen. Hier ist in aller Regel die Gruppe die korrekte Beobachtungseinheit.

Beispiel: Die Zufriedenheit mit der Zusammenarbeit in Vierer-
Gruppen soll in Abhängigkeit von der Kommunikationsstruktur untersucht werden: Selbst wenn man völlig gleiche Ausgangsgruppen
herstellen (oder im Gedankenexperiment dieselbe Gruppe mehrmals
starten) könnte, wäre zu erwarten, daß sich die Gruppen im Lauf der
Versuchsdurchführung auseinander entwickeln: wenn eine Gruppe
gerade «gut läuft», würden sich vermutlich alle zufrieden äußern,
wenn es Streit gab, alle vier unzufrieden. Es gibt nur so viele unabhängige Versuchsdurchführungen, wie es Gruppen gibt, weshalb die
Gruppe die Auswertungseinheit sein muß.

Ganz ähnlich liegt der Fall bei Gruppentherapien. Der Therapie-
verlauf beim Einzelnen hängt offenbar vom Verlauf in der Gesamt-
gruppe ab, so daß die Zahl unabhängiger Beobachtungen die Zahl der
Gruppen ist. Dazu kommen allerdings bei klinischen Gruppen meist
noch weitere Probleme, wie nicht zufällige Zuordnung der Patienten
zu den Therapeuten und Therapiemethoden u. ä., wodurch der Wert
statistischer Vergleiche oft überhaupt fraglich wird.

Beispiele dafür, wie leicht die Vernachlässigung von Schulklassen-
effekten zu verwirrenden Artefakten führen kann, geben CRONBACH &
WEBB (1975) und GUSTAFSSON (1978). CRONBACH & WEBB reanalysieren eine Studie von ANDERSON (1941), der beim Vergleich von zwei
Methoden des Mathematikunterrichts, die an insgesamt 18 Klassen
erprobt worden waren, eine signifikante Wechselwirkung zwischen
Befähigung des Schülers und Unterrichtsmethode gefunden hatte.

Demnach schien ein auf Drill (Einüben von Rechenalgorithmen) angelegter Unterricht eher «Overachiever» zu fördern, ein auf Verständnis (meaning) abzielender Unterricht eher die «Underachiever». ANDERSON (1941) hatte in seiner Auswertung Klasseneffekte nicht berücksichtigt, sondern einfach die einzelnen Schüler als Beobachtungseinheit genommen. Die Reanalyse von CRONBACH & WEBB (1975) zeigte, daß 1. innerhalb der Schulklassen keine Wechselwirkung auftrat und 2. bei Verwendung der Klassen als Einheit der Effekt auf eine einzige aus der Reihe fallende Klasse zurückzuführen war. CRONBACH & WEBB kommen daher zu dem Ergebnis, daß die von ANDERSON gefundene Wechselwirkung zufällig und das signifikante Ergebnis ein Auswertungsartefakt ist. In einer dem Versuchsplan nach ähnlich angelegten Studie (zwei Lerninstruktionen wurden an insgesamt 14 zufällig ausgewählten Klassen erprobt) kam GUSTAFSSON (1978) zu einem ganz ähnlichen Befund: Eine Vernachlässigung der Schulklasseneffekte führte zu verschiedenen signifikanten, jedoch inhaltlich widersprüchlichen Ergebnissen. Diese verschwanden, wenn die Schulklasseneffekte in der Auswertung berücksichtigt wurden.

2.2.2 Die Auswertung von Gruppenversuchen. Korrekt, aber nicht signifikant – oder lieber nicht so korrekt?

Wir betrachten nochmals das Beispiel der zwei Unterrichtsmethoden, die an je 10 zufällig ausgewählten Schulklassen erprobt werden. Im Rahmen unseres Urnen-Sack-Modells entsprechen die Schulklassen den Säcken, die Schüler den Kugeln, wobei die Säcke vollständig geleert werden (alle Schüler einer Klasse untersucht). Es liegt eine zweistufige Stichprobe vor, weshalb ein t-Test mit den Schülern als Beobachtungseinheit unzulässig ist.

Eine korrekte Auswertung muß sich auf die Schulklassen als Beobachtungseinheit stützen, da bezüglich der Schulklassen einfache Zufallsstichproben vorliegen. Will man den Effekt der Unterrichtsmethoden testen, so hat man für jede Klasse den Mittelwert aller Schüler zu berechnen und als Meßwert für die Leistung dieser Klasse zu verwenden. Mit diesen 2mal 10 Meßwerten kann dann ein t-Test für unabhängige Stichproben durchgeführt werden.

Daß man bei 500 untersuchten Schülern mit einem Stichprobenumfang von 2mal 10 Klassen arbeiten soll, ist frustrierend. Vermutlich würden viele Forscher die inkorrekte Auswertung mit Schülern als Beobachtungseinheit vorziehen. Zur Begründung würden sie einerseits die Unterschiede zwischen den Schulklassen bagetellisieren und andererseits auf den «horrenden» Teststärkeverlust hinweisen, den die Auswertung mit Schulklassen als Beobachtungseinheit mit sich bringt. Deshalb sind folgende beiden Fälle zu untersuchen:

a) Es sind tatsächlich keine Schulklassen-Effekte vorhanden. Somit wäre eine Auswertung mit Schülern als Einheit korrekt. Wie groß ist der «horrende» Teststärkeverlust, wenn statt dessen vorsichtshalber Schulklassen als Beobachtungseinheit gewählt wurden? (t-Test mit 2mal 10 Klassen)

b) Es liegen geringe Schulklasseneffekte vor. Die Auswertung erfolgt jedoch mit Schülern als Beobachtungseinheit (2mal 250 Schüler). Wie wirkt sich diese Verletzung der Voraussetzungen des t-Tests auf das Alpha-Risiko aus?

zu Frage a):

Die Teststärke des t-Tests hängt von der relativen Größe des Effekts und dem Stichprobenumfang pro Gruppe ab (siehe Kap. 1, S. 14 bis 18). Die relative Größe des Effekts wird mit d bezeichnet und gibt an, wieviel Sigma-Einheiten die beiden Populationsmittelwerte auseinander liegen:

$$d = \frac{\mu_1 - \mu_2}{\sigma}$$

Nehmen wir an, die Streuung bei Schülern, die mit derselben Methode unterrichtet werden, sei $\sigma = 10$ und der Effekt der Unterrichtsmethode betrage 3 Punkte zugunsten von Methode a_2. Bei einer Auswertung mit Schülern als Beobachtungseinheit erhalten wir einen relativen Effekt von $d = 0.30$. Aus $d = 0.30$ und $n = 250$ Schüler pro Gruppe ergibt sich nach den Tabellen von COHEN (1977) eine Teststärke von 0.92.

Zum Vergleich wollen wir nun die Teststärke für den Fall berechnen, daß die Klassen als Beobachtungseinheit gewählt werden und die Mittelwerte der 2mal 10 Schulklassen einem t-Test unterzogen werden:

Wenn keinerlei Schulklassen-Effekte vorhanden sind, handelt es sich bei den 10 mit derselben Methode unterrichteten Klassen um 10 Zufallsstichproben zu je 25 Meßwerten aus derselben Grundgesamtheit. Die Streuung der 10 Klassenmittelwerte ergibt sich nach der allgemeinen Formel für die Streuung von Stichprobenmittelwerten aus derselben Grundgesamtheit. Sie lautet:

$$\sigma_{\bar{x}} = \frac{\sigma}{\sqrt{n}}$$

mit:

n = Zahl der Meßwerte pro Mittelwert

Für die Streuung der Klassenmittelwerte, die wir auch mit σ bezeichnen, erhalten wir demnach bei n = 25 Schülern pro Klasse

$$\sigma' = \sigma_{\bar{x}} = \frac{10}{\sqrt{25}} = 2$$

Verglichen mit der Streuung der Testwerte der einzelnen Schüler ist also die Streuung der Klassendurchschnitte wesentlich geringer. Der Effekt der Unterrichtsmethode betrage wie zuvor 3 Punkte zugunsten von Methode a_2. Gegenüber der geringeren Streuung der Klassenmittelwerte bedeutet das jedoch einen sehr viel größeren relativen Effekt d':

$$d' = \frac{\mu_1 - \mu_2}{\sigma'} = \frac{3}{2} = 1.5$$

Bei einem relativen Effekt von 1.50 und einem Stichprobenumfang von 10 Meßwerten pro Unterrichtsmethode ergibt sich nach den Tabellen von COHEN (1977) eine Teststärke von 0.89.

Überraschenderweise stellt sich also heraus, daß der Teststärkeverlust bei Verwendung der Schulklassen als Beobachtungseinheit gering ist: Die Teststärke beträgt 0.89, wenn die Klassen Beobachtungseinheit sind, und 0.92, wenn die Schüler als Beobachtungseinheit gewählt werden. Das liegt daran, daß der geringere Stichprobenumfang bei Klassenauswertung (2mal 10 gegenüber 2mal 250) durch die geringere Streuung der Klassenmittelwerte und den sich daraus ergebenen größeren relativen Effekt (1.5 statt 0.3) weitgehend kompensiert wird.

Führt man dieselben Berechnungen, die hier ausgehend von einem relativen Effekt von d = 0.30 angestellt wurden, auch für andere Werte von d durch, so gelangt man zu Tabelle 2.1.

Tabelle 2.1 bestätigt unsere am speziellen Beispiel mit d = 0.30 gefundenes Ergebnis: Auch bei anderen Annahmen über die relative Größe des Effekts ist der Teststärke-Unterschied zwischen den beiden Auswertungsverfahren geringfügig.

Man mag nun einwenden, 2mal 10 Schulklassen für einen Unter-

Tab. 2.1: Teststärke des t-Tests bei Einzelauswertung (Vp als Beobachtungseinheit) und Gruppenauswertung (Gruppe als Beobachtungseinheit).

	Größe des Effekts (d)			
d	.10	.20	.30	.40
2 × 250 Schüler	.20	.62	.92	.99
2 × 10 Klassenmittelwerte aus je 25 Schülern	.18	.57	.89	.99

d = relative Größe des Effekts ($\mu_1 - \mu_2$)/σ bei Einzelauswertung.
  Zeile 1 gibt in Abhängigkeit von d an, welche Teststärke erreicht wird, wenn die Auswertung mit 2mal 250 Schülern als Beobachtungseinheit durchgeführt wird.
  Zeile 2 gibt zum Vergleich an, welche Teststärke erreicht wird, wenn die Auswertung mit 2mal 10 Klassenmittelwerten als Beobachtungseinheit durchgeführt wird. Jeder Klassenmittelwert basiert auf 25 Schülern. In allen Fällen ist angenommen, daß keine Schulklassen-Effekte vorliegen (so daß beide Auswertungsarten korrekt sind) und daß die Signifikanztests bei α = 0.05 zweiseitig durchgeführt werden.

richtsversuch zur Verfügung zu haben, sei immer noch ein Glücksfall. In der Praxis könne man oft nur 3 oder 4 Gruppen pro Bedingung untersuchen, und dann sei eine Auswertung mit Gruppen als Beobachtungseinheit aufgrund des zu kleinen Stichprobenumfangs eine schier hoffnungslose Angelegenheit. Deshalb sei eine Auswertung mit Vpn als Einheit der einzige gangbare Weg. Wir wollen daher folgenden Extremfall betrachten: Mit jeder der beiden Unterrichtsmethoden werden nur 2 Klassen zu je 40 Schülern unterrichtet. Wir neh-

Tabelle 2.2: Teststärke des t-Tests bei Einzelauswertung (Vp als Beobachtungseinheit) und Gruppenauswertung (Gruppe als Beobachtungseinheit).

	Größe des Effekts (d)				
d	0.1	0.2	0.3	0.4	0.5
2 × 80 Vpn	.09	.24	.48	.72	.89
2 × 2 Klassenmittel à 40 Vpn	.07	.12	.27	.43	.61
2 × 3 Klassenmittel à 40 Vpn	.10	.21	.47	.71	.89

d = relative Größe des Effekts ($\mu_1 - \mu_2$)/σ bei Einzelauswertung.
  Zeile 1 gibt in Abhängigkeit von d an, welche Teststärke erreicht wird, wenn die Auswertung mit 2mal 80 Schülern als Beobachtungseinheit durchgeführt wird.
  Zeile 2 gibt zum Vergleich an, welche Teststärke erreicht wird, wenn die Auswertung mit 2mal 2 Klassenmittelwerten als Beobachtungseinheit durchgeführt wird. Jeder Klassenmittelwert basiert auf 40 Schülern.
  Zeile 3 gibt an, welche Teststärke erreicht wird, wenn die Auswertung mit 2mal 3 Klassenmittelwerten aus je 40 Schülern durchgeführt wird.
  In allen Fällen ist angenommen, daß keine Schulklassen-Effekte vorliegen (so daß beide Auswertungsarten korrekt sind) und daß die Signifikanztests bei α = 0.05 zweiseitig durchgeführt werden.

men wieder an, es gebe keine Schulklasseneffekte, und fragen wie zuvor, wie groß der Teststärkeverlust ist, wenn nicht der Schüler, sondern vorsorglich die Schulklasse als Beobachtungseinheit gewählt wird. Im ersten Fall wird ein t-Test mit 2mal 80 Schülerscores gerechnet, im zweiten Fall mit 2mal 2 Klassenmittelwerten. Tabelle 2.2 zeigt in den ersten beiden Zeilen die entsprechenden Werte für die Teststärke. Tatsächlich ist die Teststärke bei Auswertung auf der Basis der Klassenmittelwerte merklich geringer. Zeile 3 zeigt jedoch, daß bereits eine Erhöhung der Zahl der untersuchten Klassen von 2 auf 3 pro Unterrichtsmethode den Unterschied wett macht: 2mal 3 Gruppen à 40 Vpn auf Gruppenebene ausgewertet bringen dieselbe Teststärke wie 2mal 80 Vpn auf Vpn-Ebene ausgewertet.

Die Antwort auf Frage (a) läßt sich wie folgt zusammenfassen: Wenn vorsichtshalber Schulklassen als Beobachtungseinheit gewählt werden und das gar nicht nötig wäre, weil tatsächlich keine Schulklasseneffekte vorliegen, so ist der damit in Kauf genommene Teststärkeverlust keineswegs «horrend». Bei 10 Klassen pro Unterrichtsmethode ist der Teststärkeunterschied geringfügig und selbst bei nur 2 Klassen pro Methode ist der Teststärkeunterschied schon durch Hinzunahme einer weiteren Klasse pro Methode kompensiert. Es kann also keine Rede davon sein, daß eine Auswertung mit Klassen als Beobachtungseinheit hinsichtlich der Teststärke in eine hoffnungslose Situation führen müsse.

Wenn das Ergebnis dieser Berechnungen überrascht und der Erfahrung aus dem Forschungsalltag zu widersprechen scheint, so hat das seinen Grund: Die Varianz der Klassenmittelwerte (Gruppenmittelwerte) ist in der Praxis meist nicht so klein wie hier errechnet, und das liegt daran, daß die Gruppeneffekte eben nicht zu vernachlässigen sind!

Die Frage, wie sich «ein bißchen» Varianz zwischen den Gruppen auswirkt, wenn sie vernachlässigt wird, wurde als Frage (b) auf S. 59 bereits gestellt und soll nun behandelt werden.

Zu Frage (b): Die Wirkung vernachlässigter Gruppeneffekte auf das Alpha-Risiko: Die folgenden Ausführungen setzen fortgeschrittene Kenntnisse varianzanalytischer Versuchspläne, insbesondere hierarchischer Designs voraus. Damit nicht vertraute Leser können entweder ein Lehrbuch zu Hilfe nehmen (WINER, 1962, Kap. 5.12; KIRK, 1968, Kap. 7) oder einfach auf S. 67 übergehen und sich mit der Zusammenfassung der Ergebnisse zufrieden geben.

Wir greifen wieder auf unser hypothetisches Beispiel der zwei Unterrichtsmethoden zurück, die an je 10 zufällig ausgewählten Schulklassen erprobt werden. Wir nehmen an, es bestehe kein Unterschied

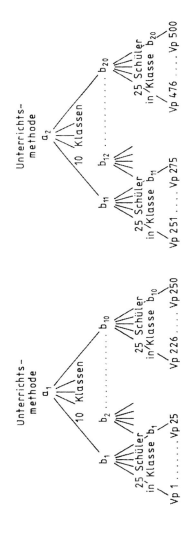

Abb. 2.1: Hierarchischer Versuchsplan.

Der Faktor «Schulklassen» (B) ist dem Faktor «Unterrichtsmethoden» (A) untergeordnet. Die Aufteilung der Klassen auf die Unterrichtsmethoden erfolgt zufällig.

in der Wirkung der beiden Unterrichtsmethoden, und fragen nach dem Alpha-Risiko für den Fall, daß Klasseneffekte vorliegen.

Da wir außer mit den primär interessierenden Effekten der Unterrichtsmethoden auch mit Klasseneffekten rechnen, haben wir es mit zwei unabhängigen Variablen zu tun: Variable A «Unterrichtsmethoden» mit 2 Stufen, und Variable B «Schulklassen» mit 20 Stufen (jede Klasse wird als eine «Stufe» der Variablen «Schulklassen» aufgefaßt).

Die beiden Variablen A und B sind nicht vollständig kombiniert (dazu müßte jede Klasse mit beiden Methoden unterrichtet werden), sondern Unterrichtsmethode a_1 und a_2 werden auf je die Hälfte der Stufen von B (Klassen) angewendet. Solche Versuchspläne nennt man «hierarchische Anordnungen»: Variable B (Klassen) ist unter Variable A (Unterrichtsmethoden) hierarchisch angeordnet, wie in Abbildung 2.1 dargestellt.

Korrekte Auswertung eines hierarchischen Designs:

Wenn die entsprechenden Voraussetzungen (Normalverteilung, Varianzhomogenität sowohl für die Klassenmittelwerte, die den einzelnen Unterrichtsmethoden zugeordnet sind, als auch für die Einzelwerte der Schüler in den einzelnen Klassen) erfüllt sind, kann die varianzanalytische Auswertung wie folgt vorgenommen werden:

Für die Effekte der Unterrichtsmethoden A, der Unterschiede zwischen den Schulklassen B und der individuellen Unterschiede der Schüler in derselben Klasse (Error) werden Quadratsummen, Freiheitsgrade und daraus die mittleren Quadrate berechnet. Die Signifikanzprüfung für die Effekte A und B wird durchgeführt, indem die entsprechenden mittleren Quadrate (siehe unten) mittels F-Test verglichen werden.

Wir verzichten darauf, die rechnerische Durchführung im einzelnen zu erörtern, und betrachten nur die Erwartungswerte für die mittleren Quadrate, da sich hieraus ergibt, welche mittleren Quadrate mittels F-Test zu vergleichen sind, um die Hypothesen (A Unterschiede zwischen den Schulklassen, B Unterschiede zwischen mit derselben Methode unterrichteten Klassen) zu prüfen.

Die Nullhypothese für A «die Unterrichtsmethoden haben keinen Effekt» besagt, daß die Varianzkomponente durch Effekte der Unterrichtsmethoden $\sigma^2 (\alpha)$ gleich Null ist. Tabelle 2.3 entnimmt man, daß im Fall $\sigma^2 (\alpha) = 0$ die Erwartungswerte für das mittlere Quadrat von A und für das mittlere Quadrat von B gleich sind. Unter der Alternativhypothese ist der Erwartungswert für das MQ_A um den Betrag $nk\sigma^2 (\alpha)$ größer als der Erwartungswert für MQ_B. Daraus ergibt sich, daß der Effekt von A auf Signifikanz geprüft werden kann, indem man mittels F-Test prüft, ob das errechnete MQ_A signifikant größer ist als das

Tabelle 2.3: Auswertung eines hierarchischen Versuchsplans.

Effekt	Freiheitsgrade	Erwartungswert des mittleren Quadrats
A Unterrichtsmethoden	$p - 1$	$\sigma^2(\varepsilon) + n\sigma^2(\beta) + nk\sigma^2(\alpha)$
B Schulklassen innerhalb jeder Unterrichtsmethode	$p(k - 1)$	$\sigma^2(\varepsilon) + n\sigma^2(\beta)$
Error (Schüler innerhalb einer Klasse)	$p(k - 1)(n - 1)$	$\sigma^2(\varepsilon)$

p = Anzahl der Unterrichtsmethoden (hier: $p = 2$)
k = Anzahl der Klassen pro Unterrichtsmethode (hier: $k = 10$)
n = Zahl der Schüler pro Klasse ($n = 25$)
$\sigma^2(\alpha), \sigma^2(\beta), \sigma^2(\varepsilon)$ = Varianzkomponenten durch Effekte A, B und Error.

MQ_B. Diese Auswertung ist rechnerisch dasselbe wie ein *t-Test für homogene Varianz mit den Klassenmittelwerten als Einheit.*

Darüber hinaus kann gefragt werden, ob Unterschiede zwischen Schulklassen, die mit derselben Methode unterrichtet werden, signifikant sind. Unter der Nullhypothese (keine Klasseneffekte) ist $\sigma^2(\beta) = 0$ und die Erwartungswerte für das mittlere Quadrat für B und für das mittlere Quadrat für Error sind gleich. Man prüft also mittels F-Test, ob das errechnete MQ_B signifikant größer ist als das MQ_{error}.

Auswertung unter der Zusatzvoraussetzung: keine Klasseneffekte.

Obige Auswertung stellte Schulklasseneffekte in Rechnung. Wie sieht es nun aus, wenn man einfach voraussetzt, es gebe keine Klasseneffekte? Wir betrachten wieder Tabelle 2.3 und setzen jeweils $\sigma^2(\beta) = 0$. Es ergibt sich dann, daß sowohl MQ_B als auch MQ_{error} denselben Erwartungswert $\sigma^2(\varepsilon)$ haben. Der Erwartungswert von MQ_A ist unter H_0 ebenfalls $\sigma^2(\varepsilon)$, unter der Alternativhypothese um den Betrag $nk\sigma^2(\alpha)$ größer. Eine Signifikanzprüfung für den Haupteffekt A ergibt sich also, wenn man das errechnete MQ_A gegen die aus MQ_A und MQ_{error} gemäß den Freiheitsgraden gemittelte Prüfgröße (MQ_{pooled}) testet

$$MQ_{pooled} = \frac{p(k - 1)MQ_B + pk(n - 1)MQ_{error}}{p(k - 1) + pk(n - 1)}$$

Diese Auswertung ist rechnerisch dasselbe wie ein t-Test für homogene Varianzen mit den Schülern als Beobachtungseinheit.

Was passiert nun, wenn einfach eine Auswertung unter Voraussetzung «keine Klasseneffekte» gemacht wird, obwohl Klasseneffekte vorliegen? Das Ergebnis ist ein sehr viel höheres Alpha-Risiko als angenommen, selbst bei geringfügigen Klasseneffekten. Das wollen wir an einem Rechenbeispiel deutlich machen: Die Unterrichtsmethoden haben keinen Effekt. Der Großteil der Varianz sei Varianz innerhalb der Schulklassen ($\sigma^2(\varepsilon) = 100$), dazu komme eine relativ kleine zusätzliche Varianzkomponente durch Unterschiede zwischen den Schulklassen ($\sigma^2(\beta) = 5$).

Gemäß Tabelle 2.3 berechnen wir folgende Erwartungswerte für die mittleren Quadrate

$$E(MQ_A) = \sigma^2(\varepsilon) + n\sigma^2(\beta) + nk\sigma^2(\alpha) = 100 + 25 \cdot 5 + 0 = 225$$
$$E(MQ_B) = \sigma^2(\varepsilon) + n\sigma^2(\beta) = 100 + 25 \cdot 5 = 225$$
$$E(MQ_{error}) = \sigma^2(\varepsilon) = 100$$

Bei korrekter Auswertung wird MQ_A gegen MQ_B getestet. Da die Nullhypothese zutrifft, sind beide Erwartungswerte gleich und der F-Test wird nur mit der durch das Signifikanzniveau Alpha festgelegten Wahrscheinlichkeit einen signifikanten Unterschied ausweisen. Wird dagegen $\sigma^2(\beta)$ vernachlässigt und MQ_A gegen MQ_{pooled} geprüft, so ergeben sich folgende Erwartungswerte:

$$E(MQ_A) = 225$$
$$E(MQ_{pooled}) = 104.5$$

Auch unter Geltung der Nullhypothese für A ist also der Erwartungswert für MQ_A erheblich größer als für MQ_{pooled}. Bei 1 Freiheitsgrad im Zähler und 498 Freiheitsgraden im Nenner zeigt der F-Test einen solchen Varianzunterschied mit einer Wahrscheinlichkeit von über 0.3 an! Das bedeutet, daß bei dieser Testung des Effekts der Unterrichtsmethoden das Alpha-Risiko (Wahrscheinlichkeit für die Annahme der Alternativhypothese, obwohl keine unterschiedlichen Unterrichtseffekte vorhanden sind) *nicht wie nominell angegeben* $\alpha = 5\%$, *sondern über 30% beträgt.* Und das schon bei relativ geringen Effekten der Klassenzugehörigkeit! Nimmt man für dasselbe Beispiel an, daß die Varianzkomponente durch Unterschiede der Schulklassen $\sigma^2(\beta) = 10$ ist, was im Vergleich zur Varianz innerhalb der Klassen $\sigma^2(\varepsilon) = 100$ immer noch wenig ist, so steigt das Alpha-Risiko auf weit über 50%. Man sieht, daß hier tatsächlich die Mücke zum Elefanten wird und man mit der Annahme, die Klasseneffekte würden klein genug sein, daß man sie vernachlässigen dürfe, äußerst vorsichtig sein muß.

In machen Lehrbüchern wird nun folgendes Vorgehen vorgeschlagen, das einen Kompromiß darstellt aus dem Wunsch des Untersuchers, eben doch die Personen und nicht die Gruppen als Einheit zu wählen, und dem Bestreben, das Alpha-Risiko nicht völlig außer Kontrolle geraten zu lassen: Man teste zuerst, ob Klasseneffekte vorliegen (F-Test von MQ_B gegen MQ_{error}). Nur wenn das Ergebnis signifikant ist, muß MQ_A gegen MQ_B geprüft werden, wenn nicht, wird die gemittelte Prüfgröße MQ_{pooled} verwendet.

Wenn Klasseneffekte vorliegen, so führt auch dieses Vorgehen nicht zur Einhaltung des nominell angegebenen Alpha-Risikos: Wird der F-Test für die Klasseneffekte signifikant (die Wahrscheinlichkeit hierfür ist eine Frage des Beta-Risikos), so erfolgt danach der Signifikanztest für die Hauptfragestellung (Unterrichtsmethoden) korrekt; wird er nicht signifikant, so ist Alpha für den Test des Effekts der Unterrichtsmethoden höher als nominell angegeben. Formeln zur Berechnung des tatsächlichen Alpha-Risikos in Abhängigkeit von der Stärke der Klasseneffekte einerseits und der Entscheidungsstrategie andererseits wurden von BOZIVICH et al. (1956) abgeleitet.

Das Ergebnis der von S. 59 bis 67 angestellten Überlegungen kann man wie folgt zusammenfassen: Wenn Gruppeneffekte vorliegen, ist die Gruppe als Beobachtungseinheit zu wählen. Selbst geringfügige Gruppeneffekte führen zu einem starken Anstieg des Alpha-Risikos, wenn sie nicht berücksichtigt werden und die Auswertung mit den Einzelpersonen als Beobachtungseinheit durchgeführt wird. In unserem Rechenbeispiel betrug die Varianz durch individuelle Unterschiede zwischen den Personen 100, hinzu kam Varianz durch Gruppeneffekte von 5. Bereits diese relativ geringen Gruppeneffekte führten zu einem Anstieg des Alpha-Risikos vom nominell angegebenen Wert von 5% auf eine tatsächliche Irrtumswahrscheinlichkeit von über 30%, wenn die Auswertung auf Einzelpersonen als Beobachtungseinheit basiert.

Da andererseits bei Nicht-Vorhandensein von Gruppeneffekten der aus einer Gruppenauswertung resultierende Teststärkeunterschied keineswegs so horrend ist, wie man zunächst vermutet, ist im Zweifelsfall immer die Auswertung mit Gruppen als Beobachtungseinheit vorzuziehen.

2.3 Die Multiplikation von Freiheitsgraden in der Varianzanalyse

Die wunderbare Vermehrung des Stichprobenumfangs durch Multiplikation von Vpn, wie in 2.1 beschrieben, ist an kein bestimmtes statistisches Verfahren gebunden. Trotzdem läßt sich ganz deutlich eine Lieblingsmethode zur Multiplikation der Vpn-Zahl ausmachen:

Varianzanalysen mit abhängigen Gruppen («Versuchspläne mit Meßwiederholung auf einem oder mehreren Faktoren» bei WINER, 1962;
«Randomized Block Design» und «Randomized Block Factorial Design» bei KIRK, 1968) sind hervorragend geeignet, den Stichprobenumfang rechnerisch zu vervielfachen und nicht signifikante Ergebnisse als signifikant auszugeben.

Zunächst ein Beispiel: In einem Lernexperiment durchläuft jede Vp
80 Durchgänge, bei jedem Durchgang kann sie richtig oder falsch antworten. Der Versuch wird mit n = 10 Vpn durchgeführt. Es soll festgestellt werden, ob die Vpn im Lauf des Experiments lernen, die Trefferzahl also ansteigt.

Erste Auswertung (korrektes Vorgehen): Um von Alternativdaten
(richtig – falsch) zu quantitativen Werten zu kommen, werden die 80
Durchgänge in zwei Abschnitte (Durchgänge 1 bis 40 und 41 bis 80)
aufgeteilt und für jede Vp festgestellt, wieviel Treffer sie in der ersten
und wieviel in der zweiten Versuchshälfte erzielt hat. Es wird erwartet,
daß die durchschnittliche Trefferzahl in der zweiten Versuchshälfte
höher liegt. Diese Hypothese wird mit dem t-Test für abhängige Stichproben (oder Wilcoxon-Test, als einem nicht-parametrischen Verfahren) überprüft. Angenommen, das Ergebnis sei nun nicht signifikant
und der Versuchsleiter wollte dies nicht zur Kenntnis nehmen. Er
könnte dann auf folgenden Gedanken kommen:

Zweite Auswertung: Er teilt den Versuch statt in 2 Abschnitte zu je
40 Durchgängen in 4 Versuchsabschnitte zu je 20 Durchgängen. Er
führt eine Varianzanalyse für abhängige Gruppen durch und berechnet die mittleren Quadrate wie in einschlägigen Lehrbüchern beschrieben (WINER, 1962, Kap. 4; KIRK, 1968, Kap. 5), und führt die
F-Tests durch, wie sie dort angegeben sind (WINER, 1962, S. 113;
KIRK, 1968, S. 134).

Wir gehen auf die rechnerischen Einzelheiten nicht ein, sondern
begnügen uns damit, Tabelle 2.4 zu betrachten. Sie listet in Spalte (1)
auf, für welche Effekte mittlere Quadrate berechnet werden, gibt in

Tab. 2.4: Einfaktorieller Versuchsplan mit Meßwiederholung. Konventionelle Auswertung.

(1) Effekt/Mittleres Quadrat	(2) Freiheitsgrade	(3) Prüfgröße
Versuchsabschnitte (A)	$p - 1$	$A \times Vpn$
Versuchspersonen (Vpn)	$n - 1$	–
Wechselwirkung $A \times Vpn$	$(p - 1)(n - 1)$	–

p = Anzahl der Stufen von A (hier: Zahl der gebildeten Versuchsabschnitte)
n = Zahl der Versuchspersonen (hier: n = 10)

Spalte (2) die Freiheitsgrade dazu an und nennt in Spalte (3) die Prüfgröße (Nenner des F-Tests) für den in Spalte (1) genannten Effekt.

Die Nullhypothese für Haupteffekt A lautet «Es wird nicht gelernt. Die Mittelwerte der Trefferzahlen in den 4 Versuchsabschnitten sind in der Grundgesamtheit gleich.» Diese Hypothese wird laut Tabelle 2.4 geprüft, indem das mittlere Quadrat für den Effekt A gegen das mittlere Quadrat für Error geprüft wird. Dieser F-Test hat nun auf einmal $p - 1 = 3$ Freiheitsgrade im Zähler und $(p - 1)(n - 1) = 3 \cdot 9 = 27$ Freiheitsgrade im Nenner, und siehe da, er ist – ganz im Unterschied zum t-Test mit seinen 9 Freiheitsgraden – signifikant!

Wäre er es nicht, könnte man statt 4 Versuchsabschnitten zu je 20 Durchgängen 8 Versuchsabschnitte zu je 10 Durchgängen bilden und es auf diese Art auf 72 Freiheitsgrade im Nenner bringen. Erstaunlich, was sich alles aus 10 Vpn machen läßt, nicht wahr? Nur geht es leider nicht mit rechten Dingen zu, weil einige Voraussetzungen, die in den Lehrbüchern zwar genannt, aber meist nicht sehr betont werden, verletzt sind.

Was sind nun diese Voraussetzungen? Die Beantwortung dieser Fragen erfordert einige theoretische Überlegungen:

Der F-Test in der oben angegebenen varianzanalytischen Auswertung, die wir im folgenden die «konventionelle Auswertung» nennen, findet seine theoretische Begründung in den Erwartungswerten für die mittleren Quadrate der einzelnen Effekte (WINER, 1962, S. 116 – 123; KIRK, 1968, S. 134). Letztere sind aber unter der Voraussetzung abgeleitet, daß sich die Vp-Wechselwirkungen wie Error verhalten, also von Meßwert zu Meßwert zufällig variieren. Daß diese Voraussetzung nicht nur für das vorliegende Beispiel, sondern für die meisten psychologischen Versuche unrealistisch ist, erkennt man, wenn man sich inhaltlich vergegenwärtigt, was die einzelnen Effekte bedeuten. Wir greifen auf unser Beispiel zurück und gehen die Effekte durch:

Der Haupteffekt A: Wird durch die durchschnittliche, d. h. aus allen Vpn gemittelte Lernkurve definiert.

Der Haupteffekt «Vpn» drückt individuelle Unterschiede im durchschnittlichen, d. h. über den ganzen Versuchsablauf gemittelten Leistungsniveau der einzelnen Vpn aus. Sind nur die beiden Haupteffekte, Versuchsabschnitte und Vpn vorhanden, so haben die Lernkurven für alle Vpn die genau gleiche Form, nur in der Höhe verschoben und durch Zufallseinflüsse (Error) verzittert. Abbildung 2.2a und 2.2b zeigen solche Fälle, 2.2a ohne, 2.2b mit Error.

Wechselwirkung A $\times$ Vpn: Zeigen nicht alle Vpn, abgesehen von einer Höhenverschiebung, denselben Kurvenverlauf, so bedeutet das eine Wechselwirkung Vpn $\times$ Versuchsabschnitte. Wenn vorausge-

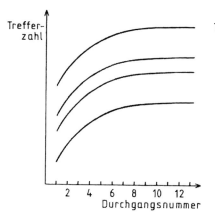

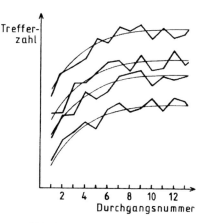

Abb. 2.2a: Vier individuelle Lernkurven.

Der Höhenunterschied entspricht
dem Haupteffekt «Versuchspersonen».

Abb. 2.2b: Vier individuelle Lernkurven, durch Zufallseinflüsse überlagert.

Es handelt sich um dieselben
Kurven wie in Abb. 2.2a. Die Abweichungen vom glatten Kurvenverlauf sind von Durchgang zu Durchgang zufällig, bedingt durch Error
oder eine Wechselwirkung «Versuchspersonen × Durchgangsnummer», die sich wie Error verhält.

setzt wird, daß sich diese Wechselwirkung wie Error verhält, so bedeutet das, daß die Abweichungen der individuellen Lernkurven von der
Durchschnittskurve von Versuchsabschnitt zu Versuchsabschnitt zufällig sein müssen. Systematische Abweichungen stellen eine Verletzung der Voraussetzung dar.

Abbildung 2.3a zeigt eine Durchschnittskurve und zwei individuelle Lernkurven, die von der Durchschnittskurve systematisch abweichen. Zu jeder der beiden individuellen Kurven für Vp 1 und Vp 2
ist punktiert auch die höhenversetzte Durchschnittskurve eingezeichnet. Die Wechselwirkungsbeträge A × Vp sind als Abweichungen der
individuellen Kurven von der höhenversetzten Durchschnittskurve
eingezeichnet. Diese Beträge sind nicht von Punkt zu Punkt zufällig,
sondern zeigen bei beiden Vpn eine systematische Tendenz: Die
Kurve von Vp 1 steigt stärker als die Durchschnittskurve, weshalb die
Wechselwirkungsbeträge im ersten Versuchsteil negativ, im zweiten
Teil positiv sind. Vp 2 lernt langsamer als der Durchschnitt, weshalb
die Wechselwirkungsbeträge zuerst negativ sind und dann positiv wer-

70

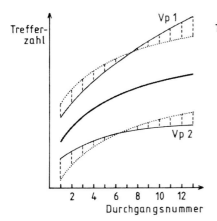

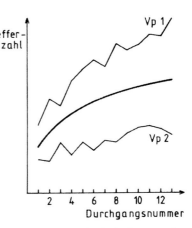

Abb. 2.3a: Durchschnittskurve und zwei systematisch abweichende individuelle Kurven.

—— Durchschnittskurve
------ Individuelle Kurven
·········· gemäß dem Vp-Haupteffekt höhenversetzte Durchschnittskurve
– – – – Beträge der Wechselwirkung Vp × Durchgangsnummer

Für beide Vpn korreliert die Wechselwirkung mit der Durchgangsnummer, bei Vp 1 positiv, bei Vp 2 negativ.

Abb. 2.3b: Durchschnittskurve und zwei systematisch abweichende individuelle Kurven, durch Zufallseinflüsse überlagert.

—— Durchschnittskurve
—— individuelle Kurven

Es handelt sich um dieselben Kurven wie in Abb. 2.3a. Die Abweichungen vom glatten Kurvenverlauf sind von Durchgang zu Durchgang zufällig, bedingt durch Error.

den. Abbildung 2.3b zeigt dieselben Kurven unter Einbeziehung eines von Meßpunkt zu Meßpunkt zufälligen Errors.

Solche Fälle, in denen die Abweichungen der individuellen Kurven von der (entsprechend dem Vp-Haupteffekt höhenversetzten) Durchschnittskurve systematisch sind, dürften bei psychologischer Forschung eher die Regel als die Ausnahme sein. Die konventionelle Auswertung ist dann nicht korrekt.

Welche praktischen Folgerungen sind nun zu ziehen?

1. Man überlege, ob es vernünftig ist, anzunehmen, die Vp-Wechselwirkungen verhielten sich einfach wie Error. Eine statistische Prüfung dieser Voraussetzungen ist über folgende beiden Folgerungen möglich: Wenn die individuellen Kurven, abgesehen von einer Höhenverschiebung, nur unsystematische Abweichungen von der Durchschnittskurve zeigen, so müßten

a) die Varianzen über den ganzen Versuch hinweg in allen Versuchsabschnitten gleichbleiben

b) die Korrelationen zwischen allen Versuchsabschnitten gleich hoch sein. Beides zusammen besagt, daß die Varianz-Kovarianzmatrix für die Versuchsdurchgänge folgende Form haben muß:

$$
\begin{array}{c}
\text{Durchgang} \\
\begin{array}{cccccc}
1 & 2 & 3 & 4 & \ldots\ldots & p
\end{array}
\end{array}
$$

1	σ^2	$\rho\sigma^2$	$\rho\sigma^2$	$\rho\sigma^2\ldots\rho\sigma^2$	
2		σ^2	$\rho\sigma^2$	$\rho\sigma^2\ldots\rho\sigma^2$	
3			σ^2	$\rho\sigma^2\ldots\rho\sigma^2$	
4				$\sigma^2\ldots\rho\sigma^2$	
$\vdots$				$\vdots$	
p				σ^2	

(mit Zeilenbeschriftung links: Durchgang)

Die Diagonalelemente (Varianzen der Versuchsabschnitte) müssen untereinander gleich sein, nämlich gleich σ^2. Die Nicht-Diagonalelemente (Kovarianzen zwischen zwei Versuchsabschnitten) müssen ebenfalls untereinander gleich sein, nämlich $\rho\sigma^2$. Box (1954; referiert bei WINER, 1962, Kap. 7.7 und bei KIRK, 1968, S. 139 – 142) gibt ein Verfahren an, das es ermöglicht zu prüfen, ob die aus den Daten errechnete Varianz-Kovarianzmatrix von der geforderten Form signifikant abweicht.

Es sei am Rande bemerkt, daß oben genannte Form der Kovarianzmatrix mathematisch gesehen eine hinreichende, aber nicht notwendige Voraussetzung ist. Für die Begründung des F-Tests läßt sich theoretisch eine etwas schwächere Voraussetzung angeben (HUYNH & FELDT, 1970; ROUANET & LEPINE, 1970; beide zit. nach ROGAN et al., 1979, siehe Anhang S. 87), die Unterscheidung ist jedoch nur für mathematische Spezialfälle, nicht für praktisch plausible Anwendungsfälle von Belang.

Bei oben genanntem Lernexperiment und vielen ähnlichen Experimenten ist von vornherein nicht zu erwarten, daß die Voraussetzungen für eine konventionelle Auswertung erfüllt sind: Die Varianzen werden im Verlauf des Versuchs nicht gleich bleiben, zeitlich benachbarte Versuchsabschnitte werden höher korrelieren als zeitlich entfernte, häufig steigen auch die Korrelationen zeitlich benachbarter Versuchsabschnitte im Lauf des Experiments an.

2. Wenn man die Voraussetzungen über die Form der Kovarianzmatrix nicht geprüft oder signifikante Abweichungen gefunden hat, stehen folgende Möglichkeiten offen:

a) Reduktion der Zahl der Freiheitsgrade. Box (1954) hat sich mit dem Fall befaßt, daß die Ergebnisse aus den einzelnen Versuchsabschnitten mit beliebiger Kovarianzmatrix multivariat normalverteilt sind, d. h. die Voraussetzung der Normalverteilung bleibt bestehen, die Varianzen können sich jedoch im Lauf des Versuchs ändern und die Korrelationen zwischen den Versuchsabschnitten können beliebig unterschiedlich sein. Er hat gezeigt, daß die konventionelle Auswertung mit folgender Modifikation wieder einen korrekten F-Test liefert:

Die Quadratsummen werden berechnet wie gewohnt, die Zahl der Freiheitsgrade für den Faktor Versuchsabschnitte wird jedoch mit e, einer Zahl, die sich aus der Varianz-Kovarianz-Matrix errechnet, multipliziert. Tabelle 2.5 gibt das modifizierte Schema der Varianzanalyse an.

Die Prüfung des Haupteffekts «Versuchsabschnitte» erfolgt, indem man das mittlere Quadrat A gegen das mittlere Quadrat Rest testet, wobei nun der F-Wert für $(p-1) \cdot e$ Freiheitsgrade im Zähler und $(n-1)(p-1) \cdot e$ Freiheitsgrade im Nenner überschritten werden muß.

Die Größe e berechnet sich aus der Varianz-Kovarianz-Matrix der Versuchsdurchgänge wie folgt (im Anhang S. 88 ist die Formel von Box, 1954, auch in Matrizen-Schreibweise angegeben):

$$e = \frac{1}{p-1} \cdot \frac{p^2(\bar{v}_{tt} - \bar{v}..)^2}{\displaystyle\sum_{t=1}^{p} \sum_{s=1}^{p} v_{ts}^2 - 2p \sum_{t=1}^{p} \bar{v}_{t.}^2 + p^2\bar{v}_{..}^2}.$$

v_{ts} = das Element in der Varianz-Kovarianz-Matrix, das in Zeile t und Spalte s steht (kann eine Varianz oder Kovarianz sein)

$\bar{v}_{tt}$ = Mittelwert der Diagonalelemente (Varianzen)

$\bar{v}..$ = Mittelwert aller Elemente der Varianz-Kovarianz-Matrix

$\bar{v}_{t.}$ = Spaltenmittelwert, d. i. Mittelwert aus allen Elementen, die in der Spalte t der Varianz-Kovarianz-Matrix stehen.

Die Berechnung der reduzierten Freiheitsgrade für den F-Test nach Box (1954) ist exakt möglich, wenn die Varianz-Kovarianz-Matrix bekannt ist. Tatsächlich liegt aber nur die aus den Daten geschätzte Varianz-Kovarianz-Matrix vor. Collier et al. (1967) hatten gezeigt, daß der Wert von e, den man erhält, wenn man einfach die aus den

Tab. 2.5: Einfaktorieller Versuchsplan mit Meßwiederholung. Auswertung mit reduzierten Freiheitsgraden.

(1) Effekt/Mittleres Quadrat	(2) Freiheitsgrade	(3) Prüfgröße
Versuchsabschnitte (A)	$(p-1) \cdot e$	MQ_{Rest}
Vpn	$n-1$	–
Rest	$(n-1)(p-1) \cdot e$	

p = Zahl der Stufen von A (Zahl der Versuchsabschnitte)
n = Zahl der Vpn
e siehe Text

Daten errechnete Kovarianz-Matrix verwendet, einen systematischen Schätzfehler (Bias) aufweist: Er fällt für große Werte von e der Tendenz nach zu klein aus, so daß das tatsächliche Alpha-Risiko eher etwas kleiner ist als das angegebene Signifikanzniveau. Das gilt insbesondere für kleine Stichproben. HUYNH & FELDT (1976), HUYNH (1978) geben modifizierte Schätzformeln an, mit dem Ziel, den Bias zu korrigieren. Sie lautet:

$$\tilde{e} = \frac{n r \hat{e} - 2}{r(n - 1 - r\hat{e})}$$

$r = p - 1$
$\hat{e}$ = der aus der geschätzten Varianz-Kovarianz-Matrix berechnete Schätzwert für e.

GEISSER & GREENHOUSE (1958) konnten zeigen, daß unabhängig von der Form der Varianz-Kovarianz-Matrix gilt

$$e \geq \frac{1}{p-1}$$

Der konservative F-Test nach GEISSER & GREENHOUSE (1958) sieht vor, die Freiheitsgrade für den Faktor Versuchsabschnitte mit dem kleinstmöglichen Wert von e, also mit $1/(p-1)$ zu multiplizieren (d. h. unabhängig von der Zahl der gebildeten Versuchsabschnitte wird für den Faktor «Versuchabschnitte» immer nur 1 Freiheitsgrad verrechnet). «Konvervativer» F-Test bedeutet, daß das Alpha-Risiko kleiner oder gleich dem angegebenen Signifikanzniveau ist. Ist das Ergebnis des konservativen F-Tests signifikant, so kann man sich die Mühe sparen, e zu schätzen, da bei einer größeren Zahl von Freiheitsgraden das Ergebnis erst recht signifikant sein muß.

b) Als Alternative zur Varianzanalyse mit reduzierter Zahl von Freiheitsgraden kommt Hotellings T^2, ein multivariates Verfahren in Betracht. Die Voraussetzungen sind dieselben: Die Daten aus den einzelnen Versuchsabschnitten müssen multivariat normalverteilt sein, die Form der Kovarianz-Matrix ist beliebig. Getestet wird, ob die p Mittelwerte aus den p Versuchsabschnitten signifikant voneinander abweichen, also dieselbe Fragestellung wie bei Prüfung des Haupteffekts «Versuchsabschnitte».

Zur Prüfung der Normalverteilungsvoraussetzung sollten zumindest die univariaten Verteilungen der Meßwerte in den einzelnen Versuchsabschnitten untersucht werden. Darüber hinausgehende Verfahren zur Prüfung multivariater Normalverteilung findet man bei ANDREWS et al. (1973) und STELZL (1981).

Hotellings T^2 kann nur berechnet werden, wenn die Zahl der Vpn mindestens gleich der Zahl der Messungen pro Person (hier der Versuchsabschnitte) ist. Wenn die Voraussetzungen für eine konventionelle univariate Varianzanalyse erfüllt sind (was freilich äußerst selten sein dürfte), ist die Teststärke bei Verwendung der konventionellen univariaten Varianzanalyse größer als für Hotellings T^2, insbesondere bei nicht allzu großem Stichprobenumfang (DAVIDSON, 1972). Bei größerem Stichprobenumfang (n = p + 40 oder mehr) ist der Teststärkeunterschied minimal. DAVIDSON (1972) stellte auch Simulationsstudien zum Vergleich der Teststärke von Hotellings T^2 gegenüber einer univariaten Varianzanalyse mit reduzierten Freiheitsgraden an. Keines der beiden Verfahren schnitt generell besser ab: Es hängt vielmehr von der Art der Mittelwertsunterschiede in Kombination mit einer bestimmten Kovarianz-Matrix ab, ob das eine oder andere Verfahren die größere Teststärke hat.

Die Diskussion beschränkte sich bislang auf den einfachsten varianzanalytischen Versuchsplan mit abhängigen Gruppen, dargestellt am Beispiel eines Lernexperiments, wobei an einer einzigen Gruppe festgestellt werden sollte, ob Lernen auftritt oder nicht. Weit häufiger sind Versuchspläne, bei denen zwei oder mehr Gruppen miteinander verglichen werden sollen, wobei an jeder Vp mehrere Messungen vorgenommen wurden. Auch hier werden bei Anwendung klassischer varianzanalytischer Auswertungsverfahren gewöhnlich zu viele Freiheitsgrade verrechnet, was zu einem weit höheren Alpha-Risiko führt, als nominell angegeben. Wir wollen auch dazu ein Beispiel betrachten:

Die Hypothese lautet, Männer und Frauen unterscheiden sich im

Tab. 2.6: Zweifaktorieller Versuchsplan mit Meßwiederholung auf B. Konventionelle Auswertung.

(1) Effekt/Mittleres Quadrat	(2) Freiheitsgrade	(3) Prüfgröße
B Geschlecht	q − 1	Vp innerhalb
Vp innerhalb	q (n − 1)	−
A Skalen	p − 1	Rest innerhalb
AB Geschlecht × Skalen	(p − 1)(q − 1)	Rest innerhalb
Rest innerhalb	(p − 1)(q − 1)(n − 1)	

p = Anzahl der Stufen von A (hier: p = 40)
n = Anzahl der Vpn pro Gruppe (hier: n = 10)
q = Anzahl der Stufen von B (hier: q = 2)

Selbstbild. Dazu wird 10 Männern und 10 Frauen eine Liste von 40 Selbsteinstufungsskalen vorgelegt. Bei einigen Skalen wird eine höhere Selbsteinstufung der Männer, bei anderen eine höhere Selbsteinstufung der Frauen erwartet. Vorhergesagt wird also in erster Linie eine Wechselwirkung «Geschlecht × Skalen».

Es handelt sich um einen zweifaktoriellen Versuchsplan mit Meßwiederholung auf 1 Faktor i. S. von WINER (1962, Kap. 7.2) oder Split-plot-factorial Design im Sinne von KIRK (1968, Kap. 8.2 bis 8.11). Wir übergehen die Einzelheiten der Quadratsummenzerlegung und begnügen uns mit Tabelle 2.6, die in Spalte (1) angibt, für welche Effekte Quadratsummen und mittlere Quadrate berechnet werden, in Spalte (2) die Zahl der Freiheitsgrade und in Spalte (3) die Prüfgrößen nennt.

Greifen wir die Wechselwirkung AB als die primär interessierende Hypothese heraus, so stellen wir fest, daß der F-Test $(2 − 1)(40 − 1) = 39$ Freiheitsgrade im Zähler und $(2 − 1)(40 − 1)(10 − 1) = 351$ Freiheitsgrade im Nenner hat, obwohl nur insgesamt 20 Vpn untersucht wurden. Auf diese Art ist es natürlich sehr leicht, Unterschiede zwischen Männern und Frauen «statistisch zu sichern». Tatsächlich kann natürlich von einer korrekten statistischen Sicherung keine Rede sein, da die Zahl der Freiheitsgrade viel zu hoch gegriffen ist.

Die Freiheitsgrade, wie sie in Tabelle 2.6 angegeben sind, lassen sich unter folgenden Voraussetzungen ableiten:

Man nimmt an, daß die Varianz-Kovarianz-Matrix der 40 Skalen bei Männern und Frauen erstens gleich ist und zweitens die auf S. 72 dargestellte Form hat. Demnach müßten alle Skalen dieselbe Varianz haben und untereinander gleich hoch korrelieren. Das ist bei diesem Beispiel sicherlich nicht zu erwarten.

Die oben genannte Voraussetzung über die Varianz-Kovarianz-Matrix ist für die Begründung der Auswertung gemäß Tabelle 2.6 hin-

reichend. Mathematisch gesehen genügt eine etwas schwächere Forderung, die bei ROGAN et al. (1979) dargestellt ist (siehe Anhang S. 87).
Wenn die Voraussetzungen für die konventionelle Analyse gemäß Tabelle 2.6 nicht gegeben sind (und das ist der Regelfall), so stehen ähnlich wie beim ersten Beispiel mehrere Wege offen:

a) Reduktion der Zahl der Freiheitsgrade.

GEISSER & GREENHOUSE (1958) haben das Ergebnis von BOX (1954) auf Versuchspläne mit mehreren Gruppen verallgemeinert. Vorausgesetzt wird, daß sich für jede der beiden Gruppen (Männer und Frauen) die Skalenwerte multivariat normal verteilen. Die Kovarianz-Matrix kann beliebig sein, muß aber für beide Gruppen gleich sein. GEISSER & GREENHOUSE (1958) haben gezeigt, daß sich unter diesen Voraussetzungen ein korrekter F-Test ergibt, wenn man beim Faktor B «Skalen» (allgemein gesprochen bei dem Faktor, auf dem Meßwiederholung besteht) die Freiheitsgrade mit der Größe e multipliziert. Die Zahl e errechnet sich aus der Varianz-Kovarianz-Matrix wie auf S. 73 angegeben.

Tabelle 2.7 gibt die bezüglich der Freiheitsgrade gegenüber Tabelle 2.6 modifizierte Auswertung an.

Die für die Berechnung von e benötigte Varianz-Kovarianz-Matrix muß aus den Daten geschätzt werden. Das geschieht, indem man sie für beide Geschlechter getrennt berechnet und dann (bei unterschiedlicher Vp-Zahl entsprechend gewogen) mittelt. Ein Rechenbeispiel dazu findet man bei WINER (1962, S. 312 und KIRK, 1968, S. 258 – 260). Der aus der so geschätzten Varianz-Kovarianz-Matrix berechnete Schätzwert für e hat insbesondere bei kleinem Stichprobenumfang einen Bias. Mit Fragen einer verbesserten Schätzung von e befassen sich HUYNH & FELDT (1976). Ihre modifizierte Formel lautet:

Tab. 2.7: Zwei-faktorieller Versuchsplan mit Meßwiederholung auf B. Auswertung mit Reduktion der Freiheitsgrade.

(1) Effekt/Mittleres Quadrat	(2) Freiheitsgrade	(3) Prüfgröße
B Geschlecht	$q - 1$	Vp innerhalb
Vp innerhalb	$q(n - 1)$	–
A Skalen	$(p - 1)e$	Rest innerhalb
AB Geschlecht × Skalen	$(p - 1)(q - 1)e$	Rest innerhalb
Rest innerhalb	$p(n - 1)(q - 1)e$	–

p = Anzahl der Stufen von A (hier: p = 40)
n = Anzahl der Vpn pro Gruppe (hier: n = 10)
q = Anzahl der Stufen von B (hier: q = 2)
e siehe Text (S. 73)

$$\tilde{e} = \frac{N r \hat{e} - 2}{r(N - q - r\hat{e})}$$

$r = p - 1$

$N =$ Gesamtzahl der Vpn aus allen Gruppen

$\hat{e} =$ aus der geschätzten Varianz-Kovarianz-Matrix berechneter Wert von e.

e siehe S. 73.

Da auch für Versuchspläne mit zwei oder mehr Gruppen gilt, daß

$$e \geqslant \frac{1}{p-1}$$

resultiert auch für diese Versuchspläne ein konservativer F-Test, wenn man für e den kleinstmöglichen Wert, also

$$e = \frac{1}{p-1}$$

einsetzt und damit bei dem Faktor, auf dem Meßwiederholung besteht, nur 1 Freiheitsgrad verrechnet. Ist das Ergebnis signifikant, so erübrigt sich eine Schätzung von e aus der Varianz-Kovarianz-Matrix.

HUYNH (1978) gibt ein Verfahren an, das es ermöglicht, approximative Freiheitsgrade für den F-Test auch dann zu bestimmen, wenn die Varianz-Kovarianz-Matrix für die Gruppen unterschiedlich ist (siehe Anhang S. 89).

b) Als Alternative zur Reduktion der Zahl der Freiheitsgrade bietet sich wieder Hotellings T^2 an. Hotellings T^2 beantwortet als Verallgemeinerung des t-Tests die Frage, ob sich die Mittelwertsvektoren von zwei unabhängigen Gruppen (z.B. die Mittelwerte von Männern und Frauen in 40 Skalen) signifikant unterscheiden. Dabei muß allerdings eine Mindestzahl an Vpn vorhanden sein: Es muß gelten

$N - 2 > q - 1$

wobei N die Gesamtzahl der Vpn, q die Zahl der Skalen ist.

Vorausgesetzt ist wieder, daß sich bei beiden Gruppen die Skalenwerte multivariat normal verteilen, wobei die Kovarianz-Matrix beliebig sein kann. Bei der Anwendung von Hotellings T^2 wird gewöhnlich (z. B. ROGAN et al., 1979; BORTZ, 1979) vorausgesetzt, daß die Kovarianz-Matrix für die Gruppen (Männer und Frauen) gleich ist. ANDERSON (1958) zeigt, wie Hotellings T^2 etwas modifiziert auch bei ungleichen Kovarianz-Matrizen anzuwenden ist.

ROGAN et al. (1979) befassen sich mit einem Vergleich zwischen univariater Auswertung mit reduzierter Zahl von Freiheitsgraden, wobei sowohl ê als auch ẽ und die Berechnung der Freiheitsgrade nach HUYNH (1978) verwendet wurden, und der Auswertung mit Hotellings T^2. Sie beziehen in ihre Simulationsstudien Fälle mit gleicher oder in den Gruppen verschiedener Kovarianz-Matrix mit ein, sowie Fälle, in denen die Normalverteilungsvoraussetzung verletzt ist. Die Verfahren erweisen sich, sowohl was die Teststärke anlangt als auch bezüglich der Robustheit gegenüber einer Verletzung der Voraussetzung (unterschiedliche Kovarianz-Matrizen, schiefe Verteilungen), als etwa gleichwertig. Das angegebene Alpha-Risiko wurde von allen Verfahren auch bei verletzten Voraussetzungen nur unwesentlich überschritten.

Die Lektüre der Arbeiten von HUYNH (1978) und ROGAN et al. (1979) setzt voraus, daß der Leser Grundkenntnisse der Matrizenrechnung besitzt und die Matrizendarstellung der Varianzanalyse, insbesondere den Begriff der Kontrastmatrix kennt. Für damit vertraute Leser sind die wichtigsten Formeln aus diesen Arbeiten im Anhang angegeben. Leser, die die nötigen Vorkenntnisse nicht besitzen, können sie entweder durch Lektüre des Lehrbuchs von MOOSBRUGGER (1978) erwerben oder einen Methoden-Fachmann konsultieren.

2.4 Literaturbeispiele

Beispiel 1 nach: COLLINS, A., ADAMS, M. I. & PEW, R. W.: Effectiveness of an interactive map display in tutoring geography. Journal of Educational Psychology 70, 1978, 1 – 7.

Im Rahmen der Erprobung eines computerunterstützten programmierten Geographieunterrichts sollte untersucht werden, welche Art der Landkartendarbietung (Dauerdarbietung beschriftet, Dauerdarbietung unbeschriftet oder variable, vom Lehrprogramm gesteuerte Darbietung) am günstigsten ist. Am Unterricht nahmen insgesamt 19 Vpn teil. Der Unterricht umfaßte 3mal 2 Unterrichtsstunden zuzüglich Einführungssitzung und Abschlußtest. Außer der günstigsten Art der Landkartendarbietung sollte auch untersucht werden, welche Art der Frageformulierung den größeren Lehreffekt hat:

a) Zeige-Aufforderung: der Schüler bekommt einen Namen (Ort, Fluß usw.) genannt und soll ihn auf der Karte zeigen
oder
b) Zeigen und Benennen: der Schüler soll Orte o. ä. (z. B. Flüsse in Brasilien) nennen und zeigen.

Aus den Unterrichtsprotokollen wurden die Items herausgesucht, bei denen die erste Darbietung in Form (a) oder in Form (b) erfolgt war. Es wurde dann die zweite Darbietung (die wieder in Form (a) oder (b) erfolgt sein konnte) herausgesucht und festgestellt, wie häufig bei der zweiten Darbietung eine richtige Antwort erfolgte. Die Ergebnisse sind in einer Tabelle zusammengefaßt:
Die statistische Auswertung der Ergebnisse in Tabelle 2.8 wurde mit Chi-Quadrat vorgenommen und führte zu folgender Schlußfolgerung (COLLINS et al., 1978, S. 6): «. . . the row totals show that students did better on the second question if the first question required both pointing and naming than if it required only pointing, (χ^2 (1) = 4.75, p < 0.05). Evidently, students learn more from pointing to and naming a location than from just pointing to it.»

Diskussion von Beispiel 1: Bei Anwendung des Chi-Quadrat-Tests wurde die einzelne Antwort als Beobachtungseinheit gewählt, ohne Rücksicht darauf, daß mehrere Antworten von derselben Versuchsperson stammen. Eine solche Auswertung ist nur gerechtfertigt, wenn keine individuellen Unterschiede zwischen den Versuchspersonen bestehen. Das kann man jedoch im vorliegenden Beispiel nicht voraussetzen: Einige Vpn lernen vielleicht eher durch die eine, andere Vpn eher durch die andere Frageart, noch andere durch beide Fragearten gleich. Deshalb sollte die Vp als Beobachtungseinheit gewählt werden und nicht die einzelne Antwort. Bezüglich der einzelnen Antworten liegt ein zweistufiges Ziehungsverfahren vor, wohingegen die Anwendung des Chi-Quadrat-Tests unabhängige Beobachtungen (einstufiges Ziehungsverfahren) voraussetzt.

Tab. 2.8: Prozent richtiger Antworten bei der 2. Darbietung in Abhängigkeit von der Form der ersten Darbietung (nach COLLINS et al., 1978).

Frageform bei der 1. Darbietung	Frageform bei der 2. Darbietung		
	zeigen	nennen und zeigen	zusammen («row total»)
zeigen	49	33	40
nennen und zeigen	61	51	54

Beispiel 2 nach: Rheinberg, F. & Enstrup, B.: Selbstkonzept der Begabung bei Normal- und Sonderschülern gleicher Intelligenz: Ein Bezugsgruppeneffekt. Zeitschrift für Entwicklungspsychologie und Pädagogische Psychologie 9, 1977, 171 – 180.

Sonderschüler und Normalschüler (die Normalschüler waren Grund- und Hauptschüler) der Klassenstufen 4 bis 9 von annähernd gleichen mäßigen Intelligenzwerten ($70 < IQ \leqslant 85$) sollten u. a. hinsichtlich ihres Selbstkonzepts der Begabung miteinander verglichen werden. Erwartet wurde, daß aufgrund von Bezugsgruppeneffekten die Sonderschüler eine günstigere Einschätzung der eigenen Begabung haben als die Normalschüler.

Tabelle 2.9 gibt die Zusammensetzung der beiden Stichproben an, die aus einem größeren Datenmaterial ausgewählt wurden.

Das Selbstkonzept der eigenen Begabung wurde mit einem Fragebogen erhoben. Die Ergebnisse sind in Tabelle 2.10 dargestellt.

Die Auswertung erfolgte, indem auf den einzelnen Klassenstufen getrennt Sonderschüler und Normalschüler mit dem U-Test verglichen wurden. Auf den Klassenstufen 4 bis 7 zeigte sich jeweils eine signifikant höhere Selbsteinschätzung der Sonderschüler, nicht aber auf den Stufen 8 und 9. Darüber hinaus wurde über die Gesamtdaten eine zweifaktorielle Varianzanalyse mit Schulart und Klassenstufen als unabhängigen Variablen gerechnet. Der Haupteffekt Schulform

Tab. 2.9: Verteilung der IQ in den beiden von Rheinberg et al. (1977) zusammengestellten Stichproben.

| | | Klassenstufen | | | | | |
		4	5	6	7	8	9
Sonderschüler	IQ	72.1	78.9	79.3	75	75.4	79.9
IQ > 70	N	8	10	13	9	14	18
Normalschüler	IQ	79.4	78.8	76.1	77.5	82.7	78.8
IQ ≤ 85	N	10	14	22	15	14	18

Tab. 2.10: Mittelwerte im Selbstkonzept der eigenen Begabung bei relativ intelligenzschwachen Grund- und Hauptschülern und relativ intelligenzstarken Sonderschülern.

| | Klassenstufen | | | | | |
	4	5	6	7	8	9
Sonderschüler	11.8	10	9.9	9.8	7.8	7.2
Grund- und Hauptschüler	6.8	5.2	6.4	6.8	9	6.3

Die Werte sind aus einer graphischen Darstellung von Rheinberg & Enstrup (1977, S. 174) abgelesen.

war hochsignifikant im Sinne der Erwartung. Darüber hinaus trat eine signifikante Wechselwirkung Schulform × Klassenstufe auf. Ein Haupteffekt Klassenstufe trat nicht auf.

In der Interpretation wird festgestellt, daß sich die Hypothese des Bezugsgruppeneffekts habe bestätigen lassen. Zur Wechselwirkung heißt es: «Zu diskutieren bleibt, warum auf den oberen beiden Klassenstufen die Selbstkonzepte der ausgesuchten Sonderschüler sich nicht mehr von denen der ausgesuchten Hauptschüler unterscheiden. Eine Erklärung könnte sein, daß die Schüler mit zunehmendem Alter die Bezugsgruppe, innerhalb der sie sich vergleichen, über die eigene Schulklasse hinaus ausdehnen. Damit würde das jeweilige Intelligenzniveau der Klasse an Einfluß auf das Selbstkonzept der Begabung verlieren.» (RHEINBERG & ENSTRUP, 1977, S. 178.)

Diskussion von Beispiel 2: Es ist aus der Beschreibung des Datenmaterials nicht zu entnehmen, aus wievielen Schulklassen die für die Stichproben ausgewählten Schüler stammen. Gerade aber, wenn die Zugehörigkeit zu einer bestimmten Schulklasse einen entscheidenden Einfluß auf das Selbstkonzept hat (unter Umständen nicht nur über den sozialen Vergleich mit Mitschülern, sondern auch über klassenspezifische Einstellungen gegenüber «Dummen»), entsteht eine zweistufige Stichprobe, wenn jeweils mehrere Schüler aus derselben Klasse stammen. Schüler aus derselben Schulklasse müssen daher zu einer Beobachtungseinheit zusammengefaßt werden. Das geschieht, indem man für jede Klasse einen Klassenmittelwert derjenigen Schüler ausrechnet, die in die Untersuchung aufgenommen wurden, und diese Werte der weiteren Auswertung zugrunde legt. Stichprobenumfang ist dann nicht die Zahl der Schüler, sondern die Zahl der Klassen, aus denen die Schüler stammen.

Die von RHEINBERG et al. (1977) vorgelegte Auswertung stellt nicht sicher, daß gemäß ihrer Auswertung «signifikante» Unterschiede größer sind, als bei Gegenüberstellung von einigen wenigen Schulklassen (auch aus derselben Schulart) per Zufall zu erwarten ist.

Beispiel 3 nach: ADAMS, E. F.: A multivariate study of subordinate perceptions of and attitudes toward majority and minority managers. Journal of Applied Psychology 63, 1978, 277 – 288.

24 Manager, davon 10 weiße Männer, 8 weiße Frauen und 6 schwarze Männer in vergleichbarer Position sollten u.a. in Hinblick darauf verglichen werden, wie sie von den ihnen Unterstellten hinsichtlich Führungseigenschaften beurteilt werden und wie die ihnen Unterstellten mit verschiedenen Aspekten der Arbeitssituation (Ar-

beit selbst, Supervision, Zusammenarbeit mit Kollegen, Beförderung, usw.) zufrieden sind.

Unter zahlreichen Auswertungen ähnlicher Art sei ein Beispiel herausgegriffen:

Vergleich weißer weiblicher vs. weißer männlicher Manager im Urteil männlicher und weiblicher Untergebener: Beurteilungsvariable «Consideration» (Rücksichtnahme auf Belange der Mitarbeiter). Es wurde eine zweifaktorielle Varianzanalyse (1. Faktor: Geschlecht des Managers, 2. Faktor: Geschlecht des Untergebenen) berechnet. Als abhängige Variable wurden die von insgesamt 276 Untergebenen über ihre Vorgesetzten abgegebenen Urteile verwendet. Der Haupteffekt «Geschlecht des Managers» war mit $F(1,272) = 4.58$ signifikant, wobei die weiblichen Manager höhere Werte in «Consideration» erhalten hatten.

In der Interpretation haben die Autoren mehrere Erklärungen für dieses Ergebnis in Betracht gezogen und ermuntern zu weiteren Untersuchungen zum besseren Verständnis der gefundenen Unterschiede.

Diskussion von Beispiel 3: Das Ergebnis wird offenbar über weiße männliche und weibliche Manager verallgemeinert. Tatsächlich wurden aber nur 10 männliche und 8 weibliche Manager untersucht. Der für die vorliegende Fragestellung relevante Stichprobenumfang ist daher 18 Manager und nicht 276 Urteile. Eine korrekte varianzanalytische Auswertung hätte wie folgt aussehen können: Für jeden Manager werden 2 Scores berechnet, nämlich das Durchschnittsurteil, das er von männlichen und das Durchschnittsurteil, das er von weiblichen Untergebenen erhalten hat. Die Auswertung erfolgt in einer 2×2 Varianzanalyse (Geschlecht des Managers, Geschlecht der Urteilenden) mit Meßwiederholung auf einem Faktor (Geschlecht der Urteilenden). Der Haupteffekt «Geschlecht des Managers» ist dann gegen «Vpn innerhalb der Gruppen» mit 1 Freiheitsgrad im Zähler und $18 - 2 = 16$ Freiheitsgraden im Nenner zu prüfen!

Auch wenn man sich für das Urteilsverhalten von männlichen und weiblichen Untergebenen interessiert, also auf Untergebene verallgemeinern will, kann man nicht einfach von einem Stichprobenumfang von 276 befragten Untergebenen ausgehen. Da mehrere Untergebene denselben Vorgesetzten zu beurteilen hatten und die Urteile zweifellos auch von der Person des Beurteilten abhängen, liegt eine zweistufige Stichprobe vor. Um eine einstufige Stichprobe zu erhalten, müssen die Manager (die im Urnen-Sack-Modell den Säcken, d.h. der oberen Ziehungsebene entsprechen) als Beobachtungseinheit gewählt werden.

Die oben genannte 2×2 Varianzanalyse mit Meßwiederholung auf dem Faktor «Geschlecht der Beurteiler» ermöglicht auch eine korrekte Prüfung der Effekte «Geschlecht des Urteilenden» und der Wechselwirkung «Geschlecht des Managers × Geschlecht der Urteilenden»; Prüfgröße ist für beide Hypothesen «Rest innerhalb» mit 16 Freiheitsgraden.

Beispiel 4 nach: SCHELLER, R.: Zur Brauchbarkeit des HAWIE als differentialdiagnostisches Instrument. Psychologie und Praxis 17, 1973, 68 – 80.

Es sollte untersucht werden, ob Patienten mit unterschiedlicher Art hirnorganischer Erkrankung sich im Hamburg-Wechsler-Intelligenztest für Erwachsene (HAWIE) unterscheiden. Dazu wurden je 80 Hirnsklerotiker, 80 Hirnatrophiker und 80 Hirntraumatiker mit dem HAWIE untersucht.

Es wurden folgende Auswertungen vorgenommen:

1. Vergleich der Diagnosegruppen im Gesamt-IQ.
   Die Mittelwerte waren 88, 91, 97 für Sklerotiker, Atrophiker und Traumatiker. Die Unterschiede waren signifikant (einfache Varianzanalyse).
   Der Vergleich der Diagnosegruppen wurde auch für jeden Subtest getrennt durchgeführt. Für 8 von 10 Subtests waren die Unterschiede signifikant (einfache Varianzanalyse).

2. Für jede Diagnosegruppe gesondert sollte festgestellt werden, ob sich die 10 Subtestmittelwerte signifikant voneinander unterscheiden, mithin ein interpretierbares Profil vorliegt. Die Auswertung erfolgte über einen einfaktoriellen Versuchsplan (unabhängige Variable: Subtests, abhängige Variable: erzielte Wertpunkte) mit Meßwiederholung. Die Freiheitsgrade wurden nach dem konventionellen Vorgehen berechnet und der Faktor «Subtest» mit $10 - 1 = 9$ Freiheitsgraden gegen den Rest mit $(10 - 1)(80 - 1) = 711$ Freiheitsgraden getestet. Für alle 3 Diagnosegruppen wurde der F-Test signifikant, so daß auf reale Unterschiede zwischen den Subtestmittelwerten («echtes Profil») geschlossen wurde.

3. Es sollte festgestellt werden, ob sich die Profile der 3 Diagnosegruppen signifikant unterscheiden. Jede Diagnose-Gruppe wurde mit jeder verglichen. Die Auswertung erfolgte jeweils mittels einer zweifaktoriellen Varianzanalyse (1. Faktor: Diagnose-Gruppen, 2. Faktor Subtests) mit Meßwiederholung auf einem Faktor. Primär interessierte die Wechselwirkung Diagnosegruppen × Subtests. Die Freiheitsgrade wurden nach konventionellem Vorgehen berechnet (siehe S. 68), woraus sich für die Wechselwirkung $(2 - 1)(10 - 1) =$ 9 Freiheitsgrade und für den Rest innerhalb $2(80 - 1)(10 - 1) =$

1422 Freiheitsgrade ergaben. In allen drei Varianzanalysen war die Wechselwirkung signifikant, so daß auf eine Verschiedenheit der Profilgestalt im HAWIE bei den gegenübergestellten klinischen Gruppen geschlossen wurde.

Diskussion von Beispiel 4:

Die folgende Diskussion der Auswertung beschränkt sich auf die Frage, ob die Signifikanztests korrekt durchgeführt wurden. Inhaltliche Fragen, wie die nach der Vergleichbarkeit der Skaleneinheiten für die einzelnen Subtests des HAWIE und andere mit der klinischen Bedeutsamkeit der Ergebnisse zusammenhängende Fragen, bleiben ausgeklammert.

Zu Punkt 2 und 3 der Auswertung:

Die Kovarianz-Matrix der HAWIE-Subtests für die einzelnen klinischen Gruppen entspricht mit Sicherheit nicht den Voraussetzungen, die bei der konventionellen Auswertung erforderlich sind (siehe S. 72 und S. 87). Die Freiheitsgrade für den F-Test sind damit zu hoch gegriffen. Die F-Werte sind jedoch alle so groß, daß alle Ergebnisse auch bei Verwendung des konservativen F-Tests nach GEISSER & GREENHOUSE auf dem 5%-Niveau und alle bis auf eines auf dem 1%-Niveau signifikant sind. Damit können die Ergebnisse als statistisch gesichert gelten.

Wären die Ergebnisse nach dem konservativen F-Test nicht signifikant, so stünden für eine genauere Auswertung folgende Wege offen:

a) Schätzen von e und Reduktion der Freiheitsgrade
oder
b) Prüfen des Haupteffekts «Skalen» in Punkt 2 der Auswertung und der Wechselwirkung «Diagnosegruppen $\times$ Skalen» in Punkt 3 der Auswertung mit multivariaten Tests (Hotellings T^2). Einzelheiten des Vorgehens sind bei MORRISON (1967, Kap. 4.6 und 4.7) dargestellt.

Da die Zahl der Vpn gegenüber der Variablenzahl groß ist, liegt es nahe, sich für (b), den multivariaten Test, zu entscheiden.

2.5 Übungsaufgabe

Eine Population von Säcken besteht aus
30% Säcken mit lauter roten Kugeln: $\pi_1 = 100\%$ rot
50% Säcken mit lauter schwarzen Kugeln: $\pi_2 = 0\%$ rot
20% Säcken, die zur Hälfte mit roten, zur Hälfte mit schwarzen Kugeln gefüllt sind: $\pi_3 = 50\%$ rot.

Die Säcke sind alle gleich groß, d. h. jeder Sack macht den gleichen Anteil an der Grundgesamtheit aus. Die Population enthält dann insgesamt:

$\pi = 0.3 \cdot 100\% + 0.5 \cdot 0\% + 0.2 \cdot 50\% = 40\%$ rote Kugeln.

Man vergleiche folgende Ziehungsverfahren:
A: je 1 Kugel aus 100 zufällig ausgewählten Säcken
B: je 10 Kugeln aus 10 zufällig ausgewählten Säcken
C: 100 Kugeln aus 1 Sack.

Es wird bei jedem Ziehungsverfahren die Zahl der gezogenen roten Kugeln ($\hat{\pi}$) zur Schätzung des Anteils der roten Kugeln in der Grundgesamtheit verwendet. Geben Sie für jedes der drei Ziehungsverfahren die Schätzgenauigkeit an, indem Sie jeweils das Konfidenzintervall berechnen, in das der Schätzwert mit 95%iger Sicherheit fällt.

Für das Konfidenzintervall bei 2stufigen Ziehungsverfahren läßt sich folgende Näherungsformel angeben (die Näherung ist umso besser, je größer der Stichprobenumfang auf jeder der beiden Ziehungsebenen ist):

$\text{Prob}\,(\pi - 1.96\,\sigma_{\hat{\pi}} \leqslant \hat{\pi} \leqslant \pi + 1.96\,\sigma_{\hat{\pi}}) = 0.95$
Prob = Probability = Wahrscheinlichkeit

$$\sigma_{\hat{\pi}}^2 = \frac{1}{n}\,E(\pi_i - \pi)^2 + \frac{1}{N}\,E(\pi_i(1 - \pi_i))$$

n = Zahl der Säcke
N = Gesamtzahl der Kugeln (Zahl der Säcke mal Zahl der Kugeln pro Sack).
Lösung: Man berechnet zunächst

$E(\pi_i - \pi)^2 = 0.3\,(100 - 40)^2 + 0.5\,(0 - 40)^2 + 0.2\,(50 - 40)^2 = 1900$
$E(\pi_i(1 - \pi_i)) = 0.3 \cdot 100 \cdot 0 + 0.5 \cdot 0 \cdot 100 + 0.2 \cdot 50 \cdot 50 = 500$

Daraus errechnet man $\sigma_{\hat{\pi}}$ für die 3 Ziehungsverfahren A, B, C:

A: $\sigma_{\hat{\pi}}^2 = \dfrac{1}{100} \cdot 1900 + \dfrac{1}{100} \cdot 500 = 24 \qquad \sigma_{\hat{\pi}} = 4.9\%$

B: $\sigma_{\hat{\pi}}^2 = \dfrac{1}{10} \cdot 1900 + \dfrac{1}{100} \cdot 500 = 195 \qquad \sigma_{\hat{\pi}} = 14\%$

C: $\sigma_{\hat{\pi}}^2 = \dfrac{1}{1} \cdot 1900 + \dfrac{1}{100} \cdot 500 = 1905 \qquad \sigma_{\hat{\pi}} = 43.6\%$

Daraus ergeben sich dann folgende Konfidenzintervalle:

A: Prob $(40\% - 1.96 \cdot 4.9\% \leqslant \hat{\pi} \leqslant 40\% + 1.96 \cdot 4.9\%) = 0.95$
Prob $(30.4\% \leqslant \hat{\pi} \leqslant 49.6\%) = 0.95$
B: Prob $(40\% - 1.96 \cdot 14\% \leqslant \hat{\pi} \leqslant 40\% + 1.96 \cdot 14\%) = 0.95$
Prob $(12.6\% \leqslant \hat{\pi} \leqslant 67.4\%) = 0.95$
C: Die Anwendung der angegebenen Näherungsformel ist bei n = 1 auf der oberen Ziehungsebene (Säcke) nicht gerechtfertigt. Die Verteilung der Schätzwerte $\hat{\pi}$ ist deutlich nicht normal. Verwendet man dennoch die Normalverteilungsnäherung, so kommt man zu dem richtigen Ergebnis, daß das Konfidenzintervall den gesamten Bereich von 0 bis 100% umfaßt. 100 Kugeln aus 1 Sack zu nehmen ist unvernünftig, wenn man den Prozentsatz roter Kugeln in der Population schätzen will.

Anhang

1.) Bedingung für die Validität des konventionellen F-Tests bei varianzanalytischen Versuchsplänen mit Meßwiederholung

a) Einfaktorieller Versuchsplan mit Meßwiederholung
A = Treatment-Faktor mit p Stufen
n = Zahl der Vpn
An jeder Vp werden unter allen p Treatment-Bedingungen Meßwerte erhoben.
X_{ij} = Meßwert von Vp i unter Treatment j.
Σ = pxp Kovarianzmatrix der Meßwerte unter den p Treatment-Bedingungen.
C = px (p−1) Kontrastmatrix für den Haupteffekt A, die Spalten von C sind orthonormale Kontraste.
Der konventionelle F-Test ist genau dann valide, wenn gilt
$C' \Sigma C = \lambda I$
mit:
λ = ein Skalar > 0
I = Einheitsmatrix, Format $(p−1) \times (p−1)$

b) Zweifaktorieller Versuchsplan mit Meßwiederholung auf beiden Faktoren

A, B Treatment-Faktoren mit p bzw. q Stufen
An jeder Vp werden Meßwerte unter allen pq Bedingungen erhoben.

Σ = pq × pq-Kovarianz-Matrix der Meßwerte unter allen pq Bedingungen

C_A = orthonormale Kovarianzmatrix für Haupteffekt A, Format: pq Zeilen, p − 1 Spalten

C_B = orthonormale Kovarianzmatrix für Haupteffekt B, Format: pq Zeilen, q − 1 Spalten

C_{AB} = orthonormale Kovarianzmatrix für die Wechselwirkung AB: Format: pq Zeilen, (p − 1)(q − 1) Spalten.

Die konventionellen F-Tests für A, B, AB sind genau dann valide, wenn

$$C_A' \Sigma C_A = \lambda_1 I$$
$$C_B' \Sigma C_B = \lambda_2 I$$
$$C_{AB}' \Sigma C_{AB} = \lambda_3 I$$

$\lambda_1, \lambda_2, \lambda_3$ = Skalare

c) Zweifaktorieller Versuchsplan mit Meßwiederholung auf 1 Faktor

B = Gruppenfaktor mit q Stufen (q = Anzahl der Gruppen)

A = Treatmentfaktor mit p Stufen

Jede Vp gehört in 1 Gruppe und durchläuft alle Bedingungen des Faktors A.

Der konventionelle F-Test für den Haupteffekt A und die Wechselwirkung AB ist genau dann valid, wenn gilt

$$C_A' \Sigma_1 C_A = C_A' \Sigma_2 C_A = \ldots = C_A' \Sigma_q C_A = \lambda I$$

C_A = orthonormale Kontrastmatrix für A, Format: p Zeilen, p − 1 Spalten

$\Sigma_1, \Sigma_2 \ldots \Sigma_q$ = Kovarianzmatrix der Meßwerte unter den p Treatment-Bedingungen berechnet aus Gruppe 1, 2 . . . q; Format jeweils p × p.

Der konventionelle F-Test für Haupteffekt B ist valid wenn gilt

$$\overline{1}' \Sigma_1 \overline{1} = \overline{1}' \Sigma_2 \overline{1} = \ldots = \overline{1}' \Sigma_q \overline{1} = \text{const.}$$

$\overline{1}$ = Spaltenvektor der Länge p, alle Elemente gleich 1

2. Berechnung der Größe e von Box (1954), Matrizen-Schreibweise

$$e = \frac{(\text{tr} C' \Sigma C)^2}{(p - 1)\text{tr}(C' \Sigma C)^2}$$

tr = trace = Spur der Matrix

Verwendung von e zur Berechnung der reduzierten Freiheitsgrade in varianzanalytischen Versuchsplänen mit Meßwiederholung siehe S. 73 bis S. 74.

3. Berechnung der Freiheitsgrade nach HUYNH (1978) für den F-Test bei varianzanalytischen Versuchsplänen mit Meßwiederholung. Zweifaktorieller Versuchsplan mit Meßwiederholung auf einem Faktor.

A = Treatmentfaktor mit p Stufen
B = Gruppenfaktor mit q Stufen (q = Zahl der Gruppen)

Jede Vp gehört in eine Gruppe und durchläuft alle Bedingungen des Faktors A. Die Werte unter den p-Treatments sind multivariat normal verteilt. Die Kovarianzmatrizen sind beliebig und können in den einzelnen Gruppen unterschiedlich sein.

a) Freiheitsgrade zur Prüfung des Haupteffekts A

$$\frac{MQ_A}{MQ_{AVpn\ inn\ Gr}} \qquad \text{ist zu testen gegen } b\ F_\alpha\ (fg_1, fg_2)$$

Die Zahl b ist zu berechnen als

$$b = \frac{(N - q)tr D\bar{\Sigma}}{\sum_{j=1}^{q} (n_j - 1)tr D\Sigma_j}$$

für gleiche n_j ist b = 1

Die Freiheitsgrade des F-Tests fg_1 und fg_2 sind wie folgt zu berechnen:

$$fg_1 = \frac{(tr D\bar{\Sigma})^2}{tr(D\bar{\Sigma})^2}$$

$$fg_2 = \frac{(\sum_{j=1}^{q} (n_j - 1)tr D\Sigma_j)^2}{\sum_{j=1}^{q} (n_j - 1)tr(D\Sigma_j)^2}$$

wobei:

n_j = Zahl der Vpn pro Gruppe

N = Gesamtzahl der Vpn

D = $I - \bar{1}\,\bar{1}'/p$
I = Einheitsmatrix, Format: $p \times p$
$\bar{1}$ = Spaltenvektor aus p Elementen, alle gleich 1

$\bar{\Sigma}$ = gepoolte Kovarianzmatrix innerhalb der Gruppen

b) Freiheitsgrade zur Prüfung der Wechselwirkung AB

$$\frac{MQ_{AB}}{MQ_{AVp\,inn\,Gr}} \qquad \text{ist zu testen gegen } b'\,F_\alpha\,(fg_1',\,fg_2')$$

Die Zahl b' ist zu berechnen als

$$b' = \frac{N-q}{q-1} \cdot \frac{\mathrm{tr}G\Sigma^*}{\displaystyle\sum_{j=1}^{q}(n_j-1)\mathrm{tr}D\Sigma_j}$$

für die gleiche n_j ist $b' = 1$

$$fg_1 = \frac{(\mathrm{tr}G\Sigma^*)^2}{\mathrm{tr}(G\Sigma^*)^2}$$

fg_2 siehe oben
Σ^* = Blockmatrix aufgebaut aus $q \times q$ Submatrizen.
Jede Submatrix hat Format $p \times p$ (die gesamte Matrix daher Format $pq \times pq$). Die Submatrizen in den Blöcken entlang der Hauptdiagonale sind die Kovarianzmatrizen aus den q Gruppen $\Sigma_1, \Sigma_2, \ldots \Sigma_q$. Die übrigen Submatrizen bestehen aus Nullen.

90

G = Blockmatrix aufgebaut aus $q \times q$ Submatrizen.
Jede Submatrix hat Format $p \times p$ (die gesamte Matrix daher Format $pq \times pq$). Die Submatrizen in den Blöcken entlang der Hauptdiagonale sind $n_j (1 - n_j/N) \cdot D$ für $j = 1, 2 \ldots 9$. Die Submatrix in der i-ten Blockzeile und j-ten Blockspalte ist $-n_i n_j D/N$.

3. Wie man Signifikanztests falsch interpretiert

«Wenn ein Ergebnis signifikant ist, so heißt das, daß man es interpretieren kann.» Das pflegt der bleibende Eindruck aus dem ersten Statistik-Kurs zu sein. Unter «Interpretieren» wird zunächst einmal «Verallgemeinern» verstanden. Nicht selten gehen jedoch die aufgrund einer Signifikanz getätigten Verallgemeinerungen weit über das hinaus, was durch den Signifikanztest abgesichert ist. Insbesondere sind häufig folgende Interpretationsfehler zu beobachten:

1. Die Ebene der Verallgemeinerung ist zu hoch gegriffen und entspricht nicht der Ebene, auf der der Signifikanztest durchgeführt wurde.
2. Die Richtung der Verallgemeinerung entspricht nicht der Durchführung des Signifikanztests.
   Was mit Ebene und Richtung der Verallgemeinerung gemeint ist, soll im folgenden Beispiel erläutert werden.
3. Aus einem signifikanten und einem nicht signifikanten Ergebnis (z. B. einer signifikanten und einer nicht signifikanten Korrelation) wird irrtümlich auf eine Signifikanz des Unterschieds (der beiden Korrelationen) geschlossen.

3.1 Ebenen von Signifikanztests, und wie man sie verwechseln kann

In Kapitel 2 wurde zwischen einstufigen und zweistufigen Ziehungsverfahren unterschieden, veranschaulicht durch das einfache Urnen-Modell bzw. das Urnen-Sack-Modell. Es sollte ein Schluß auf die Gesamtpopulation (aller Kugeln aus allen Säcken) gezogen werden. Dazu muß bei zweistufigen Ziehungsverfahren die Auswertung mit Säcken (Einheiten der oberen Ziehungsebene) als Beobachtungseinheit erfolgen. Stichprobenumfang ist dann die Zahl der Säcke (Zahl der Ziehungen auf der oberen Ziehungsebene).

Im folgenden soll das Schema auf mehr als zwei Ziehungsebenen ausgedehnt werden. Es soll gezeigt werden, daß auch auf unteren Ebenen Signifikanztests möglich sind, die jedoch andere Fragestellungen beantworten. Die unterste Ebene, auf der Signifikanztests möglich sind, ist die Meßfehlerebene. Wo immer zwei Meßwerte vorliegen, z. B. die Testwerte einer Person in zwei Subtests eines Intelligenztests, kann man fragen, ob der Unterschied zwischen den zwei Meßwerten signifikant ist. Wie dieser Signifikanztest durchgeführt wird, ist Gegenstand der klassischen Testtheorie. Ein signifikantes Ergebnis berechtigt zu dem Schluß, daß die wahren Werte (im Sinn der klassischen Testtheorie) der Person in den beiden Tests verschieden sind und die beobachtete Meßwertdifferenz nicht durch Meßfehler zu erklären ist. Die Grundgesamtheit, auf die geschlossen wird, sind gedachte Meßwiederholungen an derselben Person.

Die Frage nach der Meßgenauigkeit ist natürlich nicht auf Einzelmeßwerte beschränkt, auch Gruppenmittelwerte und Unterschiede zwischen Gruppenmittelwerten können unter dem Gesichtspunkt der bloßen Meßgenauigkeit beurteilt werden. Dazu zunächst ein simples Beispiel: Wenn die 3 Kinder von Frau Meier im Durchschnitt 130.1 cm und die gleichaltrigen Kinder von Frau Müller 130.15 cm groß sind, so wird Frau Müller kaum sagen können, sie habe etwas größere Kinder: der halbe Millimeter Unterschied kann gut meßfehlerbedingt sein und einer Kontrollmessung nicht standhalten. Die Grundgesamtheit, auf die hier geschlossen werden soll, sind gedachte Meßwiederholungen an denselben Individuen unter denselben Bedingungen.

Offensichtlich eine ganz andere Frage wäre, ob Frau Müller im allgemeinen größere Kinder bekommt, also bei weiteren Geburten zu erwarten ist, daß Frau Müllers Kinder größer sind als die von Frau Meier. Dies impliziert einen sehr viel weitreichenderen Schluß, nämlich auf die gedachte Grundgesamtheit aller Kinder, die Frau Meier bzw. Frau Müller haben könnte.

Noch weitreichender wäre die Folgerung, die Kinder rauchender Mütter (Frau Müller raucht) seien kleiner als die Kinder nicht rauchender Frauen (Frau Meier raucht nicht).

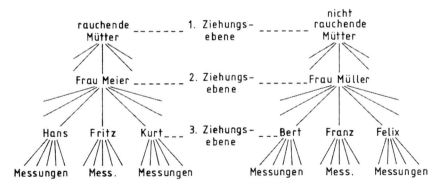

Abb. 3.1: Versuchsplan mit drei Ziehungsebenen (Vergleich der Körpergröße von 2 mal 3 Kindern; Näheres siehe Text).

Wir können an diesem Beispiel 3 Ebenen der Verallgemeinerung unterscheiden, wie in Abbildung 3.1 dargestellt.

Jede Ebene erfordert ein anderes Vorgehen bei der Signifikanzprüfung: Die erste Frage (Absicherung des gefundenen Unterschieds gegen eine Erklärung aus Meßfehlern) entspricht der untersten Ziehungsebene und ist im Rahmen der klassischen Testtheorie zu beantworten (vgl. Übungsaufgabe 1, S. 111). Die zweite Frage (die 3 vorhandenen Kinder werden jeweils als Zufallsstichprobe aus einer gedachten Population von Kindern derselben Mutter aufgefaßt und nach einem Mittelwertsunterschied der beiden Populationen gefragt) entspricht der zweituntersten Ziehungsebene und ist mit dem t-Test zu beantworten. Bezüglich der dritten Frage (Verallgemeinerung auf Kinder rauchender vs. nicht rauchender Mütter, oberste Ziehungsebene) müssen die Mütter als Beobachtungseinheit verwendet werden, da mehrere Kinder derselben Mutter keine unabhängigen Beobachtungen sind. Da aber jeweils nur 1 rauchende und 1 nicht rauchende Mutter vorhanden ist, ist ein statistischer Vergleich mit dem vorliegenden Material nicht möglich.

Wir wollen nun ein zu diesem inhaltlich simplen Beispiel analog aufgebautes psychologisches Beispiel betrachten: Zwei befreundete Therapeuten A und B verwenden zur Raucherentwöhnungstherapie zwei verschiedene Varianten desselben Therapiekonzepts. Die Patienten werden den Therapeuten zufällig zugewiesen. Nachdem jeder von beiden 5 Patienten einige Wochen behandelt hat, wird jeder Patient gefragt, wieviele Zigaretten er heute geraucht hat. Die Patienten von A haben 5, 8, 12, 7, 8 also im Durchschnitt 8 Zigaretten, die Patienten von B haben 11, 13, 8, 12, 11 also im Durchschnitt 11 Zigaretten geraucht. Die Frage, ob dieser Mittelwertsunterschied «zufällig» ist, kann nun in ganz verschiedenem Sinn gestellt werden:

1. Jeder Raucher schwankt von Tag zu Tag bezüglich der Zahl der gerauchten Zigaretten. Dementsprechend unterliegt auch der Durchschnitt aus 5 Patienten von Tag zu Tag zufälligen Schwankungen. Man kann fragen: Ist das Ergebnis insofern zufällig, als gerade an diesem, zufällig herausgegriffenen Tag die A-Patienten weniger geraucht haben? Die Verallgemeinerung zielt auf die Erwartung bei Meßwiederholung an denselben Pbdn ab. Sie ist im Rahmen der klassischen Testtheorie zu beantworten, indem man die Fehlervarianz des Maßes «Zahl der gerauchten Zigaretten» erhebt (Übungsaufgabe 1, S. 111).

2. Jedem Therapeuten wurden nach dem Zufall 5 Patienten zugewiesen. Auch wenn das Ergebnis, daß die 5 Patienten von A weniger geraucht haben als die 5 Patienten von B, gegenüber einer Erklärung aus Tagesschwankungen abgesichert ist, kann es, bezogen auf einen

Vergleich der Therapeuten, immer noch zufällig sein: Therapeut B kann bei der Zuweisung zufällig die therapieresistenteren Patienten erhalten haben. Es ist daher zu fragen, ob der Mittelwertsunterschied zwischen den A- und B-Patienten größer ist, als aufgrund der interindividuellen Unterschiede bei Gegenüberstellung von nur 2mal 5 Personen durch Zufall zu erwarten. Diese Frage ist mit dem t-Test zu beantworten. Verallgemeinert wird nun auf weitere Patienten derselben Therapeuten.

3. Die weitreichendste Frage lautet: «Ist Therapievariante A besser als Therapievariante B?» Es soll auf weitere Therapeuten, die mit Methode A vs. B arbeiten, verallgemeinert werden. Da zwischen Therapeuten individuelle Unterschiede der Effektivität bestehen, sind mehrere Patienten desselben Therapeuten jetzt keine unabhängigen Beobachtungen. Als Beobachtungseinheit ist daher 1 Therapeut zu wählen. Solange nur 1 Therapeut pro Methode zur Verfügung steht, ist kein statistischer Vergleich der Methoden möglich.

Auch bei diesem Beispiel handelt es sich um einen Versuchsplan mit 3 Ziehungsebenen, wie in Abbildung 3.2 dargestellt.

Die eigentlich interessierende Fragestellung ist zweifellos der Vergleich der Therapiemethoden, also die Verallgemeinerung auf der obersten Ziehungsebene. Wenn zwei oder mehr Therapeuten pro Therapiemethode zur Verfügung stünden, könnte man (falls die entsprechenden Voraussetzungen der Varianzanalyse erfüllt sind) den Versuchsplan als hierarchischen Versuchsplan (KIRK, 1968, Kap. 7) varianzanalytisch auswerten. Die Prüfung des Haupteffekts «Therapiemethoden» entspricht rechnerisch einem t-Test mit Therapeuten als Beobachtungseinheit.

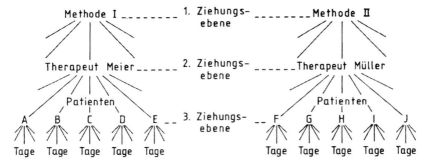

Abb. 3.2: Versuchsplan mit drei Ziehungsebenen (Vergleich des Zigarettenkonsums von 2mal 5 Patienten; Näheres siehe Text).

Wenn man im Rahmen einer varianzanalytischen Auswertung den Unterschied zwischen den Therapiemethoden auf Signifikanz testet, so hat man die Therapiemethoden als «fest» (engl. «fixed»), die Therapeuten als «zufällig» ausgewählt (engl. «random») zu betrachten. Die Prüfgröße für die Therapiemethoden ist dann der hierarchisch untergeordnete (engl. «nested») Effekt «Therapeuten innerhalb der Therapiemethoden».

Wenn das Material für einen Vergleich der Therapiemethoden nicht ausreicht (weil z. B. nur 2 Therapeuten pro Methode zur Verfügung stehen und zwischen den Therapeuten deutliche Unterschiede bestehen), kann man im Sinn einer Einzelfallstudie über die Therapeuten den Erfolg der beiden Therapeuten, die nach Methode I gearbeitet haben, mit dem Erfolg der beiden Therapeuten mit Methode II vergleichen.

In der Terminologie der Varianzanalyse würde das heißen, daß die Therapeuten als «fest» (im Unterschied zu «zufällig» ausgewählt) betrachtet werden. Prüfgröße für den Mittelwertsunterschied zwischen den beiden Therapeuten mit Methode I und den beiden Therapeuten mit Methode II ist dann «Patienten innerhalb der Gruppen» (= Varianz zwischen Patienten derselben Therapeuten). Diese Art der Signifikanzprüfung entspricht in einer einfachen Varianzanalyse mit 4 Gruppen (1 Gruppe/Therapeut, Beobachtungseinheit = 1 Patient) der Prüfung des speziellen Kontrasts «Gruppe 1 + 2 gegen Gruppe 3 + 4».

Sollte dieser Test signifikant werden, so stehen folgende Interpretationsmöglichkeiten offen (der Erfolg der Therapeuten mit Methode I sei größer):

a) Therapiemethode I ist besser als Therapiemethode II (Haupteffekt Therapiemethoden).

b) Die zwei Therapeuten der Methode I sind im Durchschnitt besser als die beiden Therapeuten von Methode II. Dazu würde es genügen, wenn unter den vier Therapeuten ein besonders guter ist, der Methode I zugewiesen wurde.

c) Es ist weder eine Therapiemethode besser als die andere, noch ist generell ein Therapeut besser als der andere. Den Therapeuten der Methode I lag jedoch diese Therapievariante besser als den Therapeuten von Methode II die ihnen zugewiesene Variante (Wechselwirkung Therapiemethode-Therapeut).

Jeder der von a) – c) genannten Effekte kann die Signifikanz hervorgerufen haben. Jede der drei angebotenen Interpretationen liefert eine plausible Erklärung dafür, daß die einen beiden Therapeuten zusammengenommen mehr Erfolg hatten als die anderen beiden. Durch den Signifikanztest ausgeschlossen sind jedoch Erklärungen, die den Unterschied auf Zufallseinflüsse bei der Aufteilung der Probanden oder auf Meßfehler zurückführen. Es kann auf weitere Patienten dieser speziellen Therapeuten bei Weiterverwendung ihrer jeweiligen Therapieart verallgemeinert werden.

Auf die unterste Ebene der Verallgemeinerung beschränkt man sich, wenn man auch die Patienten nicht mehr als Zufallsstichprobe, sondern als fest betrachtet und den Mittelwertsunterschied zwischen den mit Methode I von mit Methode II behandelten Patienten nur gegenüber einer Interpretation aus Meßfehlern (Tagesschwankungen) absichert. Prüfgröße ist dann die Varianz bei Meßwiederholung an demselben Probanden, also die Fehlervarianz im Sinn der klassischen Testtheorie. Die Signifikanz auf Meßfehlerebene ist relativ leicht zu erreichen, aber auch wenig aussagekräftig. Zu den oben als a) bis c) genannten Interpretationsmöglichkeiten kommen noch folgende weitere hinzu:

d) Therapiemethode I wurden weniger schwierige Patienten zugewiesen (Haupteffekt Patienten).

e) Die Methode II zugewiesenen Patienten reagierten gerade auf ihre Therapiemethode nicht gut (Wechselwirkung Patient − Methode).

f) Die Methode II zugewiesenen Patienten reagierten gerade auf ihre Therapeuten nicht gut (Wechselwirkung Therapeut − Patient).

g) Die Methode II zugewiesenen Patienten reagierten auf ihre Therapeuten speziell dann nicht gut, wenn diese mit Methode II arbeiteten (Wechselwirkung Therapeut − Methode − Patient).

Jeder der unter d) − g) genannten Gründe kommt (zusätzlich zu den unter a) − c) genannten) als Erklärung dafür in Frage, warum die Patienten mit Methode I im Durchschnitt bessere Erfolge zeigen als die Patienten von Methode II. Ausgeschlossen bleibt nur eine Erklärung aus zufälligen Tagesschwankungen. Ob man einen solchen Signifikanztest, der so viele Möglichkeiten offen läßt, noch für der Mühe wert hält, mag dahingestellt bleiben. Falsch wird eine Auswertung dann, wenn ein Signifikanztest auf unterer Ebene durchgeführt und auf einer höheren Ebene (z. B. im Sinne eines Nachweises von Unterschieden der Therapiemethoden) interpretiert wird.

An den beiden Beispielen (Körpergröße der Kinder von Frau Meier und Frau Müller, Therapie-Beispiel) sollte der Begriff «Ebene des Signifikanztests» bzw. «Verallgemeinerungsebene» erklärt werden. Das nun folgende Beispiel «Signifikanz von Testprofilen» bringt begrifflich nichts Neues, sondern soll die Unterscheidung zwischen verschiedenen Ebenen von Signifikanztests an einem geläufigen Anwendungsfall weiter erläutern:

Zur zufallskritischen Beurteilung von Testprofilen gibt KRISTOF (1957) eine Reihe von Formeln an, die vielfach zitiert werden (z. B.

HUBER, 1973; WEISE, 1975). Diese Formeln geben u. a. darüber Auskunft, ob ein Durchschnittsprofil, z. B. das Intelligenztestprofil von 50 Maurern, durch Meßfehler bedingt sein kann (Nullhypothese: ebenes Profil, gleiche Leistungen in allen Subtests) und ob die Unterschiede zwischen zwei Gruppenprofilen, z. B. von 50 Maurern versus 50 Bäkkern, meßfehlerbedingt sein können. Nun sind die Formeln für diese Fragestellung zwar korrekt hergeleitet, andererseits sind kaum Anwendungen denkbar, bei denen es beim Vergleich von Gruppenprofilen tatsächlich nur um Meßfehler geht: Vergleicht man das Durchschnittsprofil von 50 Maurern mit dem von 50 Bäckern, so zielt die beabsichtigte Verallgemeinerung nicht nur auf Meßwiederholung an denselben 50 Bäckern und Maurern, sondern auf Maurer und Bäcker im allgemeinen. Und für diese Fragestellung genügt es nicht, nur nach den Meßfehlern bei der Messung dieser bestimmten Individuen zu fragen, sondern die 50 Maurer und Bäcker müssen jeweils als Zufallsstichprobe aufgefaßt und auch nach dem Stichprobenfehler bei der Ziehung von nur 50 Vpn aus jeder Grundgesamtheit gefragt werden. Zur Beantwortung dieser Fragen sind dann die Kristof-Formeln nicht geeignet, vielmehr ist ein multivariater Mittelwertsvergleich (Hotellings T^2, MORRISON, 1967, Kap. 4.6, 4.7, 5.5) erforderlich; auch eine Auswertung als varianzanalytischer Versuchsplan mit Meßwiederholung wäre möglich (siehe Kap. 2.3 und Literaturbeispiel 4 zu Kap. 2).

3.2 Die Richtung von Signifikanztests, und wie man sie verfehlen kann

Der im folgenden erläuterte Begriff der «Richtung eines Signifikanztests» bezieht sich auf die Richtung der geplanten Verallgemeinerung (und hat nichts mit «gerichteten» oder «ungerichteten» Hypothesen im Sinn von einseitiger und zweiseitiger Fragestellung zu tun). Was hier mit «Richtung» des Signifikanztests gemeint ist, soll zunächst an einem Beispiel dargestellt werden:
Jemand will untersuchen, ob sich die Interessen von Hauptschülern und Realschülern unterscheiden. Dazu legt er je einer Stichprobe von Haupt- und Realschülern u. a. eine Liste von 50 Tätigkeiten aus dem Bereich «technisches Handwerk» vor, und die Vpn haben für jede Tätigkeit auf einer Ratingskala das Ausmaß ihres Interesses anzugeben. Der Versuchsleiter berechnet nun für jede der 50 Tätigkeiten die durchschnittliche Einstufung, die sie von Hauptschülern und von Realschülern erhalten hat. Nachdem nun für jedes Item diese beiden Werte vorliegen, prüft er mit einem t-Test für korrelierende Stich-

proben, ob die n = 50 Items von den Hauptschülern signifikant höher (niedriger) eingestuft wurden als von den Realschülern. Das Ergebnis ist signifikant (höhere Einstufungen von seiten der Hauptschüler). Kann man nun folgern, daß Hauptschüler mehr Interesse an technischem Handwerk haben als Realschüler?

Bei der Durchführung des Signifikanztests wurde das Item und nicht die Person als Beobachtungseinheit gewählt. Infolgedessen entspricht einem signifikanten Ergebnis eine Verallgemeinerbarkeit auf weitere Items aus derselben Itempopulation, wenn sie von denselben speziellen Vpn beurteilt werden, nicht aber eine Verallgemeinerbarkeit auf die Personenpopulationen. Da die vorliegende Untersuchung auf einen Vergleich der Hauptschüler- vs. Realschülerpopulation abzielt, ist die Richtung des Signifkanztests falsch gewählt. Um eine Verallgemeinerung auf die Population der Schüler vornehmen zu können, sollte für jeden Schüler ein Gesamtscore (z. B. die Summe seiner Urteile über alle 50 Items) gebildet werden. Die beiden Schülerstichproben könnten dann mit einem t-Test für unabhängige Stichproben verglichen werden. Ein signifikantes Ergebnis besagt dann, daß für diese speziellen Items die Population der Hauptschüler mehr Interesse angibt als die Population der Realschüler. Die Begründung der speziellen Itemauswahl muß dann anderweitig, z. B. im Rahmen von Untersuchungen zur inneren Konsistenz und Validität des Fragebogens erfolgt sein.

Bei dem vorliegenden Beispiel, bei dem viele Vpn viele Items beantwortet hatten, waren zwei Richtungen der Verallgemeinerung möglich: 1. Verallgemeinerung auf die Population der Items, wobei die Aussage auf die speziellen Versuchspersonen beschränkt bleibt, oder 2. Verallgemeinerung auf die Population der Versuchspersonen, wobei die Aussage auf die speziellen Items beschränkt bleibt. Der Fehler bei der zunächst vorgeschlagenen Auswertung bestand darin, daß die Richtung des Signifikanztests nicht mit der Richtung der beabsichtigten Verallgemeinerung übereinstimmte.

In der Regel ist das Ziel eines Signifikanztests, die Verallgemeinerbarkeit der Ergebnisse auf die Versuchspersonen-Population statistisch abzusichern. Andere denkbare Verallgemeinerungsrichtungen (Verallgemeinerung bezüglich des Materials, z. B. die Auswahl der Silben im Lernexperiment, die Durchführung des Experiments mit anderen Versuchsleitern speziell in der Sozialpsychologie) bleiben zunächst (d. h. bis sie in weiteren Experimenten systematisch variiert wurden) Gegenstand von Vermutungen und Plausibilitätsschlüssen. Dementsprechend erfolgt in der Regel die Auswertung über die Versuchspersonen als Beobaehtungseinheit.

Eine Ausnahme bilden die sog. Einzelfallstudien. Hier werden die Aussagen ausdrücklich auf eine bestimmte Person (oder mehrere bestimmte Personen) beschränkt und die Verallgemeinerung zielt auf Items oder Situationen ab. So z. B. könnte es Ziel einer Untersuchung sein, zu zeigen, daß es in einer Affenkolonie zwischen den Tieren stabile Nachahmungsrelationen gibt, d. h. eine angebotene Lösung eher nachgeahmt wird, wenn sie von bestimmten Tieren vorgezeigt wird. Wenn von «stabilen Nachahmungsrelationen» die Rede ist, so heißt das, daß eine Verallgemeinerung über Situationen angestrebt wird. Beobachtungseinheit sollten daher unabhängige Situationen sein, und der Stichprobenumfang entspricht der Zahl der realisierten unabhängigen Situationen.

In anderen Gebieten der Psychologie, z. B. der Sprachpsychologie, wird eine Verallgemeinerung in zwei Richtungen zugleich angestrebt, zum einen über die Versuchspersonen, zum anderen über die zufällig ausgewählten Texte (Wörter o. ä.), und es ist schwer zu entscheiden, welche Verallgemeinerungsrichtung wichtiger ist. Es liegt dann nahe, Signifikanztests in beide Richtungen durchzuführen oder, sofern dies von Fragestellung und Versuchsplan her möglich ist, varianzanalytische Auswertungsverfahren für Versuchspläne mit zwei Random-Faktoren (zum Begriff des Random-Faktors siehe WINER, Kap. 3.4; KIRK, Kap. 4.9) heranzuziehen.

Die Nichtbeachtung der Richtung oder Ebene, auf der der Signifikanztest durchgeführt wurde, ist nicht die einzige Möglichkeit, Signifikanztests falsch zu interpretieren. Eine weitere Klasse von Fehlern, bei denen eine andere statistische Hypothese getestet wird als der inhaltlichen Fragestellung entspricht, soll im folgenden Abschnitt besprochen werden.

3.3 Wie man nicht signifikante Unterschiede als signifikant interpretiert

In der Psychologie kommen vielfach Fragestellungen vor, die auf den Vergleich von Korrelationen, auf den Vergleich von Mittelwertsunterschieden o. ä. hinauslaufen.

Beispiele für solche Fragestellungen sind: Ist die Korrelation zwischen Fleißnote und Rechennote bei Mädchen höher als bei Knaben? Korreliert die Fleißnote höher mit der Note in Geschichte als mit der Note in Mathematik?

Ist die Differenz zwischen den Leistungen ängstlicher und nicht ängstlicher Kinder größer, wenn bei einer Geschicklichkeitsaufgabe unter Wettbewerbsbedingungen gearbeitet wird, als ohne Wettbewerbsinstruktion?

Wenn gemäß den Hypothesen ein Unterschied zwischen zwei Korrelationen vorhergesagt wird, so sollte auch tatsächlich der Unterschied statistisch geprüft werden. Die Feststellung, die eine Korrelation sei signifikant, die andere nicht, sagt noch nichts darüber, ob die beiden Korrelationen signifikant voneinander verschieden sind. Wenn der Leistungsunterschied zwischen ängstlichen und nicht ängstlichen Kindern unter Wettbewerbsbedingungen signifikant ist, unter Standardbedingungen jedoch nicht, so folgt daraus noch nicht, daß der Leistungsunterschied zwischen ängstlichen und nicht ängstlichen Kindern unter Wettbewerbsbedingungen signifikant größer ist als unter Standardbedingungen. Von diesen Feststellungen kann man sich leicht an Hand von Rechenbeispielen überzeugen.

Rechenbeispiel 1: Korrelationsvergleich

Für die Korrelation zwischen Fleiß- und Rechennote seien bei Knaben und Mädchen folgende Werte gefunden worden:

Knaben: $r_1 = 0.25$ s. $n_1 = 80$
Mädchen: $r_2 = 0.10$ n. s. $n_2 = 50$

Die Korrelation ist nur bei den Mädchen auf dem 5%-Niveau signifikant, bei den Knaben ist eine statistische Sicherung des Zusammenhangs nicht möglich. Trotzdem kann man nicht sagen, die Korrelation sei bei Mädchen höher als bei Knaben, da der Unterschied zwischen den Korrelationen nicht signifikant ist. Die Signifikanzprüfung des Korrelationsunterschieds erfolgt über folgende Formel (siehe BORTZ, 1979, S. 263):

$$z = \frac{z_1' - z_2'}{\sqrt{\dfrac{1}{n_1 - 3} + \dfrac{1}{n_2 - 3}}}$$

$z_1', z_2' = $ Fisher z'-Transformationen der Korrelationen r_1 und r_2

$$z = \frac{0.255 - 0.100}{\sqrt{\dfrac{1}{80 - 3} + \dfrac{1}{50 - 3}}} = 0.84 \text{ n. s.}$$

Der Unterschied zwischen den beiden Korrelationen ist statistisch nicht gesichert.

Im vorliegenden Rechenbeispiel waren beide Korrelationen positiv, die eine etwas über, die andere etwas unter der Signifikanzgrenze. Der Unterschied zwischen den beiden war nicht signifikant. Man könnte nun meinen, wenn eine Korrelation signifikant positiv ist, die andere Null oder negativ, so müßte auch die Differenz signifikant sein. Auch dieser Schluß ist falsch. Er wäre nur dann gerechtfertigt, wenn der Stichprobenumfang der zweiten Korrelation unendlich, d.h. der Betrag der zweiten Korrelation exakt bekannt wäre. Anhand eines Rechenbeispiels kann man sich leicht überzeugen, daß die Differenz zwischen einer signifikanten positiven Korrelation und einer nicht signifikanten negativen Korrelation nicht signifikant sein braucht. Wir modifizieren das Rechenbeispiel wie folgt:

Knaben: $r_1 = 0.34$ s. $n_1 = 72$
Mädchen: $r_2 = -0.10$ n.s. $n_2 = 10$

Führt man die Signifikanzprüfung für die Differenz der Korrelationen analog zum ersten Rechenbeispiel durch, so erhält man einen z-Wert von $z = 1.14$, der nicht signifikant ist.

Daß die Differenz der beiden Korrelationen nicht signifikant ist, wird angesichts des geringen Stichprobenumfangs n_2 plausibel: Die 95%-Konfidenzgrenzen für r_2 umfassen den Bereich von $+0.47$ bis -0.76.

Rechenbeispiel 2: Vergleich von Mittelwertsdifferenzen

Je 50 ängstliche und nicht ängstliche Kinder wurden nach dem Zufall auf Wettbewerbsbedingung und Standardbedingung aufgeteilt und

Tab. 3.1: Scores im Geschicklichkeitstest für ängstliche und nicht ängstliche Kinder unter Wettbewerbs- und Standardinstruktion (fingierte Daten).

	Wettbewerbsinstruktion	Standardinstruktion
Ängstliche Kinder	$\overline{X} = 21$ s $= 10$ n $= 25$	$\overline{X} = 30$ s $= 9.8$ n $= 25$
Nicht ängstliche Kinder	$\overline{X} = 25$ s $= 10.5$ n $= 25$	$\overline{X} = 29$ s $= 11.2$ n $= 25$

Tab. 3.2: Mittelwerte und Standardabweichungen der IQ für die mit Glutaminsäure behandelte und die Placebo-Gruppe vor und nach der Behandlung.

	vorher		nachher	
	$\overline{X}$	s	$\overline{X}$	s
Glutaminsäure	66.79	7.63	67.68	9.31
Placebo	66.50	7.81	66.10	7.22

hatten eine Geschicklichkeitsaufgabe zu bearbeiten. Tabelle 3.1 gibt hypothetische Ergebnisse an:

Überprüft man bei ängstlichen Kindern den Unterschied zwischen den Leistungen unter den beiden Instruktionsbedingungen, so findet man, daß die Leistungsabnahme unter Wettbewerbsbedingungen 9 Punkte beträgt und mit dem t_{hom}-Test signifikant ist (t = 3.2 s bei 48 Freiheitsgraden). Der entsprechende Leistungsrückgang bei den nicht ängstlichen Kindern beträgt 4 Punkte und ist mit dem t_{hom}-Test nicht signifikant (t = 1.3 n.s. bei 48 Freiheitsgraden). Das rechtfertigt jedoch nicht die Behauptung, die Wettbewerbssituation verschlechtere die Leistung ängstlicher Kinder stärker als die Leistung nicht ängstlicher Kinder. Dazu müßte erst geprüft werden, ob eine Differenz von 9 Punkten signifikant größer ist als eine Differenz von 4 Punkten. Das kann geschehen, indem man eine varianzanalytische Auswertung durchführt und die Wechselwirkung «Instruktion mal Ängstlichkeit» auf Signifikanz testet. Im vorliegenden Beispiel ergibt sich MQ_{AB} = 156.25, MQ_{inn} = 107.9 und daraus F = 1.45, bei 1 Freiheitsgrad im Zähler und 96 Freiheitsgraden im Nenner. Dieser Wert ist nicht signifikant. Im vorliegenden Zahlenbeispiel wirkte sich die Wettbewerbsmotivation auf beide Gruppen (ängstliche und nicht ängstliche Kinder) negativ aus. Aber auch wenn sich bei ängstlichen Kindern eine signifikante Leistungsabnahme, bei nicht ängstlichen eine nicht signifikante Leistungszunahme gezeigt hätte, würde daraus noch nicht folgen, daß sich Wettbewerbsmotivation bei ängstlichen und nicht ängstlichen Kindern verschieden auswirkt. Dieser Schluß kann erst gezogen werden, wenn der Unterschied zwischen den beiden Mittelwertsdifferenzen (Mittelwertsdifferenz zwischen Standard- und Wettbewerbsinstruktion für ängstliche vs. nicht ängstliche Kinder) auf Signifikanz geprüft ist.

3.4 Literaturbeispiele

Beispiel 1 nach: WERNER, P.D. & BLOCK, J.: Sex differences in the eyes of expert personality assessors: Unwarrented conclusions. Journal of Personality Assessment, 39, 1975, 110–113.

Das Beispiel bezieht sich auf 3.2 (Richtung von Signifikanztests).

WERNER & BLOCK (1975) kritisieren und reanalysieren eine Untersuchung, die HAAN & LIVSON (1973) publiziert hatten. Bei der Untersuchung von HAAN & LIVSON (1973) ging es um die Frage, ob männliche und weibliche Beurteiler unterschiedlich urteilen, wenn sie männliche und weibliche Vpn nach Persönlichkeitseigenschaften wie «Self-

Acceptance», «Aggression» usw. einstufen sollen. Sie suchten aus dem Material, das von BLOCK im Rahmen einer anderen Untersuchung erhoben worden war, 48 männliche und 50 weibliche Vpn heraus, für die Persönlichkeitsratings von mindestens einem männlichen und einem weiblichen Beurteiler (die Beurteiler waren ausgebildete Psychologen) vorlagen. Getrennt für die Stichproben der 48 männlichen Vpn und der 50 weiblichen Vpn führten sie für jedes Persönlichkeitsmerkmal einen t-Test für korrelierende Stichproben durch, um festzustellen, ob die Vpn im Durchschnitt von den männlichen oder weiblichen Beurteilern die höheren Einstufungen erhalten hatten. Sie kamen zu dem Ergebnis, daß weibliche Beurteiler die weiblichen Versuchspersonen als «considerably more competent and self-accepting» eingestuft hatten als die männlichen Beurteiler, während die männlichen Beurteiler die weiblichen Versuchspersonen in konventionell weiblichen Eigenschaften höher eingestuft hatten. Sie folgern, daß «specific characteristics are judged differently by the two sexes» und fragen sich, «what mischief may have resulted (in the past) from failing to take into account possible sex differences in experts' judging behavior» (Zitate nach WERNER & BLOCK, 1975, S. 110).

Diskussion von Beispiel 1: WERNER & BLOCK (1975) kritisieren, daß in der Interpretation auf die Population der männlichen und weiblichen Beurteiler verallgemeinert wird und daher die Beurteiler und nicht die Beurteilten als Beobachtungseinheiten hätten dienen sollen. Sie führen aus (S. 111): «An illustration will indicate, why the number of assessees, must be seperated from the number of assessors. Suppose one male judge and one female judge each assessed the same set of 50 subjects and suppose further that comparison of the 50 Q-Sorts by the male judge with the 40 Q-formulations contributed by the female judge indicated, via the correlated means t-test, the existence of a number of differentiating Q-items. What could one conclude? One could only say that the two judges are different with respect to the set of 50 assessees being evaluated. However, because only one male judge and one female judge are involved, it would be impossible to attribute the differences observed to the maleness and femaleness, respectively, of the two judges. The sample sizes for the comparison of sex of judges are only and inescapably one versus one.»
In einer eigenen Auswertung derselben Daten berechnen WERNER & BLOCK (1975) für jeden der 10 männlichen und 13 weiblichen Beurteiler, die an dem Versuch beteiligt waren, das Durchschnittsurteil, das er in jeder Persönlichkeitseigenschaft über männliche und weibliche Versuchspersonen abgegeben hat. Für jede Persönlichkeitseigen-

schaft vergleichen sie dann mit dem t-Test für unabhängige Stichproben, ob sich die 10 männlichen von den 13 weiblichen Urteiler hinsichtlich ihrer Durchschnittsurteile über weibliche Probanden signifikant unterscheiden. Die analoge Frage wird dann hinsichtlich der männlichen Probanden gestellt. WERNER & BLOCK (1975) finden insgesamt keine signifikanten Unterschiede.

Der Kritik von WERNER & BLOCK (1975) an der Auswertung von HAAN & LIVSON (1973) ist zuzustimmen, und mit ihrer Reanalyse machen WERNER & BLOCK (1975) vermutlich den bestmöglichen Gebrauch der vorliegenden Daten, um die Frage nach Geschlechterunterschieden im Urteilerverfahren zu beantworten. Man sollte jedoch nicht übersehen, daß die Fragestellung im Grunde auf eine Verallgemeinerung in zwei Richtungen abzielt: Es soll sowohl über Männer und Frauen als Beurteiler als auch über Männer und Frauen als Beurteilte verallgemeinert werden. Die Auswertung von WERNER & BLOCK (1975) fragt jedoch nur nach einer Verallgemeinerbarkeit der Unterschiede zwischen männlichen und weiblichen Beurteilern bei der Beurteilung dieser speziellen Probanden. Das wird deutlich, wenn man das Argument von WERNER & BLOCK (1975) umkehrt und sich vorstellt, viele mänliche und weibliche Beurteiler hätten jeweils nur einen Mann und nur eine Frau beurteilt. Die Aussagen über männliche und weibliche Beurteiler müßten dann auf diesen einen Probanden (eine Probandin) begrenzt bleiben und es bestünde keine Möglichkeit, Urteilsunterschiede zwischen männlichen und weiblichen Beurteilern auf das Geschlecht der beurteilten Person zurückzuführen.

Um eine Auswertung zu ermöglichen, die eine Verallgemeinerung in beide Richtungen gestattet, sind mehrere Versuchspläne denkbar: Es könnte z. B. jeder Beurteiler jede Person beurteilen (was im vorliegenden Datenmaterial offenbar nicht der Fall war). Die Auswertung könnte dann im Rahmen einer 3fachen Varianzanalyse mit den Faktoren «Beurteilte», «Geschlecht des Beurteilers» und «Person des Beurteilers» erfolgen, wobei «Beurteilter» und «Person des Urteilers» als Random-Faktoren (siehe WINER, 1962, Kap. 3.4; KIRK, 1968, Kap. 4.9) aufzufassen sind und der Faktor «Person des Urteilers» unter dem Faktor «Geschlecht der Urteiler» hierarchisch angeordnet (engl. «nested», siehe KIRK, 1968, Kap. 7.15) ist (Abb. 3.3).

Die Auswertung des Versuchsplans kann dann gemäß den bei WINER (1962), Kap. 5.14 oder KIRK (1968), Kap. 7.10 angegebenen Regeln vorgenommen werden. Der Vergleich der Erwartungswerte für die einzelnen mittleren Quadrate führt zwar nicht direkt zum Auffinden einer Prüfgröße für den Haupteffekt «Geschlecht des Beurteilers», doch kann aus den verschiedenen mittleren Quadraten die passende

Abb. 3.3: Skizze eines Versuchsplans zur Prüfung der Hypothese «Männliche und weibliche Beurteiler unterscheiden sich hinsichtlich ihres durchschnittlichen Ratings (für eine bestimmte Persönlichkeitseigenschaft) bei weiblichen Probanden».

	Geschlecht des Beurteilers	
	männlich	weiblich
	Beurteiler Nr.	Beurteiler Nr.
Beurteilte	1 2 3 10	11, 12 20
Vp		
Nr. 1		
⋮		
n		

Prüfgröße errechnet und ein Quasi-F-Test (WINER, 1962, Kap. 5.15; KIRK, 1968, Kap.7.11) durchgeführt werden.

Beispiel 2 nach: STAKE, J.E. & GRANGER, CH.R.: Same-sex and opposite-sex teacher model influences on science career commitment among high school students. Journal of Educational Psychology 70, 1978, 180 – 186.

Das Beispiel bezieht sich auf 3.1 (Ebenen von Signifikanztests). Eine zentrale Hypothese der Untersuchung von STAKE & GRANGER (1978) ist, daß das Interesse von High-School-Schülern an einer wissenschaftlichen Laufbahn gefördert wird, wenn ein gleichgeschlechtlicher Lehrer im Fach «Science» als Rollenvorbild vorhanden ist, insbesondere wenn dieser Lehrer auch persönlich attraktiv ist. 145 weibliche und 143 männliche Schüler aus 14 Schulen machten u.a. Angaben über das Geschlecht ihres Lehrers in «Science», weiters darüber, ob sie auch so werden wollten wie ihre Science-Lehrer (Rating-Skala, verwendet als Maß der persönlichen Attraktivität des Lehrers) und inwieweit sie Interesse an einer wissenschaftlichen Laufbahn hätten (Rating-Skala).

Die Auswertung erfolgte im Rahmen einer 2 × 2 × 3 Varianzanalyse mit «Geschlecht des Lehrers», «Geschlecht des Schülers» und «Attraktivität des Lehrers» (3 Stufen) als unabhängigen Variablen und «Interesse für eine wissenschaftliche Laufbahn» als abhängiger Variablen. Die Auswertung ergab einen signifikanten Haupteffekt «Attraktivität des Lehrers»: Schüler, die ihren Science-Lehrer als persönlich attraktiver einstuften, gaben auch mehr Interesse für eine wissenschaftliche Laufbahn an. Weiters war die Wechselwirkung «Geschlecht des Lehrers × Geschlecht des Schülers» und die 3fache Wechselwirkung signifikant. Wie erwartet gaben Schüler, die einen gleichgeschlechtigen Science-Lehrer hatten, insbesondere dann mehr

106

Interesse für eine wissenschaftliche Laufbahn an, wenn sie den gleichgeschlechtigen Lehrer als persönlich attraktiv eingestuft hatten.

STAKE & GRANGER (1978, S. 186) interpretieren «... this interaction suggests that a same-sex model is more effective than an opposite-sex model in promoting or maintaining plans for a science career». Und weiter «The obvious implication of these findings is that the scarcity of female science teachers in the high schools is a factor that discourages girls from setting science career goals».

Diskussion von Beispiel 2: Insofern die Verallgemeinerung auf männliche und weibliche Lehrer als Rollenvorbild erfolgt, müßten Lehrer als Beobachtungseinheit gewählt werden. Aus der Untersuchung ist jedoch nicht ersichtlich, wieviele männliche und weibliche Lehrer einbezogen waren. Insofern die Verallgemeinerung auf Schüler männlicher und weiblicher Lehrer erfolgt, sind Schüler desselben Lehrers nicht als unabhängige Beobachtungen zu betrachten, sondern es liegt eine zweistufige Stichprobe vor. Um zu unabhängigen Beobachtungen zu gelangen, müßten Schüler desselben Lehrers zu einer Beobachtungseinheit zusammengefaßt werden.

So wie die Auswertung bei STAKE & GRANGER (1978) durchgeführt ist, ist ein statistischer Schluß bestenfalls auf weitere Schüler derselben speziellen Lehrer möglich. Dieser Schluß aber ist nicht von Interesse.

Beispiel 3 nach: CANTOR, G. N.: A note on a methodological error commonly committed in medical and psychological research. American Journal of Mental Deficiency 61, 1956, 17 – 18.

Das Beispiel bezieht sich auf 3.3 (der für die Interpretation unmittelbar relevante Signifikanztest wird nicht durchgeführt). CANTOR (1956) berichtet über eine Untersuchung von LOMBARD et al. (1955). LOMBARD et al. (1955) hatten zwei parallelisierte Gruppen von geistig behinderten Kindern untersucht, von denen die eine eine Glutaminsäurebehandlung, die andere Placebo erhielt. Bei beiden Gruppen wurden die Intelligenztestwerte vor und nach der Behandlung erhoben. Die Ergebnisse sind in Tabelle 3.2 angegeben.

LOMBARD et al. führten folgende Signifikanztests durch:

a) Zuwachs der mit Glutaminsäure behandelten Gruppe: nicht signifikant

b) Abfall der Placebo-Gruppe: nicht signifikant

c) Vergleich der beiden Gruppen vor der Behandlung: nicht signifikant

d) Vergleich der beiden Gruppen nach der Behandlung: nicht signifikant

Aufgrund dieser Vergleiche folgern die Autoren: «The feeding of glutamic acid to high grade mentally retarded children results in no more improvement in general intelligence . . . than the feeding of a placebo to a comparable group.» (Zitat nach CANTOR, 1956, S. 17.)

Diskussion von Beispiel 3: CANTOR (1956) kritisiert zu Recht, daß keiner der vier durchgeführten Signifikanztests die Frage prüft, ob der Zuwachs bei der mit Glutaminsäure behandelten Gruppe größer ist als bei der Placebo-Gruppe. Wenn eine Gruppe einen nicht signifikanten positiven Zuwachs zeigt, die andere einen nicht signifikanten negativen Zuwachs, so kann der Unterschied zwischen beiden Gruppen sehr wohl signifikant sein. Daher sollte für jede Versuchsperson die Differenz zwischen zweiter und erster Messung gebildet und die beiden Gruppen hinsichtlich der Differenzwerte verglichen werden, oder auch im Rahmen einer varianzanalytischen Auswertung die Wechselwirkung Medikamenten-Bedingung mal Zeitpunkte getestet werden.

Aufgrund der Kritik von CANTOR (1956) holten LOMBARD et al. (1956) diese Auswertung nach. Da auch diese Auswertung kein signifikantes Ergebnis brachte, konnten sie an ihrer ursprünglichen Schlußfolgerung festhalten.

Beispiel 4 nach: SAUER, J.: Sozialstatus und Intelligenz. Wien 1976.
Das Beispiel bezieht sich auf 3.3 (der für die Interpretation unmittelbar relevante Signifikanztest ist nicht durchgeführt).
In seiner Untersuchung über den Zusammenhang zwischen Sozialstatus und Intelligenz berechnet SAUER für Unterschichtkinder und Mittelschichtkinder getrennt Korrelationen zwischen verbalen und nicht verbalen Intelligenztests. Entsprechend der These OEVERMANNS von der «mangelnden verbalen Ausschöpfung des nicht verbal gemessenen Potentials unter den Sozialisationsbedingungen der Unterschicht» (OEVERMANN, 1970; zitiert nach SAUER, 1976, S. 78) wird in der Unterschicht «eine relative Inkonsistenz zwischen verbalen und nicht verbalen Intelligenzleistungen» (SAUER, 1976, S. 79) erwartet. Es wird also erwartet, daß die Korrelationen zwischen verbalen und nicht verbalen Intelligenztests in der Unterschicht niedriger ausfallen als in der Mittelschicht.
Als Indikator für die sprachliche Intelligenz wurden die Subtests LPS 1 + 2 verwendet, als nicht-verbale Tests wurden der Subtest LPS 8 (räumliches Vorstellen) und CFT 1 und 3 (Regelerkennen) herangezogen. An einer Stichprobe von 153 Volksschülern, davon n = 81 Mittelschichtkindern und n = 72 Unterschichtkindern, kam SAUER zu folgenden Korrelationen:

Korrelierte Tests	Mittelschichtkinder n = 81	Unterschichtkinder n = 72
LPS 1 + 2/LPS 8	.32 ss	.20 n. s.
LPS 1 + 2/CFT 1	.31 ss	.15 n. s.
LPS 1 + 2/CFT 3	.34 ss	.14 n. s.

SAUER (1976, S. 79) interpretiert wie folgt: «Die Ergebnisse . . . entsprechen den Erwartungen eines signifikanten Zusammenhangs zwischen verbalen und nonverbalen Intelligenzwerten in der Mittelschicht, während die Korrelationen zwischen diesen Intelligenzmaßnahmen in der Unterschicht nicht bedeutsam sind. Dies ist eine Bestätigung OEVERMANNS (1970, S. 81): In der Unterschicht ist der Zusammenhang zwischen beiden Intelligenzmaßen vernachlässigenswert, erst in der Mittelschicht erhält seine Stärke Bedeutung.»

Diskussion von Beispiel 4: Interpretiert wird hier offenbar der Unterschied zwischen den in der Mittelschicht und den in der Unterschicht gefundenen Korrelationen. Dieser Unterschied aber wurde nicht auf Signifikanz geprüft. Der größte Unterschied findet sich bei der Korrelation LPS 1 + 2/CFT 3, wo die Korrelation bei den Mittelschichtkindern 0.34, bei den Unterschichtkindern 0.14 beträgt. Eine Signifikanzprüfung dieses Unterschieds ergibt einen z-Wert von z = 1.29, was einer Überschreitungswahrscheinlichkeit von 0.20 entspricht und damit nicht signifikant ist. Die Nullhypothese (gleich hohe Korrelation in Mittel- wie Unterschicht) kann daher nicht widerlegt werden. Für eine Fragestellung, die auf einen Korrelationsvergleich an unabhängigen Stichproben abzielt, ist der Stichprobenumfang zu klein gewählt. Er sollte mindestens 200 – 300 Vpn pro Gruppe betragen (siehe Kap. 1, S. 26 f.).

Beispiel 5 nach: FITZGERALD, D. & AUSUBEL, D. P.: Cognitive versus affective factors in the learning and retention of controversial material. Journal of Educational Psychology 54, 1963, 73 – 84.
Das Beispiel bezieht sich auf 3.3 (ein dem mitgeteilten Hauptergebnis der Arbeit entsprechender Signifikanztest fehlt).
Die Autoren befassen sich mit der Frage, ob Einstellungen einen Einfluß auf das Lernen und Behalten von einstellungskonformem bzw. einstellungskonträrem Material haben. 264 Studenten hatten zunächst einen Vortest, in dem ihr Wissen über den amerikanischen Bürgerkrieg abgefragt wurde, und einen Einstellungsfragebogen über den amerikanischen Bürgerkrieg auszufüllen. Nach letzterem wurden sie

in eine pro-Süden, eine neutrale und eine pro-Norden eingestellte Gruppe unterteilt. Es folgte eine Lernphase, in der ein pro-Süden-Test dargeboten wurde. Für jeweils die Hälfte der Vpn erfolgte dann die Abfrage des Textes sofort nach der Lernphase (Lerntest) oder 7 Tage später (Behaltenstest).

Die Auswertung erfolgte im Rahmen einer 3 × 2 Varianzanalyse (3 Einstellungsgruppen × 2 Abfragezeitpunkte = 6 unabhängige Gruppen). Gemäß der Hypothese, daß Versuchspersonen, für die das Material einstellungskonträr ist, stärker vergessen, wurde eine Wechselwirkung Einstellung × Abfragezeitpunkt erwartet. Der F-Wert war 0.20, also kleiner als 1 und nicht signifikant.

Die Auswertung wurde wiederholt, indem nun der Vortest «Wissen über den Bürgerkrieg» als Kovariable hinzugezogen wurde. Damit sollte die kognitive Dimension der Einstellung kontrolliert und nur die affektive Komponente («attitudinal bias») erfaßt werden. Der F-Wert für die Wechselwirkung Einstellung × Abfragezeitpunkt sank daraufhin auf F = 0.08. Die Interpretation von FITZGERALD und AUSUBEL (1963, S. 83f.) lautet: «The hypothesis, that attitudinal bias has no effect on the retention of controversial material was therefore supported. The elimination of the attitude × retention interaction when the effect of pretest was controlled indicated that any selective forgetting must be attributed to the cognitive and not to the affective dimension of attitude as previously interpreted by EDWARDS, TAFT, WATSON and HARTMANN, and others. Through lack of adequate control of the cognitive dimension of attitudes these investigators, in our opinion, have mistakenly attributed differential rates of forgetting in positively and negatively biased groups to intrinsic motivational factors acting on the forgetting process. When adequate controls are introduced it becomes readily apparent that it is the lack of appropriate subsuming concepts in attitude structure that renders other side arguments more susceptible to rapid forgetting.»

Diskussion von Beispiel 5: Wenn jemand bei Vorliegen eines signifikanten und eines nicht signifikanten Ergebnisses einfach den Unterschied interpretiert, ohne ihn auf Signifikanz geprüft zu haben, so geht er nicht logisch konsequent vor, befindet sich aber in zahlreicher Gesellschaft. Wenn FITZGERALD und AUSUBEL zwei nicht signifikante Ergebnisse vergleichen und das Verschwinden des nicht signifikanten Effekts bei Zuziehung einer Kovariablen als Nachweis dafür nehmen, daß die Kovariable wirksam ist und den Effekt bedingt, so dürften sie damit wohl den Vogel abschießen.

3.5 Übungsaufgaben

Aufgabe 1: Rechenbeispiel zu 3.1 (Ebenen von Signifikanztests).
  Zwei Therapeuten A und B haben mit je 5 Patienten ein Raucherentwöhnungstraining durchgeführt. Nach 4 Wochen werden die Patienten befragt, wieviel Zigaretten sie am Vortag geraucht haben. Ihre Antworten lauten:

A: 5, 8, 12, 7, 8. $\overline{X} = 8$
B: 11, 13, 8, 12, 11. $\overline{X} = 11$

  Aufgrund bereits vorliegender Untersuchungen sei bekannt, daß die Fehlervarianz des Maßes «Zahl der gerauchten Zigaretten» $\sigma^2(F) = 2$ beträgt.
  a) Der Unterschied zwischen den beiden Mittelwerten der A-Patienten und B-Patienten beträgt 3. Kann man bei einer Irrtumswahrscheinlichkeit von Alpha = 0.05 sagen, dieser Unterschied sei nicht meßfehlerbedingt (Verallgemeinerung bezüglich Meßwiederholung an denselben Probanden)?
  b) Kann man bei einer Irrtumswahrscheinlichkeit von Alpha = 0.05 sagen, Patienten von Therapeut A rauchen nach 4 Wochen im Durchschnitt weniger als die Patienten von Therapeut B (Verallgemeinerung auf die gedachte Population möglicher Patienten)?

Lösung:

zu 1a)
  Man berechnet das Konfidenzintervall, das bei einer Irrtumswahrscheinlichkeit von Alpha = 0.05 den Mittelwertsunterschied der wahren Werte $\overline{T}_A - \overline{T}_B$ enthält. Enthält dieses Konfidenzintervall die Zahl Null nicht, so ist die beobachtete Mittelwertsdifferenz bei Alpha = 0.05 nicht durch Meßfehler zu erklären.
  Die Grenzen für das Konfidenzintervall lauten:

$$(\overline{X}_1 - \overline{X}_2) \pm 1.96\, \sigma(\overline{F}_1 - \overline{F}_2)$$

mit

$$\sigma^2(\overline{F}_1 - \overline{F}_2) = \frac{1}{n_1}\sigma^2(F) + \frac{1}{n_2}\sigma^2(F)$$

$n_1, n_2 =$ Stichprobenumfang zu $\overline{X}_1, \overline{X}_2$

111

also für unser Beispiel:

$$\sigma^2(\bar{F}_1 - \bar{F}_2) = \frac{1}{5} \cdot 2 + \frac{1}{5} \cdot 2 = 0.8$$

$$\sigma(\bar{F}_1 - \bar{F}_2) = 0.89$$

Die Grenzen für das Konfidenzintervall lauten somit

$$3 \pm 1.96 \cdot 0.89 = 3 \pm 1.75$$

Die Grenzen enthalten die Zahl Null nicht. Der Mittelwertsunterschied ist daher bei $\alpha = 0.05$ nicht als meßfehlerbedingt anzusehen.
zu 1b)
Die Frage ist mit dem t-Test für unabhängige Stichproben zu beantworten.
Die Formel für den t-Test lautet:

$$t = \frac{\bar{X}_2 - \bar{X}_1}{\sqrt{\dfrac{s_1^2}{n_1} + \dfrac{s_2^2}{n_2}}}$$

$s_1^2, s_2^2 = $ Stichprobenvarianzen; in unserem Beispiel ist

$$s_1^2 = 6 \text{ und } s_2^2 = 3.5$$

Es ergibt sich somit

$$t = \frac{3}{\sqrt{\dfrac{6}{5} + \dfrac{3.5}{5}}} = 2.18$$

Dieser Wert ist bei 8 Freiheitsgraden nicht signifikant.
Die Nullhypothese «Im Durchschnitt rauchen Patienten von Therapeut A nach 4 Wochen genausoviel wie Patienten von Therapeut B» kann daher nicht verworfen werden. Daß die 5 Patienten von Therapeut A nach 4 Wochen weniger rauchten als die 5 von Therapeut B,

kann in Hinblick auf die geringe Zahl der untersuchten Patienten zufällig sein.

Aufgabe 2: Interpretationsaufgabe zu 3.1 (Ebenen von Signifikanztests).

Zwei Klinikstypen, Typ A und Typ B, sollen miteinander verglichen werden. Es seien bereits zwei Kliniken vom Typ A und 3 vom Typ B in Betrieb. Die Wahl der Klinik stehe den Patienten frei und es stelle sich heraus, daß von den 1000 Patienten, die in einer der beiden A-Kliniken waren, 700 Frauen und 300 Männer, von den Patienten, die in einer der drei B-Kliniken waren, 600 Frauen und 900 Männer waren. Wie man leicht nachrechnet, ist ein 4-Felder-Chi-Quadrat-Test mit den Alternativmerkmalen Geschlecht und Klinikstyp signifikant. Kann man nun sagen, daß Frauen A-Kliniken, Männer B-Kliniken bevorzugen?

Lösung: Die Frage ist – nicht untypischerweise – uneindeutig formuliert. Man kann sie einmal im Sinn einer Einzelfallstatistik über die vorhandenen 5 Kliniken verstehen. Der beabsichtigte Schluß zielt dann auf weitere Beobachtungen an denselben 5 Kliniken. Falls sich an den allgemeinen Rahmenbedingungen nichts ändert, wird man aufgrund des signifikanten Chi-Quadrats den Populationsschluß ziehen und erwarten, daß auch weiterhin an den zwei A-Kliniken mehr Frauen, an den drei B-Kliniken mehr Männer zu finden sein werden.

Etwas ganz anderes ist es dagegen, von den 2 A-Kliniken und 3 B-Kliniken auf A- und B-Kliniken im allgemeinen zu schließen, also z. B. Prognosen über noch im Bau befindliche Kliniken zu machen. Wenn auf die gedachte Grundgesamtheit aller Kliniken geschlossen werden soll, liegt ein zweistufiges Ziehungsverfahren vor: Auf der oberen Ebene werden die Kliniken gezogen, aus den Kliniken werden Stichproben von Patienten gezogen. Wenn die Verallgemeinerung auf Patienten einer bestimmten (oder mehrerer bestimmter) Kliniken erfolgen soll, sind Patienten die korrekte Beobachtungseinheit; wenn aber auf alle Kliniken eines bestimmten Typs geschlossen werden soll, müssen beide Ziehungsebenen beachtet und ganze Kliniken als Beobachtungseinheit gewählt werden. Daß ein Signifikanztest auf der Ebene der Patienten nicht ausreicht, wenn es darum geht, Prognosen für weitere Kliniken zu stellen, wird sofort ersichtlich, wenn man folgende beiden Fälle betrachtet:

	Fall 1	m	w		Fall 2	m	w
Klinik	A 1	500	0	Klinik	A 1	300	200
	A 2	200	300		A 2	400	100
		700	300			700	300
	B 1	500	0		B 1	200	300
	B 2	0	500		B 2	210	290
	B 3	100	400		B 3	190	310
		600	900			600	900

Sowohl in Fall 1 als auch in Fall 2 beträgt der Anteil der Männer in den A-Kliniken insgesamt 70%, in den B-Kliniken 40%. Ein 4-Felder-Chi-Quadrat (Geschlecht × Klinikstyp) ergibt denselben Wert. Bezüglich der Frage, ob die Aussage «Männer bevorzugen A-Kliniken, Frauen B-Kliniken» auf weitere Kliniken verallgemeinerbar ist, sind jedoch beide Fälle unterschiedlich zu beurteilen. In Fall 1 würde wohl jeder zu der Ansicht gelangen, daß das Geschlechterverhältnis von anderen Faktoren als dem Klinikstyp bestimmt wird, und sich einer Vorhersage auf weitere Kliniken vom Typ A oder B enthalten. Im zweiten Fall, wo die Variabilität zwischen Kliniken vom gleichen Typ gering ist, würde man eher einen verallgemeinerbaren Zusammenhang vermuten. Eine Korrelation zwischen Geschlechterverhältnis (% Männer) und Klinikstyp mit Klinik als Beobachtungseinheit ergibt r = 0.36 für Fall 1 und r = 0.92 für Fall 2. Im Unterschied der beiden Korrelationen kommt zum Ausdruck, daß in Fall 1 und 2 bezogen auf die bestehenden Kliniken ein unterschiedlich enger Zusammenhang zwischen Klinikstyp und Geschlechteranteil besteht. Die 4-Felder-Auswertung mit Patienten als Beobachtungseinheit zeigte das nicht.

4. Wie man den Zufall ausnutzt

Nicht alles, was Psychologen vermuten, trifft zu, insbesondere auch nicht alle Hypothesen, die in Experimenten bestätigt werden sollen. Und selbst wenn die Hypothesen des Psychologen zutreffen, braucht die experimentelle Bestätigung noch lange nicht zu gelingen: Die Verwendung ungeeigneter Maße, zu kleiner Stichprobenumfang und andere Hindernisse können dies vereiteln.

Wenn es also oft auch kein Wunder ist, daß die Nullhypothese nicht wie erwartet verworfen werden kann, so ist es doch immer wieder eine Enttäuschung. Um sich solche Enttäuschungen zu ersparen, gibt es verschiedene Abwehrmechanismen:

1. Das einfachste ist, man legt sich hinsichtlich seiner Hypothesen nicht zu genau fest. Man plant entweder sehr viele Signifikanztests – oder noch sicherer: man plant gar nichts und schaut sich erst die Daten an. Ein solches Vorgehen führt mit hoher Wahrscheinlichkeit zu einem Alpha-Fehler. Warum das so ist, wird in 4.1 bis 4.3 näher erläutert, und es werden verschiedene Möglichkeiten diskutiert, das erhöhte Alpha-Risiko wieder unter Kontrolle zu bekommen.

2. Man testet dieselbe Hypothese, bis man einen Alpha-Fehler macht. Will man das Auftreten eines Alpha-Fehlers beschleunigen, kann man sequentiell testen und im richtigen Moment aufhören. Dieses Vorgehen wird in 4.4 kritisiert.

Schließlich kann man das nicht signifikante Ergebnis einfach ignorieren und tun, als wäre es signifikant. Oder ersatzweise einen Signifikanztest durchführen, der mit den Hypothesen nichts zu tun hat. Beispiele dafür wurden bereits in Kapitel 3 gegeben.

4.1 Zu viele Signifikanztests; Alpha-Inflation und Gegenmaßnahmen

Bei Untersuchungen, die plausible aber doch nicht sehr spezifische Hypothesen testen sollen, wie etwa einen Zusammenhang zwischen EEG und Intelligenz, oder einen Zusammenhang zwischen Elterneinstellung und Schulleistung der Kinder, oder über die Wirkung sozialer Bekräftigung in Abhängigkeit von der Persönlichkeit, kann man sich gegen die schnöde Feststellung, es sei «nichts (also kein signifikantes Ergebnis) dabei herausgekommen», leicht vorsehen, indem man die Untersuchung dementsprechend «breit anlegt», d.h. eine Vielzahl von Maßen verwendet. Sucht man z.B. einen Zusammenhang zwischen

Intelligenz und EEG, so kann man bei 10 Intelligenzsubtests, 4 Kreativitätstests und 10 EEG-Variablen immerhin $14 \times 10 = 140$ Zusammenhänge prüfen. Sollte das nichts bringen, kann man aus den ursprünglichen Variablen durch Berechnen von Faktor-Scores, einfache Differenzbildungen oder sonstige mathematische Verknüpfung der Variablen weiter sein Glück versuchen. Man kann schließlich die Vpn nach verschiedenen Gesichtspunkten in Untergruppen teilen und in den Gruppen getrennt die Berechnungen nochmals anstellen. Und wer lange genug sucht, der findet schließlich – wenn nichts Substantielles, so doch die Gelegenheit, einen Alpha-Fehler zu präsentieren. Bei kleinen Stichproben mag dabei sogar noch die numerische Höhe des Zusammenhangs imponieren.

Es gilt zwar heute als verpönt, alles mit allem zu korrelieren und sich die höchsten Werte herauszupicken; trotzdem ist es schwer zu sagen, inwieweit solche Praktiken in der gegenwärtigen Forschung eine Rolle spielen: Ob nicht signifikante Ergebnisse als uninteressante Nebenrechnungen abgetan, ob ganze Variablengruppen als «nebenbei miterhoben, aber – wie sich zeigte – irrelevant» abgetan und verschwiegen werden, ist dem Forschungsbericht meist nicht mehr anzusehen.

Man kann nur fordern, Experimente müßten aus einer Theorie, auch was die Begründung der verwendeten Maße anlangt, so zwingend hergeleitet sein, daß sich die Entscheidung über die Theorie auf nur einen Signifikanztest zuspitzt, womit dann das Problem der zu vielen Signifikanztests gar nicht auftreten könne. Eine solche Forderung nach maximaler theoretisch begründeter Festlegung ist zwar verständlich, aber vielfach nicht erfüllbar. Und mit dem Aufstellen unerfüllbarer Forderungen löst man bekanntlich auch keine Probleme.

Wir werden im folgenden mehrere Wege diskutieren, wie dem Problem der Alpha-Inflation bei Durchführung zu vieler Signifikanztests beizukommen ist, und dabei folgende Möglichkeiten besprechen:

1) Alpha-Adjustierung (Reduktion des Alpha der Einzelentscheidung)
2) Globaltests (Zusammenfassen mehrerer einzelner Null-Hypothesen zu einer globalen Nullhypothese)
3) Kreuzvalidierung (Replikation an neuen Daten)

Wie sich zeigen wird, ist die Replikation an einer neuen Stichprobe den beiden erstgenannten Methoden bei weitem vorzuziehen und in vielen Fällen sogar der einzig gangbare Weg.

4.1.1 Alpha-Adjustierung (Reduktion des Alpha-Risikos bei der Einzelentscheidung):

a) bei unabhängigen Signifikanztests

Wir greifen auf das Beispiel aus Kapitel 1 (siehe S. 11 und Übungs-aufgabe 1 zu Kapitel 1) zurück und nehmen nun etwas modifizierend an, ein Autor habe auf k verschiedenen Altersstufen untersucht, ob es Geschlechterunterschiede beim Gruppieren von Objekten gibt. Er hat auf jeder Altersstufe unabhängige Stichproben von Knaben und Mäd-chen gezogen, das Experiment durchgeführt und einen Signifikanztest mit einem Alpha-Risiko von 0.05 gemacht. Wir nehmen weiter an, daß in allen Fällen die Nullhypothese zutrifft, also auf keiner Alters-stufe Geschlechterunterschiede beim Gruppieren von Objekten beste-hen. Die Wahrscheinlichkeit, dennoch auf 1 oder mehr Altersstufen einen signifikanten Geschlechterunterschied zu finden, also einen Alpha-Fehler zu machen, läßt sich dann wie folgt berechnen:
Die Wahrscheinlichkeit für Null Alpha-Fehler bei k unabhängigen «Versuchen» (Signifikanztests) ist:

$$\text{Prob}\,(0\ \text{Alpha-Fehler}/H_0) = (1 - \alpha)^k$$

Die Wahrscheinlichkeit für 1 oder mehr Alpha-Fehler ist daher:

$$\text{Prob}\,(1\ \text{oder mehr Alpha-Fehler}/H_0) = 1 - (1 - \alpha)^k$$

Will man nun erreichen, daß die Wahrscheinlichkeit, einen oder mehr Alpha-Fehler zu machen, nur 0.05 ist, so muß man das Alpha der Einzelentscheidung entsprechend klein festlegen:
Es soll gelten:

$$1 - (1 - \alpha)^k = 0.05$$

Daher muß Alpha wie folgt gewählt werden:

$$(1 - \alpha)^k = 0.95$$
$$1 - \alpha = \sqrt[k]{0.95}$$
$$\alpha = 1 - \sqrt[k]{0.95}$$

Wenn z.B. bei 8 unabhängigen Signifikanztests die Wahrscheinlich-keit, einen oder mehr Alpha-Fehler zu machen, gleich 0.05 sein soll, so muß $\alpha = 1 - \sqrt[8]{0.95} = 0.0064$ sein.

b) bei abhängigen Signifikanztests

Wann Signifikanztests abhängig bzw. unabhängig sind, läßt sich formal wie folgt angeben: Zwei Signifikanztests sind unabhängig, wenn die Wahrscheinlichkeit einer Fehlentscheidung (das kann je nach Zutreffen der Null- oder Alternativhypothese ein Alpha- oder Beta-Fehler sein) beim zweiten Signifikanztest nicht davon abhängt, ob beim ersten Signifikanztest eine richtige oder eine Fehlentscheidung getroffen wurde, und umgekehrt. Ansonsten sind sie abhängig. Dabei genügt es für die meisten Anwendungsfälle, sich an folgenden Faustregeln zu orientieren:

Signifikanztests sind in aller Regel unabhängig, wenn sie sich auf unterschiedliche Versuchspersonen-Stichproben beziehen. Werden mehrere Signifikanztests an denselben Versuchspersonen durchgeführt, so sind diese Signifikanztests in aller Regel abhängig. Dazu einige Beispiele:

Erhebt man getrennt für Knaben und Mädchen auf 10 verschiedenen Altersstufen (Querschnittuntersuchung) jeweils die Korrelation zwischen Intelligenz und Ängstlichkeit und testet jede dieser 10 Korrelationen auf Signifikanz, so hat man 10 unabhängige Signifikanztests durchgeführt. Die Stichprobenfehler der einzelnen Korrelationen sind unabhängig: Wüßte man z. B., daß in einer bestimmten Stichprobe die Korrelation durch Stichprobenfehler zufällig zu niedrig ausgefallen ist ($r < \rho$), so könnte man daraus keinerlei Erwartung darüber ableiten, wie der Stichprobenfehler bei der nächsten Korrelation ausfallen wird.

Im Unterschied dazu nehmen wir nun an, an ein und derselben Schülerstichprobe würde die Korrelation zwischen Körpergröße und Intelligenztest A und die Korrelation zwischen Körpergröße und Intelligenztest B erhoben. In der Grundgesamtheit sind beide Korrelationen Null. Besteht nun in der vorliegenden Stichprobe zufällig eine positive Stichprobenkorrelation zwischen Körpergröße und Intelligenztest A, so wird man dasselbe für Test B erwarten, zumal wenn Test A und Test B eng verwandt sind. Die Stichprobenfehler der beiden Korrelationen sind also nicht unabhängig, weshalb auch die zugehörigen Signifikanztests nicht unabhängig sind.

Als weiteres Beispiel für abhängige Signifikanztests wollen wir ein Experiment betrachten, bei dem dieselbe Kontrollgruppe (KG) mit verschiedenen Versuchsgruppen (VG 1, VG 2 . . .) verglichen wird. Wenn die Kontrollgruppe zufällig schlechtere Ergebnisse hat, als ihrem Erwartungswert in der Population entspricht, so wirkt sich das auf alle Vergleiche mit den verschiedenen Versuchsgruppen in die gleiche Richtung aus. Die Stichprobenfehler von $\overline{X}_{KG} - \overline{X}_{VG1}$,

$\overline{X}_{KG} - \overline{X}_{VG2}, \ldots$ korrelieren durch die gemeinsame Verwendung desselben Stichprobenmittelwerts $\overline{X}_{KG}$. Da die Stichprobenfehler korrelieren, sind die zugehörigen Signifikanztests abhängig.

Liegen nun k abhängige Signifikanztests vor, so läßt sich die Wahrscheinlichkeit, k mal die Nullhypothese beizubehalten, nicht einfach als das Produkt der Einzelwahrscheinlichkeiten berechnen, weil der Multiplikationssatz der Wahrscheinlichkeitsrechnung voraussetzt, daß die einzelnen Ereignisse (hier: Signifikanztests) unabhängig sind. Es ist keine einfache Formel ableitbar, mit der man bei k abhängigen Signifikanztests die Wahrscheinlichkeit für ein oder mehr Alpha-Fehler errechnen könnte. Man muß also einen anderen Ansatzpunkt suchen. Dieser ergibt sich aus folgenden Überlegungen: Werden k beliebig abhängige oder unabhängige Signifikanztests durchgeführt, so sind bei Geltung der Nullhypothese in allen k Fällen 0 bis k Alpha-Fehler möglich. Wir bezeichnen die Zahl der Alpha-Fehler mit X und fragen nach dem Erwartungswert für die Zahl der Alpha-Fehler, E(X):

Wird nur k = 1 Signifikanztest durchgeführt, so kann X nur die Werte 0 und 1 annehmen. Der Wert X = 0 (kein Alpha-Fehler, Beibehalten der Nullhypothese) tritt mit Wahrscheinlichkeit $1 - \alpha$ auf, der Wert X = 1 (Alpha-Fehler, Verwerfen der Nullhypothese) mit Wahrscheinlichkeit α. Der Erwartungswert der Zahl der Alpha-Fehler bei Durchführung von nur einem Signifikanztest ist daher

$$E(X) = 0 \cdot (1 - \alpha) + 1 \cdot \alpha = \alpha$$

Wir nehmen nun an, es werden k Signifikanztests durchgeführt. Es treffe jeweils die Nullhypothese zu, so daß bei jedem Signifikanztest die Gefahr eines Alpha-Fehlers besteht. Die erwartete Zahl der Alpha-Fehler ergibt sich dann als Summe der einzelnen Erwartungswerte:

$$E(X) = \alpha_1 + \alpha_2 + \ldots \alpha_k$$

Will man nun erreichen, daß die erwartete Zahl von Alpha-Fehlern E(X) gleich 0.05 ist, obwohl nicht 1, sondern k Signifikanztests durchgeführt wurden, so muß man die Alpha-Risiken der Einzelentscheidungen so wählen, daß

$$\sum_i \alpha_i = 0.05$$

gilt. Sofern nicht besondere Gründe vorliegen, wird man das Signifikanzniveau für alle Hypothesentests gleich wählen, d. h. alle Einzelentscheidungen bei

$$\alpha = \frac{1}{k} \cdot 0.05$$

treffen. Werden z. B. beliebig abhängige oder unabhängige Signifikanztests durchgeführt, so ist der Erwartungswert der Anzahl der Alpha-Fehler gleich 0.05, wenn jede Einzelentscheidung bei $\alpha = 0.05/8 = 0.00625$ getroffen wird.

Es wurden nun zwei Verfahren der Alpha-Adjustierung dargestellt, wovon das erstere die Wahrscheinlichkeit für einen oder mehr Alpha-Fehler auf 0.05 festlegt und nur bei unabhängigen Signifikanztests anwendbar ist, während das zweite die erwartete Anzahl von Alpha-Fehlern auf 0.05 festlegt und sowohl bei abhängigen als auch bei unabhängigen Signifikanztests anwendbar ist. Bei unabhängigen Signifikanztests kommen demnach beide Verfahren in Betracht. Am oben durchgerechneten Beispiel mit $k = 8$ Signifikanztests ergab sich beim ersten Verfahren, daß die Einzelentscheidung bei $\alpha = 0.0064$ zu treffen ist, wenn die Wahrscheinlichkeit für 1 oder mehr Alpha-Fehler 0.05 betragen soll, und beim zweiten Verfahren, daß die Einzelentscheidung bei $\alpha = 0.00625$ zu treffen ist, wenn die erwartete Anzahl der Alpha-Fehler 0.05 betragen soll. Der Unterschied zwischen den praktischen Folgerungen aus den beiden theoretisch unterschiedlich begründeten Vorgehensweisen ist also geringfügig, was man auch an weiteren Rechenbeispielen überprüfen kann.

Die oben beschriebenen Methoden haben den Vorteil, universell, d. h. bei beliebigen Fragestellungen und Verwendung beliebiger Signifikanztests anwendbar zu sein. Der Nachteil liegt jedoch ebenfalls auf der Hand: Werden viele Signifikanztests durchgeführt, so wird das Alpha der Einzelentscheidung bald sehr klein. Das aber hat zur Folge, daß das Beta-Risiko für die einzelnen Hypothesentests steigt und die Teststärke bald nicht mehr ausreicht, selbst mittlere und große Effekte statistisch zu sichern – es sei denn, die Stichproben wären sehr groß. Gerade in wirklich problematischen Fällen, bei denen fast alles mit fast allem in Beziehung gesetzt und sehr viele Signifikanztests durchgeführt werden, wird das Verfahren bald unpraktikabel.

4.1.2 Globaltests

Während bei der Alpha-Adjustierung über jede einzelne Hypothese für sich entschieden wurde und das Gesamtrisiko durch eine entsprechende Wahl des Signifikanzniveaus bei der Einzelentscheidung kontrolliert wurde, werden bei einem Globaltest viele einzelne Nullhypothesen durch Und-Verknüpfung in eine einzige globale Nullhypothese zusammengefaßt. Die globale Alternativhypothese lautet dementsprechend, daß eine oder mehrere der einzelnen Nullhypothesen nicht zutreffen. Wird die globale Nullhypothese verworfen, so wird anschließend weiter untersucht, welche einzelnen Nullhypothesen zu verwerfen sind. Muß die globale Nullhypothese beibehalten werden, so erfolgt keine weitere Auswertung. Wurde der Signifikanztest zur Prüfung der globalen Nullhypothese bei Alpha = 0.05 durchgeführt, so ist bei dieser Auswertungsstrategie sichergestellt, daß bei Zutreffen der globalen Nullhypothese die Wahrscheinlichkeit, einen oder mehr Alpha-Fehler zu machen, nicht größer ist als 0.05.

Das wohl bekannteste Beispiel für einen Globaltest ist der F-Test in der einfachen Varianzanalyse (nur eine unabhängige Variable, nur eine abhängige Variable). Nehmen wir als Beispiel an, jemand wolle den Zusammenhang zwischen Geschwisterkonstellation und verbaler Intelligenz untersuchen. Er habe die Kinder nach der Geschwisterkonstellation (Einzelkind, Kind mit jüngerem Bruder, Kind mit jüngerem und älterem Bruder usw.) in 10 qualitativ unterschiedliche Gruppen geteilt und für jede Gruppe den Mittelwert in einem verbalen Intelligenztest berechnet. Auf speziellere Hypothesen habe er sich nicht festgelegt. Würde er nun jeden Mittelwert mit jedem anderen mittels t-Test vergleichen und vielleicht zusätzlich einige Gruppen zusammenfassen und die zusammengefaßten Gruppen einander gegenüberstellen, so würde das zu sehr vielen Signifikanztests und einem entsprechenden Anstieg der Wahrscheinlichkeit für das Auftreten eines oder mehrerer Alpha-Fehler führen. Das wird vermieden, indem man zunächst die globale Nullhypothese «Zwischen allen 10 Populationen bestehen keinerlei Mittelwertunterschiede» testet, was bekanntlich mit dem F-Test der einfachen Varianzanalyse möglich ist.

Auch bei der varianzanalytischen Auswertung faktorieller Versuchspläne (mehrere unabhängige Variablen, nur eine abhängige Variable) wird vielfach zunächst ein globaler F-Test durchgeführt. Dieser prüft, ob zwischen allen Zellenmittelwerten irgendwelche signifikanten Unterschiede bestehen, bevor eine Auswertung nach Haupteffekten und Wechselwirkungen vorgenommen wird. Und das mit gutem Grund: In einem 4faktoriellen Versuchsplan werden bei Prüfung aller

Haupteffekte und Wechselwirkungen 16 Signifikanztests durchgeführt, was bereits eine erhebliche Erhöhung des Gesamtrisikos mit sich bringt.

Bei multivariaten Varianzanalysen hat man es mit einer oder mehreren unabhängigen Variablen und mehreren abhängigen Variablen zu tun. Als Beispiel nehmen wir an, es solle untersucht werden, wie sich Sozialstatus der Eltern und Wohnortgröße (zwei unabhängige Variablen) auf die Schulleistung der Kinder in vier verschiedenen Fächern (Mathematik, Deutsch usw., vier abhängige Variablen) auswirkt. Der Sozialstatus der Eltern sei in 5 Stufen, die Wohnortgröße in 3 Stufen erfaßt, so daß die Kinder insgesamt in $5 \times 3 = 15$ Gruppen geteilt werden. Für jede Gruppe werden die Mittelwerte in allen vier Schulfächern berechnet. Die globalste Nullhypothese, die man aufstellen kann, besagt nun, daß in keinem der vier Schulleistungstests zwischen den 15 Gruppen irgendwelche Mittelwertsunterschiede bestehen. Die entsprechende Alternativhypothese besagt, daß in einem oder mehreren Schulleistungstests die 15 Mittelwerte der nach der Merkmalskombination Sozialstatus mal Wohnortgröße gebildeten Gruppen nicht alle gleich sind. Um diese globalste Hypothese zu prüfen, drückt man die unabhängigen Variablen (hier: Einteilung in die 5mal 3 Gruppen) durch geeignete Kodiervariablen aus (siehe MOOSBRUGGER, 1978, Kap. 14.2) und testet die kanonische Korrelation zwischen den Kodiervariablen und den abhängigen Variablen (hier: Schulleistungstests) auf Signifikanz (siehe MOOSBRUGGER, 1978, Kap. 21).

Hat man die globalste Nullhypothese verworfen und festgestellt, daß zwischen den 5mal 3 Gruppen Unterschiede in der Schulleistung bestehen, kann man folgende weiteren Fragen stellen. Besteht bezüglich einer oder mehrerer Schulleistungen ein Haupteffekt «Sozialstatus»? Die zugehörige Nullhypothese besagt «Bezüglich keiner der vier Schulleistungen besteht ein Haupteffekt ‹Sozialstatus›», die entsprechende Alternativhypothese besagt «Bezüglich einer oder mehrerer Schulleistungen besteht ein Haupteffekt ‹Sozialstatus›». Analog dazu kann man dann weiter fragen: Besteht bezüglich einer oder mehrerer Schulleistungen ein Haupteffekt ‹Wohnortgröße›? Eine Wechselwirkung ‹Sozialstatus mal Wohnortgröße›? Die drei genannten Hypothesen sind mit multivariaten Signifikanztests zu testen (siehe MOOSBRUGGER, 1978, Kap. 19 und 21). Die Nullhypothese dieser multivariaten Tests bezieht sich also global auf alle abhängigen Variablen, während unter den unabhängigen Variablen eine spezielle Variable (bzw. eine spezielle Wechselwirkung) herausgegriffen wird.

Es ist jedoch im Anschluß an den ersten, globalsten Signifikanztest (irgendwelche Unterschiede zwischen den 15 Gruppen in irgendeiner Schulleistung) auch eine andere Auswertungsrichtung denkbar, die gewöhnlich zusätzlich verfolgt wird: Man kann jede der 4 Schulleistungen, z. B. die in Mathematik, einzeln betrachten und eine konventionelle univariate Varianzanalyse mit 2 unabhängigen Variablen (Sozialstatus und Wohnortgröße) rechnen. Im Rahmen dieser univariaten Varianzanalysen könnte man wieder einen globalen F-Test durchführen, um zu prüfen, ob sich die 15 Gruppen hinsichtlich der Mathematikleistung unterscheiden, bevor man die 3 F-Tests für die beiden Haupteffekte und die zweifache Wechselwirkung macht.

Außer im Zusammenhang mit Varianzanalysen, kommen Globaltests auch im Zusammenhang mit verschiedenen anderen statistischen Verfahren vor. Beispiele dafür sind: Die Prüfung des Gesamt-Chi-Quadrats vor einer Chi-Quadrat-Zerlegung; die Prüfung der Kovarianzmatrix auf Abweichung von einer Diagonalmatrix vor einer Faktorenanalyse usw.

Nachdem wir einige Beispiele für Globaltests betrachtet haben, wollen wir die kritische Frage stellen: Lösen Globaltests das Problem der Alpha-Inflation bei Durchführung vieler Signifikanztests in zufriedenstellender Weise? Dazu ist zum einen zu sagen, daß Globaltests nur für ganz bestimmte statistische Fragestellungen zur Verfügung stehen – im Unterschied etwa zur Alpha-Adjustierung, die im Zusammenhang mit beliebigen Signifikanztests anwendbar ist. Darüber hinaus sind jedoch weitere Einschränkungen zu machen: Die Anwendung eines Globaltests vor den Signifikanzprüfungen für die einzelnen speziellen Hypothesen gewährleistet, daß mit Sicherheit $1 - \alpha$ keine weitere Auswertung erfolgt, wenn in allen Fällen die Nullhypothese zutrifft. Was aber geschieht, wenn in einigen Fällen die Nullhypothese zutrifft, in einigen die Alternativhypothese? Dann ist die globale Nullhypothese zu verwerfen (mit welcher Wahrscheinlichkeit das tatsächlich geschieht, ist eine Frage der Teststärke des Globaltests). Wenn dann im zweiten Schritt eine Vielzahl spezieller Hypothesen getestet wird, bestehen wieder so viele Chancen, einen Alpha-Fehler so machen, wie in Einzelfällen die Nullhypothese zutrifft.

Darauf, daß eine Zwei-Stufen-Strategie (zuerst Globaltest, danach beliebig viele Einzeltests) kein geeignetes Vorgehen zur Kontrolle des Alpha-Risikos ist, hat bereits TUKEY (1953; zitiert nach RYAN, 1980) und neuerdings wieder RYAN (1980) im Zusammenhang mit der einfachen Varianzanalyse hingewiesen. Niemand würde heute mehr auf den Gedanken kommen, nach einem signifikanten F-Wert der einfachen Varianzanalyse als Globaltest als zweiten Auswertungsschritt beliebig viele t-Tests durchzuführen. Vielmehr sind für solche post-factum-Vergleiche spezielle Techniken (Scheffé-Test, Tukey-Test, Dunnet-Test usw.; siehe z. B. KIRK, 1968, Kap. 3) entwickelt, die auch bei Zutreffen von partiellen Nullhypothesen das Gesamtrisiko kontrollieren. Solche spezielle Techniken stehen noch für einige weitere Einzelprobleme zur Verfügung (z. B. Signifikanzprüfung der größten, zweitgrößten usw. kanonischen Korrelation, Signifikanzprüfung der größten, zweitgrößten usw. Hauptkomponente in einer Hauptkomponenten-Analyse u. a.). Die Entwicklung weiterer Post-factum-Verfahren in Anschluß an globale Signifikanztests wäre wünschenswert.

Zusammenfassend kann man zum Wert von Globaltests wie folgt Stellung nehmen: Globaltests haben einen guten Sinn, wenn es darum geht, festzustellen, ob zwischen zwei Gruppen von Variablen (z. B. zwischen Intelligenztests und in Fragebogen erfaßten Persönlichkeitsvariablen oder zwischen Intelligenz und EEG-Variablen) überhaupt ein Zusammenhang besteht. Ein Globaltest ist jedoch nicht geeignet, für eine daran anschließende Vielzahl geplanter Signifikanztests oder gar eine post-factum-Suche nach Signifikanzen das Alpha-Risiko zu kontrollieren. Ein signifikanter Globaltest besagt nur, daß nicht in allen (!) Fällen die Nullhypothese zutrifft – in wievielen Einzelfällen die Nullhypothese zutrifft und mit welcher Wahrscheinlichkeit daher in der darauffolgenden Einzelauswertung ein oder mehr Alpha-Fehler passieren, bleibt offen. Das gilt auch für die als Beispiel dargestellte 2-Stufen-Strategie bei der Auswertung faktorieller Versuchspläne und der schrittweisen Auswertung multivariater Varianzanalysen. Diese Auswertungen haben trotz vorangehendem Globaltest ein erhöhtes Gesamtrisiko, wenn bei der Prüfung der spezielleren Hypothesen in mehreren Fällen die Nullhypothese zutrifft.

4.1.3 Kreuzvalidierung (Replikation an unabhängigen Daten)

Die beiden erstgenannten Methoden, Alpha-Adjustierung und Globaltests, versuchen durch eine Modifikation des Vorgehens bei der Signifikanzprüfung zu verhindern, daß das Gesamtrisiko, eine falsche Alternativhypothese anzunehmen, infolge zu vieler Signifikanztests unvertretbar steigt. Beide angebotenen Lösungsvorschläge sind aus den angegebenen Gründen nicht voll befriedigend.

Will man das Problem an der Wurzel packen, muß man die Zahl der Hypothesen und damit der erforderlichen Signifikanztests drastisch reduzieren. Das geschieht, wenn man die an der ersten Stichprobe unter vielen nicht signifikanten als signifikant gefundenen Ergebnisse an einer neuen unabhängigen Stichprobe zu replizieren versucht. War das Ergebnis in der ersten Stichprobe zufällig, beruhte also auf einem Alpha-Fehler, so ist die Wahrscheinlichkeit, es zu replizieren, nur Alpha. Es ist also nicht wahrscheinlich, daß ein Zufallsergebnis den Replikationsversuch überlebt – daß für den Replikationsversuch ein hinreichender Stichprobenumfang erforderlich ist, um zu verhindern, daß nicht auch echte Effekte in Folge des Beta-Risikos auf der Strecke bleiben, wurde bereits in Kapitel 1 ausgeführt.

Eine Replikation an unabhängigen Daten, die der Kontrolle von Zufallseinflüssen in der ersten Stichprobe dient, wird häufig als «Kreuzvalidierung» bezeichnet. Dieser Ausdruck entstammt der psychologischen Testtheorie, wo solche Probleme regelmäßig auftreten.

Zusammenfassung von 4.1:

Wenn im Rahmen einer Untersuchung viele Signifikanztests durchgeführt werden, steigt die Wahrscheinlichkeit, einen oder mehr Alpha-Fehler zu machen, erheblich an. Es wurden drei Vorgehensweisen diskutiert, die diesem erhöhten Gesamtrisiko entgegenwirken sollen:

Die Alpha-Adjustierung (Reduktion des Alpha-Risikos der Einzelentscheidung) hatte den Nachteil, daß man bei zunehmender Zahl von Signifikanztests das Risiko der Einzelentscheidung bald sehr klein wählen muß, um das Gesamtrisiko konstant zu halten. Damit werden unrealistisch große Stichprobenumfänge erforderlich, um eine ausreichende Teststärke zu gewährleisten, d. h. in der Grundgesamtheit vorhandene Effekte mit hinreichender Wahrscheinlichkeit auch in der Stichprobe statistisch zu sichern.

Globaltests konnten nicht voll befriedigen, da sie das Alpha-Risiko nur für den Fall kontrollieren, daß keinerlei Effekte vorhanden sind. Sobald durch einen noch so trivialen Effekt die globale Nullhypothese verworfen ist, besteht bezüglich der weiteren Prüfung von Einzelhypothesen keinerlei Absicherung mehr: Sooft die Nullhypothese zutrifft, ergibt sich eine Chance für einen Alpha-Fehler.

Bei Fragestellungen, bei denen abzusehen ist, daß die Auswertung auf sehr viele Signifikanztests hinauslaufen wird, wie z. B. die eingangs genannte Frage nach dem Zusammenhang zwischen Intelligenz und EEG oder dem Zusammenhang zwischen Einstellungen der Eltern und Schulleistungen der Kinder, sollte man von vornherein nicht die gesamte Arbeitskapazität in die erste Datenerhebung investieren, sondern gleich eine Kreuzvalidierung planen. Solche Forschungsvorhaben, bei denen ein relativ breiter Bereich abgesteckt ist und keine oder auch beliebig viele Hypothesen bestehen, nennt man gewöhnlich «Erkundungsstudien». Ziel einer Erkundungsstudie sollte es sein, Erfahrung zu sammeln, weitere theoretische Überlegungen anzuregen und damit zu gezielten Hypothesen zu führen. Diese neugewonnenen Hypothesen in einem Arbeitsgang auch gleich an denselben Daten überprüfen zu wollen, ist keine realistische Zielsetzung.

4.2 Wann die Kreuzvalidierung unvermeidbar ist: Hypothesen im nachhinein und Selektion an den Daten

Eine Kreuzvalidierung ist immer notwendig, wenn anzunehmen ist, daß Stichprobenfehler in Richtung der Ergebnisse ausgenutzt wurden. Das ist der Fall, wenn aus sehr vielen Ergebnissen (Korrelationen, Mittelwertunterschieden usw.) die signifikanten herausgesucht und mitgeteilt wurden. Es ist dabei unerheblich, ob tatsächlich alle denkbaren Korrelationen, t-Tests, Varianzanalysen usw. an den Daten durchexerziert wurden (Computer sind fleißig), oder ob zuerst eine Dateninspektion vorgenommen wurde und danach nur die vielversprechend aussehenden Signifikanztests wirklich durchgerechnet wurden. Letzteres Vorgehen entspricht einer Signifikanzprüfung aller denkbaren Hypothesen per Augenschein, wodurch die Sache auch nicht besser wird. Mit dem Hinweis, es seien nur wenige Signifikanztests tatsächlich durchgerechnet worden, läßt sich höchstens bei wenig sensiblen Naturen das methodische Gewissen verdrängen.

4.2.1 Beispiel: Itemanalyse

In seinem Aufsatz «What's in a Name?» hat LOCKE (1961) an einem ironischen Beispiel gezeigt, wie leicht es ist, durch Absuchen der Daten bzw. Hypothesen im nachhinein nicht nur zu «signifikanten», sondern auch dem Betrag nach imposanten Korrelationen zu kommen. Er untersuchte den Zusammenhang zwischen Persönlichkeit und der Zahl der Buchstaben im Nachnamen der Versuchsperson. 29 Studenten hatten sich anhand von 81 Persönlichkeitseigenschaften einzustufen und weitere 22 Fragen zu beantworten, die sich auf Vorlieben und Gewohnheiten bezogen. Mit diesen Prädiktoren sollte die Anzahl der Buchstaben im Nachnamen (bis zu 6 Buchstaben, 7 oder mehr Buchstaben) «vorhergesagt» werden. Zu diesem Zweck wurden für jedes der insgesamt 103 Fragebogenitems die Korrelation zur Länge des Nachnamens errechnet und die signifikanten Korrelationen ($r > 0.36$) interpretiert. Es stellte sich heraus, daß Studenten mit langen Nachnamen sich als weniger «charming, impatient, stimulating, gay, happygo-lucking and impulsive» eingestuft hatten als Studenten mit kurzen Nachnamen, während sie in den folgenden Eigenschaften höhere Selbsteinstufungen abgaben: «cautious, persistent, forgiving, quiet, kind, persuasive, talented, direct, humane, conservative, precise and god-fearing». Auch hinsichtlich der Gewohnheiten und Vorlieben fanden sich signifikante Unterschiede: Studenten mit längeren Nachnamen rauchten häufiger gar nicht oder Filterzigaretten, hatten häufiger 16 oder mehr Füllungen in den Zähnen, hatten mehr Vorliebe für Wodka, hatten häufiger einen kürzeren Vornamen als die Mutter und häufiger eine andere Haarfarbe als der Vater und häufiger 7 oder mehr Buchstaben im zweiten Vornamen. Der nächste Auswertungsschritt bestand nun darin, daß alle Fragebogenitems, die mit der Länge des Namens signifikant korreliert hatten, in einem Test zusammengestellt wurden. Nun wurde der Gesamttest mit der Länge des Namens korreliert. Die Korrelation betrug $r = 0.97$, von den 29 Studenten konnten 27 aufgrund des Tests richtig als Langnamige oder Kurznamige klassifiziert werden. Eine Kreuzvalidierung freilich brachte die Seifenblase sofort zum Platzen: In einer neuen Stichprobe von weiteren 30 Studenten korrelierte der Test mit der Namenslänge zu $r = -0.08$, ein klar nicht signifikanter Wert.

In obigem Beispiel ist aus inhaltlichen Gründen von vornherein klar, daß in der Grundgesamtheit alle Korrelationen zwischen Test und Kriterium Null sind. Es besteht kein Zweifel, daß alle signifikanten Korrelationen in der Stichprobe auf Alpha-Fehler zurückgehen und daß die hohe Korrelation zwischen Gesamttest und Namenslänge ein Methodenartefakt sein muß. Das tritt dann auch bei der Kreuzvalidierung zu Tage. Wie aber hätte man reagiert, wenn das vorherzusagende Kriterium nicht die Namenslänge gewesen wäre, sondern vielleicht der Therapieerfolg oder die Zahl der Autounfälle in den letzten 3 Jahren? Hätte man ebenso schnell an die Möglichkeit eines Artefakts gedacht und eine Kreuzvalidierung durchgeführt?

Wir wollen uns nun das Artefakt näher ansehen: In der Grundgesamtheit sind alle Item-Kriteriums-Korrelationen gleich $\rho = 0$. In der Stichprobe streuen die Korrelationen um Null, und zwar streuen sie umso stärker, je kleiner der Stichprobenumfang ist. Im vorliegenden Fall wurden alle «signifikanten» herausgegriffen, d. h. 103 abhängige Signifikanztests gemacht. Im Durchschnitt hätte man dabei durch Zufall etwa 5 «Signifikanzen» zu erwarten. Da aber die Fragebogenvariablen vermutlich hoch korreliert sind und somit «Signifikanzen» clusterweise auftreten, sind auch die hier gefundenen 23 «Signifikanzen» kein ungewöhnliches Eregebnis. Addiert man die zufällig «signifikanten» Items zu einem Summenscore zusammen, so wird das Kriterium mit dem Summenscore noch deutlich höher korrelieren als mit den Einzelitems. Das gilt jedoch nur für die vorliegende Stichprobe. In der Grundgesamtheit korrelieren weder die Einzelitems noch der Summenscore mit dem Kriterium. Daher ist bei einer Kreuzvalidierung (Berechnung der Korrelation Summenscore-Kriterium an neuen, unabhängigen Daten) eine Nullkorrelation zu erwarten bzw. mit Sicherheit $1 - \alpha$ ein nicht signifikantes Ergebnis.

Das Beispiel von LOCKE (1961) war bewußt extrem gewählt. Wie sieht es nun aus, wenn die Item-Kriteriums-Korrelationen in der Grundgesamtheit nicht alle gleich Null sind, sondern z. B. im Bereich 0.0 bis 0.3 liegen? Auch dann wird die Itemselektion zum guten Teil durch Zufallseinflüsse bestimmt sein und es werden bevorzugt solche Items ausgewählt, bei denen die Stichprobenkorrelation höher liegt, als der Korrelation in der Grundgesamtheit entspricht. Eine Kreuzvalidierung läßt wieder einen Rückgang der Korrelation zwischen Summenscore und Kriterium erwarten. Der zu erwartende Rückgang ist im allgemeinen umso größer:

a) Je kleiner der Stichprobenumfang (= Vpn-Zahl) bei der Itemselektion war. Je kleiner nämlich der Stichprobenumfang ist, desto größer sind der Erwartung nach die Stichprobenfehler der einzelnen Korrelationen.

b) Je stärker die Selektion: Wer aus 100 Korrelationen die 10 größten heraussucht, überschätzt die durchschnittliche Höhe dieser 10 Korrelationen voraussichtlich stärker als derjenige, der aus 100 die 80 größten auswählt.

c) Je geringer die Unterschiede zwischen den Kriteriumskorrelationen der einzelnen Items in der Grundgesamtheit. Wenn nämlich zwischen den Korrelationen in der Population große Unterschiede bestehen, sind die Chancen größer, daß trotz der Stichprobenfehler die besseren Items (mit höheren Kriteriumskorrelationen in der Grundgesamtheit) in die Auswahl kommen.

Ein Rechenbeispiel, das Punkte a) und b) demonstriert, findet sich im Übungsteil.

Die Überprüfung der Qualität der verbliebenen Items nach einer Itemselektion – egal nach welchen Kriterien die Selektion durchgeführt wurde – ist eines der Standardbeispiele für die Notwendigkeit einer Kreuzvalidierung. Ein weiteres Standardbeispiel ist die Überprüfung der multiplen Korrelation an einer unabhängigen Stichprobe, wenn eine Prädiktorenselektion stattgefunden hat. Wir wollen darauf ausführlich eingehen:

4.2.2 Beispiel: Multiple Regression

Wir nehmen an, die Schulleistung am Ende des ersten Schuljahres (Kriterium Y) soll durch eine Reihe von Tests zur Messung verschiedener Intelligenzfaktoren, Motivation usw. $(X_1, X_2 \ldots)$ vorhergesagt werden. Es werden zunächst $k = 30$ Tests in Betracht gezogen. Aus diesen soll eine Testbatterie von p Tests ausgewählt werden. Aus diesen p Tests soll ein Gesamtscore errechnet werden, der die Schulleistung bestmöglich vorhersagt. Dazu sollen die einzelnen Testleistungen unterschiedlich gewichtet werden.

Um die Tests auswählen und die optimale Gewichtung finden zu können, muß man die Mittelwerte und Streuungen aller in Betracht gezogenen Tests und des Kriteriums sowie die Korrelationen der Tests untereinander und mit dem Kriterium kennen. Man kann dann für jede beliebige Testbatterie, die sich aus den 30 Tests auswählen läßt, berechnen

a) wie die Tests der Testbatterie relativ zueinander zu gewichten sind, um eine möglichst gute Kriteriumsvorhersage zu ergeben. Die Schätzgleichung zur Vorhersage des Kriteriums aus den Tests wird als multiple Regressionsgleichung bezeichnet und lautet:
$$\hat{Y} = \beta_0 + \beta_1 X_1 + \beta_2 X_2 + \ldots \beta_p X_p$$
mit
$\hat{Y}$ = aufgrund der Testleistungen $X_1, X_2 \ldots$ vorhergesagte Schulleistung
$\beta_1, \beta_2, \ldots \beta_p$ = Gewichtszahlen, mit denen die Testwerte multipliziert werden (multiple Regressionsgewichte)
β_0 = Regressionskonstante
b) wie hoch bei optimaler Subtestgewichtung der aus der Testbatterie errechnete Gesamtscore (Schätzwert $\hat{Y}$) mit der Schulleistung korreliert. Diese Korrelation wird als multiple Korrelation bezeichnet.

Zur Berechnung der multiplen Korrelation ist es nicht nötig, zunächst die Regressionsgewichte zu berechnen und für jede Versuchsperson den vorhergesagten Wert $\hat{Y}$ zu bestimmen, um dann die Korrelation zwischen $\hat{Y}$ und der tatsächlich erreichten Schulleistung Y zu errechnen. Die multiple Korrelation läßt sich auch aus den Varianzen und Interkorrelationen direkt berechnen. Auf Einzelheiten der Berechnung gehen wir jedoch nicht ein.

Durch die multiple Regressionsrechnung ist das Problem der Zusammenstellung von Testbatterien im Prinzip gelöst. Es sind folgende Schritte nötig:

1) Für die ins Auge gefaßte Probanden-Population werden Mittelwerte, Streuungen und Interkorrelationen für alle Tests und für das Kriterium erhoben.
2) Subtestauswahl: Es werden für alle möglichen Subtestkombinationen die multiplen Korrelationen ausgerechnet und die Kombination ausgewählt, die bei relativ niedriger Anzahl von Subtests eine relativ hohe multiple Korrelation ergibt.
3) Berechnen der Regressionsgewichte und Regressionskonstanten für die ausgewählte Testbatterie. Aufstellen der Regressionsgleichung zur Vorhersage der Schulleistung aus dieser Testbatterie.

Bei der praktischen Durchführung des Verfahrens treten jedoch folgende Probleme auf:

1) Statt in Schritt (1) für Mittelwerte, Varianzen und Interkorrelationen Populationswerte zu erheben, kann man nur Stichprobenwerte erheben.
2) Statt in Schritt (2) diejenigen Subtests auszuwählen, die in der Population eine möglichst hohe multiple Korrelation zwischen Testbatterie und Kriterium ergeben, kann man nur die auswählen, die in der Stichprobe eine möglichst hohe multiple Korrelation bringen. Darüber hinaus ist in den meisten Fällen die Zahl der möglichen Subtestkombinationen so groß, daß es auch mit Hilfe von Computern nicht möglich ist, alle Kombinationen durchzurechnen. Daher wurden verschiedene vereinfachende Algorithmen entwickelt. Das beliebteste Vorgehen ist die «Schrittweise multiple Regression». Dabei wird zunächst der Test ausgewählt, der mit dem Kriterium am höchsten korreliert. Dann wird unter den verbleibenden Tests derjenige ausgesucht, der zusammen mit dem ersten die höchste multiple Korrelation ergibt. Es werden also nicht alle möglichen Zweierkombinationen durchgerechnet, sondern der erste Test bleibt fix. Zu diesen zwei Tests wird unter den restlichen ein dritter gesucht, der zusammen mit den bereits fixierten zwei Tests die beste Dreierkombination ergibt, usw.
Das Verfahren wird beendet, wenn der durch Hinzunahme weiterer Tests erzielte Zuwachs an multipler Korrelation zu gering ist, um angesichts des erhöhten Testaufwands lohnend zu erscheinen.
3) Statt für die in Schritt (2) ausgewählte Subtestkombination in Schritt (3) die in der Population optimale Gewichtung zu berechnen, kann man nur die Gewichtung berechnen, die für die vorliegende Stichprobe optimal ist.

Was würde wohl das Ergebnis sein, wenn man, statt 30 Tests durchzuführen, einfach mit 30 Würfeln werfen und mit diesen 30 Prädiktoren die multiple Korrelation zur Schulleistung berechnen würde? Dazu stellen wir uns vor, wir hätten für eine Stichprobe von Schulkindern die Schulleistung am Ende des ersten Schuljahres erhoben, die Werte der einzelnen Kinder untereinander geschrieben und daneben in 30 Kolonnen die Ergebnisse der 30 Würfelwürfe. Wir berechnen nun eine schrittweise multiple Regression: Im ersten Schritt suchen wir diejenige Kolonne heraus, die mit der Schulleistung am höchsten korreliert. In der Population sind natürlich für alle Würfelkolonnen die Korrelationen zur Schulleistung Null. Je kleiner aber die Stichprobe, desto stärker werden die Stichprobenkorrelationen um Null herum streuen. Suchen wir dann unter den 30 Korrelationen die dem Betrag nach höchste heraus, so haben wir gute Chancen, eine Korrelation von ansehnlicher Höhe zu finden. Im nächsten Schritt probieren wir alle anderen 29 Kolonnen durch, fügen sie probeweise hinzu, bestimmen die optimale Gewichtung relativ zur ersten, berechnen die multiple Korrelation und nehmen schließlich die Kolonne, die den höchsten Zuwachs bringt. Und so fahren wir fort. – Es ist verständlich, daß man bei solchem Vorgehen schließlich eine hohe positive Korrelation erhalten muß, auch wenn es sich bei den Prädiktoren um einen Haufen wertloser Zufallszahlen handelt und in der Grundgesamtheit keinerlei Zusammenhang besteht.

Wären unter den 30 Variablen, die nur Zufallszahlen sind, doch eine oder zwei gewesen, die in der Population einen geringen echten Zusammenhang mit der Schulleistung haben (Leistungsmotivation o. ä.), so wäre es keineswegs sicher, daß diese sich in der Endauswahl befänden. Es ist gut denkbar, daß irgendeine Kombination aus den Zufallskolonnen in geeigneter Gewichtung für diese Stichprobe eine höhere Korrelation erbringt.

Das Gedankenexperiment bestätigt folgende bereits am Beispiel «Itemselektion» dargestellten Punkte:

Je stärker die Selektion, desto stärker die Überschätzung der Korrelation zwischen Vorhersage und Kriterium. Unter 30 Reihen Zufallszahlen wird man eher eine mit dem Kriterium hoch korrelierende Dreierkombination finden als unter nur fünf Reihen.

Je kleiner der Stichprobenumfang, desto stärker die Überschätzung der Korrelation zwischen Vorhersage und Kriterium. Bei kleinen Stichproben unterliegen die Korrelationen stärkeren Schwankungen durch Stichprobenfehler, man hat dadurch in kleinen Stichproben größere Chancen (bzw. läuft stärker Gefahr), nur durch Zufall hoch korrelierende Prädiktoren auszuwählen.

Will man die Vorhersage-Qualität einer Testbatterie realistisch beurteilen, so sind die auf S. 130 genannten drei Arbeitsschritte auf jeden Fall durch einen vierten zu ergänzen, nämlich die Kreuzvalidierung. Man legt einer neuen, unabhängigen Stichprobe aus derselben Population die Testbatterie vor und sagt für jede Versuchsperson mit Hilfe der an der ersten Stichprobe aufgestellten multiplen Regressionsgleichung die Schulleistung vorher. Am Ende des Schuljahres erhebt man die Schulleistung und korreliert die vorhergesagten Werte mit den tatsächlich eingetretenen. Auf diese Art erhält man eine realistische Schätzung der Vorhersagequalität der Testbatterie für weitere Anwendungsfälle. Formal gesprochen: Die in der Kreuzvalidierung erhobene Korrelation ist eine erwartungstreue Schätzung der Korrelation zwischen Testbatterie und Kriterium bei Verwendung der vorliegenden Gewichtung in der Grundgesamtheit.

Wir kehren zu unserem Gedankenexperiment zurück: Wir stellen uns vor, daß wir an einer neuen Schülerstichprobe diejenigen Würfel als Prädiktoren verwenden, die wir aufgrund der ersten Stichprobe ausgewählt haben. Es ist offensichtlich, daß wir nun eine Korrelation von Null zu erwarten haben bzw. mit der Sicherheit $1 - \alpha$ ein nicht signifikantes Ergebnis.

Mit Hilfe der Kreuzvalidierung gelingt es also, alle Probleme zu lösen, die damit verbunden sind, daß die Auswahl der Prädiktoren post factum an den Daten erfolgte und außerdem die optimale Gewichtung der Prädiktoren aus den Daten genommen wurde.

Wenn in einer multiplen Regression eine Prädiktorenselektion geplant ist, sollte daher von vornherein auch eine Kreuzvalidierung geplant werden. Man erhebt dann in einem Arbeitsgang ausreichend Daten für zwei Stichproben und teilt das Material nach dem Zufall in zwei Hälften. An dem einen Datensatz führt man die Prädiktorenselektion durch und stellt die multiple Regressionsgleichung auf, den zweiten verwendet man zur Kontrolle.

Wir hatten in unserem Beispiel bisher vorausgesetzt, daß Prädiktorenselektion (Auswahl der zur Vorhersage verwendeten Tests), Berechnung der Regressionsgewichte (Gewichtung der einzelnen Tests in der Vorhersage) und Berechnung der multiplen Korrelation an denselben Stichprobendaten erfolgt. Das Ergebnis war eine erhebliche Überschätzung der multiplen Korrelation, die eine Kreuzvalidierung notwendig machte. Nun gibt es aber auch Anwendungsfälle, in denen *keine Prädiktorenselektion* stattfindet, sondern die Tests der Testbatterie bereits feststehen. Es soll mit Hilfe der multiplen Korrelationsrechnung *lediglich die für die Vorhersage optimale Gewichtung* der Tests gefunden werden. Ist auch hier eine Kreuzvalidierung nötig?

Wenn man die multiple Korrelation zwischen Vorhersage und Kriterium an den Daten aus derselben Stichprobe berechnet, an der man die für die Vorhersage optimalen Gewichte bestimmt hat, so kommt es zu einer Überschätzung der multiplen Korrelation in der Grundgesamtheit, und zwar umso mehr, je größer die Zahl der Prädiktoren im Vergleich zur Zahl der Vpn ist. An einem Beispiel kann man sich leicht überzeugen, daß die multiple Korrelation in der Stichprobe auf jeden Fall 1.0 ist, wenn so viel Prädiktoren wie Versuchspersonen vorhanden sind – selbst dann, wenn es sich bei den Prädiktoren um beliebige Zufallszahlen handelt. Wir betrachten ein Beispiel mit 3 Vpn und 3 Prädiktoren:

	Schulnote	Prädiktoren		
		1. Würfel	2. Würfel	3. Würfel
Vp A	1	5	4	2
Vp B	4	6	4	3
Vp C	3	1	6	4

Man kann die Schulnoten der drei Schüler exakt «vorhersagen», wenn man die Augenzahl bei den drei Würfeln wie folgt gewichtet: $b_1 = 0.2$, $b_2 = -1.4$ und $b_3 = 2.8$. Daß sich aus den Daten nachträglich eine Gewichtung errechnen läßt, die eine perfekte «Vorhersage» der Noten ermöglicht, ist banal: Es werden 3 Parameter nachträglich an die Stichprobe angepaßt, das sind genau so viele, wie Kriteriumswerte «vorherzusagen» sind. Man braucht bloß die drei Gleichungen

$$1 = 5b_1 + 4b_2 + 2b_3$$
$$4 = 6b_1 + 4b_2 + 3b_3$$
$$3 = 1b_1 + 6b_2 + 4b_3$$

zu lösen, um die gesuchten Gewichte zu finden.

Hätten wir statt 3 Vpn 4, wäre es (von Spezialfällen abgesehen) nicht mehr möglich, die Schulnoten aller 4 Versuchspersonen aus 3 Prädiktoren exakt zu rekonstruieren. Es sollte aber möglich sein, die drei Gewichtszahlen so zu wählen, daß die Korrelation zwischen den tatsächlichen Schulleistungen und der gewichteten Summe der Prädiktoren sehr hoch wird – auch dann, wenn die Prädiktoren beliebige Würfelergebnisse sind. Hätten wir es schließlich mit einigen Hundert Versuchspersonen zu tun, so könnten wir die Schulnoten nicht aus drei Würfelwürfen rekonstruieren, auch dann nicht, wenn wir die 3 Gewichtszahlen frei wählen und unseren Daten optimal anpassen dürfen.

Wie an diesem Beispiel deutlich wird, wird die multiple Korrelation besonders dann stark überschätzt, wenn die Versuchspersonenstichprobe klein und die Zahl der Prädiktoren groß ist. Um diese Überschätzung zu korrigieren, ist es jedoch nicht erforderlich, eine Kreuzvalidierung durchzuführen. Es gibt Korrekturformeln, die es ermöglichen, aus der multiplen Korrelation in der Stichprobe eine erwartungstreue Schätzung der multiplen Korrelation in der Grundgesamtheit zu berechnen. Dabei müssen wir nun zwischen zwei Fragestellungen unterscheiden:

a) Die multiple Korrelation in der Grundgesamtheit ist zu schätzen. Das ist die Korrelation zwischen Kriterium und Testbatterie, die sich ergeben würde, wenn die für die Grundgesamtheit optimale Gewichtung verwendet würde. Man beachte jedoch, daß diese Gewichtung unbekannt ist und lediglich Schätzwerte dafür existieren, die von der tatsächlich optimalen Gewichtung mehr oder weniger stark abweichen.

OLKIN & PRATT (1958; referiert nach LORD & NOVICK, 1968) haben eine Näherungsformel für eine erwartungstreue Schätzung der multiplen Korrelation in der Grundgesamtheit angegeben. Sie lautet:

$$\hat{\rho}^2_{mult} = r^2_{mult} - \frac{p-2}{n-p-1}(1 - r^2_{mult}) - \frac{2(n-3)}{(n-p-1)(n-p+1)}(1 - r^2_{mult})^2$$

mit:

$\hat{\rho}$ = geschätzte multiple Korrelation in der Grundgesamtheit
r_{mult} = aus der Stichprobe errechnete multiple Korrelation
n = Stichprobenumfang
p = Zahl der Prädiktoren

b) Es soll die Validität der Testbatterie geschätzt werden, d.h. es wird die an der vorliegenden Stichprobe errechnete Gewichtung verwendet und gefragt, wie hoch die Korrelation zwischen Testbatterie und Kriterium in der Grundgesamtheit ist. Diese Korrelation ist niedriger als die in a) angesprochene multiple Korrelation, da die aus der Stichprobe vorliegende Gewichtung von der tatsächlich in der Grundgesamtheit optimalen Gewichtung mehr oder weniger stark abweicht. Diese Korrelation beantwortet jedoch die praktisch relevante Frage nach der Qualität der Kriteriumsvorhersage bei Verwendung der vorliegenden Gewichtung. Eine Näherungsformel zur Schätzung dieser Korrelation wurde u.a. von BROWNE (1975a) angegeben. Sie lautet:

$$\hat{\omega}^2 = \frac{(n - p - 3)\hat{\rho}^4 + \hat{\rho}^2}{(n - 2p - 2)\hat{\rho}^2 + p}$$

mit

$\hat{\omega}$ = geschätzte Korrelation zwischen vorhergesagten und tatsächlichen Kriteriumswerten in der Population, wenn die Tests mit den an der Stichprobe errechneten Gewichtszahlen gewichtet werden.

$\hat{\rho}$ = geschätzte multiple Korrelationen in der Grundgesamtheit (siehe Frage a)).

Darüber hinaus gibt BROWNE (1975b) eine Formel für den zu erwartenden Schätzfehler der Vorhersage an.

Die bisherigen Überlegungen zielten auf die Höhe der multiplen Korrelation ab. Wir wollen nun auf die Frage nach der Signifikanz der multiplen Korrelation eingehen: Falls keine Prädiktorenselektion stattgefunden hat, kann die Signifikanzprüfung mit dem F-Test erfolgen, wie er in den Lehrbüchern (z. B. MOOSBRUGGER, 1978, S. 74) beschrieben ist und in den gängigen Computer-Programmen verwendet wird:

$$F = \frac{r_{mult}^2}{1 - r_{mult}^2} \cdot \frac{n - p - 1}{p}$$

mit p Freiheitsgraden im Zähler und $n - p - 1$ Freiheitsgraden im Nenner.

Dieser F-Test ist jedoch nicht anwendbar, wenn die Prädiktoren anhand desselben Datenmaterials selektioniert wurden. Das sollte man insbesondere auch bei Signifikanzprüfungen im Rahmen schrittweiser multipler Korrelationsrechnung bedenken. Leider wird hier von den gängigen Rechenprogrammen der F-Wert für die Verbesserung der multiplen Korrelation bei Hinzunahme eines jeden Prädiktors ausgedruckt, obwohl diese F-Werte für eine Signifikanzbeurteilung ungeeignet sind. Bei einer schrittweisen multiplen Regressionsrechnung wird im ersten Schritt die größte Korrelation zwischen einem Test und dem Kriterium herausgesucht. Die Signifikanzprüfung kann nicht mit einem Verfahren erfolgen, das zur Prüfung der Signifikanz einer einzelnen Korrelation abgeleitet ist. Ebensowenig kann man einen Signifikanztest, der abgeleitet ist, um die Verbesserung der multiplen Korrelation bei Hinzunahme eines Prädiktors zu testen, zur Signifikanzprüfung des Korrelationszuwachses verwenden, wenn man aus 29 möglichen Prädiktoren denjenigen herausgesucht hat, der den größten Zuwachs brachte. WILKINSON (1979) hat darauf hingewiesen, wie häufig dieser Fehler in der Literatur vorkommt.

Das Problem der Signifikanzprüfung multipler Korrelationen nach einer Prädiktorenselektion läßt sich am besten im Rahmen einer Kreuzvalidierung lösen. Man berechnet unter Verwendung der an der ersten Stichprobe gefundenen Regressionsgewichte für eine neue Stichprobe zwischen der Testbatterie und dem Kriterium. Diese Korrelation kann als ganz gewöhnliche Korrelation zwischen zwei Variablen mit konventionellen Mitteln auf Signifikanz geprüft werden.

Verschiedene Autoren (WILKINSON, 1979, und andere) haben sich bemüht, das Problem der Signifikanzprüfung von multiplen Korrelationen nach Prädiktorenselektion auch ohne Kreuzvalidierung zu lösen. Sie mußten jedoch dabei stark einschränkende Bedingungen in Kauf nehmen, wie: Unabhängigkeit der Prädiktoren untereinander oder die Annahme, daß die Zahl der auszuwählenden Tests von vornherein festgestanden habe, usw. Die Kreuzvalidierung scheint damit immer noch die sicherste und universellste Lösung.

4.3 Was keine Kreuzvalidierung ist

Führt man eine Kreuzvalidierung durch, beispielsweise weil die Auswertungsgesichtspunkte erst nach einer Dateninspektion erstellt wurden oder weil sehr viele Signifikanztests durchgeführt wurden, so kann dies mit einer Enttäuschung enden. Es kann passieren, daß die Auffälligkeiten, die der Untersucher z. B. am ersten Datensatz festgestellt hat und gern auf Signifikanz geprüft hätte, im zweiten Datensatz nicht signifikant sind, der Untersucher also wieder «ohne Ergebnisse» dasteht. Voll Groll mag er nun die Gesamtdaten nehmen, durch die Mühle drehen, alles mit allem korrelieren, nach allen denkbaren Einteilungsgesichtspunkten Varianzanalysen durchführen, bis schließlich eine gewisse Zahl von Ergebnissen vorliegt, die in der Gesamtstichprobe signifikant sind. Der Versuchsleiter freut sich, modifiziert seine Hypothesen, ist sich aber bewußt, daß nun eine Überprüfung an unabhängigen Daten nötig wäre. Da er jedoch nicht die Absicht hat, diese zu erheben, kommt er auf folgenden Gedanken:

Er führt, wie schon im ersten geplanten Teil der Untersuchung, die Kreuzvalidierung an zwei getrennten nach dem Zufall gebildeten Hälften der vorliegenden Daten durch. Er untersucht noch einmal den ersten Datensatz anhand der neuen Hypothesen, bestätigt sie größtenteils und macht sich nun an die Kontrolle mit Hilfe des zweiten Datensatzes. Und siehe da, jetzt klappt es. Dieselben Ergebnisse sind wieder signifikant, mithin kreuzvalidiert, und mehr kann keiner verlangen.

Oder doch? War das etwa gar keine Überprüfung an unabhängigen Daten?

Es war in der Tat keine. Das Verfahren bestand nicht darin, daß anhand des ersten Datensatzes Hypothesen gebildet (bzw. die vorhandenen auf eine vernünftige Anzahl reduziert) wurden und dann diese Hypothesen an einem unabhängigen Datensatz überprüft wurden, sondern die Hypothesen wurden an den Gesamtdaten nachträglich aufgestellt und an den beiden Hälften überprüft. Die Wahrscheinlichkeit, in der 2. Stichprobe ein signifikantes Ergebnis zu bekommen, wenn H_0 zutrifft und in der ersten Stichprobe das Ergebnis durch Zufall signifikant wurde, ist unverändert gleich Alpha. Dagegen ist die bedingte Wahrscheinlichkeit, in beiden Hälften ein signifikantes Ergebnis zu haben, wenn H_0 zutrifft und das Gesamtergebnis durch Zufall signifikant wurde, ganz anders zu berechnen. Eine solche Berechnung anhand echter statistischer Probleme (z. B. Verteilung der Korrelationskoeffizienten in zwei Zufallshälften bei gegebener Korrelation in den Gesamtdaten) zu demonstrieren, wäre mathematisch zu aufwendig. Wir begnügen uns daher, den Trugschluß an einem einfacheren Beispiel zu demonstrieren.

Jemand hat die Vermutung, daß es Menschen gäbe, die durch geistige Konzentration das Fallen eines Würfels beeinflussen können. Er läßt viele Personen kommen und fordert sie auf, «viele Punkte» zu denken, während 4mal gewürfelt wird. Er stellt bei jeder Person die Hypothese (kann Würfel beeinflussen) auf und betrachtet die Hypothese bei den Personen als bestätigt, die 4mal 6 gewürfelt haben. Es sind 4 Personen.

a) Korrekte Kreuzvalidierung: Die anhand der ersten Daten ausgewählten 4 Personen werden noch einmal einem Würfelexperiment unterzogen. Dabei wird sich herausstellen, daß die Würfel nicht besser oder schlechter fallen als sonst auch. Wenn im Kontrollversuch noch 2mal gewürfelt wird, ist für jeden die Wahrscheinlichkeit, 2 Sechsen zu bekommen, $(1/6)^2 = 0.028$.

b) Falsche «Kreuzvalidierung»: Es werden keine weiteren Experimente gemacht, sondern die Daten der 4 Personen in zwei Hälften geteilt. Durchgang $1-2$ und Durchgang $3-4$. Man stellt fest, daß 2 Sechsen signifikant sind ($p < 0.05$) und daß für die 4 ausgewählten Vpn die Ergebnisse der ersten Hälfte («Vp hat die Fähigkeit») in der zweiten Versuchshälfte bestätigt wurden. Die den 4 Vpn entsprechenden 4 Hypothesen seien also anhand der Daten der zweiten 4 Durchgänge «kreuzvalidiert».

Man sieht: Was in den Gesamtdaten «signifikant» war, hat gute Aussichten, auch bei Teilung des Datenmaterials in zwei Hälften «signifikant» zu sein – und zwar auch dann, wenn es sich bei der Signifikanz in den Gesamtdaten um einen (durch langes Suchen und Hypothesen im nachhinein herbeigeführten) Alpha-Fehler handelt. Daraus folgt:

Hypothesen, die man angesichts der Gesamtdaten aufgestellt hat, kann man nicht durch Teilung der Gesamtdaten in zwei Hälften kreuzvalidieren: Es sind neue Daten erforderlich.

4.4 Schrittweises Testen: Mit Ausdauer den Zufall fangen

Da die Datenerhebung einen beträchtlichen Arbeitsaufwand erfordert, andererseits der für eine hinreichende Teststärke erforderliche Stichprobenumfang nur ungefähr angegeben werden kann (da er von der relativen Größe des Effekts abhängt und dieser nur grob vorgeschätzt werden kann, siehe Kap. 1), mag manch einer auf folgenden Gedanken kommen: Um nicht eine unnütz große Stichprobe zu untersuchen, will er den erforderlichen Stichprobenumfang «empirisch» feststellen: Er untersucht jeweils 5 Vpn dazu und prüft nach, ob das Ergebnis schon signifikant ist; ist das Ergebnis signifikant, war der Stichprobenumfang offensichtlich ausreichend und man kann aufhören. Die Alternativhypothese ist angenommen.

Wie sich zeigen wird, ist ein solches Vorgehen mit einem erheblich höheren Alpha-Risiko verbunden als nominell angegeben. Wir wollen an einem Beispiel mit dem Vorzeichentest demonstrieren, wie man mit diesen Vorgehensweisen mit einiger Sicherheit einen Alpha-Fehler herbeiführt.

Im Rahmen einer Untersuchung über den Einfluß der Motivation auf das Problemlösen wird untersucht, ob eine Vp, die unter Treatment-Einfluß (aufmunternde Bemerkungen) gearbeitet hat, mehr ($+$) oder weniger ($-$) geleistet hat als eine mit ihr parallelisierte Kontrollperson. Wir nehmen an, die Nullhypothese treffe zu. Dann werden als Daten zufällige Folgen von Plus und Minus auftreten. Eine solche Zufallsfolge von Plus und Minus ist unten angegeben (es wurden die Zufallszahlen aus Kirk, 1968, S. 250 verwendet und den geraden Zahlen Plus, den ungeraden Minus zugeordnet).

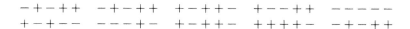

Wenn man immer nach 5 Versuchspersonen-Paaren die Plus und Minus auszählt, erhält man der Reihe nach folgende Zahlenverhältnisse für Plus : Minus:

3 : 2   6 : 4   9 : 6   12 : 8   12 : 13   14 : 16   15 : 20
18 : 22   22 : 23   25 : 25

Da nun 50 Versuchspersonen-Paare untersucht sind und sich keinerlei Signifikanz andeutet, wird vermutet, daß die Versuchsanordnung in dieser Form ungeeignet ist, und eine kleine Modifikation («sehr gut» statt «gut» als Ermunterung) eingeführt. Nach wie vor habe die Ermunterung keinen Einfluß und wir fahren mit der Zufallsfolge fort:

+ + + − −   − + + + +   − + − − +   + − + − −   − − + − −
+ + − + −   + + + + +   − − + − −   − + − + −   + − − + −

Da die Versuchsanordnung geändert wurde, beginnt die Zählung von neuem:

3 : 2   7 : 3   9 : 6   11 : 9   12 : 13   15 : 15   20 : 15   21 : 19
23 : 22   25 : 25

Da wieder keine Signifikanz in Sicht ist, wird die Versuchsanordnung erneut modifiziert («wirklich gut» statt «sehr gut» als Ermunterung). Nach wie vor treffe die Nullhypothese zu. Die nächste Zufallsfolge lautet:

+ + + + −   − − + − −   + + + + +   − − − + +   + − + − +
+ + + − +   + + + − +   + − + − +   − + + + −   + − + − +

Die Zählung der Plus und Minus nach je 5 Versuchspersonen-Paaren ergibt:

4 : 1   5 : 5   10 : 5   12 : 8   15 : 10   19 : 11   23 : 12   26 : 14
29 : 16   32 : 18

Schon das Verhältnis 26 : 14 kam knapp an die Signifikanzgrenze heran, mit 32 : 18 ergibt sich endlich ein signifikantes Chi-Quadrat ($\chi^2 = 3.92$, $p < 0.05$)! Der Alpha-Fehler, um den man sich lange genug bemüht hat, ist schließlich passiert, und die Interpretation lautet: «Aufmunternde Bemerkungen, die nachdrücklich genug formuliert sind, haben eine positive Wirkung auf das Problemlösen.»

Das dargestellte Verfahren mag als eine Karikatur erscheinen und ist (hoffentlich) von der Forschungspraxis weit entfernt. Es sollten folgende Punkte deutlich gemacht werden:

1) Der geplante Stichprobenumfang darf nicht in Abhängigkeit vom errechneten Wert der Prüfgröße verändert werden: weder erhöht noch herabgesetzt. Das würde in jedem Fall zu einer Vergrößerung des Alpha-Risikos über den nominell angegebenen Wert hinaus führen.

Bei der ersten Signifikanzprüfung ist die Wahrscheinlichkeit eines signifikanten Ergebnisses bei Zutreffen der Nullhypothese gleich Alpha. Dazu kommt beim zweiten Signifikanztest eine weitere Chance für einen Alpha-Fehler. Diese zusätzliche Chance errechnet sich als die bedingte Wahrscheinlichkeit, daß die Prüfgröße nun den kritischen Wert überschreitet, wenn sie es beim ersten Mal nicht getan hat. Jeder weitere Signifikanztest erhöht dann die Wahrscheinlichkeit eines Alpha-Fehlers jeweils um die bedingte Wahrscheinlichkeit eines signifikanten Ergebnisses beim $n + 1$. Versuch, wenn die bisherigen n Versuche nicht zu einer Signifikanz führten. Das tatsächliche Alpha-Risiko ist also um die Summe dieser bedingten Wahrscheinlichkeiten größer als das nominell angegebene.

2) Wenn das Verfahren noch dazu in Abhängigkeit von den bisher vorliegenden Ergebnissen von Zeit zu Zeit abgebrochen wird, wird das Alpha-Risiko noch weiter erhöht. Wenn so lange an der Versuchsanordnung herumgedreht wurde, bis sich nach mehreren Mißerfolgen ein signifikantes Ergebnis fand, ist eine Kreuzvalidierung dieses Ergebnisses erforderlich.

4.5 Literaturbeispiele

Beispiel 1 nach: GIANNITRAPANI, D.: EEG average frequency and intelligence. EEG Clin. Neurophysiol. 27, 1969, 480–486 (referiert nach OSWALD, W. D. & ROTH, E.: Zusammenhänge zwischen EEG- und Intelligenzvariablen. Psychologische Beiträge 16, 1974, 1–47).

GIANNITRAPANI untersuchte an 18 Vpn den Zusammenhang zwischen Intelligenz und EEG. Er nahm an 8 verschiedenen Stellen des Schädels (frontal, temporal, parietal, okzipital; jeweils rechts und links) unter zwei Bedingungen (Ruhe vs. Lösen von Rechenaufgaben) EEG-Ableitungen ab. Die Intelligenz erfaßte er mit der WAIS, wobei er Verbal-IQ, Handlungs-IQ und Gesamt-IQ als Maße benutzte.

Die EEG-Änderung (Frequenzdifferenz zwischen Denken und

Ruhe) wurde mit der Intelligenz korreliert. Da 8 EEG-Maße und 3 Intelligenzmaße verwendet wurden, wurden 24 Korrelationen berechnet. Die beiden höchsten davon waren bei Alpha = 0.05 signifikant (Ableitung links parietal und Handlungs-IQ: r = −0.54 und Ableitung links parietal und Gesamt-IQ: r = −0.48).

Weiters wurde für jede Ableitungsstelle (frontal, parietal, temporal, okzipital) die Frequenzdifferenz zwischen rechter und linker Hemisphäre gebildet, und zwar sowohl für die Bedingung «Denken» als auch für die Bedingung «Ruhe». Daraus ergeben sich wieder 8 EEG-Variablen. Diese wurden wieder mit den drei Intelligenzmaßen korreliert. Die 24 Korrelationen zeigen unterschiedliche Vorzeichen, 5 davon sind «signifikant». Daraufhin wurde folgendes Maß gebildet: Differenz zwischen rechter und linker Hemisphäre bezüglich der Summe aus frontaler plus temporaler plus parietaler minus okzipitaler Frequenz. Dieses Maß ergab nun die höchste Korrelation mit der Intelligenz, nämlich unter der Bedingung «Denken» r = 0.78 zum Handlungs-IQ, r = 0.72 zum Gesamt-IQ und r = 0.59 zum Verbal-IQ. Alle drei Korrelationen sind «signifikant».

Diskussion von Beispiel 1: Es wurden aus vielen Korrelationen die signifikanten herausgesucht. Das macht eine Kreuzvalidierung erforderlich. Insbesondere dürfte das Maß «Differenz zwischen rechter und linker Hemisphäre bezüglich der Summe aus frontaler + temporaler + parietaler − okzipitaler Frequenz» erst anhand der Daten aufgestellt worden sein, als man sah, daß für frontale, temporale und parietale Ableitung die Korrelation der Frequenzdifferenz (links minus rechts) mit der Intelligenz positiv war, für die okzipitale Ableitung aber negativ. Eine Signifikanzprüfung an denselben Daten ist dann nicht mehr möglich. Eine Kreuzvalidierung ist unvermeidbar.

Beispiel 2 nach: GOLDSTEIN, G. & HALPERIN, K. M.: Neuropsychological differences among subtypes of schizophrenia. Journal of Abnormal Psychology 86, 1977, 34 − 40.

GOLDSTEIN & HALPERIN untersuchten 140 Schizophrene mit dem Wechsler-Intelligenz-Test, der Halstead-Neurophysiological-Test-Battery und verschiedenen anderen Tests, woraus sich insgesamt 31 Testvariablen ergaben. Sie teilten ihre Patienten nach dem Kriterium «paranoid vs. nicht paranoid» in zwei Gruppen und rechneten mit den 31 Testwerten eine schrittweise Diskriminanzanalyse. Letztere entspricht einer schrittweisen multiplen Regression zur Vorhersage des Kriteriums «paranoid vs. nicht paranoid» aus den 31 Testwerten. Nachdem sie die Diskriminanzgewichte (multiplen Regressionsgewichte) errechnet hatten, verwendeten sie diese, um die Variable «paranoide vs. nicht paranoide Schizophrenie» aus den Testwerten «vorherzusagen». Sie führten einen Signifikanztest durch und stellten fest, daß sie überzufällig viele Treffer erzielt hatten.

Dasselbe Vorgehen wurde mit einer Einteilung der Patienten in «neurologisch Gesunde vs. neurologisch Abnormale» und mit einer Einteilung in «kurzfristig vs. langzeitig Hospitalisierte» wiederholt. Auch bezüglich dieser beiden Einteilungen wurden Diskriminanzanalysen gerechnet und jeweils festgestellt, daß sich bei Verwendung der eben errechneten Diskriminanzfunktion die Gruppeneinteilung überzufällig gut «vorhersagen» läßt.

Diskussion von Beispiel 2: Der durchgeführte Signifikanztest ist ungeeignet, um festzustellen, ob zwischen den Populationen der paranoiden vs. nicht paranoid Schizophrenen in den Testvariablen Unterschiede bestehen. Auch wenn GOLDSTEIN & HALPERIN statt der 31 Tests 31 Würfel verwendet hätten, hätten sie im nachhinein, d.h. nachdem sie die für die 31 Würfel optimalen Gewichte den Daten entnommen hätten, das Kriterium überzufällig gut «vorhersagen» können.

Da keine Prädiktorenselektion stattfand, ist keine Kreuzvalidierung erforderlich, wenn es nur darum geht, ob sich die Gruppen in einer oder mehreren Testvariablen signifikant unterscheiden. Man könnte z.B. einen multivariaten Mittelwerts-Vergleich (Hotellings T^2) durchführen. Wenn es darum geht, den Prozentsatz richtiger Klassifikationen zu schätzen, den man erhält, wenn man die errechnete Diskriminanzfunktion in der Population anwendet, ist eine Kreuzvalidierung angezeigt.

4.6 Übungsaufgabe

25 Items werden mit einem Kriterium (Namenslänge) korreliert. In der Grundgesamtheit sind alle Korrelationen Null. Tabelle 4.1 gibt für eine kleine Stichprobe (n = 17) und eine große Stichprobe (n = 1000) Stichproben-Korrelationen an (die Werte sind fingiert, entsprechen aber größenordnungsmäßig dem, was man beim gegebenen Stichprobenumfang zu erwarten hätte).

Suchen Sie bei jeder der beiden Stichproben zunächst die 5 höchsten, dann die 10 höchsten Korrelationen heraus und berechnen Sie die durchschnittlichen Item-Kriterium-Korrelationen für die selektionierten Items. Vergleichen Sie die Ergebnisse: In welchem Fall wird

Tab. 4.1: Korrelationen zwischen 25 Testitems und einem Kriterium (Namenslänge) in einer kleinen und einer großen Stichprobe (fingierte Werte).

Item Nr.	Kleine Stichprobe n = 17		Große Stichprobe n = 1000
1	$-.11$	1	$+.031 \times$
2	$+.10 \times$	2	$+.020$
3	$-.03$	3	$-.050$
4	$-.26$	4	$+.034 \times$
5	$+.11 \times$	5	$-.020$
6	$-.02$	6	$+.052 \times \times$
7	$+.13 \times$	7	$-.060$
8	$+.22 \times$	8	$-.004$
9	$-.47$	9	$+.013$
10	$+.05$	10	$+.041 \times \times$
11	$+.50 \times \times$	11	$+.049 \times \times$
12	$-.10$	12	$-.012$
13	$+.30 \times \times$	13	$-.033$
14	$-.26$	14	$+.005$
15	$-.11$	15	$-.062$
16	$+.27 \times$	16	$+.029 \times$
17	$-.16$	17	$-.053$
18	$-.26$	18	$-.014$
19	$-.23$	19	$+.042 \times \times$
20	$+.38 \times \times$	20	$+.025 \times$
21	$-.25$	21	$+.060 \times \times$
22	$+.45 \times \times$	22	$-.055$
23	$+.49 \times \times$	23	$-.025$
24	$-.33$	24	$+.035 \times$
25	$+.07$	25	$-.013$

die durchschnittliche Item-Kriterium-Korrelation der ausgewählten Items gegenüber der Grundgesamtheit (alle Korrelationen gleich Null) am stärksten überschätzt? Welche Test-Kriterium-Korrelationen hat man zu erwarten, wenn man die jeweils ausgewählten Items einer neuen Personenstichprobe vorlegt, also eine Kreuzvalidierung durchführt?

Lösung:

n = 17 Mittelwert der 5 höchsten Korrelationen $\bar{r} = 0.424$
n = 17 Mittelwert der 10 höchsten Korrelationen $\bar{r} = 0.295$
n = 1000 Mittelwert der 5 höchsten Korrelationen $\bar{r} = 0.049$
n = 1000 Mittelwert der 10 höchsten Korrelationen $\bar{r} = 0.040$

Da in der Grundgesamtheit alle Korrelationen Null sind, ist bei einer Kreuzvalidierung zu erwarten, daß die Korrelationen der jeweils ausgewählten Items auf Null zurückfallen, d. h. mit wechselndem Vorzeichen um Null schwanken.

5. Verzerrte und manipulierte Korrelationen

5.1 Korrelation und Selektion

Nicht immer ist es einem Untersucher möglich, die von ihm berechneten Korrelationen sine studio et ira zu betrachten. Wer eben ein neues Konstrukt erfunden bzw. konstruiert hat und dessen Unabhängigkeit von bisher Dagewesenem erweisen möchte (z. B. Kreativität als bisher vernachlässigtes wichtiges Konzept von herkömmlicher Intelligenz und ihren Maßen abheben möchte), sieht nur ungern seine neuen Dimensionen mit den alten korrelieren. Soll andererseits die Vorhersagekraft eines Tests zwecks Mitteilung in der Handanweisung untersucht werden, erhofft der Untersucher hohe Korrelationen. Korrelationen zu manipulieren ist jedoch heutzutage kaum mehr möglich. Die einschlägigen Techniken sind so allgemein bekannt, daß sie sofort durchschaut werden und kaum jemanden mehr beeindrucken. Trotzdem sollen im folgenden einige Beispiele dargestellt werden:

a) Varianzeinschränkung

Der Betrag einer Korrelation sinkt in der Regel, wenn man die Korrelation an einer homogeneren Stichprobe, d. h. einer Stichprobe mit eingeschränkter Varianz, berechnet. Die Korrelation zwischen zwei Intelligenztests z. B. wird in einer studentischen Stichprobe kleiner ausfallen als in einer Stichprobe, in der alle Intelligenzgrade repräsentativ vertreten sind. In dem folgenden Beispiel soll die Abhängigkeit der Korrelation von der Varianz demonstriert werden und gezeigt werden, wie durch die Zerlegung einer Population in Teilpopulationen mit mehr oder weniger stark eingeschränkter Varianz die Höhe der Korrelation manipuliert werden kann:

Wir nehmen an, bei Kindern der 4. Schulstufe sei ein Intelligenztest und ein Schulleistungstest durchgeführt worden. Die Verteilung der Testwerte für Intelligenz und Schulleistung sei bivariat normal. Abbildung 5.1a und 5.1b zeigen jeweils dieselbe Punktwolke, die den Testwerten von 150 Schülern entspricht (hypothetische Daten). Berechnet man die Korrelation zwischen Schulleistung und Intelligenz aus der gesamten Punktwolke, so erhält man r = 0.71. Teilt man jedoch die Kinder nach ihrer Intelligenz in Teilstichproben auf, so kann man durch geeignete Wahl des Schnittpunkts zu beliebigen «interessanten» Feststellungen kommen:

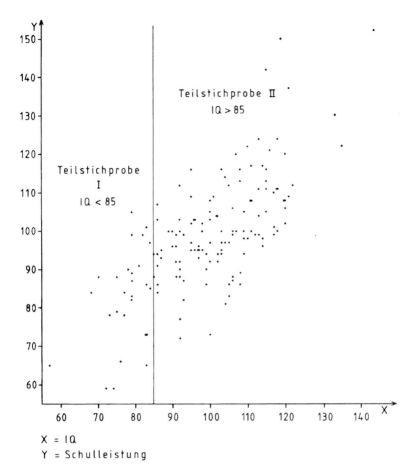

X = IQ
Y = Schulleistung

Abb. 5.1a: Korrelation und Selektion; Selektion nach X.

Während in der Gesamtstichprobe die Korrelation r = 0.71 beträgt, beträgt sie in der Teilstichprobe mit IQ < 85 nur r_I = 0.42 und in der Teilstichprobe mit IQ > 85 r_{II} = 0.63.

In Abbildung 5.1a wurde ein IQ von 85 als Schnittpunkt gewählt. Berechnet man die Korrelation zwischen Schulleistung und Intelligenz bei Kindern mit einem IQ unter 85, so findet man in dieser Teilstichprobe eine Korrelation von r_I = 0.42, berechnet man sie in der Teilstichprobe der Kinder mit IQ über 85, so erhält man eine Korrelation von r_{II} = 0.63. Man findet also, daß im unteren Intelligenzbereich ein vergleichsweise niedriger Zusammenhang zwischen Intelligenz und Schulleistung besteht, während der Zusammenhang im mittleren

145

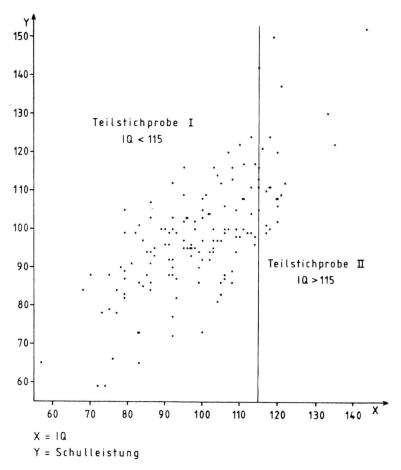

X = IQ
Y = Schulleistung

Abb. 5.1b: Korrelation und Selektion; Selektion nach X.

Während in der Gesamtstichprobe die Korrelation r = 0.71 beträgt, beträgt sie in der Teilstichprobe mit IQ < 115 nur r_I = 0.59 und in der Teilstichprobe mit IQ > 115 r_{II} = 0.48.

und oberen Bereich deutlich höher zu sein scheint. Der Unterschied zwischen den beiden Korrelationen ist bei den vorliegenden Stichprobenumfängen von n_I = 27 und n_{II} = 123 nicht signifikant, was uns aber hier nicht interessieren braucht. Es ließe sich leicht ein Beispiel mit größeren Stichprobenumfängen konstruieren, so daß der Korrelationsunterschied auch statistisch zu sichern wäre.

Trotzdem ist dieser Korrelationsunterschied nicht inhaltlich zu interpretieren, sondern ein Methodenartefakt. Das sieht man sofort, wenn man den Schnittpunkt anders legt, nämlich bei einem IQ von 115, wie in Abbildung 5.1b dargestellt. Die Korrelation zwischen Schulleistung und Intelligenz in der Teilstichprobe der Kinder mit IQ unter 115 beträgt $r_I = 0.59$, in der Teilstichprobe der Kinder mit IQ über 115 dagegen $r_{II} = 0.48$. Demnach bestünde im unteren und mittleren Bereich ein höherer Zusammenhang als im oberen Bereich – also inhaltlich gesehen ein genau entgegengesetztes Ergebnis, als aus Abbildung 5.1a errechnet.

Vergleicht man nun die Ergebnisse aus Abbildung 5.1a mit denen aus Abbildung 5.1b, so sieht man, daß die Korrelation jeweils in der Teilstichprobe niedriger ausfällt, in der die Varianzen stärker eingeschränkt sind. In Abbildung 5.1a wurde der Schnittpunkt so gelegt, daß die Varianz der IQ in der unteren Teilstichprobe $s_I^2 = 35.6$ betrug, in der oberen Teilstichprobe $s_{II}^2 = 133.4$. Dementsprechend fiel die Korrelation in der unteren Teilstichprobe niedriger aus als in der oberen. In Abbildung 5.1b verhielt es sich umgekehrt: Die Varianz des IQ in der unteren Teilstichprobe war größer als in der oberen ($s_I^2 = 146.4$, $s_{II}^2 = 50.5$), entsprechend fielen auch die Korrelationen aus.

RIPPLE & MAY (1962) haben im Zusammenhang mit einem inhaltlichen Problem, nämlich der Frage, ob Intelligenz und Kreativität unabhängige Dimensionen sind, darauf hingewiesen, wie sehr Korrelationen von der Homogenität oder Heterogenität der Stichprobenzusammensetzung abhängen, und das an eigenen Daten demonstriert. Sie kritisieren verschiedene andere Autoren, die Korrelationen zwischen Intelligenz und Kreativität an Stichproben mit stark eingeschränkter Varianz (Hochbegabte) berechnen und damit zu belegen suchen, daß Kreativität von der Intelligenz relativ unabhängig sei.

SCHRADER (1968) hat die Abhängigkeit der Korrelation von der Varianz an einem weiteren empirischen Beispiel demonstriert: Er berechnete an 39 juristischen Fakultäten jeweils die Korrelation zwischen dem Law School Administration Test (LSAT) und der im ersten Studienjahr erreichten Durchschnittszensur. Er teilte die 39 Fakultäten nach der Streuung der LSAT-Werte in drei Gruppen mit höherer, mittlerer und niedriger Teststreuung. Die Korrelationen (abgelesen aus einer graphischen Darstellung) zwischen Testleistung und Durchschnittsnote lagen für die

13 Fakultäten mit höherer Streuung zwischen 0.26 und 0.50
13 Fakultäten mit mittlerer Streuung zwischen 0.22 und 0.39
13 Fakultäten mit niedriger Streuung zwischen 0.16 und 0.34.

Daß Korrelationen niedriger ausfallen, wenn sie an Stichproben mit eingeschränkter Varianz berechnet werden, wurde im Rahmen der

Testtheorie schon früh diskutiert. Für den oben dargestellten Spezialfall (bivariate Normalverteilung, direkte Selektion nach einer der beiden Variablen) lassen sich Formeln für die Wirkung der Varianzeinschränkung auf die Korrelation angeben (näheres dazu, insbes. auch
zu den genauen Voraussetzungen, siehe LORD & NOVICK, 1968, Kap.
6.8; Erweiterung auf Fälle mit indirekter Selektion und mehreren Se-
lektionsvariablen LORD & NOVICK, Kap. 6.8 bis 6.11).

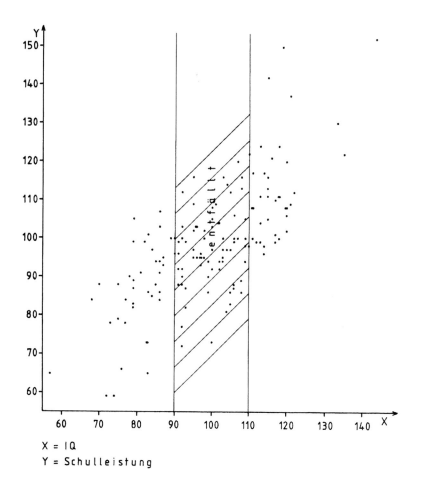

Abb. 5.2a: Extremgruppenkorrelation; Selektion nach X.

Wenn der Mittelbereich der Intelligenz (90 < IQ < 110) weggelassen wird, steigt die
Korrelation von 0.71 (gesamte Punktwolke) auf r = 0.81.

148

b) Varianzsteigerung

Eine Korrelation wird numerisch erhöht, wenn sie an einer Teilstichprobe mit erhöhter Varianz (Extremgruppen) berechnet wird.

Wir greifen auf unser Beispiel «Korrelation zwischen Schulleistung und Intelligenz» zurück und gehen wieder von der Punktwolke wie in Abbildung 5.1a und 5.1b aus. Wir lassen nun alle Schüler weg, die

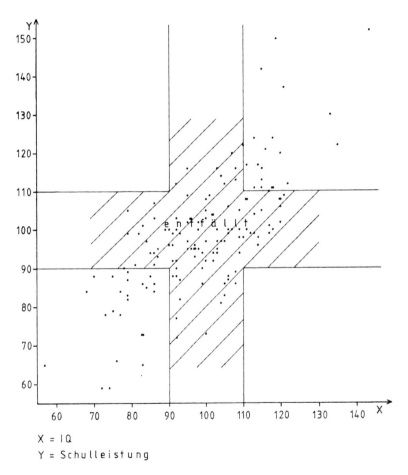

X = IQ
Y = Schulleistung

Abb. 5.2b: Extremgruppenkorrelation; Selektion nach X und Y.

Wenn der Mittelbereich der Intelligenz (90 < IQ < 110) und der Schulleistung (90 < Y < 110) weggelassen wird, steigt die Korrelation von 0.71 (gesamte Punktwolke) auf $r = 0.91$.

149

einen IQ zwischen 90 und 110 haben, und berechnen die Korrelation nur aus den restlichen Versuchspersonen, wie in Abbildung 5.2a dargestellt. Da der Mittelbereich weggelassen wurde, ist die Varianz der Intelligenztests künstlich gesteigert. Sie beträgt nun $s^2 = 408$, während sie in der Gesamtstichprobe $s^2 = 219$ betragen hatte. Dementsprechend beträgt die Korrelation in der Teilstichprobe nun $r = 0.81$, während sie in der Gesamtstichprobe $r = 0.71$ betragen hatte.

Man kann die Korrelation noch weiter steigern, wenn man auch hinsichtlich der Schulleistung den Mittelbereich wegläßt, wie in Abbildung 5.2b dargestellt. Die Korrelation zwischen Schulleistung und Intelligenz in der verbleibenden Stichprobe beträgt dann $r = 0.91$.

Korrelationen, bei denen hinsichtlich einer oder beider Variablen der Mittelbereich weggelassen wurde, sind nicht geeignet, ein realistisches Bild von der Höhe des Zusammenhangs in der Grundgesamtheit zu geben.

c) Selektion nach der Summe

Bisher wurden Beispiele betrachtet, bei denen der Betrag der Korrelation manipuliert wurde, indem die Korrelation an einer selektionierten Stichprobe mit gegenüber der Gesamtstichprobe erhöhter oder reduzierter Varianz berechnet wurde. Die Selektion erfolgte dabei nur nach einer der beiden Variablen (Intelligenz in Abb. 5.1a, 5.1b und 5.2a) oder auch nach beiden (Abb. 5.2b). Noch weit drastischere Wirkungen lassen sich jedoch durch eine Selektion nach der Summe erzielen. Dabei erscheint eine Selektion nach der Summe im Hinblick auf verschiedene Alltagssituationen durchaus plausibel. Wenn z. B. der Besuch der Oberschule mit dem Gesamt-IQ zusammenhängt, wobei sich einzelne Fähigkeiten kompensieren können, so sind die Oberschüler bezüglich der Summe dieser Einzelfähigkeiten selektioniert.

Daß eine Selektion nach der Summe Korrelationen massiv beeinflußt, ja sogar im Vorzeichen verändern kann, hat KALVERAM (1969) demonstriert. Wir betrachten im folgenden ein einfaches Beispiel:

Nehmen wir an, ein Intelligenztest bestehe aus einem Handlungsteil und einem Verbalteil, die in der Population der Schulanfänger zu $r = 0.7$ korrelieren. Es wird sowohl ein Verbal-IQ als auch ein Handlungs-IQ berechnet, außerdem werden Handlungs- und Verbal-IQ addiert und zu einem Gesamt-IQ verrechnet. Was geschieht nun mit der Korrelation zwischen Handlungsteil und Verbalteil, wenn wir die Probanden mit den höchsten und niedrigsten Werten für den Gesamt-IQ weglassen? – Eine Selektion nach dem Gesamt-IQ entspricht einer Selektion nach der Summe aus Handlungs- und Verbalteil.

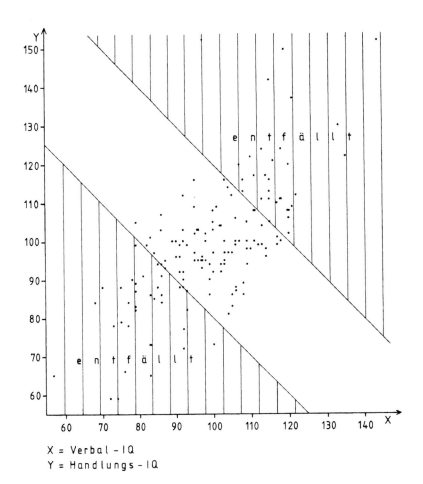

X = Verbal - IQ
Y = Handlungs - IQ

Abb. 5.3: Selektion nach der Summe.

Wenn man jeweils die 20% mit den höchsten und niedrigsten Summenwerten wegläßt, sinkt die Korrelation von 0.71 (gesamte Punktwolke) auf r = 0.04.

Die Wirkung der Selektion auf die Korrelation läßt sich an Abbildung 5.3 ablesen. Ein Ausscheiden der nach dem Gesamt-IQ obersten
und untersten 5% senkt die Korrelation auf r = 0.56. Werden die obersten und untersten 20% ausgeschieden, sinkt die Korrelation auf r =
0.04, durch weitere Selektion kann man den Betrag der negativen Korrelation beliebig bis auf − 1 erhöhen.

Daß eine inhaltliche Interpretation solcher durch Selektion mani-
pulierter Korrelationen sinnlos ist, dürfte einleuchten. Sind mehr als

zwei Summanden (Testteile) am Zustandekommen der Gesamtleistung beteiligt, so wird eine Selektion nach der Gesamtleistung die Interkorrelationen zwischen den Subtests zwar nicht so extrem beeinflussen wie bei nur zwei Teilen, die Korrelationen aber immer noch deutlich reduzieren (siehe Literaturbeispiel 3). KALVERAM (1969) hat die Frage, wie sich eine Selektion nach einer als gewichtete Summe berechneten Gesamtleistung auf die Interkorrelationen zwischen den Tests auswirkt, formal abgehandelt und insbesondere gezeigt, daß Faktorenanalysen mit solchen durch Selektion verzerrten Korrelationen sinnlos sind. In weiteren Arbeiten (1970a, 1970b) hat er Selektionswirkungen allgemeiner Art auf Korrelationen abgehandelt.

5.2 Korrelationsartefakte durch mathematische Abhängigkeiten

In den im folgenden dargestellten Fällen entstehen Schwierigkeiten bei der Interpretation von Korrelationen dadurch, daß zwischen den korrelierten Variablen mathematische Abhängigkeiten bestehen. Das führt dazu, daß die Korrelationen nicht frei variieren können, und dazu, daß im Gegensatz zur gängigen Annahme unabhängiger Meßfehler auch die Meßfehler der beiden Variablen korrelieren.

a) Korrelation Summe-Summand

Bei größeren Intelligenz-Test-Batterien, wie z. B. dem IST von AMTHAUER, wird sowohl jeder Subtest für sich ausgewertet als auch ein Gesamttestwert berechnet, wobei die Leistungen aller Subtests addiert werden. In der Handanweisung werden gewöhnlich nicht nur die Subtestkorrelationen untereinander, sondern auch die Korrelationen der Subtests zum Gesamttest angegeben. Hierbei handelt es sich um eine Korrelation zwischen Summe und Summand. Bei der Interpretation solcher Korrelationen ist folgendes zu beachten:
Die Korrelation eines Summanden zur Summe ist auch dann positiv, wenn der Summand mit keinem einzigen weiteren Summanden korreliert. Auch wenn sämtliche Subtests unabhängig sind, ist die Korrelation Subtest-Gesamttest positiv, weil der Subtest im Gesamttest mitverrechnet wird. Will man ein Maß für die Ähnlichkeit des Subtests zu allen anderen Subtests, so ist diese Korrelation ungeeignet. Benötigt wird die Korrelation zwischen dem Subtest und einem aus allen übrigen Subtests errechneten Gesamtwert. Diese kann entweder direkt aus den Daten berechnet werden oder auch mit Hilfe von Korrekturformeln aus der gewöhnlichen Subtest-Gesamttest-Korrela-

tion, wenn zusätzlich Subtestvarianz und Gesamttestvarianz bekannt sind. Die entsprechenden Korrekturformeln findet man in Lehrbüchern (z. B. McNemar, 1969, S. 182).

Ein weiterer Gesichtspunkt, der beim Umgang mit Summand-Summen-Korrelationen zu beachten ist, ist die Korrelation der Meßfehler. In der klassischen Testtheorie, in der Faktorenanalyse und bei anderen statistischen Verfahren wird die Unabhängigkeit der Meßfehler vorausgesetzt. Der Meßfehler eines Subtests geht aber sowohl in diesen Subtest als auch in den Gesamttest mit ein. Subtest und Gesamttest haben daher korrelierende Meßfehler. Deshalb sollte man z. B. darauf achten, in eine Faktorenanalyse nicht zugleich Subtestwerte und Gesamttestwerte eingehen zu lassen. Dasselbe gilt für andere Summe-Summand-Korrelationen, wie z. B. die Korrelation zwischen Anzahl der Richtigen, Anzahl der Fehler und Gesamtmenge bei einem Konzentrationsleistungstest. Auch sie sollten nicht zugleich in eine Faktorenanalyse einbezogen werden. Ebenso sollte man bei der Anwendung von Formeln aus der klassischen Testtheorie, wie der Formel für die Reliabilität von Differenzen (Lienert, 1961, S. 248) oder für die kritischen Differenzen zwischen zwei Testwerten (Lienert, 1961, S. 460) bedenken, daß diese unter der Voraussetzung unabhängiger Meßfehler abgeleitet wurden. Sie sind also nicht anwendbar, wenn es um die Beurteilung von Differenzen zwischen Subtest und Gesamttest geht oder um andere Variablen, zwischen denen eine Summe-Summand-Beziehung besteht.

b) Korrelationen zwischen Variablen mit konstanter Summe

In der Psychologie kommt es häufig vor, daß von einer Vp mehrere Variablen erhoben werden, deren Summe festliegt. Es besteht also eine mathematische Restriktion, nämlich

$$X_1 + X_2 + \dots X_k = \text{konst.}$$

Beispiel: Beim Berufsinteressentest von Irle (1955) werden der Vp bei jedem Item 4 Tätigkeiten vorgelegt, die 4 verschiedene Interessensrichtungen repräsentieren. Die Vp hat die Tätigkeit anzugeben, die sie am liebsten ausführen würde. Es werden 162 Items dieser Art vorgelegt und ausgezählt, wie oft sich die Vp für jedes Interessengebiet entschieden hat. Da die Summe aller abgegebenen Wahlen feststeht, kann eine Vp, die ein Interessengebiet sehr oft gewählt hat, die anderen Interessengebiete entsprechend selten wählen. Umgekehrt muß eine Vp, die eine Interessensrichtung nie ankreuzt, die anderen entsprechend öfter wählen. Vom vorgegebenen Antwortmodus her ist es nicht möglich, in allen Interessensrichtungen hohe oder in allen Interessensrichtungen niedrige Werte zu haben, selbst wenn die Vp sich für alle Gebiete (oder keines) interessiert. Gemessen wird hier nicht die Höhe jeder Interessensrichtung für sich, sondern die Ausprägung einer Interessensrichtung im Vergleich zu den anderen Interessen dieser Person. Solche Messungen nennt man «ipsativ» (mit sich selbst vergleichend). Die Korrelationen zwischen ipsativen Interessenscores müssen niedrig, unter Umständen negativ sein, selbst wenn alle Interessen positiv miteinander korrelieren würden.

Ipsative Messungen kommen auch bei der Profilinterpretation von Leistungstests vor. Wenn es darum geht, die relativen Stärken von Schwächen einer Person zu erfassen, wird gewöhnlich für jeden Subtest berechnet, wieviel er über oder unter dem intraindividuellen Durchschnitt (= mittlere Profilhöhe des Probanden) liegt. Die Summe aller Abweichungen vom intraindividuellen Mittelwert muß (als Summe aller Abweichungen der Einzelwerte von ihrem Mittelwert) gleich Null sein: Liegt ein Wert deutlich über dem Durchschnitt, so müssen die anderen entsprechend darunter liegen. Auch wenn die Leistungen selbst untereinander hoch korreliert sind, müssen die Korrelationen zwischen den ipsativen Werten gering oder sogar negativ sein.

Auch inhaltsanalytische Verfahren führen häufig zu ipsativen Meßwerten: Wir nehmen an, eine Versuchsperson habe 30 Satzanfänge fortzusetzen, wobei jede Antwort in eine von drei einander ausschließende Kategorien eingeordnet wird. Wenn nun die Zahl der Antworten in jeder Kategorie als Meßwert genommen wird, so handelt es sich um ipsative Messung, da die Summe der 3 Meßwerte für jede Vp gleich der Itemzahl, also 30, sein muß. Oder nehmen wir als weiteres Beispiel an, die Vp könne beliebig viele freie Antworten produzieren (z.B. Träume erzählen), die dann in einander ausschließende Inhaltskategorien geteilt werden. Da die absolute Zahl der Antworten in den einzelnen Kategorien stark von der Produktivität der Versuchsperson abhängt, werde für jede Vp berechnet, wieviel Prozent ihrer Antworten auf die einzelnen Kategorien entfallen. Da die Summe von Prozenten immer 100 ergibt, handelt es sich um ipsative Messung.

Daß Korrelationen zwischen ipsativen Meßwerten, also Meßwerten, die sich bei jedem Probanden zu einer festen Summe ergänzen, nicht frei variieren können, wurde bereits bei den Beispielen erläutert. Weiter ist zu beachten, daß bei ipsativen Meßwerten immer auch die Meßfehler korrelieren. Das kann man sich mit Hilfe folgender theoretischer Überlegungen klar machen:

154

Wenn man dieselbe Vp unter denselben Bedingungen immer wieder testen könnte, so wäre die gesamte dabei entstehende Varianz Fehlervarianz. Die Aussage «die Meßwerte $X_1 X_2 \ldots X_k$ haben unkorrelierte Meßfehler» ist gleichbedeutend damit, daß die Meßwerte $X_1, X_2 \ldots X_k$ unkorreliert sind, wenn sie an denselben Personen unter denselben Bedingungen (d.h. bei konstanten wahren Werten) immer wieder gemessen werden. Sind $X_1, X_2 \ldots X_k$ jedoch ipsative Meßwerte, so können sie auch bei wiederholter Messung derselben Versuchspersonen unter denselben Bedingungen nicht unkorreliert sein, da sie sich auf eine feste Summe ergänzen. D.h. ihre Meßfehler sind nicht unabhängig. Formeln, die Unabhängigkeit der Meßfehler voraussetzen, sind daher nicht anwendbar (vgl. S. 153).

c) Indexkorrelationen

Werden zwei Variable X und Y, die nichts mit einander zu tun haben, durch eine dritte Variable Z dividiert, so entsteht zwischen X/Z und Y/Z eine Korrelation, die zu Fehlinterpretation Anlaß geben kann. Zunächst ein theoretisches Beispiel:

Es wird mit drei Würfeln X, Y, Z gewürfelt. Die mit drei Würfeln erzielten Augenzahlen sind bekanntlich unabhängig. Bildet man jedoch die Größen X/Z und Y/Z, so korrelieren diese beiden Meßwertreihen, wie man an einem kurzen Zahlenbeispiel sieht:

X	Y	Z	X/Z	Y/Z
2	1	2	1	0.5
6	3	1	6	3
3	4	1	3	4
5	2	2	2.5	1
3	2	1	3	2
5	6	5	1	1.2
1	3	5	0.2	0.6

Würde man die Reihe unendlich fortsetzen, so ergäbe sich zwischen X/Z und Y/Z eine Korrelation von 0.50. Außerdem entsteht eine negative Korrelation zwischen X/Z und Z, ebenso zwischen Y/Z und Z.

Eine Formel, mit der man, bei Kenntnis von r(X, Y), r(X, Z), r(Y, Z) der drei Mittelwerte $\overline{X}, \overline{Y}, \overline{Z}$ und Standardabweichungen s(X), s(Y), s(Z), die Korrelation zwischen den Indizes X/Z und Y/Z ausrechnen kann, und weitere Formeln für Indexkorrelationen findet man bei McNemar (1969, S. 180ff.).

Nun ein zu obigem Würfelspiel analoges inhaltliches Beispiel: Wir können annehmen, daß die Zahl der Kinder in einer Familie (X = Kinderzahl) und die Zahl der Blumentöpfe in der Wohnung (Y = Blumentöpfe) unkorreliert sind und beide nur gering mit dem Einkommen korrelieren. Bezieht man nun die Kinderzahl und die Zahl der vorhandenen Blumentöpfe beide auf das Einkommen, so entsteht eine Korrelation, die den Eindruck erweckt, Blumenfreunde hätten viele Kinder.

Wenn die Berechnung von Indexgrößen auch eher für die Sozial- und Wirtschaftswissenschaften typisch ist, so kommen relativierte Größen doch auch in der Psychologie des öfteren vor, so z. B. bei der Auswertung von Konzentrationstests. Beim Pauli-Test hat die Versuchsperson 20mal 3 Minuten zu addieren. Ausgewertet wird u. a. die Gesamtzahl der durchgeführten Additionen (Gesamtmenge) und das Schwankungsprozent. Bei der Berechnung des Schwankungsprozents werden die von 3-Minutenabschnitt zu 3-Minutenabschnitt auftretenden Leistungsschwankungen (mittlere absolute Abweichung der Leistungen in den einzelnen 3-Minutenabschnitten von der doppelt geglätteten Kurve, siehe ARNOLD, 1961, S. 32) auf die durchschnittliche 3-Minutenleistung bezogen. Letzteres entspricht einer Relativierung auf die Gesamtmenge (durchschnittliche 3-Minutenleistung = Gesamtmenge dividiert durch 20). BÄUMLER (1968) hat anhand einer Literaturübersicht belegt, daß Gesamtmenge und nicht relativierte Schwankung nahezu unkorreliert sind (Korrelationen zwischen -0.14 und $+0.27$ in 5 referierten Untersuchungen), und darauf hingewiesen, daß die negativen Korrelationen zwischen Schwankungsprozent und Gesamtmenge (in 6 Untersuchungen zwischen -0.20 und -0.65) ein Artefakt der Indexbildung sind. Daß beim Schwankungsprozent die Gesamtmenge in den Nenner des Bruchs eingeht, erklärt auch, warum das Schwankungsprozent mit denselben Außenkriterien korreliert wie die Gesamtmenge, jedoch mit umgekehrten Vorzeichen (belegt an 4 Untersuchungen).

Außer der Gefahr, Methodenartefakte inhaltlich zu interpretieren, ist beim Umgang mit Indexkorrelationen ein weiterer Gesichtspunkt zu beachten: Die Größen X/Z, Y/Z und Z haben korrelierende Meßfehler, da der Meßfehler von Z auch die auf Z relativierten Größen X/Z und Y/Z beeinflußt. Daß bei korrelierenden Meßfehlern bestimmte Formeln aus der klassischen Testtheorie nicht anzuwenden sind usw., wurde bereits im Zusammenhang mit Summe-Summand-Korrelationen ausgeführt.

5.3 Literaturbeispiele

Beispiel 1: Interkorrelationen zwischen den Subtests von Intelligenztests.

Der Hamburg-Wechsler-Intelligenztest für Erwachsene (HAWIE) fußt auf einem General-Faktor-Konzept, was sich darin ausdrückt, daß hohe Interkorrelationen zwischen den Subtests erwünscht sind. In der Eichstichprobe wurde Wert darauf gelegt, auch den unteren Extrembereich der Intelligenz mitzuerfassen. Die an der Eichstichprobe (Altersstufen 20 – 34 Jahre) errechnete durchschnittliche Subtestinterkorrelation beträgt $\bar{r} = 0.52$.

Der Intelligenz-Struktur-Test (IST) von AMTHAUER wurde mit der Absicht konstruiert, unabhängige Einzelfähigkeiten zu erfassen. Die Subtestinterkorrelationen sollen daher niedrig sein. In der Eichstichprobe ist der untere Extrembereich vermutlich nicht anteilig repräsentiert. Die in der Handanweisung (AMTHAUER, 1953) angegebene durchschnittliche Subtestinterkorrelation wurde an einer Stichprobe mit gegenüber der Eichstichprobe eingeschränkter Varianz (Standardabweichung der Rohwerte $s = 19.5$ gegenüber $s = 20$ bis 30 für alle Altersgruppen ab 15 Jahren in den Eichdaten) berechnet und beträgt dort $\bar{r} = 0.25$.

In einer Untersuchung von MESSNER (1970), der HAWIE und IST an einer Stichprobe aus einer psychosomatischen Klinik vergleicht, findet sich keine Varianzeinschränkung gegenüber der Eichstichprobe im IST (Streuung der Standardwerte $s_{SW} = 10.8$ gegenüber $s_{SW} = 10.0$ in der Eichstichprobe), wohl aber im HAWIE (Streuung der IQ: $s_{IQ} = 10.8$ gegenüber $s_{IQ} = 15$ in der Eichstichprobe). Die durchschnittliche Subtestinterkorrelation beträgt in MESSNERs Stichprobe für den HAWIE $\bar{r} = 0.32$ und für den IST $\bar{r} = 0.49$.

Diskussion von Beispiel 1: Die Untersuchung von MESSNER (1970) bestätigt die Vermutung, daß die Eichpopulation des IST homogener zusammengesetzt ist als die des HAWIE. Darüber hinaus weist beim IST die Stichprobe, an der die durchschnittliche Subtestkorrelation berechnet wurde, nochmals eine Varianzeinschränkung auf. Das legt die Vermutung nahe, die niedrigeren Subtestinterkorrelationen des IST verglichen mit dem HAWIE hätten weniger mit der erfolgreichen Realisierung zweier unterschiedlicher Testkonzepte zu tun als mit der Auswahl der Stichproben, an denen die Korrelationen jeweils berechnet wurden. Diese Vermutung erscheint durch die Arbeit von MESSNER bestätigt: hier wurden die Subtestinterkorrelationen für beide

Tests an denselben Probanden berechnet, und die Interkorrelationen der IST-Subtests sind nicht niedriger als die des HAWIE.

Beispiel 2: Korrelation zwischen Test und Lehrerurteil.

In der Handanweisung zum Konzentrations-Leistungs-Test (KLT) von DÜKER und LIENERT (1959) wird unter anderen folgende Untersuchung zur praktischen Gültigkeit berichtet: Lehrer wurden gebeten, aus jeder Klasse 6 bis 7 Schüler zu nennen, die besonders aktiv (willensstark, ausdauernd usw.) oder besonders passiv seien. Von diesen Schülern wurden nur diejenigen ausgewählt, die im KLT um mehr als 15% über oder unter der Altersnorm lagen. Die tetrachorische Korrelation zwischen Lehrerurteil und KLT betrug r = 0.5.

Diskussion von Beispiel 2: Es handelt sich um eine Extremgruppenkorrelation, wodurch der Zusammenhang in der Grundgesamtheit überschätzt wird. Hätte man z. B. den Lehrer aufgefordert, alle Schüler bezüglich Aktivität-Passivität in eine Rangreihe zu bringen und diese Rangreihe mit den KLT-Ergebnissen korreliert, so wäre die Korrelation vermutlich erheblich niedriger ausgefallen.

Beispiel 3 nach: REINERT, G., BALTES, P. B. & SCHMIDT, L. R.: Faktorenanalytische Untersuchungen zur Differenzierungshypothese der Intelligenz: Die Leistungsdifferenzierungshypothese. Psychologische Forschung 28, 1965, 246 – 300.

REINERT et al. suchten mit Hilfe von Faktorenanalysen die Hypothese zu prüfen, daß sich bei gleicher Begabung die Intelligenzstruktur mit zunehmendem Alter differenziere. Sie legten Kindern auf zwei verschiedenen Altersstufen eine Reihe von Intelligenztests vor und wählten dann für jede Altersstichprobe diejenigen Kinder aus, die einen IQ zwischen 85 und 115 hatten. Aus diesem Material berechneten sie die Korrelationen zwischen den Tests. Sie fielen niedrig, z. T. negativ aus. Die Ergebnisse der danach durchgeführten Faktorenanalysen standen in Einklang mit den Erwartungen der Autoren.

Diskussion von Beispiel 3: Die Selektion nach den IQ entspricht einer Selektion nach der Summe der Subtests. Eine solche Selektion drückt die Interkorrelationen der Tests nach unten, unter Umständen sogar in den negativen Bereich, was an den mitgeteilten Korrelationsmatrizen auch gut zu sehen ist. Selbst wenn nun die Testleistungen gemäß den Annahmen der Faktorenanalyse aus unabhängigen Fähigkeiten zu erklären wären, wäre dieses Material nicht geeignet, über diese Faktoren Auskunft zu geben: Die hier berechneten Korrelationen

158

hängen von Art und Ausmaß der getroffenen Selektion ab und können den Grundannahmen der Faktorenanalyse (Erklärung der Korrelationen nur aus gemeinsamen Faktoren) nicht mehr genügen. Näheres siehe KALVERAM (1969, 1970a, 1970b).

5.4 Übungsaufgaben

Aufgabe 1: In der Anweisung zum Analytischen Intelligenz-Test (AIT) von MEILI (1966) wird berichtet, daß die Korrelation zwischen AIT und SIT (Stanford-Intelligenz-Test) bei 50 weiblichen Probanden im Alter von 13 bis 16 Jahren r = 0.72 betragen habe. Es wird nicht berichtet, ob Rohwerte oder altersstandardisierte Werte korreliert wurden. In welchem Fall müßte die Korrelation höher ausfallen?
Lösung: Wir betrachten zunächst die Rohwerte: Da im Bereich von 13 bis 16 Jahren die Mittelwerte noch ansteigen, ist die Varianz in der Gesamtstichprobe der 13 – 16jährigen größer als die Varianz auf jeder Altersstufe (13, 14, 15, 16 Jahre) getrennt berechnet. Die Korrelation zwischen den beiden Tests wird daher in der Gesamtstichprobe höher ausfallen, als wenn man die Korrelationen auf jeder Jahrgangsstufe getrennt berechnet.
Nun zu den standardisierten Werten: Berechnet man die Korrelation der beiden Tests auf nur einer Altersstufe, so ist es egal, ob man Rohwerte oder altersstandardisierte Werte verwendet, da es sich bei der Standardisierung nur um eine Maßstabänderung handelt, die die Korrelation nicht beeinflußt. Hat man jedoch eine Gesamtstichprobe aus mehreren Altersstufen, so entspricht der aus altersstandardisierten Werten errechneten Korrelation das Mittel der auf jeder Altersstufe getrennt errechneten Rohwertkorrelation. Die Korrelation der altersstandardisierten Werte fällt daher in der Gesamtstichprobe kleiner aus als die Rohwertkorrelation.

Es ist folgende Art der Mittelung gemeint: Im Zähler der Korrelation steht die Summe der gemäß den Freiheitsgraden gewichteten Kovarianzen, im Nenner die Wurzel aus den gemäß den Freiheitsgraden gewichteten Varianzen.

Aufgabe 2: Der Hamburg-Wechsler-Intelligenz-Test für Erwachsene (HAWIE) besteht aus einem Verbalteil und einem Handlungsteil. Aus den Punkten im Verbalteil wird der Verbal-IQ, aus den Punkten im Handlungsteil der Handlungs-IQ berechnet. Außerdem werden die Punkte aus Verbalteil und Handlungsteil addiert und daraus der Gesamt-IQ berechnet.
Die kritische Differenz zwischen zwei Tests X und Y ist die Diffe-

renz, die überschritten werden muß, damit (bei einer Irrtumswahrscheinlichkeit von Alpha = 0.05) auf einen Unterschied der wahren Werte geschlossen werden kann, d. h. die beobachtete Differenz nicht mehr als durch Meßfehler bedingt angesehen werden kann. Die Formel für die kritische Differenz (LIENERT, 1961, S. 460) ist unter der Voraussetzung abgeleitet, daß die Meßfehler von X und Y unabhängig sind.

KETTEL (1969) gibt für den HAWIE folgende kritische Differenzen an (Altersklasse 20 – 24 Jahre):

Kritische Differenz Verbal-IQ zu Handlungs-IQ: 13
Kritische Differenz Verbal-IQ zu Gesamt-IQ: 10
Kritische Differenz Handlungs-IQ zu Gesamt-IQ: 13

Ein Student hat einen Probanden getestet und folgende Werte erhalten:

Verbal-IQ = 95, Handlungs-IQ = 110, Gesamt-IQ = 103.

Anhand der von KETTEL angegebenen kritischen Differenzen stellt er nun fest, daß die Differenz zwischen Verbal-IQ und Handlungs-IQ (15 Punkte) signifikant ist, daß aber die Differenz zwischen Verbal-IQ und Gesamt-IQ (8 Punkte) nicht signifikant ist. Das erscheint ihm ziemlich paradox, da doch der Gesamttest nur aus Handlungteil und Verbalteil besteht. Das gleiche paradoxe Ergebnis findet er beim Handlungteil: Obwohl Verbal-IQ und Handlungs-IQ signifikant voneinander verschieden sind, soll der Unterschied zwischen Handlungs-IQ und Gesamt-IQ (7 Punkte) nicht signifikant sein. Lösen Sie das Rätsel!

Lösung: Der Student sollte den Unterschied zwischen Verbal-IQ und Handlungs-IQ als signifikant interpretieren, weil die kritische Differenz für den Unterschied zwischen Verbal-IQ und Handlungs-IQ überschritten ist. Die übrigen Vergleiche (Handlungs-IQ vs. Gesamt-IQ und Verbal-IQ vs. Gesamt-IQ) gehen von falschen Voraussetzungen aus: Bei nur einer Testvorgabe haben Verbal-IQ und Gesamt-IQ korrelierende Meßfehler, da der Verbalteil in den Gesamttest als additiver Bestandteil eingeht. Dasselbe gilt für Handlungs-IQ und Gesamt-IQ. Die oben genannte Formel für die kritische Differenz ist daher für dieses Problem nicht anwendbar.

Die von KETTEL angegebene kritische Differenz für den Vergleich von Verbal-IQ und Gesamt-IQ (analog Handlungs-IQ und Gesamt-IQ) ist nur anwendbar, wenn es sich um zwei verschiedene Testvorgaben handelt: Wenn z. B. von einem Probanden nur ein Verbal-IQ, von einem anderen nur ein Gesamt-IQ vorliegt und gefragt ist, ob die Differenz durch Meßfehler bedingt sein kann (ob dieser Anwendungsfall an den Haaren herbei gezogen ist oder des öfteren vorkommt, soll hier nicht diskutiert werden).

6. Die Regressionsfalle

GALTON interessierte sich für die Vererbung von Körperbaumaßen und fand, daß große Väter im Durchschnitt Söhne haben, die kleiner sind als sie, und daß kleine Väter im Durchschnitt Söhne haben, die größer sind als die Väter. Wenn das über mehrere Generationen hinweg der Fall ist, so müßten nach einigen Generationen schließlich alle Männer gleich groß sein – so ist man versucht zu folgern. Ein solcher Schluß ist jedoch angesichts der Tatsachen (die Männer sind heute keineswegs alle gleich groß) offensichtlich falsch, und wer ihn zieht, ist in die Regressionsfalle getappt.

Regressionseffekte treten überall auf, wo Variable nicht perfekt (also zu $\rho = 1$) korrelieren. Die Korrelation zwischen der Körpergröße der Väter und Söhne beträgt $\rho = 0.5$. Tabelle 6.1 stellt die Verteilung der Körpergröße der Väter und Söhne dar und zeigt, wie das Ergebnis «Große Väter haben kleinere Söhne» zustande kommt.

Tab. 6.1: Verteilung der Körpergröße von 1000 Vater-Sohn-Paaren (fingierte Daten).

		Väter Körpergröße in cm							
		160	165	170	175	180	185	190	Zeilensumme
	190	0	0	0	1	2	2	1	6
	185	0	0	2	15	28	15	2	62
Söhne	180	0	2	28	90	90	28	2	240
	175	1	15	90	172	90	15	1	384
	170	2	28	90	90	28	2	0	240
	165	2	15	28	15	2	0	0	62
	160	1	2	2	1	0	0	0	6
Spaltensumme		6	62	240	384	240	62	6	1000

Betrachtet man alle Väter, die 160 cm groß sind (1. Spalte) und berechnet die durchschnittliche Körpergröße ihrer Söhne, so kommt man auf den Wert 167.5. Macht man dasselbe für die übrigen Spalten, so erhält man die Werte:

Größe des Vaters	durchschnittliche Größe des Sohns
160	167.5
165	170
170	172.5
175	175
180	177.5
185	182.5

Das entspricht dem Ergebnis von GALTON, daß große Väter kleinere Söhne haben, und kleine Väter größere Söhne. Trotzdem ist die Verteilung der Körpergröße bei Vätern und Söhnen genau gleich, wie man aus dem Vergleich der Spalten- und Zeilensummen von Tabelle 6.1 entnehmen kann. Es findet also von einer Generation zur nächsten keinerlei Varianzreduktion statt. Daher ist auch nicht zu erwarten, daß in einigen Generationen alle Männer gleich groß sein werden.

In der Psychologie sind unvollständige Zusammenhänge die Regel. Entsprechend universell sind Regressionseffekte. Sie können zu Fehlschlüssen unterschiedlicher Art führen, die im folgenden (ab Kap. 6.2) dargestellt werden. Kapitel 6.1 enthält einen knappen Abriß der Regressionsrechnung, wobei insbesondere die Begriffe «Regressionslinie», «Regressionsgerade» und «Regression zur Mitte» kurz erläutert werden. Damit hinlänglich vertraute Leser können direkt zu 6.2 übergehen.

6.1 Grundbegriffe der Regressionsrechnung

Regressionslinie, Regressionsgerade:

Wir nehmen irgend zwei Variable wie z. B. Körpergröße und Körpergewicht und betrachten ihre gemeinsame Verteilung. Tabelle 6.2 gibt fingierte Werte dafür an:

Wir klassifizieren nun die Personen nach ihrer Körpergröße und geben für jede Klasse das durchschnittliche Körpergewicht an. Wir erhalten die Werte:

Körpergröße:	165 cm	170 cm	175 cm	180 cm	185 cm
Durchschnittliches Körpergewicht	70 kg	72.5 kg	75 kg	77.5 kg	80 kg

162

Tab. 6.2: Verteilung von Körpergröße und Körpergewicht von 1000 Personen (fingierte Daten). r = 0.5.

		Körpergewicht in kg					
		65	70	75	80	85	Zeilensumme
Körpergröße	185	0	2	16	30	20	68
(cm)	180	2	28	90	90	30	240
	175	16	90	172	90	16	384
	170	30	90	90	28	2	240
	165	20	30	16	2	0	68
	Spalten-summe	68	240	384	240	68	

Körpergröße $\overline{X}$ = 175 cm   s = 5
Körpergewicht $\overline{Y}$ = 75 kg   s = 5

Wüßten wir nun von einer Person nur die Körpergröße, z.B. 170 cm, und hätten ihr Gewicht zu schätzen, so würden wir in obiger Liste nachschauen und finden, daß Personen mit 170 cm Körpergröße im Durchschnitt 72.5 kg wiegen. Wir würden also als Gewichtsschätzung 72.5 kg angeben. Dieser Wert ist der «bedingte Erwartungswert für das Körpergewicht bei gegebener Körpergröße» oder «Regressionsschätzwert» des Körpergewichts aufgrund der Körpergröße.

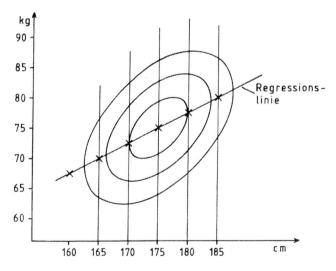

Abb. 6.1: Lineare Regression; Regression des Körpergewichts auf die Körpergröße.

Die Regressionslinie des Körpergewichts auf die Körpergröße erhält man, indem man die Punkte auf den senkrechten Linien (gleiche Körpergröße) bezüglich der Höhe (Körpergewicht) mittelt.

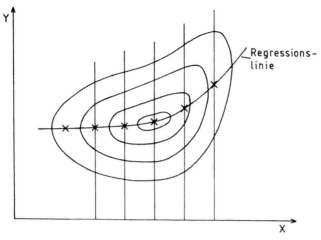

Abb. 6.2: Nicht-lineare Regression von Y auf X.

Die Regressionslinie von Y auf X erhält man, indem man zu jedem Wert von X alle Y-Werte (Punkte auf den senkrechten Linien) mittelt.

Fertigt man eine graphische Darstellung an (Abb. 6.1) und verbindet die bedingten Erwartungswerte des Körpergewichts bei gegebener Körpergröße, so entsteht eine Linie, die «Regressionslinie» heißt. Diese Regressionslinie kann eine Gerade sein (linearer Regressionsverlauf) oder auch kurvilinear verlaufen. Abbildung 6.2 zeigt eine Verteilung mit nicht linearem Regressionsverlauf.

Wenn der Regressionsverlauf linear ist, was bei bivariat normalverteilten Variablen immer der Fall ist, so genügt es, die Mittelwerte, Streuungen und Korrelationen der beiden Variablen zu kennen, um die bedingten Erwartungswerte ausrechnen zu können. Bezeichnet man die Körpergröße mit X und das Körpergewicht mit Y, so lautet die Formel für die Regressionsvorhersage von Y aus X:

$$\hat{Y} = \beta_{Y/X} X + \alpha_{Y/X}$$

$$\text{mit } \beta_{Y/X} = \frac{\text{Cov}(XY)}{\text{Var}(X)} = \rho(XY) \frac{\sigma(Y)}{\sigma(X)}$$

$\beta_{Y/X}$ heißt «Regressionskoeffizient von Y auf X»

Bei linearer Regression gibt $\hat{Y}$ den bedingten Erwartungswert von Y bei gegebenem X an. Bei nicht linearer Regression gibt die Gleichung für $\hat{Y}$ die an die Regressionslinie best angepaßte Gerade an.

Wir hatten zunächst die Personen nach ihrer Körpergröße klassifiziert und für jede Klasse das durchschnittliche Körpergewicht berechnet. Die dabei errechnete Regressionslinie wird auch als «Regression des Körpergewichts auf die Körpergröße» bezeichnet. Genauso gut können wir die Personen nach ihrem Körpergewicht klassifizieren und nach der durchschnittlichen Körpergröße zu den einzelnen Gewichtsklassen fragen. Wir berechnen dann die bedingten Erwartungswerte der Körpergröße bei gegebenem Körpergewicht. Diese bilden die Regressionslinie von X (Körpergröße) auf Y (Körpergewicht). Im Fall einer bivariaten Normalverteilung ist auch diese Regressionslinie eine Gerade. Ihre Gleichung lautet analog zur Formel für $\hat{Y}$:

$$\hat{X} = \beta_{X/Y} \cdot Y + \alpha_{X/Y}$$

$$\text{mit } \beta_{X/Y} = \frac{\text{Cov(XY)}}{\text{Var(Y)}} = \rho(XY) \frac{\sigma(X)}{\sigma(Y)}$$

$\beta_{X/Y}$ heißt «Regressionskoeffizient» der Regression von X auf Y
und $\alpha_{X/Y} = \mu_X - \beta_{X/Y} \mu_Y$
$\alpha_{X/Y}$ heißt «Regressionskonstante» der Regression von X auf Y

Regression zur Mitte:
Körpergröße und Körpergewicht sind auf physikalischen Skalen gemessen, die hinsichtlich ihrer Einheiten nicht vergleichbar sind. Die Frage, ob jemand größer ist, als er schwer ist, ist auf Zentimeter und Kilogramm bezogen sinnlos. In der Psychologie sind wir es jedoch gewohnt, nicht in physikalisch definierten Einheiten zu messen, sondern mit Skalen zu arbeiten, deren Einheiten relativ zu einer bestimmten Probandenpopulation definiert sind.

Eine in der Psychologie gängige Art der Skalierung sind z-Werte oder davon abgeleitete Maße wie IQ-Einheiten, Z-Werte, Centile usw. Die z-Werte geben an, wieviel Standardabweichungen ein Proband über oder unter dem Durchschnitt liegt. Er errechnet sich als:

$$z = \frac{X - \mu}{\sigma}$$

z-Werte haben aufgrund ihrer Definition immer einen Mittelwert von 0 und eine Standardabweichung von 1.

Sind die X-Werte normalverteilt, so lassen sich z-Werte direkt in Prozentränge umsetzen. Entsprechende Tabellen finden sich in allen Statistik-Lehrbüchern. Im Unterschied zu den physikalischen Einheiten Kilogramm und Zentimeter sind z-Werte vergleichbar. Hat ein Proband hinsichtlich der Körpergröße einen höheren z-Wert als hinsichtlich des Körpergewichts, so bedeutet das, daß er relativ zur Probandenpopulation bezüglich der Körpergröße eine höhere Position einnimmt als hinsichtlich des Körpergewichts.

Wir wollen nun Körpergröße und Körpergewicht in z-Werte transformieren und die Regressionsgleichung für z-Werte aufstellen. Setzt man in die Formel für $\hat{X}$ für die Streuungen jeweils die Zahl 1 und für die Mittelwerte die Zahl Null ein, so vereinfachen sich die Formeln für die Regressionsgeraden zu:

$$\hat{z}_Y = \rho(X\,Y)\,z_X$$

und

$$\hat{z}_X = \rho(X\,Y)\,z_Y$$

Wenn $\rho(XY)$ dem Betrag nach kleiner als 1 ist, ergibt sich daraus

$$|\hat{z}_Y| < |z_X|$$

Diese Beziehung nennt man «Regression zur Mitte».

Sie besagt in unserem Beispiel folgendes: Berechnet man für Probanden mit der Körpergröße z_X (z.B. $z_X = 1$ entsprechend $X = 180$ cm) das durchschnittliche Körpergewicht, so findet man immer, daß die Probanden hinsichtlich des Körpergewichts näher dem Durchschnitt liegen als hinsichtlich der Körpergröße. So erhält man z.B. für die Probanden mit $z_X = 1$ oder $X = 180$ cm den bedingten Erwartungswert für z_Y als:

$z_Y = \rho(XY)\,z_X = 0.5 \cdot 1 = 0.5$ oder $\hat{Y} = 77.5$ kg

Einem z-Wert von 1 entspricht in einer Normalverteilung der Prozentrang 84, einem z-Wert von 0.5 nur ein Prozentrang von 69. Man kann also sagen, daß die Probanden hinsichtlich ihres Gewichts eine weniger extreme oder «zur Mitte hin regredierte» Position einnehmen.

Dasselbe, was hier für die Vorhersage des Körpergewichts aus der Körpergröße gesagt wurde, gilt analog, wenn nun umgekehrt die Körpergröße aus dem Körpergewicht vorhergesagt werden soll. Aus der Formel für $\hat{X}$ ergibt sich für z-Werte bei $|\rho(XY)| < 1$ die Beziehung

$$|\hat{z}_X| < z_Y$$

d. h. es tritt ebenfalls eine Regression zur Mitte auf.

Sucht man die Probanden heraus, die z. B. ein Körpergewicht von $z_Y = -1$ haben, was einem Prozentrang von 16 entspricht, so findet man, daß sie im Durchschnitt eine Körpergröße von $\hat{z}_X = -0.5$ haben. Dieser Wert ist dem Betrag nach kleiner als z_Y, liegt also wieder näher dem Mittelwert Null. Ihm entspricht ein Prozentrang von 31, ein Wert also, der weniger extrem liegt als der Prozentrang für das Körpergewicht.

Bei linearer Regression geben die Regressionsgeraden den Regressionsverlauf genau an. Es tritt also eine aus den Formeln von S. 166 dem Betrag nach genau angebbare Regression zur Mitte auf. Bei nicht linearer Regression geben die Formeln für die Regressionsgeraden nur eine Näherung an den tatsächlichen Regressionsverlauf. Es tritt jedoch auch bei nicht linearer Regression unter sehr allgemeinen Bedingungen (d. h. abgesehen von mathematischen Spezialfällen) eine Regression zur Mitte auf. Der Leser mag sich anhand verschiedener selbst konstruierter Punktwolken davon überzeugen.

6.2 Mißdeutung von Regressionseffekten: Psychologische Beispiele

Die folgenden drei Beispiele erläutern denselben Sachverhalt an drei verschiedenen Inhalten (leicht ermüdbare Leser mögen sich mit einem Beispiel zufrieden geben. In diesem Fall sei Beispiel 3 empfohlen).

Beispiel 1: Schulleistung und Intelligenz; wirkt die Schule nivellierend auf die Leistung?
Ein Psychologe interessiert sich für den Zusammenhang zwischen Schulleistung und Intelligenz und führt an einer großen, repräsentativen Stichprobe einen Intelligenztest und einen Schulleistungstest durch. Er findet, daß Intelligenz und Schulleistung bivariat normalverteilt sind. Er normiert nun beide Tests auf dieselben Einheiten (z. B. IQ-Punkte) und betrachtet die relative Stellung der Kinder in der Population hinsichtlich der Intelligenz einerseits und hinsichtlich der Schulleistung andererseits.
Zunächst geht er von der Intelligenz aus und sortiert die Kinder in Klassen mit gleichem IQ. Was wird er finden, wenn er die Schulleistung für die einzelnen IQ-Gruppen betrachtet? Die intelligentesten Kinder werden hinsichtlich der Schulleistung keinen so hohen Rang einnehmen, also verglichen mit ihrer Intelligenz relativ schlechtere Schulleistungen bringen. Weiter wird er finden, daß die Kinder mit den niedrigsten Intelligenztestwerten relativ dazu bessere Schullei-

stungen bringen. Ist es nun berechtigt, auf eine kompensatorische nivellierende Wirkung der Schule zu schließen, wie man beim ersten Hinsehen meinen könnte? Zur Erklärung des Ergebnisses reicht der Hinweis auf den unvollständigen Zusammenhang (um 0.5) zwischen Intelligenz und Schulleistung vollkommen aus: Die Schulleistung hängt außer von der Intelligenz noch von verschiedenen Einflußgrößen wie z.B. der Motivation ab. Wir nehmen an, die Motivation sei von der Intelligenz unabhängig, d.h. die Schule motiviere die Intelligenten nicht mehr oder weniger als die anderen auch.

Wenn nun jemand in einer der Variablen, die die Schulleistung bestimmen, nämlich Intelligenz, eine positive Extremvariante ist, in der anderen nicht besser oder schlechter als andere auch, so wird die Schulleistung als Ergebnis einer sehr guten Intelligenz und durchschnittlicher Motivation gut, aber nicht extrem gut sein. Außerdem mag der Proband seine sehr gute Intelligenzleistung zum Teil durch Fähigkeiten erlangt haben, wie z.B. räumliches Vorstellen, die in der Schule weniger von Belang sind. Das alles erklärt den unvollständigen Zusammenhang und zugleich den Regressionseffekt (Regression zur Mitte bei Vorhersage der Schulleistung aus der Intelligenz).

Daß eine Interpretation im Sinn einer nivellierenden Wirkung der Schule unangebracht ist, wird sofort ersichtlich, wenn man den Spieß umdreht und von der Schulleistung ausgeht:

Betrachtet man die Kinder, die die besten Schulleistungen bringen, so findet man, daß sie zwar überdurchschnittlich intelligent sind, aber hinsichtlich der Intelligenz keinen so hohen Rang einnehmen wie hinsichtlich der Schulleistung, und daß Kinder mit den schlechtesten Schulleistungen zwar unterdurchschnittliche, aber keineswegs die schlechtesten Intelligenztestwerte haben. Man könnte versucht sein, das als eine polarisierende Wirkung der Schule zu interpretieren, die die Intelligenten noch weiter fördere und die unterdurchschnittlich Intelligenten noch weiter hinunterdrücke. Diese Interpretation ist der ersten (nivellierende Wirkung der Schule) genau entgegengesetzt und ebenso falsch. Sie beruht ebenfalls auf der Mißdeutung eines Regressionseffekts.

Interpretiert man jedoch die Ergebnisse als Ausdruck der Unvollständigkeit des Zusammenhangs zwischen Schulleistung und Intelligenz, so läßt sich auch dieses zweite Ergebnis gut verstehen:

Unter den Schülern mit sehr guten Schulleistungen sind Extremvarianten hoher Intelligenz mit durchschnittlicher Motivation, aber auch Schüler mit durchschnittlicher Intelligenz und extremer Motivation oder mit einer guten Kombination aus beidem. Es ist daher nicht zu erwarten, daß die Schüler mit sehr guten Schulleistungen ebenso

168

hohe Intelligenztestwerte zeigen. Ebenso ist nicht zu erwarten, daß die Schüler mit den schlechtesten Schulleistungen eine entsprechende Negativauslese hinsichtlich der Intelligenz darstellen. Der unvollständige Zusammenhang kommt in einem Regressionseffekt (Regression zur Mitte bei der Schätzung der Intelligenz aus der Schulleistung) zum Ausdruck.

Beispiel 2: Änderung des IQ mit dem Alter

Wir nehmen an, eine große repräsentative Stichprobe von Kindern sei mit 5 Jahren und mit 8 Jahren einem Intelligenztest unterzogen worden. Für jedes Kind wurde unter Verwendung der Altersnormen ein IQ mit 5 Jahren und ein IQ mit 8 Jahren berechnet. Die Korrelation zwischen erster und zweiter Messung betrage 0.8. Durch die altersspezifische Normierung ist der Mittelwert für beide Messungen auf 100, die Standardabweichung auf 15 festgelegt. Greift man nun alle Probanden heraus, die mit 5 Jahren einen IQ von 115 hatten (z = 1 Sigma-Einheit über dem Durchschnitt), so findet man, daß sie mit 8 Jahren nur mehr einen Durchschnitts-IQ = 112 haben, was einem z-Wert von z = 0.8 entspricht. Greift man dagegen alle Probanden heraus, die mit 5 Jahren einen IQ von 85 hatten (also z = − 1, eine Sigma-Einheit unter dem Durchschnitt), so findet man, daß sie mit 8 Jahren auf einen Durchschnittswert von z = − 0.8 oder IQ = 88 angestiegen sind. Soll man nun irgend einen unbekannten Einfluß postulieren, der just im Alter zwischen 5 und 8 Jahren bewirkt, daß die Intelligenten zurückfallen und die Unintelligenten Fortschritte machen? Wenn man das tut, sitzt man einem Regressionsartefakt auf.

Ebensogut kann man nämlich das Gegenteil «beweisen»: Wenn man alle Probanden herausgreift, die mit 8 Jahren einen IQ von 115 haben, so wird man finden, daß sie mit 5 Jahren im Durchschnitt einen IQ von 112 hatten, also in den letzten drei Jahren einen Anstieg zu verzeichnen hatten. Analog dazu findet man, daß die Probanden, die mit 8 Jahren einen IQ von 85 haben, mit 5 Jahren im Durchschnitt einen IQ von 88 hatten, also abgesunken sind. Wie sind die scheinbar paradoxen Ergebnisse unter einen Hut zu bringen? – Die Regressionseffekte erklären sich daraus, daß die IQ nicht völlig stabil sind ($\rho = 0.8$ und nicht $\rho = 1$). Wenn man die Probanden heraussucht, die zu einem bestimmten Zeitpunkt, z.B. mit 5 Jahren, hohe Werte aufweisen, so wählt man bevorzugt Probanden aus, die gerade zu diesem Zeitpunkt einen persönlichen Höhepunkt haben, und relativ weniger Probanden, die gerade zu diesem Zeitpunkt ein persönliches Tief haben. Betrachtet man diese Probandengruppe zu irgend einem anderen (davor oder danach liegenden) Zeitpunkt, so findet man etwas niedrigere

Werte. Dasselbe gilt analog, wenn man Probanden auswählt, die mit 5 Jahren unterdurchschnittliche Werte aufweisen: Es werden mehr darunter sein, die sich gerade zu diesem Zeitpunkt in einem persönlichen Tief befinden, als solche, die sich gerade eines persönlichen Höhepunkts erfreuen. Folglich wird man für diese Gruppe etwas bessere Durchschnittswerte zu erwarten haben, wenn man sie zu irgend einem anderen Zeitpunkt untersucht. Je weiter die beiden Meßzeitpunkte auseinander liegen, desto niedriger wird auch die Korrelation zwischen erster und zweiter Messung sein und desto drastischer wird auch der Regressionseffekt ausfallen.

Beispiel 3: Spontanheilung

Ein Zauberer macht sich erbötig, Pechvögel vom Pech zu heilen. Um seine Fähigkeiten zu beweisen, veranstaltet er folgende Demonstration: In einem großen Auditorium haben alle Personen dreimal gewürfelt. Es werden diejenigen herausgegriffen, die 3mal eine Eins gewürfelt haben, also «überzufällig» viel Pech gehabt haben. Der Zauberer spricht seine Formel und läßt die Pechvögel dann noch einmal würfeln. Was wird das Ergebnis sein? Die Probanden werden beim nächsten Wurf im Durchschnitt 3.5 Augen (= Mittelwert aus den Zahlen 1 bis 6) erzielen, sich also um 2.5 Augen verbessern.

Diese Verbesserung ist allerdings nicht dem Zauberer zuzuschreiben, sondern ist ein Regressionseffekt. Da zwischen den ersten drei Würfen und dem folgenden Wurf eine Nullkorrelation besteht, wird als Regressionsvorhersage für jede aufgrund der ersten Würfe gebildete Probandenklasse für den nächsten Wurf der Populationsmittelwert vorhergesagt, also 3.5 Augen.

Was hier gespielt wird, ist so offensichtlich, daß der Zauberer mit seiner Vorführung wahrscheinlich nur Buh-Rufe ernten wird. Ganz ähnliche, wenn auch weniger offensichtliche Probleme treten jedoch z. B. bei der Beurteilung von Therapieerfolgen auf. Die subjektive Problembelastetheit schwankt im Laufe des Lebens, es gibt persönliche Tiefpunkte mit starker Belastung und Höhepunkte mit geringer Belastung. Die Schwankungen sind von einem Zeitpunkt zum nächsten nicht so groß wie beim Würfelspiel, aber auch nicht unerheblich. Es ist anzunehmen, daß sich Probanden dann zur Therapie melden, wenn sie sich in einem Tief befinden (gerade 3mal eine Eins gewürfelt haben). Wenn man solche spontanen Schwankungen in Rechnung stellt, hat man zu erwarten, daß auch ohne Therapie das Befinden der Therapiebewerber im Durchschnitt ansteigt. Diese «Tendenz zur Spontanheilung» entspricht statistisch gesehen einer Regression zur Mitte der Verteilung, aus der die Therapiebewerber eine Selbst-Selektion darstellen. Da jedoch sowohl diese Verteilung als auch der Selektionsvorgang im einzelnen unbekannt ist, wird man den zu erwartenden Regressionseffekt kaum ausrechnen können. Das Problem ist nur zu lösen, indem man eine Kontrollgruppe (z. B. durch Zufallsaufteilung der Therapiebewerber in eine Behandlungsgruppe und eine Wartegruppe) bildet und den Therapieerfolg im Vergleich zur unbehandelten Gruppe beurteilt.

6.3 Ungleiche Gruppen trotz Parallelisierung

Parallelisierung nach einem Vortest ist eine der experimentellen Standardtechniken, wenn es darum geht, für einen Versuch zwei Gruppen mit gleicher Ausgangslage zusammenzustellen. Wenn, wie im folgenden Beispiel, die beiden Gruppen aus unterschiedlichen Populationen stammen, genügt jedoch Parallelisierung nach einem Vortest nicht, um gleiche Ausgangslagen zu gewährleisten.

Wir nehmen an, jemand wolle untersuchen, ob männliche und weibliche Probanden in einem Kurs über Technik gleiche Fortschritte machen, sofern sie gleiche Vorkenntnisse haben. Die durchschnittlichen Technik-Kenntnisse sind bei Männern und Frauen stark unterschiedlich. Deshalb wird eine große Zahl von männlichen und weiblichen Probanden einem Test der Technik-Kenntnisse unterzogen, um aus diesem Material (Gesamtstichprobe) zwei Parallelgruppen herzustellen. Bei der Parallelisierung wird so vorgegangen, daß jeweils eine männliche und eine weibliche Versuchsperson mit gleichem Testwert herausgesucht und in die Versuchsgruppe aufgenommen wird. Auf diese Weise erhält man zwei Stichproben, die hinsichtlich der Verteilung der Testwerte genau gleich sind.

Am Ende des Technik-Kurses soll eine Kenntnis-Prüfung stattfinden. Etwaige Unterschiede sollen dann als unterschiedlicher Lernerfolg trotz gleicher Vorkenntnisse interpretiert werden.

Ist nun durch das dargestellte Parallelisierungsverfahren gewährleistet, daß die beiden für den Versuch ausgewählten Gruppen einander hinsichtlich der Vorkenntnisse genau entsprechen? – Das hängt von der Qualität des Tests ab, der für die Parallelisierung verwendet wurde. Wenn der Test perfekt reliabel und valide (frei von Meßfehlern und irrelevanten Komponenten) mißt, so sind nach dem Testwert gebildete Gruppen auch tatsächlich gleich. Wenn der Test völlig unreliabel und unvalide ist, indem die Punktzahl z. B. nur ausgewürfelt wird, so handelt es sich bei den «parallelisierten» Stichproben nur um zwei Zufallsstichproben aus der Gesamtstichprobe der männlichen und weiblichen Probanden. Der Unterschied zwischen den «Parallel-gruppen» ist der Erwartung nach genauso groß wie der Unterschied in den beiden Gesamtstichproben.

Die Tests, die in der Psychologie zur Verfügung stehen, liegen irgendwo in der Mitte zwischen dem Anspruch auf perfekte Reliabilität und Validität und völliger Zufälligkeit. Dementsprechend wird auch der Erfolg der Parallelisierung irgendwo in der Mitte zu suchen sein: Der Unterschied zwischen den parallelisierten Versuchsgruppen wird nicht so groß sein wie in den beiden Gesamtstichproben (d. h. ohne Parallelisierung), aber auch nicht auf Null reduziert.

Was ist nun zu erwarten, wenn man die eben ausgewählten Parallel-stichproben sofort, d. h. ohne Kursteilnahme oder sonstige Beeinflussung, wieder testet? Wie im folgenden erläutert wird, ist für jede der beiden Stichproben eine Regression zum Mittelwert der Verteilung zu erwarten, aus der sie selektioniert wurde. D. h., es wird bei sofortiger Testwiederholung ein Geschlechterunterschied zuungunsten der Frauen auftreten. Auf dieses Problem wurde in der Literatur schon mehrfach hingewiesen (u. a. MCNEMAR, 1940; THORNDIKE, 1942; HOVLAND et al., 1949; CAMPBELL & STANLEY, 1963; CAMPBELL & ERLEBACHER, 1975).

Im folgenden wird näher darauf eingegangen, wie die Regressions-effekte als Folge von Meßfehlern und Validitätsmängeln zustande kommen und in der Versuchsplanung berücksichtigt werden können.

Regression durch Meßfehler:

Testwerte sind immer auch durch Zufallskomponenten beeinflußt, so daß man auch bei Meßwiederholung unter den selben Bedingungen nicht mit völlig stabilen Meßwerten zu rechnen hat. Die klassische Testtheorie unterscheidet deshalb zwischen dem beobachteten Wert X und dem wahren Wert T und definiert den wahren Wert T als den Wert, der von einer Person bei gedachter Meßwiederholung im Durchschnitt zu erwarten ist. Bekannt ist immer nur der beobachtete Testwert X, dessen Abweichung vom wahren Wert T als Meßfehler bezeichnet wird.

Im folgenden Beispiel wollen wir zeigen, daß bei Selektion nach den beobachteten Werten bezüglich der wahren Werte Regressionseffekte auftreten. Diese Regressionseffekte fallen unterschiedlich aus, je nachdem aus welcher Population (Männer oder Frauen) selektioniert wurde.

Unsere beiden «Populationen» bestehen aus je 30 Männern und Frauen. Die wahren Werte im technischen Wissen seien wie folgt verteilt:

Frauen:

Wahrer Wert T	1	2	3	4	5	6	7	Punkte
Häufigkeit f(T)	3	6	12	6	3	0	0	

Männer:

Wahrer Wert T	1	2	3	4	5	6	7	Punkte
Häufigkeit f(T)	0	0	3	6	12	6	3	

Die Verteilungsform ist also bei Männern und Frauen gleich, der Mittelwert ist verschieden. Er liegt bei den Frauen bei 3 Punkten, bei den Männern bei 5 Punkten.

Wir nehmen nun an, daß die wahren Werte durch Meßfehler überlagert sind, die mit gleicher Wahrscheinlichkeit die Werte $-1, 0, +1$ annehmen. Addieren wir zu obigen wahren Werten abwechselnd die Meßfehler $-1, 0, +1$, so kommen wir zu folgenden beobachteten Werten X (Tab. 6.3):

Wir ordnen nun Tabelle 6.3 um, indem wir nach den beobachteten Werten sortieren und jeweils dazu notieren, aus welchem wahren Wert der beobachtete Wert hervorging. Das Ergebnis findet sich in Tabelle 6.4.

Berechnet man nun zu jedem beobachteten Wert den Durchschnitt der wahren Werte (Regressionslinie) so kommt man zu folgenden Ergebnissen (Spaltenmittelwerte aus Tab. 6.4 zusammengestellt in Tab. 6.5):

Tab. 6.3: Verteilung der wahren Werte und daraus resultierende beobachtete Werte bei Frauen und Männern.

	Frauen							Männer						
Wahrer Wert T	1	2	3	4	5	6	7	1	2	3	4	5	6	7
Häufigkeit f(T)	3	6	12	6	3	0	0	0	0	3	6	12	6	3
Aus den wahren	0	1	2	3	4	–	–	–	–	2	3	4	5	6
Werten resultierende	1	1	2	3	5					3	3	4	5	7
beobachtete Werte	2	2	2	4	6					4	4	4	6	8
		2	2	4							4	4	6	
		3	3	5							5	5	7	
		3	3	5							5	5	7	
			3									5		
			3									5		
			4									6		
			4									6		
			4									6		
			4									6		

173

Tab. 6.4: Verteilung der beobachteten Werte und der wahren Werte, aus denen sie hervorgingen, für Frauen und Männer.

Beobachteter Wert X	Frauen									Männer								
	0	1	2	3	4	5	6	7	8	0	1	2	3	4	5	6	7	8
Häufigkeit f(X)	1	3	7	8	7	3	1	0	0	0	0	1	3	7	8	7	3	1
Wahre Werte, aus denen die beobachteten Werte hervorgingen	1	1	1	2	3	4	5					3	3	3	4	5	6	7
		2	2	2	3	4							4	4	4	5	6	
		2	2	3	3	5							4	4	5	5	7	
			3	3	3									5	5	5		
			3	3	4									5	5	6		
			3	3	4									5	5	6		
			3	4	5									5	6	7		
			4												6			

Tab. 6.5: Regression der wahren Werte auf die beobachteten Werte bei Frauen und Männern.

Beobachteter Wert X	Durchschnittlicher wahrer Wert in der Population der	
	Frauen	Männer
0	1	–
1	1.67	–
2	2.43	3
3	3.0	3.67
4	3.57	4.43
5	4.33	5
6	5	5.57
7	–	6.33
8	–	7

Man sieht, daß für jeden beobachteten Wert X der Durchschnitt der wahren Werte bei den Männern etwas höher liegt als bei den Frauen. Parallelisiert man nun zwei Gruppen nach den beobachteten Werten X, so hat man im Durchschnitt bei den Frauen niedrigere wahre Werte als bei den Männern. Bei einer sofortigen Testwiederholung ist für jeden Probanden sein wahrer Wert zu erwarten, also bei den Frauen im Durchschnitt etwas weniger als bei den Männern.

Dieser Unterschied durch Regressionseffekte (Regression der wahren Werte zur Mitte der Verteilung, aus der selektioniert wurde) wird um so stärker ausfallen

a) je größer der Mittelwertunterschied zwischen den Gesamtstichpro-

174

ben war, aus denen die Parallelstichproben durch Selektion gewonnen wurden,

b) je geringer die Reliabilität des Tests.

Wie ist nun solchen Regressionseffekten bei der Versuchsplanung Rechnung zu tragen? Man kann versuchen, die wahren Werte zu schätzen, und zur Parallelisierung nicht die beobachteten Werte, sondern die geschätzten wahren Werte heranziehen. Die Formel für die Regressionsgerade zur Schätzung der wahren Werte aus den beobachteten Werten lautet:

$$\hat{T} = X - (X - \overline{X})(1 - Rel)$$

Dabei ist für $\overline{X}$ jeweils der Mittelwert der Männer bzw. Frauen aus der Gesamtstichprobe einzusetzen, d.h. derjenigen Probanden, die für die Selektion der Versuchsgruppen tatsächlich zur Verfügung standen (nicht etwa irgendwelche Angaben aus der Handanweisung, die sich auf anders zusammengesetzte Männer- und Frauenstichproben beziehen). Dasselbe gilt für die Reliabilität: Die in obige Formel für $\hat{T}$ einzusetzende Reliabilität muß jeweils die Reliabilität in der männlichen bzw. weiblichen Gesamtstichprobe sein. Falls diese sich in der Zusammensetzung (inbes. Varianz) stark von der Stichprobe unterscheidet, an der die Reliabilitätsangabe in der Handanweisung erhoben wurde, ist sie entsprechend umzurechnen (LORD & NOVICK, 1968, Kap. 6.2). Da die Schätzung der wahren Werte an Voraussetzungen gebunden ist, die häufig problematisch sind (genaue Abgrenzung des Materials, aus dem selektioniert wurde, Übernahme von Reliabilitätsangaben anderer Autoren, Linearität des Regressionsverlaufs) empfiehlt sich eine empirische Kontrolle. Wenn nach den geschätzten wahren Werten parallelisiert wurde, sollte bei einer sofortigen Testwiederholung an den eben gebildeten parallelisierten Gruppen kein Mittelwertsunterschied auftreten. Will man Versuchszeit sparen, so kann man auch daran denken, statt einer Testwiederholung eine Testhalbierung vorzunehmen. Man verwendet dann zur Auswahl der Parallelstichproben nur eine Testhälfte und benutzt die andere Hälfte zur Kontrolle: Die beiden Parallelstichproben sollten hinsichtlich der zweiten Testhälfte keine Mittelwertsunterschiede zeigen.

Regression durch Validitätsmangel:

Psychologische Merkmale sind vielfach unklar abgegrenzt, und Tests, die dasselbe zu messen beanspruchen, fallen inhaltlich recht unterschiedlich aus. Ein Test X für technisches Verständnis mag mehr physikalisches Schulwissen abfragen, ein anderer Test Y mehr Alltagserfahrung, ein dritter Test Z mag einen eng umgrenzten Aufgabentyp wie Bewegungsübertragung in Räderwerken enthalten. Was ist nun zu erwarten, wenn Männer und Frauen nach Test X parallelisiert wurden und die eben gebildeten Parallelgruppen mit Test Y getestet werden?

Vermutlich bestehen in beiden Tests Geschlechterunterschiede zuungunsten der Frauen. Diese Unterschiede mögen in beiden Tests gleich groß oder verschieden sein. Eine Parallelisierung nach Test X wird die Unterschiede in Test Y reduzieren, aber nicht zum Verschwinden bringen.

Nehmen wir an, in der Gesamtstichprobe der Männer und Frauen hätten die Tests X und Y folgende Mittelwerte und Standardabweichungen:

Gesamtstichprobe der
Frauen: $\overline{X} = 90$ s $= 10; \overline{Y} = 85$ s $= 10; r = 0.45$
Männer: $\overline{X} = 100$ s $= 15; \overline{Y} = 105$ s $= 12; r = 0.50$

Aus diesen beiden Gesamtstichproben werden durch Selektion zwei Parallelstichproben gebildet. Der Mittelwert im Test X für die Parallelstichproben betrage $\overline{X}_{seleg} = 95$. Wir wollen nun schätzen, welchen Mittelwert wir für die Parallelstichproben im Test Y erhalten.

Wir setzen in die Regressionsformel für $\hat{Y}$ (S. 164) die Angaben für die Gesamtstichprobe der Männer bzw. Frauen ein und erhalten die Regressionsgleichungen:

Männer: $\hat{Y} = 65 + 0.40\,X$
Frauen: $\hat{Y} = 44.5 + 0.45\,X$

Setzen wir für X den Mittelwert der Parallelstichproben $\overline{X}_{seleg} = 95$ ein, so erhalten wir für die

Frauen: $\hat{\overline{Y}}_{seleg} = 44.5 + 0.45 \cdot 95 = 87$

Männer: $\hat{\overline{Y}}_{seleg} = 65 + 0.40 \cdot 95 = 103$

Trotz Parallelisierung nach Test X besteht also bezüglich des inhaltlich verwandten Tests Y ein deutlicher Unterschied zuungunsten der Frauen. Der Unterschied ist nicht ganz so groß wie in den Gesamtstichproben (20 Punkte), aber immer noch beachtliche 16 Punkte.

Der zu erwartende Unterschied in Test Y nach einer Parallelisierung aufgrund von Test X fällt umso größer aus

a) je größer der Mittelwertunterschied in Test Y in der Gesamtstichprobe war,
b) je geringer die Korrelation zwischen Test X und Test Y.

Wenn jemand Männer und Frauen nach Test X parallelisiert und nach dem Unterricht mit Test Y abfragt, so kann das zu groben Fehleinschätzungen des Unterrichtserfolges führen, wenn die trotz Parallelisierung unterschiedliche Ausgangslage nicht in Rechnung gestellt wird.

Bezüglich der Möglichkeiten, die zu erwartenden Regressionseffekte in Rechnung zu stellen, gilt dasselbe wie schon unter «Regression durch Meßfehler» gesagt. Die rechnerische Schätzung des Regressionseffekts ist zwar möglich, aber hinsichtlich der Voraussetzungen oft problematisch, weshalb sich eine empirische Überprüfung empfiehlt. Wer bezüglich eines so vage abgegrenzten Merkmals wie «technisches Verständnis» Parallelstichproben bilden will, sollte seine Parallelisierung mit Hilfe einiger weiterer Tests kontrollieren, die bei der Parallelisierung noch nicht verwendet wurden.

6.4 Regression bei Meßwiederholung an selektionierten Gruppen

Wenn Personen nach einem Testwert (z.B. IQ) selektioniert werden, so ist bei Testwiederholung eine Regression zur Mitte zu erwarten (siehe Beispiel 2 in 6.2). Wie sieht es nun aus, wenn die Probanden nicht nach dem Ergebnis der ersten Messung, sondern nach sonstigen Gesichtspunkten (Lehrerurteil, Schulerfolg, Beruf des Vaters) in Gruppen geteilt werden? Kann man erwarten, daß man IQ-Unterschiede zwischen solchen Gruppen in einer Nachuntersuchung derselben Probanden nach mehreren Jahren noch in derselben Höhe wiederfindet? Oder ist zu erwarten, daß die Gruppenmittelwerte zur Mitte hin regredieren und die Unterschiede verblassen?

a) Wann Regressionseffekte zu erwarten sind

Teilt man Kinder mit 6 Jahren nach dem Lehrerurteil in eine intelligentere und eine weniger intelligente Hälfte, so wird zwischen den beiden Gruppen auch im gemessenen IQ ein Mittelwertunterschied bestehen. Wenn wir das Lehrerurteil mit $+1$, -1 (obere und untere Hälfte) skalieren und zwischen Lehrerurteil und IQ mit 6 Jahren eine

Korrelation von 0.60 annehmen, so können wir gemäß S. 166 für die nach dem Lehrerurteil gebildeten Gruppen folgende Regressionsschätzungen der Intelligenz vornehmen:

Obere Hälfte: $z_x = +1$ $\hat{z}_y = 0.60 \cdot 1 = 0.60$
Untere Hälfte: $z_x = -1$ $\hat{z}_y = 0.60 \cdot (-1) = -0.60$

Der Unterschied in der Intelligenz beträgt 1.2 Standardabweichungen. Bei einer Standardabweichung des IQ von $s = 15$ entspricht das 18 IQ-Punkten.

Korreliert man nun den IQ mit 8 Jahren mit dem Lehrerurteil über die Intelligenz mit 6 Jahren, so wird die Korrelation vermutlich niedriger ausfallen. Wir nehmen an, sie sei $r = 0.40$. Wir schätzen wieder die Intelligenz für die beiden nach dem Lehrerurteil gebildeten Gruppen:

Obere Hälfte: $z_x = +1$ $\hat{z}_y = 0.40 \cdot 1 = 0.40$
Untere Hälfte: $z_x = -1$ $\hat{z}_y = 0.40 \cdot (-1) = -0.40$

Der Mittelwertsunterschied in der Intelligenz beträgt nun nur mehr 0.8 Standardabweichungen, was 12 IQ-Punkten entspricht. Wir sehen also: Der bei der ersten Messung gefundene Mittelwertsunterschied ist nach 2 Jahren verblaßt. Es hat eine Regression zur Mitte stattgefunden.

Daß eine solche Regression zur Mitte auftrat, liegt daran, daß der Einteilungsgesichtspunkt (Lehrerurteil mit 6 Jahren) höher mit der ersten Messung (IQ mit 6 Jahren) korreliert als mit der zweiten Messung (IQ mit 8 Jahren). Ähnliche Beispiele lassen sich leicht finden: Teilt man Studenten in Therapie-Interessenten und Nicht-Interessenten und mißt ihren Neurotizismus-Score, so wird der zum selben Zeitpunkt gemessene Neurotizismus-Score mit dem Therapieinteresse höher korrelieren als der einige Jahre später gemessene. Dementsprechend wird der bei sofortiger Messung gefundene Unterschied zwischen Therapiebewerbern und Nichtbewerbern nach einigen Jahren durch Regressionseffekte verblaßt sein.

Untersucht man Teilnehmer an einem Trimm-Klub, so findet man vermutlich überdurchschnittlich gut trainierte, drahtige Personen. Untersucht man dieselben Personen 5 Jahre später, so treiben vermutlich einige keinen Sport mehr und sind dick geworden. Der Durchschnitt der Gruppe ist zur Mitte der Bevölkerung hin regrediert. Das beweist nicht, daß man von Trimmen am Ende doch nur fett wird, sondern liegt daran, daß durch die spezielle Auswahl der Probanden

178

(Teilnehmer 1980) eher Probanden erfaßt werden, die 1980 eine aktive Phase hatten, als solche, die 1980 gerade träg waren (und 1985 vielleicht aktiv sind).

b) Wann kein Regressions-Effekt auftritt

Wir haben festgestellt, daß Gruppenunterschiede durch Regression zur Mitte verblassen, wenn das Klassifikationsmerkmal stärker mit der ersten als mit der zweiten Messung korreliert. Es gibt aber auch Beispiele, wo überhaupt kein Anlaß besteht zu erwarten, das Klassifikationsmerkmal werde mit der ersten Messung höher als mit der zweiten korrelieren. In solchen Fällen ist auch nicht zu erwarten, daß sich an den bei der ersten Messung gefundenen Gruppenunterschieden bei der zweiten Messung irgend etwas ändert. Das trifft besonders auf Merkmale zu, die im Laufe des Lebens stabil bleiben, wie Geschlecht, Körpergröße, Geschwisterzahl usw. Das Geschlecht korreliert z. B. mit dem Körpergewicht, und das Körpergewicht ist über längere Zeiträume betrachtet intraindividuell variabel. Die Korrelation zwischen Geschlecht und Körpergewicht dürfte indes bei 30jährigen und 35jährigen gleich hoch sein. Es besteht daher keinerlei Anlaß, zu erwarten, der zwischen 30jährigen Männern und Frauen gefundene Gewichtsunterschied werde geringer sein, wenn man dieselben Probanden 5 Jahre später wieder untersucht. – Ebenso unterscheiden sich Männer und Frauen im Alter von 30 Jahren vermutlich in einer Vielzahl von Interessen und Einstellungen. Eine Nachuntersuchung derselben Probanden nach 5 Jahren läßt jedoch keine Reduktion des Unterschieds durch Regressionseffekte erwarten.

6.5 Literaturbeispiele

Beispiel 1 nach: SHAW, M.C. & McCUEN, J.T.: The onset of academic underachievement in bright children. Journal of Educational Psychology 51, 1960, 103 – 108.
Es wurden 134 überdurchschnittlich intelligente Kinder nach ihrer Schulleistung in den letzten drei Jahren (Schulstufe 9 bis 11) in «Underachiever» und «Achiever» geteilt, je nachdem, ob ihre Noten über oder unter dem Klassendurchschnitt lagen. Weiters erhoben die Autoren rückwirkend die Schulnoten bis zur ersten Schulstufe. Die Auswertung erfolgte nach Geschlechtern getrennt. Bei den männlichen Probanden (36 Achiever, 36 Underachiever) ergab sich ein von der ersten bis zur neunten Schulstufe zunehmender Leistungsunter-

schied, der ab der dritten Schulstufe signifikant war. Bei den Mädchen (45 Achiever, 17 Underachiever) zeigt sich erst ab der 6. Schulstufe ein zunehmend großer Unterschied, der jedoch bis zur 9. Schulstufe nicht signifikant wird.

Die Autoren ziehen die Schlußfolgerung, daß Underachievement kein vorübergehendes Phänomen ist, sondern eine chronische Entwicklung, die sehr früh beginnt, ihre Ursache vermutlich in der Persönlichkeit zu Schulbeginn hat und nicht leicht modifizierbar ist. Sie fordern daher eine Frühdiagnose von Underachievern, um entsprechende Maßnahmen rechtzeitig einleiten zu können.

Diskussion von Beispiel 1: Die Autoren sind in die Regressionsfalle getappt: Die Korrelation von Schulnoten ist umso höher, je näher benachbart die Schuljahre sind, die betrachtet werden. Wählt man Schüler aus, die auf der Schulstufe 9 – 11 über- bzw. unterdurchschnittliche Leistungen erbringen und verfolgt sie zurück (oder weiter!), so ist mit zunehmendem Zeitabstand eine abnehmende Korrelation und damit eine zunehmend starke Regression zur Mitte zu erwarten.

Daß die gezogenen Schlußfolgerungen unhaltbar sind, wird deutlich, wenn man dieselben Daten anders auswertet: Betrachtet man die Kinder, die auf der ersten Schulstufe Achiever bzw. Underachiever sind, und verfolgt ihr weiteres Schulschicksal, so wird man mit zunehmendem Zeitabstand ebenfalls eine Regression zur Mitte finden. D.h. man wird bei den Underachievern eine «Tendenz zur Spontanheilung» finden – ganz im Gegensatz zur Interpretation der Autoren.

Würde man schließlich die Achiever und Underachiever in der Mitte der Schullaufbahn herausgreifen, so würde man finden, daß der Unterschied zwischen den beiden Gruppen sowohl in der Vergangenheit kleiner war als auch in der weiteren Entwicklung kleiner wird – also eine Umkehr der Tendenz just an dem Punkt, an dem die Einteilung vorgenommen wird.

Offensichtlich sind solche «Entwicklungskurven» Artefakte der Selektion. Da die Schulleistung über längere Zeiträume nicht völlig stabil ist, sind die Underachiever der Klassen 9 – 11 nicht völlig identisch mit den Underarchievern der ersten Klassen und umgekehrt. Das bedingt den Regressionseffekt in beide Richtungen: Daß die Underachiever der ersten Klasse nicht die Underachiever der Klasse 9 – 11 sind, erscheint als Tendenz zur Spontanheilung, daß die Underachiever der Klassen 9 – 11 nicht die Underachiever der ersten Klasse waren, erscheint als progressive Verschlechterung. Tatsächlich beschreibt beides nur den unvollständigen Zusammenhang zwischen der Schulleistung in der ersten und in den oberen Klassen.

Beispiel 2 nach: TENT, L.: Die Auslese von Schülern für die weiterführenden Schulen. Göttingen, 1969.

TENT (1969) untersucht die Frage nach der Gleichheit der Bildungschancen für Kinder unterschiedlicher sozialer Herkunft.

An einer großen unausgelesenen Schülerstichprobe wurden u. a. folgende Variablen erhoben:

Testwert im Leistungsprüfsystem (LPS) von HORN im 4. Schuljahr

Beruf des Vaters, 5 Kategorien (I = Akademiker, V = ungelernter Arbeiter)

Schullaufbahn, erhoben im 5. Schuljahr (Gymnasium ja/nein)

Erste Auswertung: Da damals insgesamt 10% aller Kinder das Gymnasium besuchten (Zahl der Plätze in Gymnasien), wurden die 10% Besten im LPS als die nach der Testleistung Geeigneten definiert. Das entsprach einem kritischen Wert von 226.8 LPS-Punkten.

Nun wurden die Kinder aus den Berufsgruppen I und II zusammengefaßt und den Gruppen IV und V gegenübergestellt. Für jede der beiden so zusammengefaßten Schichten wurde gefragt

1. Wieviel von den LPS-geeigneten tatsächlich ein Gymnasium besuchen (Nutzungsindex)
   Es ergaben sich folgende Werte (TENT, 1969, S. 152)
   Berufsgruppe I + II   60%
   Berufsgruppe IV + V   19%
2. Wieviel Kinder aus jeder sozialen Schicht das Gymnasium besuchen, verglichen mit der Zahl derer, die diese Schicht an den 10% LPS-besten stellt. Das Verhältnis dieser beiden Zahlen wird als Repräsentationsindex bezeichnet.
   (TENT, 1969, S. 154)
   Berufsgruppe I + II   180
   Berufsgruppe IV + V   46

Beide Indizes zeigen eine starke Unterrepresentation von Kindern der Gruppe IV und V in den Gymnasien.

Kritik der Auswertung (TENT, 1969, S. 155):

«Wird für zwei Teilkollektive mit verschiedenem Mittelwert – aber gleicher Streuung – ein einheitlicher kritischer Testpunktwert festgelegt, so werden dadurch von der Verteilung mit dem niedrigen Mittelwert relativ mehr Individuen abgeschnitten, deren Werte nur aufgrund positiv wirkender Meßfehler über dem kritischen Wert liegen. Ein solcher Fall liegt bei der Gegenüberstellung der extremen Sozialschichten I und II, bzw. IV und V vor. Der dabei entstehende Fehler entspricht dem sogenannten Regressionseffekt ...» Diesem Einwand wird in einer zweiten Auswertung begegnet, die auf den geschätzten wahren Werten beruht:

Zweite Auswertung: Es wurden für beide Populationen getrennt (Schicht I + II vs. IV + V) Regressionsgleichungen zur Schätzung des wahren Werts im LPS berechnet. Mit den geschätzten wahren Werten wurde die Auswertung wiederholt. Die 10% mit den höchsten geschätzten wahren Werten wurden als LPS-geeignet betrachtet. Diesem Cutting-Score entsprach bei den Kindern aus Schicht I + II ein Testrohwert von 225, bei den Kindern aus Schicht IV + V ein Wert von 229. Die korrigierten Werte für Nutzungsindex und Repräsentationsindex sind:

Nutzungsindex		Repräsentationsindex	
Berufsgruppe I + II	57%	Berufsgruppe I + II	161%
Berufsgruppe IV + V	21%	Berufsgruppe IV + V	50%

Unter Berücksichtigung des Regressionseffekts zeigt sich keine so starke Überrepräsentation der Kinder aus Schicht I + II. Sie ist aber immer noch sehr deutlich.

Beispiel 3: Beurteilung des Effekts kompensatorischer Erziehung. Wie schwierig es ist, aus ungleichen Populationen Parallelstichproben herzustellen, wenn die Merkmale, nach denen parallelisiert werden sollte, unklar definiert und nur über grobe Indizes zu erfassen sind, und welch folgenschwere Fehleinschätzungen andererseits aus vernachlässigten Regressionseffekten resultieren können, diskutieren CAMPBELL & ERLEBACHER (1975) am Beispiel der Beurteilung der Wirkung kompensatorischer Erziehung wie dem Head-Start-Programm.

In einigen Untersuchungen zum Erfolg des Head-Start-Programms wie der Westinghouse-Ohio University Study (CICIRELLI et al., 1969; zitiert nach CAMPBELL & ERLEBACHER, 1975) und einigen anderen Untersuchungen, die keinen oder negativen Erfolg der Head-Start-Programme zeigen, vermuten CAMPBELL & ERLEBACHER, daß Regressionseffekte zuungunsten der Experimentalgruppe wirksam waren.

Teilnehmer an einem kompensatorischen Programm sind gewöhnlich die Bedürftigsten. Aus den übrigen Kindern derselben Gegend, die eine Population mit höherem Durchschnitt darstellen, wird nach verschiedenen Indizes eine Kontrollgruppe zusammengestellt. Da solche Indizes wie Anzahl der Schuljahre der Eltern, Wohnen im gleichen Block u. ä. nur sehr unzulängliche Indikatoren für die Förderlichkeit des häuslichen Milieus sind, wird eine Parallelisierung nach diesen Merkmalen keine Gleichstellung der beiden Gruppen bewirken, sondern sie werden sich nach wie vor in Richtung der Differenz der Populationsmittelwerte unterscheiden. Dies sollte sichtbar werden, sobald man weitere Indikatoren heranzieht, die nicht zur Durchführung der

Parallelisierung herangezogen wurden. Wie CAMPBELL & ERLE-BACHER berichten, zeigten in der Westinghouse-Ohio University Study die nicht zur Parallelisierung herangezogenen Ratings des soziöökonomischen Status einen Unterschied zuungunsten der Experimentalgruppe.

7. Der Ärger mit den Differenzen

Viele Fragestellungen legen es nahe, bei der Auswertung Differenzmaße zu verwenden. So z. B. liegt es nahe, bei allen Fragestellungen, bei denen es um Veränderungen geht (Lernzuwachs, Therapieerfolg), die Differenz zwischen erster und zweiter Messung als Veränderungsmaß zu verwenden, das dann mit anderen Variablen in Beziehung gesetzt wird. Ein weiteres geläufiges Beispiel für Differenzmaße stellt die Interpretation von Testprofilen dar. Bei der Interpretation von Intelligenztests z. B. werden häufig Differenzen zwischen Subtests oder Subtestgruppen (z. B. Differenz zwischen verbalen und nicht verbalen Leistungen) gebildet und für Aussagen über die qualitative Intelligenzstruktur herangezogen. Weitere Beispiele für die Auswertung von Differenzmaßen lassen sich leicht finden.

Wenn trotz dieser anscheinend so vielseitigen Verwendbarkeit und einleuchtenden Einfachheit manch einer, der im Zusammenhang mit der Auswertung psychologischer Daten die erste naive Frische verloren hat, schon müde wird, wenn er wieder von Differenzen hört, so hat das viele Gründe. Die wichtigsten sind:

1. Differenzen sind skalenabhängig und über die Skalendefinition manipulierbar
2. Differenzen sind meist unreliabel
3. Korrelationen mit Differenzen führen häufig zur Interpretation von Artefaken

Da das Skalenproblem das fundamentalste ist, soll es zuerst behandelt werden.

7.1 Skalenabhängigkeit und Manipulierbarkeit von Differenzen

Im folgenden soll gezeigt werden, wie stark die Interpretation von Differenzen von den Skalen abhängt, auf denen gemessen wurde, und wie sich die Ergebnisse in das Gegenteil verkehren können, wenn statt der ursprünglichen Skalen andere gewählt werden. Dabei sind zwei Fälle besonders häufig:

a) Beide Messungen erfolgen auf derselben Skala. Diese Skala wird monoton transformiert
b) Die Skalen von erster und zweiter Messung sind nur bedingt ver-

gleichbar. Es kommen verschiedene Standardisierungsarten in Betracht.

7.1.1 Wirkung von monotonen Skalentransformationen

Bei einer monotonen Skalentransformation bleibt die Rangreihe der Meßwerte erhalten, die Abstände dazwischen ändern sich im allgemeinen. Bildlich gesprochen kann man sagen, daß die Skala stellenweise gedehnt oder gestaucht wird. Da bei einer Auswertung von Differenzen gerade die Abstände zwischen den Meßwerten interpretiert werden, können monotone Skalentransformationen die Ergebnisse drastisch verändern. Das soll am folgenden Beispiel dargestellt werden:

Wir nehmen an, es soll untersucht werden, ob eine Verkehrserziehung die Unfallgefährdung reduziert, und ob sie mehr bei Männern oder Frauen Erfolg hat. Dazu werden folgende Daten erhoben:

Beobachtungszeitraum vor der Verkehrserziehung: Die Männer haben im Durchschnitt 4.0 Unfälle gehabt und durchschnittlich 30000 km zurückgelegt. Die Frauen hatten bei durchschnittlich 10000 km Fahrleistung 0.5 Unfälle.

Beobachtungszeitraum nach der Verkehrserziehung: Die Männer hatten durchschnittlich 40000 km und 5 Unfälle, die Frauen 20000 km und 0.9 Unfälle. Tabelle 7.1 faßt die Angaben zusammen.

Man kann also feststellen, daß die Unfallgefährdung im zweiten Beobachtungszeitraum geringer war. – Ob jedoch die Schulung die Männer oder die Frauen mehr beeinflußt hat, ist willkürlich beantwortbar, je nachdem, welches Maß man für die Unfallgefährdung verwendet:

Zunächst verwenden wir als Maß für die Unfallneigung die durchschnittliche Zahl unfallfreier Kilometer pro Unfall. Wir erhalten:

	Durchschnittliche Kilometerzahl pro Unfall		
	vorher	nachher	Differenz
Männer	7 500	8 000	500
Frauen	20 000	22 222	2 222

Danach haben die Frauen sich mehr verbessert, nämlich um 2222 unfallfreie Kilometer, während die Männer nur 500 unfallfreie Kilometer hinzugewonnen haben. Auch prozentual zur Ausgangsleistung ist die Verbesserung bei den Frauen größer, nämlich 11.1% mehr unfallfreie Kilometer gegenüber einer Verbesserung von 6.7% bei den Männern.

Tab. 7.1: Unfallgefährdung vor und nach einer Schulung (fingierte Daten).

	vorher		nachher	
	Kilometer	Unfälle	Kilometer	Unfälle
Männer	30 000	4.0	40 000	5.0
Frauen	10 000	0.5	20 000	0.9

Das Bild ändert sich jedoch, wenn man als Maß der Unfallneigung nicht die Zahl der unfallfreien Kilometer pro Unfall nimmt, sondern die Zahl der Unfälle pro 10000 km. Man erhält dann:

	Durchschnittliche Unfallzahl pro 10 000 km		
	vorher	nachher	Differenz
Männer	1.33	1.25	0.08
Frauen	0.50	0.45	0.05

Danach hätte sich nun die Unfallgefährdung der Männer stärker reduziert.

Die beiden Skalen «Unfälle/Kilometer» und «Kilometer/Unfall» gehen zwar eindeutig auseinander hervor, stehen jedoch nicht in linearem Zusammenhang (siehe Abb. 7.1). Je nach Wahl der Skala kann man den Fortschritt der Männer oder der Frauen als größer erscheinen lassen.

Der Übergang von der Skala «Unfälle/Kilometer» zu «Kilometer/Unfall» ist eine Transformation nach der Formel $Y = 1/X$. Die Transformation wurde hier der Einfachheit wegen für die Mittelwerte vorgenommen. Führt man die Transformation für jede einzelne Vp durch und mittelt dann, so kommt man zu etwas anderen Zahlen. Um diese zu berechnen, müßten die Werte der einzelnen Vpn bekannt sein. Die Tendenz des Arguments bliebe jedoch dieselbe.

Wertet man die Untersuchung varianzanalytisch aus, so entspricht der Frage, ob Männer oder Frauen eine stärkere Reduktion der Unfallgefährdung aufweisen, die Prüfung der Wechselwirkung. Die Wechselwirkung ist im vorliegenden Beispiel sachlich nicht zu interpretieren (auch wenn sie signifikant ist), weil sie durch eine naheliegende monotone Skalentransformation nicht nur zum Verschwinden gebracht, sondern sogar inhaltlich ins Gegenteil verkehrt werden kann.

Abbildung 7.2a und 7.2b zeigen allgemein, in welchen Fällen eine Wechselwirkung durch Dehnen und Stauchen der Skala zum Verschwinden gebracht oder sogar inhaltlich ins Gegenteil gewendet werden kann, Abbildung 7.2c bis 7.2f zeigen, in welchen Fällen das nicht möglich ist. Ob es sich dabei wie im Beispiel «Unfallgefährdung» um

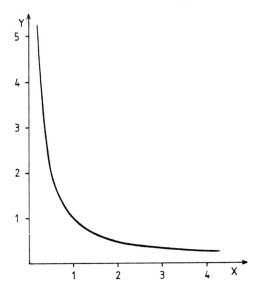

X = durchschnittliche Unfallzahl pro
    10 000 km
Y = durchschnittliche Kilometerzahl pro
    Unfall in 10 000 km

Abb. 7.1: Nicht-lineare Beziehung der Skalen «Unfälle/Kilometer» und «Kilometer/Unfall».

zweimalige Messung an denselben Vpn oder um einen Versuchsplan mit unabhängigen Gruppen handelt, ist belanglos. Man könnte z. B. auch an einen Versuch denken, in dem die Lernleistung (abhängige Variable) von guten und schlechten Schülern (unabhängige Variable A) in Abhängigkeit von der Belohnung (unabhängige Variable B) untersucht wird. Einen solchen Versuch würde man vermutlich mit unabhängigen Gruppen durchführen. Wenn die Ergebnisse so liegen, wie in Abbildung 7.2a oder 7.2b dargestellt, so kann man die Wechselwirkung durch eine monotone Transformation der Skala für die Lernleistung so manipulieren, daß einmal die guten, einmal die schlechten Schüler auf die Belohnung stärker anzusprechen scheinen. Wenn die Ergebnisse so ausfallen wie in Abbildung 7.2c bis 7.2f, so ist eine solche Manipulation nicht möglich.

Die bisherigen Beispiele bezogen sich nur auf Differenzen von Gruppenmittelwerten. Dieselben Argumente gelten auch für Korrelationsstudien, in denen Differenzmaße verwendet werden. Wird die

187

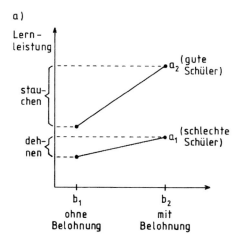

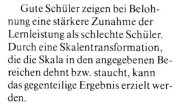

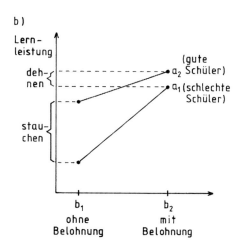

a)

Lern-
leistung

stau-
chen

deh-
nen

a_2 (gute Schüler)

a_1 (schlechte Schüler)

b₁
ohne
Belohnung

b₂
mit
Belohnung

b)

Lern-
leistung

deh-
nen

stau-
chen

a_2 (gute Schüler)

a_1 (schlechte Schüler)

b₁
ohne
Belohnung

b₂
mit
Belohnung

Gute Schüler zeigen bei Belohnung eine stärkere Zunahme der
Lernleistung als schlechte Schüler.
Durch eine Skalentransformation,
die die Skala in den angegebenen Be-
reichen dehnt bzw. staucht, kann
das gegenteilige Ergebnis erzielt werden.

Gute Schüler zeigen bei Belohnung eine geringere Zunahme der
Lernleistung als schlechte Schüler.
Durch eine Skalentransformation,
die die Skala in den angegebenen Be-
reichen dehnt bzw. staucht, kann
das gegenteilige Ergebnis erzielt werden.

Abb. 7.2a, b: Wechselwirkungen, die durch monotone Skalentransformationen beseitigt
oder sogar umgekehrt werden können.

Skala, auf der gemessen wird, monoton transformiert, so werden sich
die für die einzelnen Probanden errechneten Differenzen ändern, so
daß unter Umständen der Proband mit der kleinsten Differenz hinter-
her der Proband mit der größten Differenz ist. Dadurch können sich
Korrelationen mit dem Differenzmaß nicht nur im Betrag, sondern
auch im Vorzeichen ändern.

Deshalb sollte man, wenn man eine Wechselwirkung, die gegen
monotone Transformationen nicht invariant ist (Abb. 7.2a und 7.2b),
oder eine Korrelation mit einem Differenzmaß interpretiert, auf jeden
Fall folgende Fragen beantworten: Welche Maße, außer dem zunächst
herangezogenen, kommen in Betracht? Welche Skalentransformationen müssen als plausibel gelten? Wie stark variieren die vorliegenden
Ergebnisse, wenn die als plausibel betrachteten Skalentransformationen
vorgenommen werden? Kann die Bevorzugung einer bestimmten
Skalierungsart inhaltlich begründet werden?

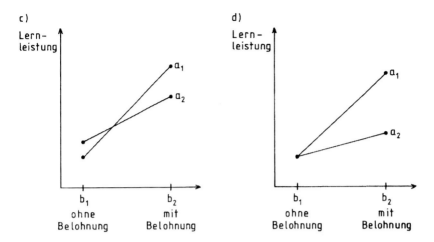

c) Schülergruppe a_1 zeigt ohne Belohnung schlechtere, mit Belohnung bessere Lernleistungen als Schülergruppe a_2.

d) Ohne Belohnung sind die Schülergruppen a_1 und a_2 genau gleich gut, mit Belohnung ist Gruppe a_1 besser als Gruppe a_2.

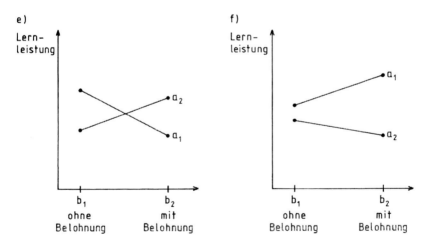

e) Bei Gruppe a_1 wirkt sich die Belohnung negativ, bei Gruppe a_2 positiv auf die Lernleistung aus.

f) Bei Gruppe a_1 wirkt sich die Belohnung positiv, bei Gruppe a_2 negativ auf die Lernleistung aus.

Abb. 7.2c bis f: Wechselwirkungen, die durch monotone Skalentransformationen nicht beseitigt werden können.

189

Wenn z. B. mit Zeitmaßen (z. B. Bearbeitungsdauer) gearbeitet wird, ist gewöhnlich die Transformation 1/X (Anzahl der pro Zeiteinheit Bearbeiteten) plausibel, ebenso bei manchen Qualitätsmaßen (Anzahl der Richtigen bis zum Fehler, oder: Fehler pro richtig Bearbeiteter); bei Schulnoten, Ratings u. ä. kommt gewöhnlich eine Normalverteilungstransformation in Frage; bei Veränderungsmessung bieten sich häufig verschiedene Arten der Relativierung (z. B. bei Gewichtszunahme eine Relativierung auf das Ausgangsgewicht oder auf das Idealgewicht) an. Letzteres geht schon über eine bloße Skalentransformation hinaus.

Wenn man sich überzeugt hat, daß die Ergebnisse über alle plausiblen Auswertungsarten hinweg im großen und ganzen stabil bleiben, so wird man sie guten Gewissens interpretieren, auch wenn sich mathematisch gesehen eine exotische Skalentransformation finden läßt, die sie zum Verschwinden bringt. Wenn die Ergebnisse allerdings bei einer plausiblen Alternativauswertung ins Gegenteil kippen, wie im Beispiel «Unfallgefährdung», muß man sich der Interpretation enthalten. Mit «Ergebnissen», die an bei der Auswertung getroffene willkürliche Entscheidungen gebunden sind, ist niemandem gedient.

7.1.2 Wirkung unterschiedlicher Standardisierungsarten

In der Psychologie werden neben Rohwerten auch vielfach standardisierte Werte verwendet. Geläufige Standardskalen sind z-Werte, IQ-Einheiten usw. Durch die Wahl der jeweiligen Standardisierung für 1. und 2. Messung wird festgelegt, welche Einheiten bei 1. und 2. Messung als «gleich» gelten sollen. Im folgenden Beispiel soll gezeigt werden, wie sehr Differenzen davon abhängen können, welche Art der Standardisierung gewählt wird.

Es ist beabsichtigt, die Störbarkeit durch Lärm in Abhängigkeit von Persönlichkeitsvariablen zu untersuchen. Jede Versuchsperson soll unter Ruhe- und unter Lärmbedingung einen Konzentrationstest bearbeiten. Die Differenz zwischen beiden Messungen soll als Maß der Störbarkeit mit den Persönlichkeitsmerkmalen, z. B. Rigidität, korreliert werden. Es erscheinen nun folgende Auswertungen gleichermaßen plausibel:

a) Beide Messungen erfolgen einfach auf der Rohpunktskala.

b) Für den Test liegen in der Handanweisung Normen für die Erstbearbeitung und für Zweitbearbeitung (Übungsgewinn) vor. Die erste Leistung wird mit den Normen für Erstbearbeitung, die zweite mit den Normen für Zweitbearbeitung gemessen.

c) Anhand der Daten für die vorliegende Stichprobe werden für die erste und zweite Messung getrennt Standardwerte berechnet.

Die Entscheidung zwischen diesen Alternativen erscheint ziemlich willkürlich. Trotzdem kann das Ergebnis der Untersuchung sich beim Übergang von dem einen auf das andere Maß ins Gegenteil verkehren. Um das an einem Rechenbeispiel zu demonstrieren, machen wir folgende Annahmen:

Verteilung der Rohpunkte bei Erstbearbeitung und Zweitbearbeitung laut Handanweisung:

Erstbearbeitung: $\overline{X} = 15 \quad s_x = 5$
Zweitbearbeitung: $\overline{X} = 18 \quad s_x = 3$

In der vorliegenden Stichprobe seien folgende Mittelwerte und Standardabweichungen erzielt worden:

Erstbearbeitung: $\overline{X} = 15 \quad s_x = 4$
Zweitbearbeitung unter Lärm: $\overline{X} = 11 \quad s_x = 6$

Wir greifen nun aus unserer Stichprobe 3 Probanden A, B, C heraus, die folgende Testpunktwerte erzielt haben:

Proband	1. Test (Ruhe)	2. Test (Lärm)	Differenz 2. Test – 1. Test
A	13	10	−3
B	15	12	−3
C	17	14	−3

Zwischen den Probanden A, B, C bestehen sowohl bei der ersten als auch bei der zweiten Testdurchführung jeweils 2 Punkte Unterschied. Unter der Lärmbedingung erbringt jeder der drei Probanden eine um 3 Punkte schlechtere Leistung als in der vorangegangenen Ruhebedingung. Die drei Probanden scheinen durch Lärm in gleichem Maß gestört zu werden (siehe Abb. 7.3a).

Dieses Bild ändert sich, wenn statt der Rohwerte z-Werte verwendet werden. Gemäß Auswertungsvorschlag (b) legen wir der Berechnung der z-Werte die Angaben aus der Testanweisung für Erst- bzw. Zweitbearbeitung zugrunde. Die Rohwerte der ersten Testdurchführung transformieren wir nach der Formel:

$$z = \frac{X - 15}{5} = X \cdot \frac{1}{5} - 3$$

die Rohwerte der zweiten Testdurchführung nach der Formel:

191

$$z = \frac{X - 18}{3} = X \cdot \frac{1}{3} - 6$$

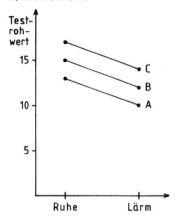

a) Testrohwerte

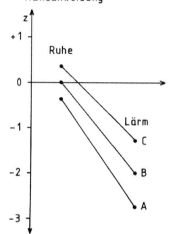

b) z-Werte, berechnet gemäß den Daten aus der Handanweisung

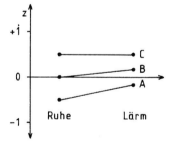

c) z-Werte aus der vorliegenden Stichprobe errechnet

Abb. 7.3a bis c: Testleistungen der Probanden A, B, C bei Ruhe und Lärm auf verschiedenen Skalen ausgedrückt.

a) Die drei Linien laufen parallel: Die drei Probanden erscheinen durch Lärm in gleichem Maße beeinträchtigt.

b) Die drei Linien laufen auseinander: Proband C erscheint durch Lärm am wenigsten, Proband A am stärksten beeinträchtigt.

c) Die drei Linien laufen zusammen: Proband C erscheint durch Lärm am stärksten, A am wenigsten beeinträchtigt.

Man erhält dann folgende Werte:

Proband	1. Test (Ruhe)	2. Test (Lärm)	Differenz 2. Test − 1. Test
A	− 0.40	− 2.67	− 2.27
B	0.00	− 2.00	− 2.00
C	+ 0.40	− 1.33	− 1.73

Da die Rohpunkte der ersten Messung bei der Berechnung der z-Werte mit $\frac{1}{5}$ multipliziert wurden, betragen die Abstände zwischen den Probanden A, B, C bei der ersten Messung statt je 2 Rohpunkten nun 0.4 z-Einheiten. Bei der zweiten Testdurchführung wurden die Rohwerte mit $\frac{1}{3}$ multipliziert. Die Abstände zwischen den Probanden betragen daher 0.67 z-Einheiten. In der graphischen Darstellung (Abb. 7.3b) erscheinen die Meßwerte bei der zweiten Messung im Vergleich zur ersten auseinandergezogen. Proband A, der schon bei Ruhe die niedrigste Leistung hatte, erscheint als durch den Lärm am stärksten, Proband C, der bei Ruhe die besten Leistungen erbracht hatte, am wenigsten beeinträchtigt.

Genau das entgegengesetzte Bild entsteht jedoch, wenn man gemäß Auswertungsvorschlag (c) der Berechnung der z-Werte die Angaben aus der vorliegenden Stichprobe zugrunde legt. Die Testrohwerte der ersten Messung sind dann wie folgt zu transformieren:

$$z = \frac{X - 15}{4} = X \cdot \frac{1}{4} - 3.75$$

Die Rohwerte der zweiten Messung sind nach der Formel

$$z = \frac{X - 11}{6} = X \cdot \frac{1}{6} - 1.83$$

zu transformieren. Man erhält dann folgende Werte:

Proband	1. Test (Ruhe)	2. Test (Lärm)	Differenz 2. Test − 1. Test
A	− 0.50	− 0.17	+ 0.33
B	0.00	+ 0.17	+ 0.17
C	+ 0.50	+ 0.50	0.00

Da die Rohpunkte der ersten Testdurchführung mit ¼ multipliziert wurden, die der zweiten Testdurchführung mit ⅙, sind die Abstände zwischen den Probanden A, B, C bei der zweiten Testdurchführung verglichen mit der ersten zusammengedrängt (siehe Abb. 7.3c). Im Gegensatz zur Auswertung (b) erscheint nun Proband C, der bei Ruhe die beste Leistung unter den drei Probanden erbracht hatte, durch den Lärm am stärksten und Proband A, der bei Ruhe die schlechteste Leistung hatte, am wenigsten beeinträchtigt.

Ziel der Untersuchung war, den Zusammenhang zwischen «Störbarkeit durch Lärm» und Rigidität zu untersuchen. Es läßt sich denken, daß diese Korrelation deutlich variiert, je nachdem, welche der drei vorgeschlagenen Auswertungen man vornimmt.

Die Formel für die Korrelation einer Differenz $X - Y$ mit irgendeiner Variablen W lautet (Ableitung siehe Anhang am Ende des Kapitels, S. 210)

$$\rho[(X - Y), W] = \frac{\rho(XW)\sigma(X) - \rho(YW)\sigma(Y)}{\sqrt{\sigma^2(X) + \sigma^2(Y) - 2\rho(XY)\sigma(X)\sigma(Y)}}$$

Sie hängt also außer von den 3 Korrelationen auch von den Streuungen $\sigma(X)$ und $\sigma(Y)$ ab. Das Vorzeichen bestimmt sich nach dem Zähler des Bruchs. Wenn durch unterschiedliche Skalierung (Verwendung von Rohpunkten oder verschiedenen Standardisierungsarten) das Verhältnis von $\sigma(X)$ zu $\sigma(Y)$ geändert wird, kann sich unter Umständen nicht nur der Betrag, sondern auch das Vorzeichen der Korrelation ändern.

Wenn man in unserem Beispiel die erste Messung (bei Ruhe) mit X, die zweite (bei Lärm) mit Y und den Rigiditäts-Score mit W bezeichnet und für die 3 Korrelationen

$$r(XW) = 0.6, \quad r(YW) = 0.4, \quad r(XY) = 0.7$$

annimmt, so kann man für jede der drei vorgeschlagenen Auswertungsarten die Korrelation zwischen «Störbarkeit durch Lärm» und Rigidität errechnen.

Die Angabe der 3 Korrelationen und die folgende Berechnung bezieht sich auf die Gesamtstichprobe der Untersuchung, nicht etwa nur auf die vorhin herausgegriffenen drei Probanden A, B, C.

Auswertungsart (a) Rohwerte:
Die Streuung der Rohwerte ist gemäß den Angaben von S. 191 in der Untersuchungsstichprobe
für die erste Messung $s(Y) = 6$
für die zweite Messung $s(X) = 4$
Durch Einsetzen in die angegebene Formel (S. 194) erhält man

$$r[(X-Y), W] = \frac{0.6 \cdot 4 - 0.4 \cdot 6}{\sqrt{16 + 36 - 2 \cdot 0.7 \cdot 4 \cdot 6}} = 0.0$$

Es besteht also eine Nullkorrelation zwischen Rigidität und Störbarkeit durch Lärm.

Auswertungsart (b): Berechnung von z-Werten aufgrund der Angaben für Erst- und Zweitbearbeitung aus der Handanweisung.

Zweitbearbeitung: Bei der Berechnung von z-Werten wurde jeder Rohwert mit $\frac{1}{3}$ multipliziert. Entsprechend multipliziert sich die Streuung mit $\frac{1}{3}$. Es ergibt sich

$$s(Y) = 6 \cdot (\tfrac{1}{3}) = 2.0$$

Analog dazu für die erste Messung, deren Rohpunkte mit $\frac{1}{5}$ multipliziert wurden

$$s(X) = 4 \cdot (\tfrac{1}{5}) = 0.8$$

Durch Einsetzen in die Formel (S. 194) erhält man nun

$$r[(X-Y), W] = -0.21$$
also eine negative Korrelation.

Auswertung (c): Berechnung von z-Werten aufgrund der Mittelwerte und Streuungen aus der vorliegenden Stichprobe.
Für die Streuungen ergibt sich nun

$$s(X) = s(Y) = 1$$

Daraus ergibt sich bei Einsetzen in die Formel (S. 194)

$$r[(X-Y), W] = +0.26$$

also eine positive Korrelation.

An dem Beispiel «Störbarkeit durch Lärm» sollte gezeigt werden, wie stark Differenzmaße reagieren, wenn erste und zweite Messung unterschiedlich linear transformiert werden, was hier durch die Verwendung von Rohpunkten und zwei verschiedenen Standardisierungsarten geschehen ist. Die Diskussion des Beispiels soll jedoch nicht abgeschlossen werden, ohne darauf einzugehen, wie die inhaltliche Fragestellung entschieden werden könnte. Dazu sind mehrere Wege denkbar:

Zum einen könnte man versuchen, durch weitere inhaltliche Überlegungen zu einer begründeten (!) Entscheidung darüber zu kommen, wie «Störbarkeit durch Lärm» gemessen werden soll. Man könnte etwa wie folgt argumentieren:

Als Ausmaß des Gestört-Seins durch Lärm sollte die Differenz zwischen der Leistung des Probanden bei Lärm und der Leistung, die er erzielt hätte, wenn er auch beim zweiten Mal bei Ruhe hätte arbeiten können, berechnet werden. Bei näherem Hinsehen zeigt sich, daß keines der drei oben genannten Differenzmaße diese Größe trifft. Es ist nicht zu erwarten, daß der Proband bei der zweiten Testdurchführung bei Ruhe denselben Rohwert erzielt hätte wie beim ersten Mal (wie in Auswertung (a) unterstellt), weil aus der Handanweisung bekannt ist, daß Übungseffekte auftreten. Es ist auch nicht zu erwarten, daß der Proband bei der zweiten Testdurchführung dieselbe relative Position in der Eichpopulation (Daten der Handanweisung für Testwiederholung) erhalten würde, wie in Auswertung (b) angenommen, oder dieselbe relative Position innerhalb der vorliegenden Stichprobe behalten würde, wie in Auswertung (c) angenommen, weil Regressionseffekte zu erwarten sind.

Um die Leistung zu schätzen, die der Proband bei der 2. Testdurchführung erhalten hätte, könnte man eine Regressionsvorhersage aus dem ersten Testergebnis verwenden. Die für die Regressionsvorhersage verwendete Regressionsgleichung sollte aus einer Kontrollgruppe stammen, die zweimal bei Ruhe gearbeitet hat. Notfalls könnte man sie auch aus den Daten der Handanweisung errechnen, wenn die vorliegende Stichprobe sich von der dortigen nicht sehr unterscheidet.

Ein zweiter, einfacherer Lösungsweg zur Bearbeitung der Fragestellung besteht darin, die Meßwiederholung an denselben Probanden überhaupt zu vermeiden. Der Versuchsplan könnte folgendermaßen aussehen: Die Vpn werden nach der Rigidität in zwei Gruppen geteilt (Rigide vs. Nicht-Rigide). Davon arbeitet jeweils die Hälfte bei Lärm, die Hälfte bei Ruhe. Man hat es dann mit vier unabhängigen Gruppen zu tun und kann prüfen, ob die Differenz zwischen Ruhe- und Lärmbedingung bei den Rigiden größer/kleiner ist als bei den Nicht-Rigiden (Wechselwirkung Rigidität × Lärmbedingung). Probleme wie Vergleichbarkeit der Skaleneinheiten bei erster und zweiter Messung, Übungsgewinn und Regressionseffekt treten dann gar nicht erst auf.

Im ungünstigen Fall könnte das Ergebnis eine Wechselwirkung vom in Abbildung 7.2a oder 7.2b dargestellten Typ sein, die gegen monotone Skalentransformationen nicht invariant ist. Es bleibt dann zu fragen, ob eine plausible Skalentransformation die Wechselwirkung zum Verschwinden bringt (vgl. S. 190). Im günstigen Fall tritt eine Wechselwirkung auf, die gegen monotone Skalentransformationen invariant ist (wie in Abb. 7.2c – d dargestellt wurde), so daß die Frage, ob der Test die Qualität einer Intervallskala hat, nicht kritisch wird.

7.2 Reliabilitätsmängel

Bildet man die Differenz zwischen zwei beobachteten Werten X und Y, so gehen in die Differenz die Meßfehler beider Werte ein. Das hat zur Folge, daß Differenzen im allgemeinen unreliabel sind und Korrelationen mit Differenzen entsprechend niedrig ausfallen. Als Beispiel lassen sich die Untersuchungen von GUTHKE (1972) heranziehen.

GUTHKE (1972) versuchte, Intelligenz als Lernfähigkeit zu definieren. Zur Erfassung der Intelligenz solle man nicht einfach den Ist-Zustand messen, sondern zwei Testungen durchführen, zwischen denen eine Lernphase liegt, und die Differenz als Maß der Lernfähigkeit verwenden.

Als Ergebnis seiner Untersuchungen fand GUTHKE, daß nicht, wie erhofft, die Differenzen zwischen erster und zweiter Messung die höchste Korrelation zu Schulnoten und Lehrerurteil aufwies, sondern die zweite Messung. Das zweitbeste Ergebnis ergab sich für die erste Messung, wohingegen die Differenz nur sehr mäßige Kriteriumskorrelationen aufwies.

Das negative Ergebnis für die Differenz überrascht nicht, wenn man weiß, daß die Reliabilität von Differenzen im allgemeinen niedrig ist, und zwar umso niedriger, je höher die Korrelation zwischen erster und zweiter Messung ist.

Eine Formel für die Reliabilität von Differenzen läßt sich aus der klassischen Testtheorie aufgrund folgender Überlegungen ableiten:

Die Gesamtvarianz wird gemäß der klassischen Testtheorie zerlegt in die Varianz der wahren Werte und die Fehlervarianz. Für die Differenzen heißt das:

$$\text{Var}(X - Y) = \text{Var}(T_x - T_y) + \text{Var}(F_x - F_y)$$

Die Reliabilität ist als Anteil der Varianz der wahren Werte definiert. Für die Varianz der wahren Werte gilt:

$$\text{Var}(T_x - T_y) = \text{Var}(T_x) + \text{Var}(T_y) - 2\,\text{Cov}(T_x\,T_y)$$

Für die Fehlervarianz gilt:

$$\text{Var}(F_x - F_y) = \text{Var}(F_x) + \text{Var}(F_y) - 0$$

Je höher die Korrelation der wahren Werte, desto geringer ist die wahre Varianz in den Differenzen. Anders gesagt: Je höher die Korrelation zwischen erster und zweiter Messung, desto geringer ist die Reliabilität der Differenzen.

Setzt man den Anteil der wahren Varianz in Beziehung zur Gesamtvarianz der Differenzen, so erhält man nach einigen Umformungen folgende Formel für die Reliabilität von Differenzen:

$$\text{Rel}(X - Y) = \frac{\sigma^2(X)\text{Rel}(X) + \sigma^2(Y)\text{Rel}(Y) - 2\rho(XY)\sigma(X)\sigma(Y)}{\sigma^2(X) + \sigma^2(Y) - 2\rho(XY)\sigma(X)\sigma(Y)}$$

Bei Fragestellungen von der Art, wie sie GUTHKE (1972) behandelt, nämlich Testwiederholung nach einer nicht allzu langen Trainingsphase, kann man davon ausgehen, daß sich die Varianz nicht wesentlich geändert hat und daß die Korrelation zwischen erstem und zweitem Test nicht viel niedriger ist als die Reliabilität der Einzelmessung. Wäre sie gleich der Reliabilität der Einzelmessung, so wäre die Reliabilität der Differenzen Null. Sind z.B. die Reliabilitäten der Einzelmessungen 0.9 und die Korrelation zwischen erster und zweiter Messung 0.7, so ergibt sich bei $\sigma(X)$ ungefähr gleich $\sigma(Y)$ eine Reliabilität der Differenz von 0.67; bei einer Korrelation zwischen erster und zweiter Messung von 0.8 nur mehr eine Reliabilität der Differenzen von 0.5. Bei niedrigerer Reliabilität der Einzelmessungen liegen die Verhältnisse noch entsprechend ungünstiger. So erreichte z.B. ROST (1977), der ähnlich wie GUTHKE Untersuchungen zur Konstruktion eines Lerntests anstellte, für die Differenz zwischen erster und zweiter Messung nur eine Reliabilität von 0.45. Es ist dann nicht verwunderlich, wenn die Prädiktionskraft eines solchen Maßes hinter den Hoffnungen zurück bleibt.

Wie eben festgestellt, ist der Reliabilitätsmangel ein schwerwiegendes Hindernis, wenn man Differenzen zur individuellen Vorhersage, z. B. von Schulleistungen, verwenden will, so daß trotz des Aufwandes der zweimaligen Messung unter Umständen schlechtere Ergebnisse zu erwarten sind als mit nur einer Messung. Ganz anders dagegen liegen die Dinge, wenn es um Experimente geht, bei denen Gruppenmittelwerte verglichen werden, um den Einfluß einer experimentellen Bedingung nachzuweisen. Hier kann vielfach eine deutliche Verbesserung der Effizienz des Versuchsplans erzielt werden, wenn statt nur einer Messung nach dem Treatment-Einfluß die Differenz zu einer Vormessung verwendet wird; und das gerade dann, wenn die Korrelation zwischen erster und zweiter Messung hoch ist.

Nehmen wir als einfaches Beispiel an, die Wirkung eines Medikaments auf die Konzentrationsleistung solle untersucht werden. Dazu werden folgende beiden Versuchspläne in Erwägung gezogen:

Versuchsplan I:

Die Versuchspersonen werden nach dem Zufall in zwei Gruppen geteilt, die Versuchsgruppe erhält das Medikament, die Kontrollgruppe ein Placebo. Anschließend bearbeiten beide Gruppen einen Konzentrationsleistungstest und es wird ein Mittelwertsvergleich durchgeführt. Kurz zusammengefaßt:
Versuchsgruppe: Medikament – Konzentrationstest
Kontrollgruppe: Placebo – Konzentrationstest

Versuchsplan II:

Die Versuchspersonen werden nach dem Zufall in zwei Gruppen geteilt. Beide Gruppen haben zunächst einen Konzentrationstest zu bearbeiten. Dann erhalten die Personen der Versuchsgruppe das Medikament, die Personen der Kontrollgruppe das Placebo. Anschließend wird nochmals der Konzentrationstest (Parallelform) durchgeführt. Für jede Versuchsperson wird die Differenz zwischen erster und zweiter Messung gebildet und mit den Differenzen als abhängige Variable ein Mittelwertsvergleich durchgeführt. Kurz zusammengefaßt:
Versuchsgruppe: Konzentrationstest – Medikament – Konzentrationstest
Kontrollgruppe: Konzentrationstest – Placebo – Konzentrationstest.

Beide Versuchspläne sind insoweit korrekt, als ein etwa gefundener Mittelwertsunterschied der Medikamenteinwirkung zugeschrieben werden kann. Welcher der beiden Versuchspläne aber ist voraussichtlich effizienter?

Wie in Kapitel 1 ausführlich erläutert, hängt die Teststärke eines t-Tests bei gleicher Vpn-Zahl und gleicher Festlegung von Alpha von der relativen Größe des Effekts ab. Darunter ist die Größe der erwarteten Mittelwertsdifferenz (Mittelwertsdifferenz in der Grundgesamtheit) im Verhältnis zur Standardabweichung innerhalb der Gruppen zu verstehen. Die erwartete Mittelwertsdifferenz ist in beiden Versuchsplänen gleich, nämlich gleich dem Medikamenten-Effekt. Bleibt also nur die Frage zu stellen, in welchem Fall die Varianz innerhalb der Gruppen kleiner ist.Der Versuchsplan mit der kleineren Varianz innerhalb der Gruppen hat die größere Teststärke.

Wenn die Varianz der Differenzen kleiner ist als die Varianz einer Messung, also

$$Var(X - Y) < Var(X)$$

ist Versuchsplan II der effizientere. Die Varianz der Differenzen ist umso kleiner, je höher die Korrelation zwischen erster und zweiter Messung ist. Als Faustregel kann man sagen, daß Versuchsplan II mit Differenzauswertung gegenüber Versuchsplan I effizienter ist, wenn die Korrelation zwischen erster und zweiter Messung größer als 0.50 ist.

Das anscheinend paradoxe Ergebnis, daß Versuchsplan II mit Differenzauswertung umso günstiger ist, je höher die Korrelation zwischen erster und zweiter Messung und je niedriger folglich (gem. Formel S. 198) die Reliabilität des Differenzmaßes, läßt sich bei näherem Hinsehen durchaus plausibel machen: Es geht hier nicht darum, individuelle Unterschiede zu erfassen (wie bei GUTHKES Fragestellung), sondern darum, Treatment-Effekte zu messen. Wenn man individuelle Unterschiede erfassen will, so hindert einen daran die Meßfehlervarianz, und es kommt darauf an, dieses «Rauschen» gegenüber den Unterschieden in den wahren Werten als «Signalen» gering zu halten. Will man jedoch Treatment-Effekte als «Signale» messen, so hindert einen daran die gesamte interindividuelle Varianz. Sowohl die Meßfehlervarianz als auch die wahre Varianz wirken als «Rauschen» gegenüber den Treatment-Effekten. Wenn die wahre Varianz den Hauptanteil ausmacht, wird man in erster Linie sie zu reduzieren trachten. Das wird bei entsprechend hoher Korrelation zwischen erster und zweiter Messung durch die Verwendung des Differenzmaßes erreicht.

Bevor man sich nun aber für Versuchsplan II mit Differenzauswertung entscheidet, sollte man noch einige weitere Möglichkeiten in Betracht ziehen: Sind nicht vielleicht auch die Voraussetzungen für eine Kovarianzanalyse erfüllt? Wenn ja, ist die Kovarianzanalyse voraussichtlich (d. h. abgesehen von mathematischen Spezialfällen) effizienter als die Auswertung der Differenz. Oder: Ist es nicht möglich, nach der ersten Messung eine Parallelisierung durchzuführen? Auch dieses Vorgehen wäre voraussichtlich effizienter als Versuchsplan II mit Differenzauswertung.

7.3 Anwendungsfall: Testprofile

Profilinterpretationen, wie sie im Zusammenhang mit der Auswertung von Testbatterien vorgenommen werden, bestehen formal darin, daß Differenzen zwischen Subtests und Subtestgruppen interpretiert werden. Dabei werden für die Subtests Standardskalen verwendet, die per Konvention als Intervallskalen interpretiert werden, und die Gleichheit der Skaleneinheiten für verschiedene Subtests ist unter Bezugnahme auf die Verteilung in einer bestimmten Eichpopulation definiert. Wenn man diese Konventionen akzeptiert, spielt die Frage der Manipulierbarkeit von Differenzen bei Umskalierung (Kap. 7.1) keine Rolle.

Daß Subtestdifferenzen nur dann hinreichend reliabel sind, wenn die Subtests nicht zu hoch korrelieren (vgl. Kap. 7.2), ist seit langem bekannt (siehe LIENERT, 1961, S. 362 ff.) und wird allgemein beachtet. Im folgenden werden spezielle Probleme behandelt, die im Zusammenhang mit der Profilinterpretation von Tests auftreten und gelegentlich zur Interpretation von Artefakten führen. Das sind

a) Artefakte durch Reliabilitätsunterschiede zwischen X und Y
b) Probleme, die bei der Interpretation von Korrelationen mit Profilmaßen entstehen

Zu a) Artefakte durch Reliabilitätsunterschiede zwischen X und Y

Reliabilitätsunterschiede zwischen den Subtests (oder Subtestgruppen), die bei einer Profilinterpretation verglichen werden, können zur Interpretation von Scheinprofilen führen. Um zu zeigen, wie hier Artefakte zustande kommen, wird zunächst ein leicht überschaubares physikalisches Beispiel dargestellt:

Zwei Merkmale, Körpergröße und Körpergewicht, seien in einer Population, wenn man sie exakt mißt, also T_x und T_y erfaßt, wie folgt verteilt:

Körpergröße: $\overline{T}_x = 170$ cm $\quad s^2(T_x) = 49$
Körpergewicht: $\overline{T}_y = 70$ kg $\quad s^2(T_y) = 9$

Nun werden beide nicht exakt gemessen. Bei der Körpergröße sei die Fehlervarianz $s^2(F_x) = 9$, beim Körpergewicht $s^2(F_y) = 9$.
Daraus ergibt sich für die beobachteten Werte:

$$\overline{X} = 170\,\text{cm} \quad s^2(X) = 49 + 9 = 58 \quad \text{Rel}(X) = 0.85$$
$$\overline{Y} = 70\,\text{kg} \quad s^2(Y) = 9 + 9 = 18 \quad \text{Rel}(Y) = 0.50$$

Nehmen wir an, jemand läge in beiden Variablen bei genauer Messung eine Sigma-Einheit über dem Durchschnitt, hätte also wahre Werte von $T_x = 177$ cm und $T_y = 73$ kg. Wir nehmen weiter an, bei einer bestimmten Messung seien (wie im Durchschnitt über alle Meßwiederholungen zu erwarten) $X = 177$ cm und $Y = 73$ kg gemessen worden, wie es den wahren Werten entspricht. Welche Standardwerte erhält nun dieser Proband, wenn beide Variablen auf den Mittelwert 100 und die Standardabweichung 10 normiert werden? Die Standardwerte bezeichnen wir mit X^* und Y^*. Wir erhalten dann:

$$X^* = 10z_X + 100 = 10 \cdot \frac{177 - 170}{\sqrt{58}} + 100 = 109.2$$

$$Y^* = 10z_Y + 100 = 10 \cdot \frac{73 - 70}{\sqrt{18}} + 100 = 107.1$$

Man sieht, daß der Proband in den beiden Variablen nicht den Standardwert von 110 bekommt, den er bekommen sollte, wenn die Standardisierung anhand der wahren Werte vorgenommen worden wäre, und daß die Abweichung im Sinn einer Tendenz zur Mitte umso größer ist, je kleiner die Reliabilität ist. Durch die Standardisierung anhand der beobachteten Werte haben zwar die beobachteten Werte X^* und Y^* gleiche Standardabweichungen, die wahren Werte aber ungleiche:

$$s(T_x) = s(X)\sqrt{\text{Rel}(X)} = 10 \cdot \sqrt{0.85} = 9.2$$
$$s(T_y) = s(Y)\sqrt{\text{Rel}(Y)} = 10 \cdot \sqrt{0.50} = 7.1$$

Einen Wert zu haben, der auf der Skala der wahren Werte eine Standardeinheit über dem Durchschnitt liegt, bringt auf der einen Standardskala 9.2, auf der anderen 7.1 Punkte.
Nehmen wir nun ein psychologisches Beispiel, nämlich den HAWIE, einen weit verbreiteten Intelligenz-Test. Dort wird außer

dem Gesamt-IQ ein IQ für den Verbalteil (VIQ) und für den Handlungsteil (HIQ) berechnet. Die Differenz zwischen beiden soll nicht nur Aufschluß über die Art der Intelligenz geben, sondern wird unter Umständen auch klinisch interpretiert. Die Reliabilität beträgt nach Schätzung von PRIESTER & KEREKJARTO (1960) in der Altersklasse der 25 – 29jährigen für den VIQ 0.92 und für den HIQ 0.80. Der Mittelwert des IQ beträgt nach Wechsler 100 und die Standardabweichung 15.

Welchen beobachteten IQ haben nun Probanden zu erwarten, die sowohl im Verbalteil als auch im Handlungsteil bezüglich der wahren Werte eine Streuungseinheit über dem Durchschnitt liegen? Um diese Frage zu beantworten, berechnen wir die Streuung der wahren Werte s (T) für Verbalteil und Handlungsteil. Wir erhalten:

Verbalteil: $s^2(T) = s^2(X) \cdot Rel = 225 \cdot 0.92 = 207$ $s(T) = 14.4$
Handlungsteil: $s^2(T) = s^2(X) \cdot Rel = 225 \cdot 0.80 = 180$ $s(T) = 13.4$

Eine s (T)-Einheit über dem Durchschnitt zu sein, bedeutet also für den Verbalteil einen erwarteten IQ von 114.4, für den Handlungsteil einen erwarteten IQ von 113.4. Analog dazu bedeutet, eine s (T)-Einheit unter dem Durchschnitt zu sein, für den Verbalteil einen erwarteten IQ von 85.6, für den Handlungsteil 86.6. Diese Unterschiede sind zwar nicht groß, können aber bei hinreichendem Stichprobenumfang signifikant sein. Würde es sich bei den Probanden mit überdurchschnittlichem Testergebnis um Oberschichtkinder handeln, bei den Probanden mit unterdurchschnittlichem Testergebnis um Unterschichtkinder, so wäre man vermutlich geneigt, die Differenz zwischen Verbal-IQ und Handlungs-IQ inhaltlich zu interpretieren: Man würde vermuten, daß die Oberschichtkinder im sprachlichen Bereich stärker gefördert wurden, während durch das Milieu der Unterschicht die sprachlichen Leistungen relativ zu den nichtverbalen Leistungen zurückgeblieben sind. Zu einer solchen Interpretation bestünde indes kein Anlaß, da bezüglich der wahren Werte gar keine «Profile» bestehen.

Betrachtet man die einzelnen Subtests des HAWIE, so sind die Reliabilitätsunterschiede wesentlich größer. Tabelle 7.2 gibt für 8 Subtests die Reliabilitäten an (Angaben für 25 – 29jährige nach PRIESTER & KEREKJARTO, 1960) und die Profile einer Probandengruppe I, die in allen Subtests eine s (T)-Einheit über dem Durchschnitt, sowie einer Probandengruppe II, die in allen Subtests eine s (T)-Einheit unter dem Durchschnitt liegt.

Es entstehen also für die beiden Gruppen zwei einander genau ent-

Tab. 7.2: Reliabilitäten der HAWIE-Subtests und zwei Testprofile, Gruppe I liegt in allen Subtests eine s (T)-Einheit über, Gruppe II eine s (T)-Einheit unter dem Durchschnitt.

Subtest	AW	AV	ZN	RD	GF	BO	BE	MT
Reliabilität	.83	.63	.61	.73	.85	.33	.69	.78
Probanden I	113.7	111.9	111.7	112.8	113.8	108.6	112.5	113.2
Probanden II	86.3	88.1	88.3	87.2	86.2	91.4	87.5	86.7

gegengesetzte Profile. Der Unterschied der beiden Profile ist beim reliabelsten Subtest GF am größten, nämlich 27.6 Punkte, beim unreliabelsten BO mit 17.2 Punkten am kleinsten. Bei entsprechenden Stichprobenumfängen kann man jedes der beiden Profile für sich (gegen die Nullhypothese eines ebenen Profils) oder den Unterschied der beiden Profilverläufe (gegen die Nullhypothese gleicher Punktdifferenzen in allen Subtests) statistisch sichern. Trotzdem sitzt man einem Artefakt auf, wenn man die Profile inhaltlich interpretiert, z. B. im Sinn spezieller Ausfälle einer klinischen Gruppe: Sie sind allein durch unterschiedliche Reliabilität zu erklären.

Diese im Zusammenhang mit dem Vergleich von Gruppenprofilen wenig verbreitete Überlegung ist bei etwas anderer Darstellung des Problems ganz geläufig: Wir stellen uns vor, die beiden Profile würden von zwei klinischen Gruppen (erfolgreiche Psychopathen versus Schwachsinnige) stammen und man würde die Korrelation zwischen Krankheitsart als Alternativmerkmal und den einzelnen Subtests berechnen. Bei der Interpretation der ungleich hohen Subtestkorrelationen würde man die unterschiedlichen Subtestreliabilitäten vermutlich beachten. Dasselbe solle man auch tun, wenn die Ergebnisse nicht in Form von Korrelationen, sondern von Mittelwertunterschieden vorliegen.

Zu b) Probleme, die bei der Interpretation von Korrelationen mit Profilmaßen entstehen
Standardisierte Subtests einer Testbatterie haben in der Eichpopulation dieselbe Varianz. Berechnet man in der Eichpopulation (bzw. einer repräsentativen Stichprobe) die Korrelation zwischen der Differenz zweier Subtests zu irgendeiner Variablen W, so gilt $\sigma(X) = \sigma(Y)$ und Formel von S. 194 vereinfacht sich zu

$$\rho[(X - Y), W] = \frac{\rho(XW) - \rho(YW)}{\sqrt{2(1 - \rho(XY))}}$$

An dieser Formel sieht man, daß bei standardisierten Werten für X und Y jede Variable, die mit X höher korreliert als mit Y, auch mit der Differenz $X - Y$ korreliert. So muß z. B. jede Variable, die mit dem Verbalteil des HAWIE höher korreliert als mit dem Handlungsteil (und sei es auch nur aufgrund der höheren Reliabilität des Verbalteils), auch mit der Differenz Verbalteil minus Handlungsteil korrelieren. Bei durch Standardisierung gleicher Varianz von X und Y ist die Korrelation der Differenz $X - Y$ mit jeder weiteren Variablen W gegeben, wenn die drei Korrelationen ρ (XW), ρ (YW) und ρ (XY) bekannt sind, und bringt keinerlei neue Information.

Was die Interpretation der Zusammenhänge anlangt, ist man häufig am besten beraten, wenn man sich mit der Interpretation der einfachen Korrelationen ρ (XW) und ρ (YW) begnügt. Wenn man zusätzlich noch die Differenzen $X - Y$ ausrechnet und mit W interpretiert, läuft man mitunter Gefahr, einfache Erklärungen zu übersehen und zu Fehlinterpretationen zu gelangen.

Dabei ist es nur eine Frage der Darstellungsart, ob die Korrelation zwischen $X - Y$ und W berechnet wird, oder ob nach W z. B. Extremgruppen gebildet und für die Extremgruppen jeweils die durchschnittlichen Differenzen (die Durchschnittsprofile) berechnet werden und der Unterschied im Verlauf der Durchschnittsprofile interpretiert wird.

Beispiel 1:

X und Y seien zwei Subtests eines Intelligenztests. X sei ein verbaler Test und Y ein Test des räumlichen Vorstellens. Im Gesamttest, der außer den Tests X und Y noch eine ganze Reihe weiterer Subtests enthält, sei der verbale Bereich sehr viel stärker vertreten als das räumliche Vorstellen. Infolgedessen wird der Gesamttestscore, den wir mit W bezeichnen, höher mit dem verbalen Test X als mit dem räumlichen Test Y korrelieren.

Was würde nun geschehen, wenn man die Probanden nach dem Gesamttestwert W in eine obere und untere Hälfte teilt? – Da X mit W höher korreliert als Y, korreliert die Differenz $X - Y$ positiv mit W. Man würde daher für beide Probandengruppen ein «Intelligenzprofil» finden: Die Gruppe der Probanden mit überdurchschnittlichem Gesamttestwert ist im verbalen Test besser als im räumlichen, die Gruppe mit unterdurchschnittlichem Gesamttestwert umgekehrt im räumlichen Test besser als im verbalen.

Dieses Ergebnis ist durch die inhaltliche Zusammensetzung des Gesamttests bedingt, der eben den verbalen Bereich stärker betont. Würde man das Ergebnis als Aussage über die Probanden interpretieren, etwa derart, daß weniger Intelligente meist über ein relativ gutes räumliches Vorstellungsvermögen verfügen, so sitzt man einem Artefakt auf: Man muß den Gesamttest nur um eine Reihe räumlicher Tests ergänzen, dann wird schließlich der Gesamttestwert höher mit dem räumlichen Subtest Y als mit dem verbalen Test X korrelieren. Teilt man dann die Probanden wieder nach dem Gesamttestergebnis in eine obere und untere Hälfte, so entsteht genau das entgegengesetzte Bild: Die Differenz $X - Y$ korreliert nun negativ mit dem Gesamttestwert, die nach dem Gesamttestwert überdurchschnittliche Gruppe ist im räumlichen Test besser als im verbalen, die Gruppe mit unterdurchschnittlichem Gesamttestwert im verbalen besser als im räumlichen.

Beispiel 2:
Wenn Kreativitätstests niedriger mit der Schulleistung korrelieren als Intelligenztests, so wird man geneigt sein, das zumindest z. T. auf die vermutlich geringere Validität der Kreativitätstests zurückzuführen. – Hört man aber, daß intelligente, nicht kreative Kinder (hohe positive Differenz zwischen Intelligenztest und Kreativitätstest) bessere Noten bekommen als kreative, nicht intelligente Kinder (hohe negative Differenz zwischen Intelligenztest und Kreativitätstest), so ist man geneigt, das als einen Mangel des Schulsystems zu betrachten, das die kreativen Kinder gegenüber den intelligenten benachteilige. Zu dieser Interpretation besteht jedoch kein Anlaß.

Beispiel 3:
Wenn die Differenz zwischen verbalen und mathematischen Tests mit dem Interesse an Mathematik korreliert, so könnte man zu dem Schluß gelangen, es käme eben auf die Art der Intelligenz unabhängig von der Höhe an. Nicht das Ausmaß der mathematischen Begabung als solches sei entscheidend, sondern ob Mathematik innerhalb der Begabungsstruktur des Individuums einen Schwerpunkt darstelle oder nicht. Es genügt jedoch, daß die mathematischen Tests mit dem Interesse für Mathematik höher korrelieren als die verbalen, um das oben genannte Ergebnis zu produzieren.

7.4 Übungsaufgaben

Aufgabe 1 (zu Kap. 7.3):
Ein Intelligenztest besteht aus 5 Subtests (A, B, C, D, E). Die Schulleistung (gemessen mit einem Schulleistungstest) korreliere mit den 5 Subtests wie folgt:

	A	B	C	D	E
ρ	0.7	0.5	0.2	0.6	0.1

Die Verteilung aller Testergebnisse (Intelligenztests und Schulleistungstests) ist multivariat normal, alle Regressionen daher linear. Die Tests sind alle auf einen Mittelwert von 100 und eine Streuung von 10 standardisiert.

Es werden alle Schüler herausgegriffen, die im Schulleistungstest einen Wert von 110 haben, und alle, die einen Wert von 90 haben. Berechnen Sie für beide Gruppen das Durchschnittsprofil im Intelligenztest. Formeln für die Regressionsschätzung finden Sie auf S. 164.

Lösung: Schätzung des Mittelwerts in Test A:

$$\hat{Y} = \beta_{Y/X} \cdot X + \alpha_{Y/X}$$

$$\beta_{Y/X} = \rho(XY) \cdot \frac{\sigma(Y)}{\sigma(X)} = 0.7 \cdot \frac{10}{10} = 0.7$$

$$\alpha_{Y/X} = \mu_y - \beta_{Y/X} \cdot \mu_x = 100 - 0.7 \cdot 100 = 30$$
$$\hat{Y} = 0.7 \cdot 110 + 30 = 107$$

Analog dazu erhält man die geschätzten Mittelwerte für die übrigen Subtests:

Subtests:	A	B	C	D	E
Pbn mit Schulleistungsscore 110	107	105	102	106	101
Pbn mit Schulleistungsscore 90	93	95	98	94	99

Die Intelligenzprofile der guten und schlechten Schüler können also aus den einfachen Korrelationen zwischen den einzelnen Subtests und der Schulleistung berechnet werden und enthalten keine darüber hinausgehende Information.

Aufgabe 2 (zu Kap. 7.1):

Die Störbarkeit durch Lärm soll durch zwei verschiedene Versuche gemessen werden:

Ein Konzentrationstest (Zahlen addieren) wird einmal bei Ruhe, einmal unter Lärm bearbeitet. Für jede Versuchsperson wird die Differenz der beiden Leistungen errechnet und als Maß der Störbarkeit durch Lärm verwendet $(X - Y)$.

Derselbe Versuch wird an denselben Versuchspersonen mit einem anderen Konzentrationstest (Karten sortieren) durchgeführt und wieder die Differenz zwischen Lärm- und Ruhebedingung als Maß der Störbarkeit durch Lärm verwendet (X' – Y').

Wie hoch korrelieren die beiden Maße, wenn die Streuung für jede Einzelmessung gleich 10 ist, also

$$\sigma(X) = \sigma(X') = \sigma(Y) = \sigma(Y') = 10$$

die Reliabilität für jede Einzelmessung gleich 0.8 ist, also

$$Rel(X) = Rel(X') = Rel(Y) = Rel(Y') = 0.80$$

die Korrelation zwischen erster und zweiter Messung gleich 0.7 ist, also

$$r(XY) = r(X'Y') = 0.70$$

und die Korrelation der wahren Werte der Differenzen 0.5 ist, also

$$\rho[(T_x - T_y), (T_x' - T_y')] = 0.50$$

Lösung: Man berechnet zunächst die Reliabilität der Differenzen nach S. 198

$$Rel(X - Y) = Rel(X' - Y') = \frac{100 \cdot 0.8 + 100 \cdot 0.8 - 2 \cdot 0.7 \cdot 10 \cdot 10}{100 + 100 - 2 \cdot 0.7 \cdot 10 \cdot 10} = 0.33$$

Gemäß der klassischen Testtheorie gilt für die Korrelation zwischen beobachteten Werten ρ (UV) und der Korrelation zwischen wahren Werten $\rho(T_u, T_v)$ folgende Beziehung:

$$\rho(UV) = \rho(T_u, T_v)\sqrt{Rel(U) \cdot Rel(V)}$$

Wenden wir diese Formel auf X – Y und X' – Y' statt U und V an, so erhalten wir:

$$\rho[(X - Y), (X' - Y')] =$$
$$= \rho[(T_x - T_y)(T_x' - T_y')\sqrt{Rel(X - Y)\,Rel(X' - Y')} =$$
$$= 0.5\sqrt{0.33 \cdot 0.33} = 0.165$$

Die Korrelation der beiden Maße beträgt also nur 0.165.

Obwohl die Korrelation der wahren Werte der Differenzen 0.50 ist und jedes Einzelmaß eine Reliabilität von 0.8 hat, fällt die Korrelation zwischen den beiden Differenzmaßen mit 0.165 sehr niedrig aus. Das liegt an der geringen Reliabilität der Differenzen.

Aufgabe 3:

Jemand hat die Hypothese, daß eine erhöhte Motivation die Leistung von nicht ängstlichen Versuchspersonen stärker steigert als die Leistung von ängstlichen Versuchspersonen.

Dazu werden Personen nach einem Fragebogen in ängstliche und nicht ängstliche eingeteilt. Davon hat jeweils die Hälfte unter neutraler Instruktion, die andere unter erhöhter Motivation einen Test mit 50 Problemlösungsaufgaben zu bearbeiten. Da Fehler praktisch nicht vorkommen, wird die zur Bearbeitung nötige Zeit als Maß für die Leistung verwendet. Die Mittelwerte lauten:

	neutrale Instruktion	erhöhte Motivation
Ängstliche	15 Min.	10 Min.
Nicht Ängstliche	12 Min.	8 Min.

Die ängstlichen Versuchspersonen haben also bei erhöhter Motivation um 5 Minuten weniger gebraucht, die nicht ängstlichen um 4 Minuten. Das läuft der Hypothese des Versuchsleiters zuwider, wonach sich ja die Ängstlichen bei erhöhter Motivation weniger verbessern sollten. Er führt daher eine zweite Auswertung durch, durch die nun seine Hypothese bestätigt erscheint. Wie hat er die Daten manipuliert?

Lösung: Er hat die Zahl der pro Minute bearbeiteten Aufgaben als Maß verwendet.

Bezogen auf die Mittelwerte erhält man:

	neutrale Instruktion	erhöhte Motivation	Differenz
Ängstliche	50/15 = 3.33	50/10 = 5	1.67
Nicht Ängstliche	50/12 = 4.17	50/8 = 6.25	2.08

Bemerkung:

Wenn die Transformation nicht für die Gruppenmittelwerte vorgenommen wird, sondern für jede einzelne Vp, und dann die Mittelwerte neu berechnet werden, ergeben sich etwas andere Zahlen. Das hängt von der genauen Verteilung der Einzelwerte ab. Die Richtung der Ergebnisse wird jedoch aller Voraussicht nach die gewünschte sein.

Anhang

Ableitung der Formel für die Korrelation der Differenz $X - Y$ mit einer Variablen W:

$$\rho[(X - Y), W] = \frac{\mathrm{Cov}[(X - Y), W]}{\sqrt{\mathrm{Var}(X - Y)\mathrm{Var}(W)}} = \frac{\mathrm{Cov}(XW) - \mathrm{Cov}(YW)}{\sigma(W)\sqrt{\mathrm{Var}(X - Y)}} =$$

$$= \frac{\rho(XW)\sigma(X)\sigma(W) - \rho(YW)\sigma(Y)\sigma(W)}{\sigma(W)\sqrt{\sigma^2(X) + \sigma^2(Y) - 2\rho(XY)\sigma(X)\sigma(Y)}}$$

$$= \frac{\rho(XW)\sigma(X) - \rho(YW)\sigma(Y)}{\sqrt{\sigma^2(X) + \sigma^2(Y) - 2\rho(XY)\sigma(X)\sigma(Y)}}$$

8. Veränderungsmessung: Differenzen und andere Ansätze

Wenn Veränderung (z. B. durch Lernfortschritt, Therapie-Erfolg, Älter-Werden usw.) gemessen werden soll, so liegt es nahe, die Differenz zwischen erster und zweiter Messung als Veränderungsmaß zu benutzen. Im folgenden werden zuerst Probleme besprochen, die auftreten, wenn man Korrelationen mit Veränderungsmaßen interpretieren will. Als zweites werden experimentelle Versuchspläne diskutiert, die auf Veränderungsmessung abzielen.

8.1 Individuelle Unterschiede der Veränderung (Korrelationsstudien)

8.1.1 Die Differenz als Veränderungsmaß

Auf einige mit der Verwendung von Differenzen verbundene Probleme wurde bereits in 7.1 und 7.2 hingewiesen. In 7.1 wurde am Beispiel «Veränderung der Unfallgefährdung durch Verkehrsschulung» gezeigt, daß die Antwort auf die Frage, ob Männer oder Frauen von der Schulung mehr profitiert haben (Korrelation der Veränderung mit dem Geschlecht), davon abhängen kann, wie Unfallgefährdung gemessen wird. Am Beispiel «Störbarkeit durch Lärm» wurde gezeigt, wie sehr die Differenzen zwischen erster und zweiter Messung davon abhängen können, wie die beiden Messungen standardisiert werden. In 7.2 wurde nach der Reliabilität von Differenzen gefragt. Sie ist umso geringer, je höher die Korrelation zwischen den beiden Messungen ist. Bei zweimaliger Messung desselben Merkmals ist die Korrelation meist besonders hoch, die Reliabilität also gering. Diese bereits in 7.1 und 7.2 diskutierten Probleme werden hier nicht nochmals dargestellt. Im folgenden wird Intervallskalenniveau vorausgesetzt. Es werden Artefakte und Fehlschlüsse behandelt, die bei der Betrachtung von Korrelationen mit der als Differenz gemessenen Veränderung auftreten können. Das sind

a) Artefakte durch korrelierende Meßfehler
b) Fehlschlüsse durch Nicht-Beachten von Regressionseffekten

Zu a) Artefakte durch korrelierende Meßfehler

In Untersuchungen, die sich mit Veränderungen befassen, wird häufig gefragt, ob die Veränderung mit dem Ausgangswert korreliert. Eine einfachste Fragestellung dieser Art könnte lauten: Ist bei Kindern, die mit 10 Jahren überdurchschnittlich groß sind, auch in den kommenden 5 Jahren ein überdurchschnittlich großer Zuwachs zu erwarten? Die Körpergröße kann hinlänglich genau gemessen werden, so daß sich die Frage beantworten läßt, indem man die Korrelation $\rho\,[(X_2 - X_1), X_1]$ berechnet. Bei psychologischen Maßen spielen jedoch Meßfehler eine nicht unbeträchtliche Rolle, und diese verfälschen die Korrelation.

Um das zu zeigen, nehmen wir an, der Zuwachs sei bei exakter Messung (Erfassen der wahren Werte T) vom Ausgangswert unabhängig, es gelte also

$$\rho\,[(T_2 - T_1), T_1] = 0$$

Wenn nun diese Korrelation nicht mit den wahren Werten, sondern den meßfehlerbehafteten beobachteten Werten berechnet wird, so wird sie infolge der Meßfehler in X_1 negativ. Das sieht man, wenn man die Kovarianz von X_1 und $(X_2 - X_1)$ berechnet:

$$\begin{aligned}
\mathrm{Cov}\,[(X_2 - X_1), X_1] &= \mathrm{Cov}\,[(T_2 - T_1 + F_2 - F_1), (T_1 + F_1)] = \\
&= \mathrm{Cov}\,[(T_2 - T_1), T_1] + \mathrm{Cov}\,[(F_2 - F_1), F_1] = \\
&= 0 - \mathrm{Var}\,(F_1) = -\mathrm{Var}\,(F_1)
\end{aligned}$$

Dadurch, daß der Meßfehler bei der ersten Messung in beide Maße (Ausgangswert und Differenz) mit entgegengesetzten Vorzeichen eingeht, liefert er einen negativen Beitrag zur Kovarianz. Sind Ausgangslage und Zuwachs (gemessen in wahren Werten) unabhängig, so wird die beobachtete Korrelation negativ, sind sie positiv korreliert, so wird die beobachtete Korrelation entsprechend reduziert.

Ginge es nur darum, den beobachteten Zuwachs aus den beobachteten Ausgangswerten zu schätzen, so könnte man dazu die beobachtete Korrelation verwenden (für rein prognostische Fragestellungen ist es egal, wie eine Korrelation zustande kommt). Der direktere und rechnerisch einfachere Weg wäre es dann allerdings, aus der ersten Messung gleich den Wert der zweiten Messung zu schätzen. Beide Vorgangsweisen müssen zum selben Ergebnis führen. Will man dagegen etwas über den Wachstumsprozeß sagen, so interessiert die Korrelation zwischen Ausgangsleistung und Zuwachs unter Absehung von Meßfehlern, also $\rho\,[(T_2 - T_1),\, T_1]$.

Geeignete Korrekturformeln lassen sich aus der klassischen Testtheorie ableiten (BEREITER, 1963). Man kann den negativen Kovarianzbeitrag bei der ersten Messung eliminieren, wenn man die Ausgangsleistung mit Hilfe von zwei Paralleltests zweimal mißt und die eine Messung zur Berechnung des Zuwachses verwendet, die andere als Maß der Ausgangsleistung in die Korrelation einsetzt, also $\rho\,[(X_2 - X'_1),\, X'_1]$ berechnet, wobei X'_1 eine zu X_1 parallele Messung der Ausgangslage ist.

Es ist indes nicht nötig, die Ausgangsleistung zweimal zu messen, wenn die Reliabilität der Messung bekannt ist. Man kann dann folgende Korrekturformel benutzen.

$$\rho[(X_2 - X_1),\, X'_1] = \rho[(X_2 - X_1),\, X_1] + \frac{\mathrm{Var}(F_1)}{\sqrt{\mathrm{Var}(X_2 - X_1)\,\mathrm{Var}(X_1)}}$$

Diese korrigierte Korrelation ist immer noch eine Korrelation zwischen beobachteten Werten, nämlich beobachtetem Ausgangswert und beobachtetem Zuwachs bei unabhängigen Meßfehlern. Will man darüber hinaus die Korrelation zwischen wahren Werten, also $\rho\,[(T_2 - T_1),\, T_1]$, schätzen, so muß man noch die Minderungskorrektur anbringen. Gemäß der klassischen Testtheorie gilt:

$$\rho\,[(T_2 - T_1),\, T_1] = \rho\,[(X_2 - X_1),\, X'_1]\sqrt{\mathrm{Rel}\,(X_2 - X_1)\cdot\mathrm{Rel}\,(X_1)}$$

Zu b) Fehlschlüsse durch Nicht-Beachten von Regressionseffekten

In Kapitel 6 wurden zur Illustration des Regressionseffekts auch einige Beispiele mit zweimaliger Messung desselben Merkmals, also Veränderungsmessung, herangezogen. In allen Fällen, in denen eine Regression zur Mitte auftritt, muß auch eine negative Korrelation zwischen Ausgangswert und Zuwachs bestehen. Die Gefahr von Mißdeutungen ist dieselbe, weil es sich bei Regressionseffekt und negativer Korrelation zwischen Ausgangswert und Zuwachs nur um verschiedene Darstellungen desselben Sachverhalts handelt.

Das inzwischen zur Demonstration von Regressionseffekten klassische Beispiel (in Kap. 6 als Eingangsbeispiel verwendet) lautete: Große Väter haben im Durchschnitt Söhne, die kleiner sind, und kleine Väter haben im Durchschnitt Söhne, die größer sind als ihre Väter.

Das legte den Fehlschluß nahe, über die Generationen betrachtet müßte sich die Körpergröße der Männer einander annähern. Daß das ein Fehlschluß ist, wurde ersichtlich, wenn man die bivariate Verteilung der Körpergröße der Väter und Söhne betrachtete.

Welchen Wert hätte GALTON gefunden, wenn er die Körpergröße der Väter mit dem (positiven oder negativen) «Zuwachs» korreliert hätte, den die Söhne gegenüber ihren Vätern erzielt haben?

Wir bezeichnen mit

X_1 = Körpergröße der Väter (erste Messung)
X_2 = Körpergröße der Söhne (zweite Messung)
$X_2 - X_1$ = «Zuwachs» der Söhne gegenüber den Vätern

$\rho(X_1 X_2) = 0.50$ = Korrelation Vater-Sohn
$\sigma(X_1) = \sigma(X_2)$ = Streuung der Körpergröße, für Väter und Söhne gleich.

Die Formel für die Korrelation einer Differenz $X - Y$ mit irgendeiner weiteren Variablen W befindet sich auf S. 194. Setzt man für Y und X die erste und zweite Messung ein und für W wieder die erste Messung, so erhält man

$$\rho[(X_2 - X_1), X_1] = \frac{\rho(X_1 X_2)\sigma(X_2) - \sigma(X_1)}{\sqrt{\sigma^2(X_1) + \sigma^2(X_2) - 2\rho(X_1 X_2)\sigma(X_1)\sigma(X_2)}}$$

Setzt man nun $\sigma(X_1) = \sigma(X_2)$ ein, so vereinfacht sich obige Formel nach einigen Umformungen zu

$$\rho[(X_2 - X_1), X_1] = -\sqrt{\frac{1}{2}(1 - \rho(X_1 X_2))}$$

Wendet man diese Formel auf das vorliegende Beispiel an und setzt für $\rho(X_1 X_2)$ die Vater-Sohn-Korrelation ein, so findet man, daß die Korrelation zwischen der Körpergröße der Väter und dem von den Söhnen gegenüber den Vätern erzielten «Zuwachs» -0.50 beträgt.

An der oben angegebenen Formel sieht man, daß bei gleicher Varianz von erster und zweiter Messung die Korrelation zwischen Ausgangswert und Zuwachs allein von der Korrelation zwischen erster und zweiter Messung abhängt und keinerlei darüber hinausgehende Information enthält. Eine negative Korrelation zwischen Ausgangswert und Zuwachs legt auch, genau wie die erste Darstellung des Regressionseffekts (große Väter haben kleinere Söhne . . .), den Fehlschluß nahe, die Varianz müsse über die Generationen hinweg abnehmen und schließlich alle Männer gleich groß sein. Formal läßt sich jedoch leicht zeigen, daß das ein Trugschluß ist und daß im Gegenteil gerade bei gleichbleibender (!) Varianz die Korrelation zwischen Ausgangswert und Zuwachs negativ sein muß:

Wenn man die zweite Messung aus Ausgangswert und Zuwachs zusammengesetzt denkt, also

$$X_2 = X_1 + (X_2 - X_1)$$

so erhält man für die Varianz der zweiten Messung

$$\sigma^2(X_2) =$$
$$= \sigma^2(X_1) + \sigma^2(X_2 - X_1) + 2\rho\,[(X_2 - X_1), X_1]\,\sigma(X_1)\,\sigma(X_2 - X_1)$$

Die Varianz kann von der ersten zur zweiten Messung nur dann gleichbleiben, wenn die Varianz des Zuwachses Null ist oder wenn die Korrelation zwischen erster Messung und dem Zuwachs $\rho\,[(X_2 - X_1), X_1]$ negativ ist.

Daß die Streuung der Körpergröße bei Vätern und Söhnen gleich ist, ist ein biologisches Faktum, keine mathematische Notwendigkeit. In der Psychologie dagegen werden oft die Streuungen von erster und zweiter Messung als mathematische Folge der Standardisierung gleichgesetzt. Die Regression zur Mitte, bzw. negative Korrelation zu Ausgangswerten und Zuwachs, ist notwendige Folge einer solchen Setzung.

Ein bekanntes Beispiel, bei dem die Streuungen durch Setzung gleichgehalten werden, sind Intelligenzquotienten (IQ). Trotz Zunahme der Intelligenz mit dem Alter wird für jede Altersstufe der Mittelwert als 100, die Streuung als 15 definiert. In einem der Rechenbeispiele zum Regressionseffekt (Kap. 6.2) hatten wir aus einer repräsentativen Stichprobe von 5jährigen Kindern alle herausgesucht, die einen IQ von 115 bzw. einen IQ von 85 hatten. Es wurde berechnet, welchen durchschnittlichen IQ man bei diesen Kindern findet, wenn man sie zu einem anderen Zeitpunkt (8 Jahre) untersucht, der mit dem ersten zu $\rho\,(X_1\,X_2) = 0.8$ korreliert. Als Ergebnis hatten wir erhalten, daß bei den Kindern mit IQ = 115 ein etwas niedrigerer Wert, nämlich IQ = 112 zu finden ist, bei Kindern mit IQ = 85 ein etwas höherer Wert, nämlich 88. Wenn die überdurchschnittlich Intelligenten abnehmende Werte, die unterdurchschnittlich Intelligenten zunehmende Werte zeigen, muß sich über die gesamte Population gesehen eine negative Korrelation zwischen Ausgangswert und Zuwachs ergeben. Den Betrag dieser Korrelation kann man errechnen, indem man $\rho(X_1 X_2) = 0.8$ in die auf S. 214 angegebene Formel einsetzt. Man erhält als Korrelation zwischen Ausgangswert und Zuwachs $\rho[(X_2 - X_1), X_1] = -0.32$.

Diese negative Korrelation, bzw. der Regressionseffekt, ist als Folge des unvollständigen Zusammenhangs zwischen erster und zweiter Messung (Merkmalsinstabilität) einerseits und der Standardisierung andererseits zu betrachten (nähere Erläuterungen zum inhaltlichen Verständnis des Regressionseffekts als Folge von Merkmalsinstabilität siehe Kap. 6.2).

Die Gefahr, Regressionseffekte falsch zu interpretieren, besteht nicht nur, wenn man den Zuwachs mit den Ausgangswerten korreliert, sondern auch bei Korrelationen zwischen dem Zuwachs und anderen Variablen.

Die Korrelation zwischen dem Zuwachs und irgendeiner weiteren Variablen W ergibt sich aus der auf S. 194 angegebenen Formel, wenn man für Y und X die Messungen X_2 und X_1 einsetzt:

$$\rho[(X_2 - X_1), W] = \frac{\rho(X_2 W)\sigma(X_2) - \rho(X_1 W)\sigma(X_1)}{\sqrt{\sigma^2(X_1) + \sigma^2(X_2) - 2\rho(X_1 X_2)\sigma(X_1)\sigma(X_2)}}$$

und bei gleichen Streuungen von X_1 und X_2 als

$$\rho[(X_2 - X_1), W] = \frac{\rho(X_2 W) - \rho(X_1 W)}{\sqrt{2(1 - \rho(X_1 X_2))}}$$

Daraus folgt, daß bei gleicher Streuung von erster und zweiter Messung jede Variable W, die mit der ersten Messung höher korreliert als mit der zweiten, mit dem Zuwachs negativ korrelieren muß.

Beispiele, an denen auch die Gefahr von Fehlinterpretationen deutlich wurde, wurden bereits in 6.4 gegeben: Wir greifen von dort das Beispiel «Sport und Gewichtsveränderung» wieder auf und nehmen an, Personen würden nach dem Ausmaß ihrer sportlichen Betätigung befragt und gewogen. Wir nehmen weiter an, daß das Ausmaß, in dem jemand Sport betreibt, im Laufe der Jahre auf und ab schwankt, desgleichen das Gewicht, und daß zwischen Sport-Treiben und Gewicht ein Zusammenhang besteht: Je sportlicher, desto schlanker. Nach 5 Jahren findet eine zweite Wägung statt. Was wird das Ergebnis sein, wenn man das Ausmaß der sportlichen Betätigung mit dem in den nächsten 5 Jahren erfolgten Gewichtszuwachs korreliert?

Es ist plausibel anzunehmen, daß das Gewicht bei beiden Messungen dieselbe Varianz hat. Außerdem ist zu vermuten, daß die vom ersten Erhebungszeitpunkt stammende Angabe über das Ausmaß des Sports höher mit dem Gewicht zum ersten Zeitpunkt als zum 5 Jahre später gemessenen Gewicht korreliert. Bezeichnet man die Variable «Ausmaß des Sports» mit W, die beiden Gewichtsangaben mit X_1 und X_2, so könnten die Korrelationen etwa lauten:

$$\rho(X_1 W) = -0.3 \quad \rho(X_2 W) = -0.1 \quad \rho(X_1 X_2) = 0.7$$

Setzt man diese Angaben in die oben angegebene Formel ein, so erhält man eine Korrelation zwischen Ausmaß des Sports und Gewichtszunahme von $\rho[(X_2 - X_1), X_1] = +0.26$. Daß diese Korrelation Fehlschlüsse nahelegt, ist offensichtlich. Wie aber ist sie verständlich zu machen?

Die positive Korrelation zwischen Sport und Gewichtszunahme entspricht der Erwartung, daß 5 Jahre nach der ersten Erhebung eine Regression zur Mitte stattgefunden hat. Man kann sich die Probanden nach ihrer Angabe zum ersten Meßzeitpunkt grob in Sportliche und Unsportliche unterteilt denken. Fünf Jahre später werden sich die beiden Gruppen vermischt haben, von den ursprünglich Sportlichen einige unsportlich sein, von ursprünglich Unsportlichen einige inzwischen Sport betreiben. Wenn mit dem Sport eine Gewichtsabnahme einhergeht, werden die ursprünglich Sportlichen schlank gewesen sein und werden nach 5 Jahren, in denen einige unsportlich geworden sind, im Durchschnitt nicht mehr so schlank sein (Regression zur Mitte). Dasselbe gilt mit umgekehrten Vorzeichen für die ursprünglich Unsportlichen. Daraus wird die positive Korrelation zwischen Sport und Gewichtszunahme erklärlich. Ähnlich paradoxe Beispiele lassen sich leicht ausdenken. Beim Beispiel Lehrerurteil und Intelligenzentwicklung aus Kapitel 6.4 (S. 177 bis 178) würde man zwangsläufig zu dem Ergebnis kommen, daß Lehrerurteil und der zu erwartende Intelligenzzuwachs negativ korrelieren. Ein solcher Befund könnte Anlaß zu weit hergeholten Spekulationen sein. Er ist jedoch mit dem Hinweis, daß das Lehrerurteil mit dem gleichzeitig gemessenen IQ höher korreliert als mit dem 5 Jahre später gemessenen, voll erklärt.

Bei der Interpretation von Korrelationen mit der als Differenz gemessenen Veränderung und anderen Variablen gelangt man immer dann zu Fehlschlüssen, wenn Regressionseffekte vorhanden sind und nicht als solche erkannt und interpretiert werden (vgl. Kap. 6.4).

8.1.2 Geschätzte Veränderung der wahren Werte

LORD (1963) schlägt vor, nicht einfach die Differenz zwischen den beobachteten Meßwerten $X_2 - X_1$ als Maß der individuellen Veränderung zu nehmen, sondern die Differenz der wahren Werte $T_2 - T_1$ mittels multipler Regression zu schätzen. Vorausgesetzt werden die üblichen Annahmen der klassischen Testtheorie und bivariate Normalverteilung der wahren Werte. Für die Schätzung benötigt werden außer der beobachteten Differenz $(X_2 - X_1)$ Mittelwerte, Varianzen und Reliabilitäten der ersten und zweiten Messung und die Korrelation zwischen den beiden Messungen.

CRONBACH & FURBY (1970) schlagen vor, weitere mit X_1 und X_2 korrelierte Variable hinzuzuziehen, um die Schätzung von $T_2 - T_1$ zu verbessern. TATSONKA (1976; zit. nach LINN & SLINDE, 1977) zeigt jedoch, daß der dadurch erreichbare Genauigkeitsgewinn gering ist (es sei denn diese weiteren Variablen würden mit den Meßfehlern in X_1 oder X_2 korrelieren und die Reliabilität von X_1 bzw. X_2 wäre klein).

Inwieweit löst nun eine Regressionsschätzung einer Differenz der wahren Werte die Probleme, die in Zusammenhang mit der Differenz der beobachteten Werte dargestellt wurden?

Zur Skalenabhängigkeit: Da es sich auch bei der geschätzten Differenz der wahren Werte um ein Differenzmaß handelt, gilt das, was in 7.1 über die Skalenabhängigkeit von Differenzen gesagt wurde, auch für dieses Maß.

Zur Reliabilität: Bezüglich der Reliabilität der geschätzten Differenz der wahren Werte zeigt TATSUOKA, daß sie mindestens so groß ist wie die Reliabilität der Rohwertdifferenz, aber meist nur geringfügig höher.

Artefakte durch korrelierende Meßfehler: Korreliert man die Differenz der beobachteten Werte $X_2 - X_1$ mit den Ausgangswerten X_1, tragen die Meßfehler von X_1 negativ zur Kovarianz bei (siehe S. 212). Dieser Mangel war jedoch mittels einer Korrekturformel behebbar, wenn man die Reliabilität von X_1 kennt. Ähnliches gilt für die mittels multipler Regression geschätzte Differenz der wahren Werte.

Die Schätzfehlerformel für die Differenz der wahren Werte lautet

$$\hat{T}_2 - \hat{T}_1 = b_2 X_2 - b_1 X_1 + \text{Konstante}$$

mit b_2, b_1 multiple Regressionskoeffizienten.
Die Kovarianz von $\hat{T}_2 - \hat{T}_1$ mit den Meßfehlern von X_1 ist:

$$\text{Cov}\left[(b_2 X_2 - b_1 X_1), F_1\right] = 0 - \text{Cov}(b_1 X_1, F_1) = -b_1 \text{Var}(F_1)$$

Eine entsprechende Korrekturformel für die Korrelation der Differenz mit den Ausgangswerten läßt sich leicht konstruieren: Sie lautet:

$$\rho[(\hat{T}_2 - \hat{T}_1), X_1'] = \rho[(\hat{T}_2 - \hat{T}_1), X_1] + \frac{b_1 \mathrm{Var}(F_1)}{\sqrt{\mathrm{Var}(\hat{T}_2 - \hat{T}_1)\mathrm{Var}(X_1)}}$$

wobei X_1' eine zu X_1 parallele Messung ist, so daß X_1' und $\hat{T}_2 - \hat{T}_1$ unabhängige Meßfehler haben.

Zur Gefahr der Fehlinterpretation bei Vorliegen von Regressionseffekten: Was bezüglich der Differenz der beobachteten Werte gesagt wurde, trifft in gleicher Weise auf die geschätzte Differenz der wahren Werte zu. Das wird ersichtlich, wenn man das Beispiel der Körpergröße (S. 213f.) betrachtet, wo bei genauer Messung beobachtete Werte und wahre Werte zusammenfallen.

Zusammenfassend läßt sich feststellen, daß für die geschätzte Differenz der wahren Werte im wesentlichen dieselben Einschränkungen zu machen sind (Skalenabhängigkeit, Reliabilitätsmangel) und dieselben Interpretationsfehler drohen (Artefakte durch korrelierende Meßfehler mit der ersten Messung, Mißdeutung von Regressionseffekten) wie bei der Differenz der beobachteten Werte.

Wenn es darum geht, bei vorgegebener Skala die Veränderung eines einzelnen Probanden zu messen, bringt die Regressionsschätzung der Differenz der wahren Werte einen Genauigkeitsgewinn. Um die Korrelation der Differenz der wahren Werte mit Drittvariablen zu bestimmen, ist allerdings die Regressionsschätzung der wahren Werte wieder unnötig. Es genügt, die Korrelation mit den beobachteten Differenzen auszurechnen und die Minderungskorrelation für die Reliabilität der Differenzen anzubringen.

8.1.3 Residualscores

Wer sich für individuelle Unterschiede der Veränderung (z. B. individuelle Unterschiede im Lernzuwachs) interessiert, stellt häufig Fragen folgender Art: Hat der Proband mehr oder weniger dazugelernt als Personen mit seiner Ausgangslage im Durchschnitt, und weshalb? Kann man Variablen angeben, mit denen ein (gemessen an der Erwartung aufgrund der Ausgangslage) über- bzw. unterdurchschnittlicher Zuwachs zusammenhängt?

Um solche Fragen zu beantworten, werden Residualscores berechnet. Aufgrund der ersten Messung wird eine Regressionsschätzung der zweiten Messung vorgenommen ($\hat{X}_2$) und berechnet, wie weit der Wert X des Probanden von dieser Vorhersage abweicht.

Residualscore = $X_2 - \hat{X}_2$

Die Regressionsschätzung $\hat{X}_2$ basiert gewöhnlich auf einer linearen Schätzgleichung (Formel S. 164). Wenn der Regressionsverlauf linear ist (was bei bivariater Normalverteilung von X_1 und X_2 der Fall ist), kann $\hat{X}_2$ zutreffend als der Wert interpretiert werden, den Probanden mit gleichem Ausgangswert wie der vorliegende Proband im Durchschnitt erreichen.

Residualscores sind definitionsgemäß nicht geeignet, folgende Fragen zu beantworten:

a) Wie groß ist die durchschnittliche Veränderung?
b) Korreliert der Zuwachs mit den Ausgangswerten?

Der Mittelwert von Residualscores ist nämlich aus mathematischen Gründen immer gleich Null (Mittelwert der Abweichungen von der Regressionslinie), und die Korrelation von Residualscores mit den Werten der ersten Messung muß Null sein.

Korrelationen mit Residualscores werden vielmehr berechnet, um Variablen ausfindig zu machen, die individuelle Unterschiede im Zuwachs unabhängig von der Ausgangslage erklären.

Um die Korrelation einer Variable W mit dem Residualscore $X_2 - \hat{X}_2$ zu berechnen, ist es indes nicht nötig, für jeden Probanden den Wert $X_2 - \hat{X}_2$ zu berechnen, sondern man kann sich der Formel für die sog. «Semipartialkorrelation» bedienen (Ableitung siehe COHEN & COHEN, 1975, S.79ff., oder andere Lehrbücher). Sie lautet:

$$\rho[(X_2 - \hat{X}_2), W] = \frac{\rho(X_2 W) - \rho(X_1 W)\rho(X_1 X_2)}{\sqrt{1 - \rho^2(X_1 X_2)}}$$

Es genügt also, die 3 Korrelationen $\rho(X_2 W)$, $\rho(X_1 W)$ und $\rho(X_1 X_2)$ zu kennen, um die Semipartialkorrelation berechnen zu können.

Wir wollen nun wieder die gegenüber der einfachen Differenz $X_2 - X_1$ vorgebrachten Kritikpunkte durchgehen und fragen, ob durch die Verwendung von Residualscores Abhilfe geschaffen ist.

Skalenabhängigkeit:
Durch Dehnung der Skala im oberen oder unteren Bereich kann man wahlweise die Residuen im oberen oder unteren Bereich als dem Betrag nach groß erscheinen lassen. Durch solche Skalendehnungen wird jedoch auch der Regressionsverlauf beeinflußt. Von daher liegt es

nahe, die Skala zu bevorzugen, auf der erste und zweite Messung bivariat normalverteilt sind, so daß der Regressionsverlauf linear und die Varianz um die Regression in allen Skalenbereichen gleich ist. Die Bevorzugung einer solchen Skala ist jedoch nicht zwingend.

Ob die Skaleneinheiten bei erster und zweiter Messung vergleichbar sind, ist für die Residuen belanglos. Eine Regressionsvorhersage der Werte der zweiten Messung ist in jedem Fall möglich und hängt nicht von der Art der Standardisierung ab. Egal, ob z. B. das Ergebnis der ersten Messung in z-Werten oder in Rohpunkten vorliegt, man wird zur selben Schätzung für X_2 und damit zu denselben Werten für die Residuen $X_2 - \hat{X}_2$ kommen.

Reliabilitätsmangel:

Eine Formel für die Reliabilität von Residualscores wurde von O'CONNOR (1972) angegeben:

$$Rel(X_2 - \hat{X}_2) = \frac{Rel(X_2) - \rho^2(X_1X_2)(2 - Rel(X_1))}{1 - \rho^2(X_1X_2)}$$

Ähnlich wie bei der Reliabilität der einfachen Differenz $X_2 - X_1$ festgestellt, gilt auch für Residualscores, daß ihre Reliabilität niedrig ist, wenn erste und zweite Messung hoch korrelieren. Rechnet man plausible Anwendungsfälle durch, so findet man, daß sich Reliabilität des Residualscores und Reliabilität der Differenz wenig unterscheiden. Nimmt man z. B. für erste und zweite Messung je eine Reliabilität von 0.9 an, so erhält man je nach Korrelation zwischen erster und zweiter Messung folgende Reliabilitäten:

$\rho(X_1 X_2)$	Reliabilität des Residualscores $X_2 - \hat{X}_2$ bei $Rel(X_1) = Rel(X_2) = 0.9$	Reliabilität der Differenz $X_2 - X_1$ bei $Rel(X_1) = Rel(X_2) = 0.9$
0.5	0.83	0.80
0.6	0.79	0.75
0.7	0.71	0.67
0.8	0.54	0.50
0.9	0.05	0.00

Gefahr von Fehlinterpretationen

In den folgenden drei Beispielen sollen typische Fehler dargestellt werden, die bei der Interpretation von Korrelationen mit Residualscores auftreten. Im ersten Beispiel entsteht der Fehler durch Nicht-Beachten von Meßfehlern, im zweiten und dritten Beispiel durch falsche Einschätzung der Regression und kurzschlüssiges Umdeuten von Korrelationen in Kausalzusammenhänge.

Beispiel 1:

Das Beispiel soll zeigen, wie leicht man zu Fehlinterpretationen gelangt, wenn man die Fehlerkomponente in der ersten Messung nicht beachtet.

Jemand will untersuchen, inwieweit der Lehrer in der Lage ist, über die Diagnose des augenblicklichen Wissensstandes hinausgehende Vorhersagen über die weitere Entwicklung der Schüler zu machen. Er legt die Untersuchung wie folgt an:

Zum ersten Zeitpunkt wird der Kenntnisstand der Schüler erhoben (Ausgangslage) und der Lehrer wird gebeten, die weitere Entwicklung des Schülers vorherzusagen. Ein Jahr später wird neuerdings der Kenntnisstand erhoben.

Um festzustellen, ob der Lehrer über die Kenntnis der Ausgangslage hinausgehende Information benutzt hat, wird für jeden Schüler der Residualscore als von der Ausgangslage unabhängige Komponente der Veränderung berechnet und mit dem Lehrerurteil korreliert. Da sich eine signifikante Korrelation zeigt, wird geschlossen, daß der Lehrer andere, von der Ausgangslage unabhängige Information zu nutzen weiß. Ist diese Schlußfolgerung berechtigt?

Um zu zeigen, daß der Schluß nicht zulässig ist, wollen wir annehmen, die Reliabilität der ersten Messung sei niedrig und der Lehrer beurteile mit derselben niedrigen Reliabilität dieselbe Sache, nämlich den gegenwärtigen Kenntnisstand. Lehrerurteil und erster Kenntnistest seien parallele Messungen im Sinn der klassischen Testtheorie. Wir bezeichnen mit

X_1 = erste Kenntnisprüfung
X_2 = Lehrerurteil
W = zweite Kenntnisprüfung

Die Korrelation zwischen Lehrerurteil und erster Messung entspricht der Reliabilität und könnte z. B. $\rho(X_1 X_2) = 0.7$ sein. Die Korrelation zur zweiten Messung muß für Lehrerurteil und erste Kenntnisprüfung gleich sein. Sie ist vermutlich niedriger als die Paralleltestreliabilität und könnte z. B. $\rho (X_1 W) = \rho (X_2 W) = 0.5$ sein. Für die Semipartialkorrelation (Korrelation der Residualscores mit dem Lehrerurteil) erhält man dann gemäß der auf S. 220 angegebenen Formel

$$\rho [(X_2 - \hat{X}_2), W] = 0.21$$

Es besteht also eine geringe positive Korrelation zwischen Residualscore und zweiter Messung, obwohl der Lehrer nur die Ausgangslage beurteilt. Die Korrelation zwischen Lehrerurteil und zweiter Messung ist bei der Verwendung von Residualscores zwar von 0.50 auf 0.21 gesunken, aber nicht auf Null, wie es hätte sein sollen, wenn aus dem Lehrerurteil die auf die Ausgangslage (gegenwärtiger Kenntnisstand) rückführbare Komponente vollständig eliminiert wäre. Daß die auf den gegenwärtigen Kenntnisstand rückführbare Komponente aus dem Lehrerurteil nicht vollständig eliminiert ist, liegt an der mangelnden Reliabilität des Kenntnistests. Das wird plausibel, wenn man an den Extremfall eines völlig unreliablen «Tests» denkt, bei dem nur gewürfelt würde: In dem Fall würde bei der Verwendung von Residualscores aus dem Lehrerurteil der gegenwärtige Kenntnisstand überhaupt nicht eliminiert werden und die Korrelation von 0.50 bliebe voll erhalten.

Sofern es nur um Mängel der Reliabilität und nicht auch der Validität geht, ist eine rechnerische Korrektur möglich. Sie erfolgt, indem man die Korrelationen mit X_1, also $\rho (X_1 X_2)$ und $\rho (X_1 W)$ minderungskorrigiert, bevor man sie in die Semipartialkorrelation einsetzt (LORD, 1963). Nach dieser Korrektur erhält man für das vorliegende Beispiel eine Nullkorrelation zwischen Residualscore und Lehrerurteil, wie es auch den tatsächlichen Zusammenhängen entspricht.

Beispiel 2:
An der Formel für die Semipartialkorrelation sieht man, daß der Residualscore mit jeder Variablen positiv korreliert, die mit erster und zweiter Messung gleich hoch korreliert. Das folgende Beispiel soll zeigen, wie leicht diese Tatsache zu Fehlschlüssen führen kann.

Wir nehmen an, die soziale Schicht korreliere mit der Schulleistung von Volksschulkindern zu 0.4 und diese Korrelation bleibe von der ersten bis zur vierten Schulstufe gleich.

Jemand untersucht Kinder der dritten Schulstufe, erhebt Schulleistung und soziale Schicht, und erhebt ein Jahr später, also auf der vierten Schulstufe, ein zweites Mal die Schulleistung. Er will wissen, ob Änderungen der Schulleistung mit der sozialen Schicht zusammenhängen, und berechnet dazu die Korrelation zwischen Residualscore und sozialer Schicht. Er findet eine positive Korrelation und interpretiert, daß Oberschicht-Kinder in ihren Schulleistungen zunehmend aufsteigen, Unterschicht-Kinder absteigen.

Ein anderer Versuchsleiter wertet dieselben Daten anders aus: Er geht von der Leistung in der vierten Klasse aus und schätzt die Leistung, die das Kind in der dritten Klasse gezeigt hat. Er stellt für jedes Kind fest, ob es vor einem Jahr besser oder schlechter war, als man aufgrund seiner derzeitigen Leistung erwarten würde (= Residualscore $X_1 - \hat{X}_1$). Er stellt fest, daß Oberschicht-Kinder vor einem Jahr bessere Leistungen hatten, als man aufgrund ihres jetzigen Leistungsstandes erwarten würde, Unterschicht-Kinder schlechtere. Er schließt, daß im letzten Jahr Oberschicht-Kinder an Boden verloren haben, Unterschicht-Kinder aufgeholt haben. Eine Schlußfolgerung, die der Interpretation des ersten Versuchsleiters genau entgegengesetzt ist.

Beide Untersucher haben falsche Schlußfolgerungen gezogen: Der erste Versuchsleiter folgerte, Oberschicht-Kinder würden in ihren Schulleistungen zunehmend aufsteigen, Unterschicht-Kinder absteigen. Wenn dem so wäre, müßte die Korrelation zwischen sozialer Schicht und Schulleistung steigen, was aber nicht der Fall ist. Sie bleibt gleich. Der zweite Versuchsleiter folgerte, Unterschicht-Kinder würden relativ zu den Oberschicht-Kindern aufholen. Wenn dem so wäre, müßte die Korrelation zwischen sozialer Schicht und Schulleistung sinken, was ebensowenig der Fall ist. Wie soll man sich die von beiden Versuchsleitern vorgelegten Auswertungsergebnisse erklären?

Zu Versuchsleiter 1: Aufgrund der kontinuierlichen Wirkung der sozialen Schicht bleibt der Unterschied zwischen Oberschicht-Kindern und Unterschicht-Kindern konstant: Die Oberschicht-Kinder zeigen über den gesamten Zeitraum etwas bessere Leistungen. Schätzt man aber vom dritten Schuljahr ausgehend die Leistungen im vierten Schuljahr, so sagt man einen Regressionseffekt vorher: Für die Leistungen der Oberschicht-Kinder bedeutet eine Regression zur Mitte einen Leistungsabfall, für die Unterschicht-Kinder eine Leistungssteigerung. Das tatsächliche Gleichbleiben der Leistung erscheint bei den Oberschicht-Kindern als über der Erwartung liegende Leistung in der vierten Klasse (positive Residualscores), bei den Unterschicht-Kindern als unter der Erwartung liegende Leistung (negative Residualscores). Auf diese Art kommt es zur Korrelation zwischen Residualscore und sozialer Schicht. Die richtige, wenngleich banale Schlußfolgerung hätte lauten sollen: Die soziale Schicht wirkt sich nicht nur vermittels des Leistungsstandes in der dritten Klasse auf die Leistung in der vierten Klasse aus (in welchem Fall die Unterschiede durch Regression zur Mitte verblassen würden), sondern wirkt weiter, so daß die in der dritten Klasse bestehenden Unterschiede erhalten bleiben.

Für diese Feststellung wären allerdings die Umstände mit der Berechnung der Semipartialkorrelation nicht nötig gewesen.

Der zweite Versuchsleiter begeht denselben Fehler mit umgekehrten Vorzeichen: Schätzt man mittels linearer Regression aus den Leistungen auf der vierten Schulstufe die Leistungen auf der dritten, so wird als Folge der Regression zur Mitte für die Oberschicht-Kinder ein niedrigerer Wert als im vierten Jahr vorhergesagt. Waren sie auf der dritten Schulstufe tatsächlich gleich gut, so liegen sie über der Schätzung. Für Unterschicht-Kinder wird eine bessere Leistung als die im vierten Jahr vorhergesagt. Waren sie damals gleich gut, so liegen sie unter der Erwartung. Es kommt also wieder zu einer positiven Korrelation zwischen Residualscore und sozialer Schicht.

Beispiel 3:

Wir greifen das Beispiel «Sport und Gewicht» aus der Diskussion der Differenzscores (S. 216) wieder auf. Wir hatten angenommen, daß Sport zur Reduktion des Körpergewichts führt, so daß zwischen Ausmaß der gegenwärtigen sportlichen Aktivität und Körpergewicht eine negative Korrelation -0.3 bestünde. Wir hatten folgenden Versuchsplan angenommen: Zum ersten Zeitpunkt wird das Gewicht (X_1) und das gegenwärtige Ausmaß der sportlichen Aktivität (W) erhoben, 5 Jahre später wird wieder das Gewicht festgestellt (X_2). Über die zeitliche Stabilität des Gewichts $\rho(X_1 X_2)$ und die Korrelation der sportlichen Aktivität mit dem 5 Jahre später gemessenen Gewicht hatten wir folgende Annahmen gemacht:

$$\rho(X_1 X_2) = 0.7$$
$$\rho(W X_2) = -0.1$$
und
$$\rho(X_1 W) = -0.3$$

Weiters sollte $\sigma(X_1) = \sigma(X_2)$ sein.

Wir hatten aus diesen 3 Korrelationen errechnet, daß die Korrelation zwischen sportlicher Aktivität und darauffolgender Gewichtszunahme $\rho[(X_2 - X_1) W]$ positiv ist, was einen dem tatsächlichen Kausalzusammenhang genau entgegengesetzten Schluß nahelegt.

Zu welchem Ergebnis wäre man nun gelangt, wenn man statt Differenzen Residualscores als Veränderungsmaß genommen hätte? Setzt man die vorliegenden Angaben in die Formel für die Semipartialkorrelation (Formel S. 220) ein, so erhält man

$$\rho[(X_2 - \hat{X}_2), W] = +0.15$$

Dieser Wert ist zwar niedriger als die bei Verwendung der Differenz $X_2 - X_1$ erzielte Korrelation (0.26), legt aber denselben Fehlschluß nahe. Wie ist dieses Ergebnis zu verstehen, wo doch bei Verwendung von Residualscores Regressionseffekte berücksichtigt sein sollten?

Es liegt daran, daß das Körpergewicht von verschiedenen Faktoren abhängt, von denen einige, wie Körpergröße, Knochenbau usw., zeitlich stabil sind, andere, wie Hungern und Trimmen, zeitlich instabiler. Insgesamt ergibt sich daraus noch eine relativ hohe zeitliche Konstanz, die mit $\rho(X_1 X_2) = 0.7$ angesetzt wurde.

Aufgrund der relativ hohen Korrelation zwischen erster und zweiter Gewichtsmessung, wird auch für die Gewichtsunterschiede zwischen Sportlern und Nichtsportlern kein so starkes zeitliches Verblassen durch Regression zur Mitte vorhergesagt. Tatsächlich aber verblassen sie weit stärker, weil gerade die Gewichtsunterschiede zwischen Sportlern und Nichtsportlern auf zeitlich variable Faktoren des Körpergewichts zurückzuführen sind. Damit erscheinen die ursprünglich schlanken Sportler zum zweiten Beobachtungszeitpunkt nicht mehr so schlank wie erwartet, die ursprünglich dicken Nichtsportler nicht mehr so dick wie erwartet. Bei den Sportlern kommt es zu einer positiven Abweichung vom vorhergesagten Gewicht, bei den Nichtsportlern zu einer negativen. Das führt dann zu der positiven Korrelation zwischen sportlicher Betätigung und Gewichtszunahme, gemessen mit dem Residualscore.

Der Interpretationsfehler besteht darin, daß ein korrelativer Zusammenhang kurzschlüssig in einen zu simplen Kausalzusammenhang umgedeutet wird: Im vorliegenden Beispiel haben Sportler eine stärkere Tendenz zur Gewichtszunahme als Personen ihrer Gewichtsklasse im Durchschnitt. Aber nicht deshalb, weil sie vom Sport zunehmen, sondern weil sie im Sporteifer eher nachlassen als ihre ohnedies unsportlichen Kollegen mit gleichem Ausgangsgewicht und damit auch eher zunehmen als diese. Die Fehlinterpretation wäre in diesem Beispiel vermieden worden, wenn man nicht nur das Gewicht, sondern auch das Ausmaß der sportlichen Betätigung ein zweites Mal erhoben hätte und einen Vergleich zwischen den sportlich gebliebenen mit den unsportlich gewordenen angestellt hätte.

8.2 Vergleich der Veränderung verschiedener Personengruppen (Mittelwertsvergleiche)

Will man den Nutzen z.B. eines Intelligenzförderungsprogramms für Vorschulkinder belegen, so vergleicht man die Entwicklung

(= Veränderung) einer geförderten Gruppe mit einer Gruppe nicht geförderter Kinder. Wenn das Programm von Nutzen ist, sollte die Veränderung (Intelligenzzuwachs) bei den geförderten Kindern größer sein als bei den Nichtgeförderten.

Je nachdem, ob der Psychologe die Durchführung des Versuchs frei planen kann oder vorhandene Daten heranziehen muß, kann die Auswertung keine oder aber sehr große methodische Probleme aufwerfen. Im folgenden sollen einige Versuchspläne und ihre Auswertung besprochen werden.

8.2.1 Zufallsaufteilung

Wenn Versuchsgruppe und Kontrollgruppe nach dem Zufall gebildet werden, bereitet die Auswertung und Interpretation der Ergebnisse keine Schwierigkeiten. Um festzustellen, ob das Förderungsprogramm erfolgreich war, genügt es, den Leistungsunterschied am Ende der Förderungsperiode auf Signifikanz zu prüfen. Eine Veränderungsmessung ist nicht erforderlich. Will man die Effizienz des Versuchsplans verbessern, so kann man vor Beginn des Förderungsprogramms einen Vortest durchführen und für eine Parallelisierung oder für eine Kovarianzanalyse nutzen (siehe Kap. 9). Auch dann ist keine Veränderungsmessung erforderlich.

8.2.2 Selektion nach dem Vortest

Vielfach ist es nicht möglich, Versuchsgruppe und Kontrollgruppe nach dem Zufall zu bilden, so daß Unterschiede in der Ausgangslage bestehen. THISTLETHWAITE & CAMPBELL (1960) betrachten einen Spezialfall: Versuchsgruppe und Vergleichsgruppe sind durch explizite Selektion nach einem Vortest (und/oder sonstigen Prädiktoren) gebildet worden. In ihrem Beispiel waren die nach dem Vortest Besten in ein besonderes Curriculum aufgenommen worden. Ziel der Untersuchung war es, den Erfolg des neuen Curriculums mit dem des alten zu vergleichen.

Würde man hier einfach die Differenz zwischen erster und zweiter Messung als Veränderungsmaß verwenden und das Curriculum für erfolgreicher halten, bei dem ein größerer Zuwachs erfolgt ist, so würde man mit einiger Sicherheit einem Regressionsartefakt aufsitzen. Allein durch Meßfehler bei der ersten Messung ist zu erwarten, daß bei sofortiger Meßwiederholung die untere Gruppe einen leichten An-

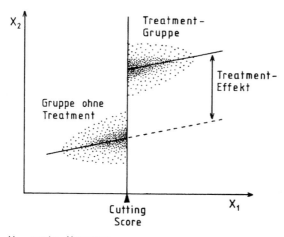

X₁ = erste Messung
X₂ = zweite Messung

Abb. 8.1: Diskontinuierlicher Regressionsverlauf.

Die Probanden wurden am Cutting-Score geteilt und die obere Hälfte dem Treatment unterzogen. Der Höhenunterschied in den beiden Regressionslinien entspricht dem Treatment-Effekt.

stieg, die obere Gruppe einen leichten Abfall gegenüber ihren Ausgangswerten hätte. Dazu kommen Regressionseffekte durch Merkmalsinstabilität über ein längeres Zeitintervall (siehe Kap. 6).

Um dennoch eine Aussage über den Erfolg des neuen Curriculums zu machen, schlagen THISTLETHWAITE & CAMPBELL vor, die Regression von X_2 auf X_1 zu untersuchen. Unterstellt man, daß die Regression linear und homoskedastisch wäre, wenn alle das Standardcurriculum absolviert hätten, so kann man einen Unterschied zwischen Versuchsgruppe und Kontrollgruppe bezüglich der Regressionskonstanten als Treatmenteffekt deuten. In der graphischen Darstellung (Abb. 8.1) entspricht dem Unterschied der Regressionskonstanten die Höhenverschiebung der beiden Regressionsgeraden.

Zur Signifikanzprüfung könnte man eine Kovarianzanalyse mit der zweiten Messung (X_2) als abhängige Variable und der ersten Messung (X_1) als Kovariable heranziehen. Die Größe des Treatmenteffekts wird dann geschätzt, indem man für Versuchsgruppe und Vergleichsgruppe die korrigierten Mittelwerte (siehe Kap. 9) berechnet.

Allerdings sollte man es speziell bei diesem Anwendungsfall mit den Voraussetzungen genau nehmen, insbesondere was die Homoge-

228

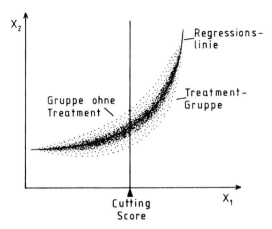

X_1 = erste Messung
X_2 = zweite Messung

Abb. 8.2: Nicht-linearer Regressionsverlauf.
Die Probanden wurden am Cutting-Score geteilt und die obere Hälfte dem Treatment unterzogen. Der Anstieg der Regressionslinie in den beiden Gruppen ist unterschiedlich.

nität der Regressionskoeffizienten innerhalb der Gruppen anlangt. Ein signifikantes Ergebnis in der Kovarianzanalyse besagt, daß Versuchsgruppe und Vergleichsgruppe nicht auf einer gemeinsamen Regressionsgeraden liegen. Das kann auf eine unterschiedliche Regressionskonstante zurückzuführen sein, wie in Abbildung 8.1, oder auf einen nicht linearen Regressionsverlauf, wie in Abbildung 8.2 dargestellt. Der nicht lineare Regressionsverlauf in Abbildung 8.2 sollte sich bei der Prüfung der Voraussetzungen als Heterogenität der Regressionskoeffizienten innerhalb der Gruppen (unterschiedlicher Anstiegswinkel der Regressionsgeraden für Versuchsgruppe und Vergleichsgruppe) bemerkbar machen.

Wenn die Ergebnisse Abbildung 8.2 entsprechen, kann aus diesen Daten allein über den Erfolg des Curriculums nicht entschieden werden: Es kann sein, daß das Curriculum einen Effekt hat, der von der Ausgangslage abhängt (je höher der Ausgangswert, desto größer der Effekt), oder aber, daß das Curriculum keinerlei Effekt hat und der Regressionsverlauf im allgemeinen (d.h. auch ohne Treatment) nicht linear ist.

Als Ergebnis halten wir fest: Wenn man eine Selektion nach den

Ausgangswerten durchgeführt hat (z. B. die Bedürftigsten in das Therapieprogramm aufgenommen hat), kann man in günstigen Fällen zu gut interpretierbaren Ergebnissen kommen – häufig genug aber werden die Ergebnisse so ausfallen, daß sie alle Möglichkeiten offen lassen.

Eine Veränderungsmessung war auch hier für die Auswertung nicht erforderlich.

8.2.3 Stichproben aus unterschiedlichen Populationen

Im vorangehenden Beispiel wurde angenommen, daß eine Stichprobe vom Versuchsleiter aufgrund einer Vormessung geteilt wird und die obere Hälfte am neuen Curriculum teilnimmt, die untere am alten. Bei einem solchen Vorgehen ist die Annahme, daß unter der Null-Hypothese alle Versuchspersonen auf derselben Regressionsgeraden liegen würden, nicht unplausibel, zumal wenn sie noch aufgrund von Daten aus vorangehenden Jahrgängen, die alle dasselbe Curriculum durchlaufen haben, gestützt wird. Wenn einer solchen Untersuchung auch die strikte Beweiskraft fehlt, so sind doch neben vielen völlig uneindeutigen Ergebnissen auch Fälle denkbar, die man mit gutem Gewissen interpretieren kann.

Noch weit schwieriger liegen die Dinge, wenn Versuchsgruppe und Kontrollgruppe unterschiedlichen Populationen entstammen, wie zum Beispiel bei einigen Untersuchungen zum Erfolg kompensatorischer Erziehung, wo die Versuchsgruppe und Kontrollgruppe aus einer anderen Wohngegend stammten und sich daher in vielerlei Hinsicht unterschieden. Um den Treatmenteffekt richtig zu schätzen, muß man von dem Unterschied, den man zwischen Versuchsgruppe und Kontrollgruppe am Ende der Behandlung findet, den Betrag abziehen, den man zu erwarten hätte, wenn alle Versuchspersonen in der Kontrollbedingung gewesen wären. Und daran wird ersichtlich, in welch paradoxer Lage man sich befindet: Um die richtige Korrektur anwenden zu können, müßte man wissen, wie sich die Versuchsgruppe unter der Kontrollbedingung verhalten würde. Wüßte man dies aber, so bräuchte man die fragwürdige Kontrollgruppe überhaupt nicht. Jeder der folgenden Auswertungsvorschläge baut auf Vermutungen auf, die stimmen können oder auch nicht. Da die einzelnen Auswertungen aber zu entgegengesetzten Ergebnissen führen können (zum Glück nicht müssen!) – stehen die Schlußfolgerungen häufig auf tönernen Füßen und müssen zum Teil von ihrer Plausibilität leben. Es sind folgende Auswertungen denkbar:

a) Vergleich des Zuwachses, gemessen aus Differenz zwischen erstem und zweitem Test

Ein Programm zur Förderung der Intelligenzentwicklung im Vorschulalter habe nach einem Jahr den Durchschnitts-IQ der geförderten Kinder von 90 auf 100 angehoben. Eine Vergleichsgruppe in einem anderen Stadtteil hat in derselben Zeit konventionelle Kindergartenbetreuung erhalten. Dort hat sich der Durchschnitts-IQ von 85 auf 89 gebessert. Die geförderten Kinder haben 10 Punkte Zuwachs erzielt, die konventionell betreuten vier Punkte. Kann man sagen, der Erfolg des Intelligenz-Förderungs-Programms sei um sechs Punkte größer?

Wohl kaum. Da die Kinder in den beiden Stadtteilen sich bisher nicht gleich entwickelt hatten (Durchschnitts-IQ 90 vs. 85), besteht kein Anlaß zu vermuten, sie würden im kommenden Jahr ohne Beeinflussung gleiche Zuwächse (oder gleiche Verluste) zeigen. Dementsprechend besteht auch kein Anlaß, die unterschiedliche Zuwachsrate den unterschiedlichen Kindergartenprogrammen zuzuschreiben. Der Versuchsplan ist zur Hypotheseprüfung ungeeignet.

b) Parallelisierung nach der ersten Messung: Vergleich der Gruppen anhand der zweiten Messung

Wir nehmen an, ein Vorschulprogramm zur Intelligenzförderung sei mit Kindern aus dem sozial am stärksten benachteiligten Stadtbezirk durchgeführt worden. Um eine Kontrollgruppe mit gleicher Ausgangslage zu erstellen, werden in einem anderen, weniger stark benachteiligten Stadtteil in großem Umfang Intelligenztests durchgeführt und zu den Versuchskindern Paarlinge gleicher Intelligenz herausgesucht. Zu Beginn des Programms sind die Kinder drei Jahre alt. Zwei Jahre später wird die Intelligenz der geförderten Kinder und der nichtgeförderten Paarlinge wieder erhoben. Wenn ein Unterschied gefunden wird, soll er dem Förderungsprogramm zugeschrieben werden.

Dagegen ist einzuwenden, daß trotz Parallelisierung keine genau gleiche Ausgangslage bestanden hat (siehe Kap. 6). Darüber hinaus ist nach zwei Jahren ohne Behandlung eine weitere Regression zur Mitte der jeweiligen Population zu erwarten. Diese Regression zu schätzen, ist schwierig. Man wird versuchen, folgende Fragen zu beantworten: Wie hoch ist ohne Behandlung die Retest-Reliabilität über den fraglichen Zeitraum? Wie waren die Populationsmittelwerte für dreijährige und fünfjährige Kinder in den beiden Stadtteilen vor Einführung des Programms in dem einen Stadtteil? Wenn man annehmen kann, daß man diese Mittelwerte ohne Programm zwei Jahre später wiedergefunden hätte, kann man versuchen, aus diesen Daten die Regressionsgleichung aufzustellen.

Darüber hinaus wird es sicher aufschlußreich sein, wenn man die Entwicklung der beiden Gruppen hinsichtlich Einkommen, Wohnverhältnissen usw. betrachtet, also hinsichtlich verschiedener Variablen, die einen Zusammenhang mit der Intelligenzentwicklung erwarten lassen, aber durch das Programm nicht beeinflußt werden. Wenn sich diese Gruppen in den zwei Jahren hinsichtlich solcher Variablen auseinanderentwickelt haben (was bei unterschiedlicher Regression zu erwarten wäre), ist das auch für die IQ-Werte ohne Behandlung anzunehmen.

c) Kovarianzanalyse

Wie zuvor nehmen wir an, daß ein Intelligenztrainingsprogramm für Vorschulkinder getestet werden soll. Versuchsgruppe und Kontrollgruppe stammen aus verschiedenen Stadtteilen und haben ungleiche Ausgangslage. Dem soll Rechnung getragen werden, indem der IQ vor der Förderungsperiode als Kovariable in einer Kovarianzanalyse herangezogen wird. Es wird also eine Kovarianzanalyse mit «Art des Programms» als unabhängige Variable, IQ am Ende der Förderungszeit als abhängige Variable und IQ vor dem Förderungsprogramm als Kovariable gerechnet. Angenommen das Ergebnis ist signifikant – kann man dann den Unterschied zwischen den korrigierten Mittelwerten für Versuchsgruppe und Vergleichsgruppe (Mittelwerte der zweiten IQ-Messung korrigiert für Unterschiede der ersten Messung) als Effekt des Förderungsprogramms interpretieren?

In der Regel heißt die Antwort: Nein. Ein erstes Programm besteht in der Messung der Intelligenz vor Beginn des Programms. Wenn für die Intelligenz-Unterschiede vor Beginn des Programms voll korrigiert werden soll, müssen diese frei von Meßfehlern und irrelevanten Komponenten genau in der Zusammensetzung erfaßt werden, wie sie für den Intelligenztest am Ende des Programms von Bedeutung sind (Näheres dazu siehe Kap. 10). Das ist sicher nur annähernd realisierbar.

Das zweite, schwerwiegendere Problem besteht darin, daß die Variablen, die die Unterschiede in der Ausgangslage in den beiden Stadtteilen bedingt haben, im einzelnen nicht bekannt sind. Es ist anzunehmen, daß die Variablen weiterhin wirksam sind und eine weiterhin unterschiedliche Entwicklung der Kinder bedingen. Wenn die Kinder aus den beiden Stadtteilen sich in einer Vielzahl von Variablen unterscheiden, die die Intelligenzentwicklung vor und nach Einsetzen der Förderungsprogramme beeinflussen, so genügt es nicht, für Unterschiede des IQ vor der Behandlung zu korrigieren, um den Behandlungseffekt zu isolieren.

Zusammenfassend kommen wir zu folgendem Ergebnis: Wenn Versuchsgruppe und Kontrollgruppe aus unterschiedlichen Populationen stammen, ist keine der drei diskutierten Auswertungsmethoden (Differenz als Veränderungsmaß, Parallelisierung, Kovarianzanalyse) befriedigend. Keine führt an dem Problem vorbei, daß eine Vielzahl von Variablen unkontrolliert bleibt, die die unterschiedliche Entwicklung bisher bedingt hat und weiterhin bedingt. Sind nun solche Versuchspläne völlig sinnlos?

Wenn die Möglichkeit besteht, Versuchsgruppe und Kontrollgruppe aus derselben Population zu nehmen, so ist das in jedem Fall vorzuziehen. Sind Versuchsgruppe und Kontrollgruppe aus verschiedenen Populationen, so steht die Auswertung logisch gesehen immer auf tönernen Füßen. Trotzdem können die Ergebnisse so klar ausfallen, daß niemand an der Interpretation zweifelt:

Angenommen die Förderung sei im stärker benachteiligten Stadtteil A eingeführt worden. Der Durchschnitts-IQ dreijähriger Kinder habe dort bisher 90 betragen, der fünfjähriger Kinder 85. Bei den geförderten Kindern sei der Durchschnitts-IQ von 90 mit drei Jahren auf 105 mit fünf Jahren angestiegen. Im weniger stark benachteiligten Stadtteil B habe der Durchschnitts-IQ der dreijährigen Kinder und der fünfjährigen Kinder bisher 95 betragen. In der Kontrollgruppe, die aus Stadtteil B nach dem Ergebnis der ersten IQ-Messung gebildet wurde, sei der Durchschnitts-IQ von 90 mit drei Jahren auf 95 mit fünf Jahren gestiegen. In diesem Fall wird niemand an der Wirkung des Förderungsprogramms zweifeln: Der Anstieg in der Versuchsgruppe von 90 auf 105 ist nicht als Regressionseffekt erklärbar, eine Erklärung durch allgemeine historische Umstände oder einfach Mängel in den Testnormen des Tests für die Fünfjährigen ist durch die Kontrollgruppe ausgeschlossen.

Wer mit eindrucksvollen Erfolgen rechnet, mag sich auf ein mangelhaftes Design einlassen – kleinere Erfolge gehen jedenfalls in Zweifeln unter, wenn das Design unvollständig kontrolliert ist.

8.3 Literaturbeispiel

BLOOM (1964) vertritt die Hypothese, daß die Intelligenzentwicklung ein kumulativer Prozeß sei, wobei der von Jahr zu Jahr erzielte Zuwachs jeweils unabhängig vom bisher erreichten Zustand sei. Um seine Hypothese der unabhängigen additiven Zuwächse zu belegen, führt er folgende Daten an: BAYLEY (1949) hat in einer Längsschnittuntersuchung u. a. die IQ von 2 Jahren bis 17 Jahren erhoben. BLOOM korreliert nun für jede Altersstufe den vorliegenden IQ mit dem bis zum 17. Lebensjahr erreichten IQ-Zuwachs bzw. IQ-Verlust. Er findet folgenden Sachverhalt: «Die Beziehungen zwischen den Ausgangswerten und den Veränderungen bis zum Alter von 17 Jahren sind bis zum Alter von 7 Jahren relativ niedrig. Im Alter von 4 bis 7 Jahren nähern sie sich Null an, wohingegen sie in den früheren Zeitperioden sogar weniger als -0.40 betragen. Es ist nicht klar, warum die Korrelationen zwischen Ausgangswerten und den Veränderungen eher negativ werden, als daß es einen allgemeinen Decken-(Ceiling-)effekt gibt.» (BLOOM, 1964, Übersetzung 1971, S. 73). Nachdem BLOOM noch einen anderen Autor zitiert hat, der über «ähnlich niedrige Korrelationen oder Nullkorrelationen zwischen der Ausgangsposition und den Veränderungen im IQ berichtet» habe, sieht er seine Hypothese der unabhängigen additiven Zuwächse bestätigt.

Diskussion des Beispiels: Ausgangswerte und Zuwachs in IQ-Einheiten zu messen und zu korrelieren ist 1. ein müßiges Geschäft, das 2. in repräsentativen Stichproben nicht zu den von BLOOM angegebenen empirischen Ergebnissen führen kann.
In repräsentativen Stichproben ist die Streuung des IQ konstant, und die Korrelation zwischen Ausgangswert und Veränderung muß durchweg negativ sein. Die Höhe dieser negativen Korrelation ergibt sich aus der Korrelation zwischen IQ auf der jeweiligen Altersstufe und IQ mit 17 Jahren gemäß der auf S. 214 angegebenen Formel. Die Bloomsche Hypothese der Intelligenzentwicklung mit IQs als Daten prüfen zu wollen, ist sinnlos (siehe MERZ & STELZL, 1973).

9. Wie man Korrelationen falsch interpretiert

9.1 Korrelationen quadrieren – eine sinnvolle Tätigkeit?

«Wenn man Korrelationen quadriert, bekommt man Prozente» sagte der Prüfling. «Hä?!» sagte der Prüfer. Ob der Prüfling die Prüfung wohl bestanden hat? Kommt ganz darauf an, wie er seine Behauptung näher erläutert hat. Vermutlich hat er etwas Unklares von Prozent gemeinsamer Bedingungen und richtiger Vorhersage erzählt und wurde dann etwas anderes gefragt.

Mißverständnisse derart, die quadrierte Korrelation gebe den Prozentsatz richtiger Vorhersage im Sinn richtig Klassifizierter, sind heute selten. Häufig jedoch wird das Quadrat der Korrelation der Variablen X und Y als Anteil gemeinsamer Bedingungen oder als Varianz, die X an Y verursacht (z. B. die Varianz, die die Intelligenz an der Schulleistung verursacht), interpretiert. Solche Interpretationen können berechtigt sein, sind es aber meist nicht. Sie implizieren mathematische Spezialfälle, die in den meisten psychologischen Anwendungsfällen ganz offensichtlich unzutreffend sind und zu willkürlichen Ergebnissen führen. Das soll im folgenden gezeigt werden. Einige Formeln und Ableitungen sind dabei nicht zu vermeiden, auch Trokkenkost muß sein.

9.1.1 Korrelation und Vorhersage: Varianz der Schätzwerte und der Schätzfehler

Die Maßkorrelation $\rho(XY)$ gibt bekanntlich das Ausmaß des linearen Zusammenhangs zwischen zwei quantitativen Variablen an. Für die Korrelation in der Grundgesamtheit werden wir folgende Schreibweise verwenden:

$$\rho = \rho(XY) = \frac{\sigma(XY)}{\sigma(X)\sigma(Y)} = \frac{\mathrm{Cov}(XY)}{\sqrt{\mathrm{Var}(X)\mathrm{Var}(Y)}}$$

mit $\mathrm{Cov}(XY) = \sigma(XY) = E[(X - \mu_x)(Y - \mu_y)] =$
$\quad = $ Kovarianz der Variablen X und Y

Kennt man für eine Person den Wert X (z.B. ihren Intelligenztestwert) und will unter Ausnutzung des linearen Zusammenhangs ihren Y-Wert (z.B. die Schulleistung) schätzen, so bedient man sich der Gleichung für die Regressionsgerade (siehe Kap. 6, S. 164). Sie lautet:

$$\hat{Y} = \beta_{Y/X} \cdot X + \alpha_{Y/X}$$

X = Intelligenztestwert der Person
$\hat{Y}$ = aufgrund der Intelligenz geschätzer Wert in dem Schulleistungstest

$$\beta_{Y/X} = \frac{Cov(XY)}{Var(X)} = \text{Regressionskoeffizient}$$

$$\alpha_{Y/X} = \mu_y - \beta_{Y/X}\,\mu_x = \text{Regressionskonstante}$$

Da der Zusammenhang zwischen Intelligenz und Schulleistung nicht perfekt ist, stimmt der aufgrund der Intelligenz geschätzte Wert im Schulleistungstest $\hat{Y}$ nicht genau mit dem tatsächlich erreichten Schulleistungstestwert überein, so daß ein Schätzfehler $Y - \hat{Y}$ besteht.

Berechnet man für jede Person den aufgrund der Intelligenz vorhergesagten Wert für die Schulleistung $\hat{Y}$ und durch Vergleich mit dem tatsächlich erreichten Wert im Schulleistungstest den Schätzfehler $Y - \hat{Y}$, so kann man ihren Y-Wert in zwei Summanden, nämlich Schätzwert plus Schätzfehler, zerlegen:

$$Y = \hat{Y} + (Y - \hat{Y})$$

Entsprechend zerfällt die Varianz von Y in eine Varianz der Schätzwerte und eine Varianz der Schätzfehler:

$$Var(Y) = Var(\hat{Y}) + Var(Y - \hat{Y})$$

Das Quadrat der Korrelation gibt den Anteil der Varianz der Schätzwerte an der Gesamtvarianz von Y an:

$$Var(\hat{Y}) = \rho^2\, Var(Y)$$

und

$$Var(Y - \hat{Y}) = Var(Y) - \rho^2\, Var(Y)$$

Die Ableitungen der letzten beiden Formeln finden sich im Anhang. In die Beweise gehen keinerlei Voraussetzungen über die Verteilungsform von X oder Y ein, noch irgendwelche Annahmen darüber, wie die Korrelation zwischen X und Y zustande kommt. Die Gültigkeit dieser Varianzzerlegung ist also von solchen Voraussetzungen unabhängig.

Wenn nun ρ^2 den Varianzanteil der aufgrund der Intelligenz errechneten Schätzwerte für die Schulleistung an der Gesamtvarianz der Schulleistung angibt, ist es dann nicht berechtigt, von einem durch die Intelligenz erklärten versus einem durch intelligenzunabhängige Faktoren verursachten Varianzanteil zu sprechen? – Wir wollen im folgenden zeigen, daß solche Interpretationen nur in Spezialfällen zutreffen, in der Regel aber falsch sind. Dazu untersuchen wir für einige einfache Kausalfälle die Beziehung zwischen ρ^2 und der in X und Y tatsächlich durch gemeinsame Variablen verursachten Varianz.

9.1.2 Varianz durch gemeinsame Variablen: Modellrechnungen

Fall 1: Unabhängige additive Faktoren

Die Korrelation zwischen X und Y werde durch eine Variable A verursacht, die sowohl in X als auch in Y als additiver Bestandteil eingeht. Die übrigen Komponenten in X und Y seien unabhängig. Also:

X = A + B
Y = A + C
mit A, B, C unabhängig.

Daraus ergibt sich für die Varianzen:

Var (X) = Var (A) + Var (B)
Var (Y) = Var (A) + Var (C)

Betrachten wir die Korrelation zwischen X und Y, so finden wir:

$$\rho = \frac{\text{Cov(XY)}}{\sqrt{\text{Var(X)Var(Y)}}} = \frac{\text{Cov}[(A + B), (A + C)]}{\sqrt{\text{Var(X)Var(Y)}}} = \frac{\text{Var(A)}}{\sqrt{\text{Var(X)Var(Y)}}}$$

und durch Quadrieren:

$$\rho^2 = \frac{Var(A)}{Var(X)} \cdot \frac{Var(A)}{Var(Y)}$$

Bezeichnet man mit $a_x{}^2$ den Varianzanteil von A an X und mit $a_y{}^2$ den Varianzanteil von A an Y, so ist *das Quadrat der Korrelation das Produkt der beiden Varianzanteile.*

Für die (nicht quadrierte) Korrelation gilt:

$$\rho = a_x \cdot a_y$$

(Wie mancher Leser vielleicht bemerkt hat, entspricht dieser Modellansatz einem 1-Faktormodell mit a_x und a_y als Faktorladungen im gemeinsamen Faktor.)

Im folgenden werden 2 Spezialfälle von Fall 1 betrachtet. Dabei wird sich für den ersten Spezialfall herausstellen, daß die nicht quadrierte Korrelation ρ den Anteil der durch die Variable A verursachten Varianz angibt, während im zweiten Spezialfall das Quadrat der Korrelation ρ^2 dem durch die gemeinsame Variable A verursachten Varianzanteil entspricht.

Spezialfall 1a:
A habe an X und Y denselben Varianzanteil. Das ist der Fall, wenn die zu A hinzukommende Varianz in beiden Fällen gleich groß ist. Also:

X = A + B
Y = A + C
A, B, C unabhängig und
Var (B) = Var (C), daher Var (X) = Var (Y).

Es ergibt sich für ρ^2 der Spezialfall:

$$\rho^2 = \frac{Var(A)}{Var(X)} \cdot \frac{Var(A)}{Var(Y)} = \left(\frac{Var(A)}{Var(X)} \right)^2$$

und

$$\rho = \frac{Var(A)}{Var(X)}$$

238

In diesem Fall gibt die *nicht* quadrierte Korrelation ρ den Anteil der von der gemeinsamen Variablen A verursachten Varianz an.

Spezialfall 1b:
X ist Bestandteil von Y. Dieser Spezialfall ergibt sich, wenn die Varianz von B Null ist. Also:

X = A
Y = A + C
A, C unabhängig.

Daraus ergibt sich für die Varianzen:

Var (X) = Var (A)
Var (Y) = Var (A) + Var (C)

und für die Korrelation:

$$\rho^2 = \frac{\text{Var(A)}}{\text{Var(X)}} \cdot \frac{\text{Var(A)}}{\text{Var(Y)}} = 1 \cdot \frac{\text{Var(A)}}{\text{Var(Y)}} = \frac{\text{Var(A)}}{\text{Var(Y)}}$$

Das Quadrat (!) der Korrelation gibt hier den Varianzanteil, den A bzw. X an Y hat.

Man beachte die Asymmetrie: X ist Teil von Y, X erklärt einen Teil der Varianz von Y, nicht umgekehrt. Zwar kann man auch umgekehrt aus Y den X-Wert schätzen und die Varianz der Schätzwerte und Schätzfehler angeben, aber die Frage, wieviel Varianz Y an X erklärt (im Sinn von verursacht), hat keinen Sinn.

Die Spezialfälle 1a und 1b sind beide aus der klassischen Testtheorie geläufig:

Gemäß den Annahmen der klassischen Testtheorie besteht der beobachtete Wert X aus zwei unabhängigen Summanden, nämlich dem wahren Wert T und dem Meßfehler F. Zwei Paralleltests X und X' haben dieselben wahren Werte, aber unabhängige Meßfehler, also:

X = T + F
X' = T + F'
mit T, F, F' unabhängig und σ^2 (F) = σ^2 (F').

Dies entspricht Spezialfall 1a. Bekanntlich gibt die nicht (!) quadrierte Korrelation zwischen Test und Paralleltest ρ (X, X') den Anteil der Varianz der wahren Werte an der Gesamtvarianz an, der als Reliabilität definiert ist.

Weiters gilt folgende Überlegung, die dem Schema von Spezialfall 1b folgt: Der wahre Wert T ist vom Meßfehler unabhängiger Bestandteil des beobachteten Werts X. Das Quadrat (!) der Korrelation zwischen dem wahren Wert und dem beobachteten Wert ρ (X, T) gibt den Anteil der Varianz der wahren Werte an der Gesamtvarianz, also wieder die Reliabilität.

Fall 2: Beliebig korrelierende Faktoren:

Im allgemeinen geht der Zusammenhang zwischen X und Y auf mehrere gemeinsame Variablen zurück, die wieder untereinander korreliert sein können (z. B. Rechennote und Rechtschreibnote auf Intelligenz, Schulmotivation usw.). Außerdem können die einzelnen Faktoren in X und Y unterschiedlich stark gewichtet sein, was durch Einfügen entsprechender Ziffern ausgedrückt ist, mit denen die Variablen $A_1, A_2 \ldots$ multipliziert sind. Wir betrachten z. B. den Ansatz:

$$X = 2\,A_1 + A_2 + B$$
$$Y = A_1 + 3\,A_2 + 2\,A_3 + C$$
mit B, C unabhängig, A_1, A_2, A_3 beliebig korreliert.

Es ergibt sich keine einfache Beziehung zwischen $\rho(XY)$ und den Varianzanteilen von A_1, A_2, A_3. Vielmehr hängt die Höhe der Korrelation von allen Varianzen der Variablen A_1, A_2, A_3, B, C und allen Kovarianzen der Variablen A_1, A_2, A_3 untereinander ab. Dieser allgemeine Ansatz dürfte jedoch in den meisten Fällen weit realistischer sein als das Modell unabhängiger additiver Faktoren oder gar ein Spezialfall davon. Die Rede von «gemeinsamer Varianz» oder «erklärter Varianz» gibt hier überhaupt keinen Sinn. Man kann zwar aufgrund der Korrelation X aus Y schätzen (und umgekehrt) und die Varianz der Schätzwerte angeben. Damit beantwortet man aber nicht die Frage, wieviel Varianz von X durch Variablen bedingt wird, die auch in Y vorkommen, und umgekehrt. Letztere Frage ist auch gar nicht durch Angabe einer einzigen Zahl zu beantworten, da die gemeinsamen Faktoren zu X und Y unterschiedlich beitragen.

Zusammenfassung und Folgerungen aus den Modellrechnungen:

Unabhängig von der Frage, wie eine Korrelation zu erklären ist, kann die bestehende Korrelation dazu genutzt werden, Y aus X zu schätzen. Aufgrund der Korrelation zwischen Schulleistung und Intelligenz z. B. kann man sowohl die Schulleistung aus der Intelligenz schätzen als auch umgekehrt die Intelligenz aus der Schulleistung. Das Quadrat der Korrelation ρ^2 gibt in jedem Fall den Anteil der Varianz der Schätzwerte, $1 - \rho^2$ den Anteil der Varianz der Schätzfehler.

Will man jedoch die Frage beantworten, inwieweit die Varianz der Schulleistung durch Intelligenzunterschiede, inwieweit durch intelligenzunabhängige Faktoren bedingt ist, so kann man nicht einfach die Korrelation quadrieren und als Anteil der Intelligenz an der Schulleistung interpretieren. Das wäre nur möglich, wenn die Kausalstruktur den in Spezialfall 1b gemachten Annahmen entsprechen würde.

Diese waren:

1) X (= Intelligenztest) enthält nur (!) Komponenten, die in gleicher Weise (!) in Y (= Schulleistung) eingehen.
2) Die übrigen Komponenten von Y sind von X unabhängig.

Beide Voraussetzungen sind mit Sicherheit nicht erfüllt:

Zu (1): Der gemessene IQ enthält Meßfehler. Diese bestimmen die Schulleistung nicht. Darüber hinaus enthält der gemessene IQ aber auch Intelligenzkomponenten, die in der Schule fast nicht gefragt sind (z.B. räumliches Vorstellen), und die in der Schule gefragten Komponenten in anderer Gewichtung. Voraussetzung (1) ist daher nicht erfüllt.

Zu (2): Es ist kaum anzunehmen, daß die Komponenten, die außer der Intelligenz die Schulleistung beeinflussen, alle mit der Intelligenz unkorreliert sind. Voraussetzung (2) ist daher auch nicht erfüllt.

Weit realistischer ist es anzunehmen, daß der Kausalzusammenhang zwischen Schulleistung und Intelligenz «Fall 2» (mehrere korrelierende Faktoren) entspricht. Weder die quadrierte noch die nicht quadrierte Korrelation läßt sich dann als «Varianzanteil durch gemeinsame Bedingungen» oder «Varianzanteil, den die Intelligenz an der Schulleistung erklärt (= verursacht)», interpretieren.

9.2 Überstrapazierte Partialkorrelationen

9.2.1 Was sind Partialkorrelationen?

Partialkorrelationen werden gewöhnlich mit der Zielsetzung berechnet, aus einer Korrelation zwischen zwei Variablen X und Y den Einfluß einer dritten Variablen Z «herauszukorrigieren», also die Korrelation zu berechnen, die sich zwischen X und Y ergäbe, wenn Z keinen Einfluß hätte bzw. konstant gehalten wird.

Wir wollen zunächst die Überlegungen rekapitulieren, die der Berechnung von Partialkorrelationen zugrunde liegen, und dann fragen, unter welchen Umständen die Berechnung einer Partialkorrelation dem genannten Anliegen gerecht wird.

a) Die Partialkorrelation als Korrelation der Residuen

Wir nehmen an, X und Y seien zwei Schulleistungen (X = Rechnen, Y = Deutsch, beides mit Schulleistungstests gemessen). Beide hängen u. a. von der Intelligenz ab (Z = Intelligenztestwert).

Man kann nun aufgrund der Korrelation ρ (XZ) bzw. ρ (YZ) aus dem Intelligenztest die beiden Schulleistungen schätzen ($\hat{X}$ und $\hat{Y}$). Zieht man von X bzw. Y jeweils den Schätzwert ab, so ist der Rest $X - \hat{X}$ und $Y - \hat{Y}$ mit dem Intelligenztest unkorreliert. Man kann nun fragen, wie hoch diese Residuen $X - \hat{X}$ und $Y - \hat{Y}$ miteinander korrelieren; d. h. man fragt, wie hoch die beiden Schulleistungen miteinander korrelieren, wenn man aus jeder der beiden Schulleistungen die aus der Intelligenz vorhersagbare Komponente subtrahiert hat. Diese Korrelation ist die Partialkorrelation:

$$\rho[(X - \hat{X}), (Y - \hat{Y})] = \frac{\mathrm{Cov}[(X - \hat{X}), (Y - \hat{Y})]}{\sqrt{\mathrm{Var}(X - \hat{X})\mathrm{Var}(Y - \hat{Y})}}$$

Zur Berechnung der Partialkorrelation ist es indes nicht nötig, für jede Versuchsperson $X - \hat{X}$ auszurechnen, um dann die Korrelation zwischen diesen Werten zu bestimmen. Setzt man für $\hat{X}$ und $\hat{Y}$ die lineare Regressionsschätzung (Formel S. 164) ein, so erhält man nach einigen Umformungen die bekannte Formel für die Partialkorrelation, die nur die Kenntnis der drei Korrelationen ρ (XY), ρ (XZ) und ρ (YZ) erfordert:

$$\rho[(X - \hat{X}), (Y - \hat{Y})] = \frac{\rho(XY) - \rho(XZ)\rho(YZ)}{\sqrt{(1 - \rho^2(XZ)) \cdot (1 - \rho^2(YZ))}}$$

Zur Ableitung dieser Formel werden keinerlei Voraussetzungen über die Verteilung der Variablen X, Y, Z benötigt noch irgendwelche Annahmen darüber, wie die drei Korrelationen ρ (XY), ρ (XZ) und ρ (YZ) zu erklären sind.

b) Die Interpretation von Partialkorrelationen unter der Voraussetzung multivariater Normalverteilung als Korrelation in der bedingten Verteilung

Wir nehmen an, X, Y und Z seien multivariat normalverteilt. Betrachtet man nur Probanden mit gleichem Wert von Z, so ist die bedingte Verteilung von X und Y bei gegebenem Z wieder bivariat normal. Die Korrelation in der bedingten Verteilung bezeichnen wir mit ρ (XY/Z). Bei der multivariaten Normalverteilung ist die Korrelation in der bedingten Verteilung gleich der Partialkorrelation, also:

$$\rho\,[(X - \hat{X}), (Y - \hat{Y})] = \rho\,(XY/Z)$$

Wir greifen auf unser Beispiel zurück: Die drei Variablen Rechnen, Deutsch und Intelligenz seien trivariat normalverteilt. Wir betrachten nur Kinder mit gleicher Intelligenz (also nur Kinder mit IQ = 90, oder nur solche mit IQ = 100, usw.) und untersuchen die Verteilung der Schulleistung in den nach dem IQ homogenen Teilpopulationen, also die bedingten Verteilungen der Variablen Deutsch und Rechnen, bei gegebener Intelligenz. Da in der multivariaten Normalverteilung alle Regressionen linear sind, erhalten wir als Mittelwert für X und Y in einer bedingten Verteilung jeweils den aus der Regressionsgeraden errechneten Wert $\hat{X}$ und $\hat{Y}$. Die Varianz der Schulleistungen wäre in jeder nach der Intelligenz homogenen Teilpopulation geringer als in der Gesamtpopulation. In einer multivariaten Normalverteilung sind die Varianzen in jeder bedingten Verteilung gleich, nämlich gleich der Varianz der Residuen um die Regression, d. h. Var (X) $(1 - \rho^2$ (XZ)) bzw. Var (Y) $(1 - \rho^2$ (YZ)). Da in der Gesamtpopulation die Korrelation der Schulleistungen X und Y zum Teil durch Intelligenzunterschiede bedingt ist, die beide Leistungen in gleichem Sinn beeinflussen, ist weiter zu erwarten, daß in den bezüglich des IQ homogenen Teilpopulationen die Korrelation der Schulleistungen niedriger ist. Im Fall multivariater Normalverteilung ist sie in allen Teilpopulationen gleich, nämlich gleich der Partialkorrelation $\rho\,[(X - \hat{X}), (Y - \hat{Y})]$.

Wir halten also fest: Im Fall multivariater Normalverteilung ist die Partialkorrelation als Aussage über die Korrelation zwischen X und Y bei auf einem beliebigen Wert konstant gehaltenen Z interpretierbar.

Diese Eigenschaft der multivariaten Normalverteilung ist keineswegs trivial: Bei Vorliegen einer anderen Verteilungsform brauchten die Regressionsverläufe nicht linear sein, die Mittelwerte der Verteilungen in den nach dem IQ gebildeten Teilpopulationen würden dann nicht einfach mit den aus der Regressionsgeraden berechneten Werten

$\hat{X}$ und $\hat{Y}$ zusammenfallen, die Residualvarianzen für die Schulleistung könnten vom IQ abhängen, weil z.B. die Reststreuung der Schulleistungen bei hohem IQ höher ist als bei niedrigem, und die Korrelationen zwischen den beiden Schulleistungen könnten in den nach dem IQ gebildeten Teilpopulationen ebenfalls unterschiedlich sein.

Es ist also keineswegs selbstverständlich, daß man die Korrelation der Residuen, die man aus der Gesamtpopulation berechnet hat, als die Korrelation interpretieren kann, die man in Gruppen mit gleichem IQ findet.

Weder der Begriff der Partialkorrelation als Korrelation der Residuen nach Subtraktion der aus der Intelligenz voraussagbaren Anteile aus X und Y, noch der Begriff der Partialkorrelation als Korrelation in einer bezüglich des IQ homogenen Teilpopulation impliziert irgendwelche Kausalmodelle. Die Rechenformel (S. 242) für die Partialkorrelation ist gegenüber inhaltlichen Deutungen über das Zustandekommen der Korrelationen $\rho(XY)$, $\rho(XZ)$, $\rho(YZ)$ neutral. Es läßt sich die Partialkorrelation zwischen Rechtschreiben und Rechnen bei konstant gehaltener Intelligenz ebenso berechnen wie die Partialkorrelation zwischen Rechtschreiben und Intelligenz bei konstant gehaltener Rechenleistung. Für welche dieser Korrelationen man sich interessiert und welche man tatsächlich ausrechnet, wird von inhaltlichen Vorstellungen über das Zustandekommen der Korrelationen abhängen.

c) Interpretation der Partialkorrelation als für Z korrigierte Korrelation zwischen X und Y

Wie bereits eingangs erwähnt, werden Partialkorrelationen häufig berechnet, um das Zustandekommen einer Korrelation zu analysieren, bzw. aus einer Korrelation den Einfluß einer bestimmten Variablen herauszurechnen. Im folgenden soll dargestellt werden, wann eine solche Interpretation der Partialkorrelation gerechtfertigt ist.

Fall 1: Z ist unabhängiger additiver Bestandteil von X und Y
Wenn Z unabhängiger additiver Bestandteil von X und Y ist (das relative Gewicht, das Z in X und Y hat, kann dabei verschieden sein) und Z meßfehlerfrei gemessen werden kann, dann ist die Partialkorrelation $\rho\,[(X-\hat{X}), (Y-\hat{Y})]$ die Korrelation der um die Wirkung von Z bereinigten X- und Y-Werte.
Es sei:
$X = 2\,A + B$
$Y = 3\,A + C$
$Z = A$
mit A von B und C unabhängig, B und C beliebig korreliert.

244

Es ergibt sich dann:

$$\rho\,[(X - \hat{X}), (Y - \hat{Y})] = \rho\,(B, C)$$

Beweis: Wir berechnen zunächst die aus der Regressionsgeraden vorhergesagten Werte $\hat{X}$ und $\hat{Y}$:

$$\hat{X} = \beta_{X/Z}\,Z + \alpha_{X/Z}$$

$$\beta_{XZ} = \frac{\text{Cov}(XZ)}{\text{Var}(Z)} = \frac{\text{Cov}[(2A + B), A]}{\text{Var}(A)} = \frac{2\,\text{Var}(A)}{\text{Var}(A)} = 2$$

$$\hat{X} = 2\,Z + \alpha_{X/Z} = 2\,A + \alpha_{X/Z}$$

Analog dazu erhält man:

$$\hat{Y} = 3\,Z + \alpha_{Y/Z} = 3\,A + \alpha_{Y/Z}$$

Für die Residuen $X - \hat{X}$ und $Y - \hat{Y}$ erhält man:

$$X - \hat{X} = B - \alpha_{X/Z}$$
$$Y - \hat{Y} = C - \alpha_{Y/Z}$$

Da die Regressionskonstanten $\alpha_{X/Z}$ und $\alpha_{Y/Z}$ die Korrelation nicht beeinflussen, erhält man das Ergebnis:

$$\rho\,[(X - \hat{X}), (Y - \hat{Y})] = \rho\,[(B - \alpha_{X/Z}), (C - \alpha_{Y/Z})] = \rho\,(B\,C)$$

Fall 2: Z ist mit anderen Faktoren korrelierter additiver Bestandteil von X und Y

Wie in Fall 1 nehmen wir an, daß den Variablen X und Y eine gemeinsame Variable A zugrunde liegt, die von Z meßfehlerfrei erfaßt wird.

Das Gewicht von A in X und Y kann unterschiedlich sein. Wir lassen nun aber die Voraussetzung fallen, daß A mit den übrigen Faktoren in X und Y unkorreliert ist.

Es sei:

$$X = 2\,A + B$$
$$Y = 3\,A + C$$
$$Z = A$$

mit A, B, C beliebig korreliert.

Berechnet man die Residuen $X - \hat{X}$, so wird aus X und Y nicht nur Z entfernt, sondern auch die aus Z vorhersagbaren Komponenten der übrigen Faktoren. Die Partialkorrelation ist also nicht die nur um die Wirkung von Z, sondern die um die Wirkung von Z und alle mit Z korrelierten Komponenten bereinigte Korrelation.

Für den obigen Ansatz ergibt sich:

$$X - \hat{X} = B - \hat{B}$$
$$Y - \hat{Y} = C - \hat{C}$$
$$\rho\,[(X - \hat{X}), (Y - \hat{Y})] = \rho\,[(B - \hat{B}), (C - \hat{C})]$$

Beweis: Wir berechnen zunächst den aus der Regression vorhergesagten Wert von X:

$$\hat{X} = \beta_{X/Z} Z + \alpha_{X/Z}$$

mit

$$\beta_{X/Z} = \frac{Cov(XZ)}{Var(Z)} = \frac{Cov[(2A + B), A]}{Var(A)} =$$

$$= \frac{2\,Var(A)}{Var(A)} + \frac{Cov(AB)}{Var(A)} = 2 + \beta_{B/A} = 2 + \beta_{B/Z}$$

$$\hat{X} = (2 + \beta_{B/Z}) \cdot Z + \alpha_{X/Z} = 2Z + \beta_{B/Z} \cdot Z + \alpha_{X/Z}$$

Setzt man aus

$$\hat{B} = \beta_{B/Z} Z + \alpha_{B/Z}$$

für $\beta_{B/Z}$ ein, so erhält man für $\hat{X}$:

$$\hat{X} = 2Z + \hat{B} - \alpha_{B/Z} + \alpha_{X/Z}$$

und für die Residuen $X - \hat{X}$:

$$X - \hat{X} = B - \hat{B} + \text{Konstante}$$

Auf analoge Weise erhält man für $Y - \hat{Y}$:

$$Y - \hat{Y} = C - \hat{C} + \text{Konstante*}$$

Die Regressionskonstanten können wir in der Korrelation vernachlässigen und erhalten das Ergebnis:

$$\rho\,[(X - \hat{X}), (Y - \hat{Y})] = \rho\,[(B - \hat{B} + Konst), (C - \hat{C} + Konst^*)] =$$
$$= \rho\,[(B - \hat{B}), (C - \hat{C})]$$

Wenn man übersieht, daß durch Auspartialisieren von Z nicht nur Z selbst, sondern auch die mit Z korrelierten Anteile der übrigen Faktoren auspartialisiert werden, kann das leicht zu Fehlinterpretationen Anlaß geben: Nehmen wir an, Intelligenz und Motivation seien hoch korreliert und beeinflussen beide die Schulleistung. Berechnet man nun die Partialkorrelation zwischen Intelligenz und Schulleistung bei auspartialisierter Motivation, so wird diese Partialkorrelation niedrig ausfallen. Das bedeutet aber noch lange nicht, daß die Korrelation zwischen Intelligenz und Schulleistung nur auf die Motivation zurückgeht und die Intelligenz keinen nennenswerten direkten Einfluß auf die Schulleistung hat: Durch das Auspartialisieren der Motivation wurde ja ein guter Teil der Varianz der Intelligenz mit auspartialisiert. – Der Spieß läßt sich leicht umdrehen: Berechnet man die Partialkorrelation zwischen Motivation und Schulleistung bei auspartialisierter Intelligenz, so wird auch diese Partialkorrelation niedrig ausfallen, weil mit der Intelligenz auch ein erheblicher Anteil der Varianz der Motivation auspartialisiert wurde. Aus der niedrigen Partialkorrelation zu schließen, daß die Motivation keinen nennenswerten direkten Einfluß auf die Schulleistung hätte, wäre voreilig.

9.2.2 Falsch interpretierte und irreführende Partialkorrelationen: Modellrechnungen und Beispiele

a) Fehler bei der Interpretation von Partialkorrelationen

In den vorausgegangenen Überlegungen zur Interpretation einer Partialkorrelation wurde jeweils unterstellt, daß die Korrelation zwischen X und Y durch eine Variable A zustandekommt, die sowohl X als auch Y beeinflußt, und daß diese Variable durch eine dritte Messung Z genau, d.h. frei von Meßfehlern und irrelevanten Komponenten erfaßt wird. Letzteres aber ist wenig realistisch. Jede psychologische Messung enthält Meßfehler und in der Regel auch irrelevante Komponenten. Was aber bedeutet das für die Interpretation von Partialkorrelationen?
Wir nehmen an, jemand habe zwischen zwei Schulleistungen eine

Korrelation $\rho(XY) = 0.7$ gefunden. Er habe weiters von den Schülern Intelligenztestwerte erhoben, und nach Auspartialisieren des IQ betrage die Korrelation noch $\rho[(X - \hat{X}), (Y - \hat{Y})] = \rho(XY/Z) = 0.3$. Die Residuen $X - \hat{X}$ und $Y - \hat{Y}$ sind mit dem IQ unkorreliert, also sollte man meinen, eine Korrelation $\rho[(X - \hat{X}), (Y - \hat{Y})]$ müßte auf andere als Intelligenzfaktoren zurückgehen.

So naheliegend dieser Schluß sein mag, er ist trotzdem falsch. Und zwar deshalb, weil man nicht «die Intelligenz», sondern nur den mit einem bestimmten Test gemessenen IQ auspartialisieren kann. Das soll im folgenden an einigen Rechenbeispielen gezeigt werden, die zugleich deutlich machen sollen, daß es sich bei den Einflüssen der Meßfehler und nicht validen Anteile nicht etwa um Bagatellbeträge handelt, die des Aufhebens nicht lohnen.

Bevor nun die Rechenbeispiele beginnen, wollen wir noch eine Plausibilitätsüberlegung anstellen. Unter Rückgriff auf die multivariate Normalverteilung interpretieren wir $\rho(XY/IQ)$ als die Korrelation, die zwischen X und Y besteht, wenn man nur Schüler mit demselben IQ-Wert betrachtet. Wie wirken sich nun im IQ enthaltene Meßfehler aus? Dies kann man sich veranschaulichen, wenn man sich vorstellt, außer dem wahren Wert für den IQ werde Zufall (die Augenzahl bei dreimaligem Würfeln) hinzuaddiert und die Gruppen, die eigentlich nach dem wahren Wert im IQ hätten zusammengestellt werden sollen, werden statt dessen nach gleichen Werten in dieser Summe aus wahrem IQ und Würfelglück gebildet: Die Folge wird sein, daß innerhalb der Gruppen die Intelligenz keineswegs konstant ist, sondern immer noch eine erhebliche Variation besteht. Und diese nicht beseitigte Variation der Intelligenz wird Korrelationen zwischen den Schulleistungen hervorrufen.

Dies soll an den folgenden Rechenbeispielen noch deutlicher gemacht werden. In jedem dieser Beispiele besteht zwischen Rechnen und Deutsch eine Korrelation, die ausschließlich durch Intelligenzfaktoren bedingt ist, die in beide Leistungen eingehen. Außerdem wird ein Intelligenztest durchgeführt und die Partialkorrelation zwischen Rechnen und Deutsch bei Auspartialisierung der Intelligenz berechnet. Es wird sich jeweils herausstellen, daß die Partialkorrelation nicht Null ist, da der gemessene IQ auch andere Varianzkomponenten außer der Schulintelligenz enthält:

Beispiel 1:
Die Rechenleistung (Re) werde von zwei Intelligenzfaktoren (I_1 und I_2) beeinflußt, desgleichen die Deutschleistung (Deu). Darüber hinaus mögen in jede der beiden Leistungen spezifische voneinander und von der Intelligenz unabhängige Komponenten eingehen.

248

$$Re = I_1 + I_2 + R$$
$$Deu = I_1 + I_2 + D$$

Der Intelligenztest messe außer I_1 und I_2 noch einen weiteren Intelligenzfaktor I_3 und enthält Meßfehler (F).

$$IQ = I_1 + I_2 + I_3 + F$$

Wir nehmen nun Werte für die Varianzen der einzelnen Komponenten an. Da es nur auf die relative Gewichtung ankommt, die die einzelnen Varianzkomponenten an einer Variablen haben, wählen wir leicht handhabbare künstliche Einheiten.
Es sei

$$Var(I_1) = Var(I_2) = Var(I_3) = 1$$
$$Var(R) = Var(D) = 2$$
$$Var(F) = 0.5$$
I_1, I_2, I_3, R, D, F unabhängig.

Damit ist ausgesagt, daß die Varianz der Rechenleistung zu je 25% auf die Intelligenzfaktoren I_1 und I_2 und zu 50% auf für Rechnen spezifische Komponenten R zurückgehen soll. Die Varianz der Deutschleistung ist analog zu erklären. Für den Intelligenztest haben wir eine Gleichgewichtung der drei Faktoren I_1, I_2, I_3 und eine Fehlerkomponente angenommen. Letztere verursacht nur einen 0.25/3.25 entsprechenden Varianzanteil, was einer Reliabilität von 0.92 entspricht.

Zur Berechnung der Partialkorrelation ρ (XY/Z) gemäß der auf S. 242 angegebenen Formel benötigen wir die drei Korrelationen ρ (Re, Deu), ρ (Re, IQ) und ρ (Deu, IQ). Diese Korrelationen ergeben sich aus unseren Annahmen wie folgt:

$$\rho(Re, Deu) = \frac{Cov(Re, Deu)}{\sqrt{Var(Re) \cdot Var(Deu)}}$$

$$Cov(Re, Deu) = Cov[(I_1 + I_2 + R), (I_1 + I_2 + D)] =$$
$$= Var(I_1) + Var(I_2) = 2$$
$$Var(Re) = Var(I_1) + Var(I_2) + Var(R) = 1 + 1 + 2 = 4$$
$$Var(Deu) = Var(I_1) + Var(I_2) + Var(D) = 1 + 1 + 2 = 4$$

$$\rho(Re, Deu) = \frac{2}{\sqrt{4 \cdot 4}} = 0.5$$

Für die anderen beiden Korrelationen erhält man durch analoges Vorgehen:

$\rho\,(\text{Re}, \text{IQ}) = 0.55$ und $\rho\,(\text{Deu}, \text{IQ}) = 0.55$

Daraus ergibt sich die Partialkorrelation als

$$\rho(\text{Re}, \text{Deu}/\text{IQ}) = \frac{0.5 - 0.55^2}{\sqrt{(1 - 0.55^2)(1 - 0.55^2)}} = 0.28$$

Obwohl also die Korrelation zwischen Deutsch und Rechnen allein auf die Intelligenzfaktoren I_1 und I_2 zurückgeht und der Intelligenztest diese Faktoren genau in der Gewichtung erfaßt (nämlich 1 : 1), in der sie auch in die beiden Schulleistungen eingehen, bleibt nach Auspartialisieren des IQ ein beträchtlicher Teil der Korrelation bestehen. Damit die Partialkorrelation auf Null sinkt, dürfte der Intelligenztest nur aus $IQ = I_1$ und I_2 bestehen, dürfte also keine Meßfehler und irrelevanten Komponenten enthalten.

Beispiel 2:

Im Unterschied zu Beispiel 1 nehmen wir nun an, daß im Intelligenztest nur die in der Schulleistung relevanten Komponenten I_1 und I_2 enthalten sind, keine weiteren Intelligenzfaktoren und keine Meßfehler. Während jedoch im Intelligenztest beide Faktoren gleich gewichtet sind, sei in der Schulleistung I_1 stärker gewichtet. Wir nehmen an:

$\text{Re} = 2\,I_1 + I_2 + R$
$\text{Deu} = 2\,I_1 + I_2 + D$
$IQ = I_1 + I_2$

Über die Varianzen nehmen wir an:

$\text{Var}\,(I_1) = \text{Var}\,(I_2) = 1;\quad \text{Var}\,(D) = \text{Var}\,(R) = 2$
I_1, I_2, R, D unabhängig.

Daraus ergeben sich folgende Korrelationen zwischen Rechnen, Deutsch und Intelligenztest:

$\rho\,(\text{Re}, \text{Deu}) = 0.71 \quad \rho\,(\text{Re}, \text{IQ}) = 0.80 \quad \rho\,(\text{Deu}, \text{IQ}) = 0.80$

Für die Partialkorrelation erhält man nach der Formel von S. 242

$$\rho(\text{Re, Deu}/\text{IQ}) = \frac{0.71 - 0.8 \cdot 0.8}{\sqrt{(1 - 0.8^2)(1 - 0.8^2)}} = 0.19$$

Auch hier verschwindet also die Partialkorrelation nicht – und das obwohl die Korrelation zwischen Rechnen und Deutsch nur auf die Intelligenz zurückgeht und der Intelligenztest nur die Intelligenzkomponenten enthält, die auch für die Schulleistung relevant sind, und frei von Meßfehlern ist. Die Tatsache, daß der Intelligenztest die beiden Intelligenzfaktoren in anderer Gewichtung mißt, als sie in die Schulleistung eingehen, wirkt sich bezüglich der Partialkorrelation genau so aus wie Meßfehler und irrelevante Komponenten.

Immerhin wäre für dieses Beispiel noch ein idealer Intelligenztest denkbar, der die Intelligenz genau in der Zusammensetzung meßfehlerfrei erfassen müßte, wie sie in die Schulleistung eingeht (IQ = $2 I_1 + I_2$), damit die Partialkorrelation wirklich die um die Wirkung der Intelligenz bereinigte Korrelation zwischen Rechnen und Deutsch angibt. Das ist nicht mehr möglich, sobald man die plausible Annahme macht, daß die Gewichtung von I_1 versus I_2 in Deutsch und Rechnen unterschiedlich ist, also z. B.:

Re = $2 I_1 + I_2 + R$
Deu = $I_1 + 3 I_2 + D$

Egal wie nun der IQ in bezug auf I_1 und I_2 zusammengesetzt ist, er kann nicht der Gewichtung in beiden Fächern zugleich entsprechen. Mit der Messung eines Gesamt-IQ kann daher die Wirkung der Intelligenz nicht auspartialisiert werden. Die Wirkung der Intelligenz auszupartialisieren wäre hier nur möglich, wenn I_1 und I_2 getrennt und meßfehlerfrei gemessen werden könnten.

b) Wie Partialkorrelationen irreführen

In den beiden vorausgegangenen Rechenbeispielen ging es darum, zu zeigen, daß die Auspartialisierung nicht vollständig gelingt, wenn die auszupartialisierende Variable nicht allein und nicht meßfehlerfrei gemessen werden kann. Dabei war immerhin so viel richtig, daß die auszupartialisierende Variable tatsächlich eine Ursache der Korrelation war, und die Partialkorrelation $\rho(XY/Z)$ war kleiner als $\rho(XY)$, wenn sie auch bei weitem nicht auf Null sank.

Die Berechnung von Partialkorrelationen kann aber auch völlig in die Irre führen und positive oder negative Zusammenhänge vortäuschen, wo keine sind. Dies soll im folgenden demonstriert werden.

Beispiel 1:
Die Variablen X und Y seien unabhängig. Findet man irgendeine Variable Z, die mit beiden positiv korreliert, so wird die Partialkorrelation ρ (XY/Z) negativ.

$$\rho(XY/Z) = \frac{\rho(XY) - \rho(XZ)\rho(YZ)}{\sqrt{(1 - \rho^2(XZ))(1 - \rho^2(YZ))}} = \frac{0 - \rho(XZ)\rho(YZ)}{\sqrt{(1 - \rho^2(XZ))(1 - \rho^2(YZ))}}$$

X und Y könnten zwei nahezu unabhängige Subtests eines Intelligenztests sein. Partialisiert man etwa den Gesamt-IQ aus, in den beide Tests als Summanden eingehen, so entsteht eine negative Partialkorrelation beträchtlicher Höhe. X und Y könnten Extraversion und Schulleistung sein. Wenn die Sympathie des Lehrers mit beidem positiv korreliert, wird die Partialkorrelation negativ, d. h. bei gleicher Sympathie des Lehrers bringen die Introvertierten die besseren Schulleistungen. Dies könnte leicht zu der Interpretation Anlaß geben, die Introvertierten würden in ihrer Schulleistung beeinträchtigt, weil die Sympathie des Lehrers den Extravertierten gilt – während tatsächlich lediglich Extraversion und Schulleistung unabhängig sein und beide das Sympathieurteil beeinflussen brauchen, um dieses Ergebnis zu erzeugen.

Beispiel 2:
Die Variablen X und Y seien wieder unabhängig. Findet man irgendeine Variable Z, die mit X positiv und mit Y negativ korreliert (oder umgekehrt), so wird die Partialkorrelation ρ (XY/Z) positiv. Dies wird, wie in Beispiel 1 durch Einsetzen in die Formel für die Partialkorrelation, sofort ersichtlich. X und Y könnten Körpergröße und Neurotizismus sein. Der Erfolg als Fußballer könnte mit Neurotizismus negativ und mit der Körpergröße positiv korrelieren. Die Partialkorrelation Neurotizismus-Körpergröße bei auspartialisiertem Fußballerfolg wird also positiv, d. h. bei gleichem Fußballerfolg sind die Kleinen weniger neurotisch. Dies könnte zu weitreichenden Interpretationen bezüglich der Bedeutung des Sports für die Persönlichkeitsentwicklung führen, zu denen kein Anlaß besteht: Genau dieses Bild muß entstehen, wenn Körpergröße und Neurotizismus unabhängig sind, aber beide den Fußballerfolg beeinflussen.

Den beiden Beispielen ist gemeinsam, daß die auspartialisierte Variable Z nicht, wie bei der Interpretation von Partialkorrelationen gemeinhin unterstellt wird, in X und Y eingeht, sondern aus ganz unterschiedlichen Gründen mit X und Y korreliert. In der Praxis werden Mischformen häufig sein: Z hat einen Teil der Varianz mit X und Y gemeinsam, einen Teil nur mit X, einen anderen nur mit Y. Wenn man das bedenkt, wird man mit der Interpretation von Partialkorrelationen zurückhaltend. Sie sind mindestens so vieldeutig wie gewöhnliche Korrelationen.

Übrigens: Wer sich bisher über nichts gewundert hat, der berechne einmal zur Übung die Partialkorrelation zwischen zwei Paralleltests X und X′ unter Ausschaltung eines dritten Paralleltests X″, also ρ (XX′/X″), wenn die Interkorrelation der drei Parallelformen (Reliabilität) 0.95 ist. Schon gemacht? Gewundert oder wieder gleich gedacht? (Falls kein Taschenrechner zur Hand ist: Es kommt 0.49 heraus. Könnte man die wahren Werte auspartialisieren, statt eine dritte Parallelform X″ zu verwenden, müßte die Partialkorrelation Null sein. Man sieht, daß auch ein relativ geringer Meßfehleranteil nicht zu vernachlässigende Folgen hat.)

9.3 Was multiple Korrelationen und Pfadanalysen nicht leisten

9.3.1 Schrittweise multiple Korrelationen überinterpretiert

Dasselbe Anliegen, das häufig zur Berechnung von Partialkorrelationen führt, nämlich der Wunsch, Einflußquellen auf eine Variable gegeneinander abzugrenzen, wird oft auch mit Hilfe multipler Korrelationsrechnung verfolgt (z. B. WIMMER et al., 1975).

Um festzustellen, ob die Variable Y einen von Z unabhängigen Einfluß auf X hat (z. B. die soziale Schicht (= X) einen von der Intelligenz (= Z) unabhängigen Einfluß auf die Schulleistung (= Y)), wird geprüft, ob die Hinzunahme von X (Indikatoren der sozialen Schicht) zu Z (Intelligenztestmaßen) zu einem signifikanten Anstieg der multiplen Korrelation führt. Ist das der Fall, so wird die Differenz der beiden quadrierten (multiplen) Korrelationen als spezifischer Varianzbeitrag der hinzugekommenen Prädiktoren interpretiert.

Der Vergleich sukzessiv berechneter multipler Korrelation mit Signifikanzprüfung des Korrelationszuwachses ist jedoch sachlich nichts anderes als eine Signifikanzprüfung der Partialkorrelation ρ (XY/Z). (Technisch ausgedrückt: Bezieht man die Zunahme der «vorhersagbaren» Varianz von X auf die Gesamtvarianz von X, so hat man die «inkrementelle Validität», die Differenz der beiden quadrierten multiplen Korrelationen; bezieht man sie auf die Residualvarianz, die durch Z noch nicht vorhergesagt war, so hat man das Quadrat der Partialkorrelation.) Die Hinzunahme der Variablen Y zusätzlich zu Z wird genau dann einen signifikanten Anstieg der multiplen Korrelation bringen, wenn die Partialkorrelation ρ (XY/Z) signifikant ist.

Nun ist die Frage nach Größe und Signifikanz des Korrelationszuwachses bei Hinzunahme eines weiteren Prädiktors sicher eine berechtigte und sinnvolle Frage, wenn es darum geht, eine Testbatterie für einen praktischen Vorhersagezweck möglichst ökonomisch zusammenzustellen. Will man jedoch das Zustandekommen der Kriteriumsvarianz aufklären, so unterliegt dieses Vorgehen denselben Einwänden wie die Interpretation von Partialkorrelationen.

Ist kein signifikanter Anstieg der multiplen Korrelation vorhanden, so muß das weder bedeuten, daß die soziale Schicht keinen Einfluß auf die Schulleistung hat, noch daß der Einfluß der sozialen Schicht nur über die Intelligenz als Mittelglied wirksam würde. Wie in 9.2.1 (S. 245f.) gezeigt, werden alle Einflüsse, die mit den Intelligenztestwerten korreliert sind, bei Auspartialisieren der Intelligenz mit auspartialisiert. Da vermutlich ein guter Teil dessen, was soziale Schicht ausmacht, u. a. auch mit der Intelligenz korreliert, ist es nicht verwunderlich, wenn die Hinzunahme der sozialen Schicht als Prädiktor «nichts mehr bringt».

Wenn andererseits die Hinzunahme der sozialen Schichtindikatoren als Prädiktoren einen erheblichen Anstieg der multiplen Korrelation mit sich bringt, also nach Auspartialisierung der Intelligenztests eine erhebliche Partialkorrelation zwischen sozialer Schicht und Schulnoten besteht, so folgt daraus weder, daß sich die soziale Schicht auf die Schulnoten überhaupt auswirkt, noch daß sie sich anders als mittels der Intelligenz auf die Schulnoten auswirkt. Ein Ansteigen der multiplen Korrelation wäre auch dann zu erwarten, wenn die hinzugenommenen Prädiktoren nichts anderes messen als die bereits vorhandenen, jedoch die Meßgenauigkeit insgesamt erhöhen und eine genauere Abstimmung der Gewichtung auf die relative Bedeutung der einzelnen Komponenten im Kriterium ermöglichen.

Hat man ein Kriterium (Schulnoten) und zwei Prädiktoren (Intelligenztests, Indikatoren für soziale Schicht), so sind die Korrelationen und Partialkorrelationen überschaubar, wenn auch nicht unbedingt einfach zu interpretieren. Hat man es mit vielen Prädiktoren zu tun, so lassen sich sehr viele Prädiktorengruppen bilden und dementsprechend viele multiple Korrelationen berechnen und vergleichen. Bei k Prädiktoren gibt es k! mögliche Reihenfolgen, und jede liefert eine andere sukzessive Varianzaufspaltung. Dabei mag die beste Dreierkombination mehr oder weniger Kriteriumsvarianz vorhersagen als irgendeine Viererkombination aus anderen Variablen. Das kann kein Grund sein, eine Variante für eine bessere Erklärung des Zustandekommens der Kriteriumsvarianz zu halten als eine andere. Behält man das im Auge, so wird man auch nicht auf den Gedanken kommen, die Reihenfolge, die der Computer ausdruckt, als Kausalanalyse über das Zustandekommen der Kriteriumsvarianz inhaltlich zu interpretieren.

Am beliebtesten sind Programme, bei denen der Computer in jedem Schritt die Variable aussucht, die relativ zu den bisherigen den größten Zuwachs an multipler Korrelation bringt. Auf Probleme bei der Signifikanzprüfung des Korrelationszuwachses, die speziell mit dieser schrittweisen Strategie verbunden sind, wurde in Kapitel 4 eingegangen.

9.3.2 Unrealistische Pfadanalyse

Ein der multiplen Korrelationsrechnung verwandtes Verfahren, das mit der Zielsetzung entwickelt wurde, Zusammenhänge zwischen Variablen zu erklären, ist die Pfadanalyse. In der einfachsten Form, auf die wir uns zunächst beschränken werden, handelt es sich einfach um eine spezielle Anwendung der multiplen Korrelation und Regression.
Eine Gruppe von Variablen ($X_1, X_2, X_3 \ldots$) wird aufgrund von Annahmen über ihr Zustandekommen so angeordnet, daß jede spätere Variable als gewichtete Summe der vorgeordneten Variablen und einem spezifischen Anteil dargestellt werden kann.

$$X_1 = X_1$$
$$X_2 = b_1 X_1 + U$$
$$X_3 = b_2 X_1 + b_3 X_2 + V$$
$$X_4 = b_4 X_1 + b_5 X_2 + b_6 X_3 + W$$
usw.
U, V, W sind spezifische Komponenten in X_2, X_3, X_4
b_1, b_2, b_3 usw. sind Gewichtszahlen.

Die Kausalstruktur ist in Abbildung 9.1 dargestellt.
Sind die Korrelationen zwischen den Variablen X_1, X_2, X_3, X_4 bekannt, so lassen sich die Gewichtszahlen b (Pfadkoeffizienten = multiple Regressionsgewichte) nach einem bestimmten Vorgehen (siehe z. B. Van de Geer, 1971, Kap. 12) einfach berechnen.

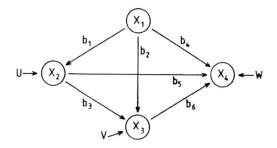

Inwieweit kommt nun dieses Verfahren in Betracht, um Hypothesen über das Zustandekommen z. B. von Testwerten, Schulnoten o. ä.
zu prüfen?

Wir wollen von dem Problem, wie man zu einer hierarchischen An-
ordnung der Variablen gelangt, ohne sich alles aus den Fingern zu sau-
gen, einmal absehen und annehmen, dies sei überzeugend geglückt. X_1
könnte der Beruf des Vaters sein, X_2 die Intelligenz des Kindes, X_3 die
Schulleistung. (X_1 werde in 5 geordnete Kategorien geteilt, X_2 und X_3
mit Tests gemessen und die Korrelationen zwischen X_1, X_2, X_3 bestimmt.) Kann man nun aus diesen Korrelationen mittels multipler
Regressionsrechnung die Gewichte b_1, b_2, b_3 bestimmen und damit die
Frage nach dem Zusammenwirken der 3 Variablen für beantwortet
halten?

Die nähere Betrachtung der Pfadgleichungen zeigt, daß diese bezogen auf Meßwerte unrealistisch sind. Zwar ist in jeder Variablen eine
spezifische Komponente vorgesehen, die Raum für Meßfehler und
nicht valide Komponenten läßt, doch geht in die nächst höhere Gleichung die Variable als ganze, d. h. einschließlich ihrer Meßfehler usw.,
ein. Der Meßwert der Intelligenz enthält einen Meßfehler, was mit der
Gleichung für X_2 auch vereinbar ist. Was jedoch die Schulleistung
beeinflußt, ist nicht der gemessene IQ, sondern der «wahre Wert» bzw.
eine bestimmte Komponente des wahren Werts. Die soziale Schicht
als *eine* Variable aufzufassen, die in gleicher Weise Intelligenz wie
Schulleistung beeinflußt, ist auch recht problematisch. Will man die
Möglichkeit einräumen, daß einige Aspekte dessen, was unter sozialer
Schicht erfaßt wird, stärker auf die Intelligenz, anderes eher auf die
Schulleistung wirkt, so ist das Gleichungssystem wieder zu erweitern.
Man sieht, daß man auf diese Art bald sehr viel mehr Unbekannte als
Korrelationen hat und das Gleichungssystem nicht lösen kann, ohne
viele Zusatzannahmen zu machen. Dies sollte jedoch nicht dazu ver-
leiten, einfach unreflektiert gemessene Werte und wirksame Größen

gleichzusetzen und sich damit für offenkundig falsche Annahmen zu entscheiden.

Ehrlicherweise wird man wohl zu dem Ergebnis kommen, daß die drei Korrelationen der drei Variablen so viele Möglichkeiten über ihr Zustandekommen offen lassen, daß ohne weitere Information keine Entscheidung möglich ist.

Komplexere Pfadmodelle:

Einfache Pfadanalysen, die kausal wirksame Einflußgrößen mit den erhobenen Meßwerten gleichsetzen, sind für psychologische Anwendungen unrealistisch. Weit realistischer ist es, Beziehungen zwischen latenten Variablen zu postulieren und die beobachteten Meßwerte als Indikatoren für die latenten Variablen zu betrachten. Außerdem haben die bisher betrachteten einfachen Pfadanalysen den Nachteil, daß genau so viele unbekannte Pfadkoeffizienten geschätzt werden, wie Korrelationen vorliegen. Die Richtung der kausalen Abhängigkeit muß schon vorher bekannt sein und kann anhand der Daten nicht mehr überprüft werden. Die vorliegenden Korrelationen sind aus den errechneten Pfadkoeffizienten exakt reproduzierbar, egal, ob das zugrunde gelegte Kausalmodell zutrifft oder nicht.

Durch die Arbeiten von JÖRESKOG (eine zusammenfassende Darstellung und Programmbeschreibung findet man bei JÖRESKOG, 1978) hat die Pfadanalyse eine wesentliche Weiterentwicklung erfahren: Es werden sowohl Annahmen über Beziehungen zwischen latenten Variablen als auch Annahmen über Beziehungen der latenten Variablen zu den Meßwerten getroffen. Falls weniger Pfadkoeffizienten zu schätzen sind als Korrelationen zur Verfügung stehen (dies ist als Faustregel zu betrachten, genaueres siehe JÖRESKOG, 1978), ist ein Modelltest möglich: Zeigt der Modelltest eine signifikante Abweichung an, so sind die im Pfadmodell getroffenen Annahmen über die Kausalstruktur zu verwerfen.

Sehr viel problematischer ist es dagegen, ein nicht signifikantes Ergebnis als Bestätigung der Modellannahmen zu werten. Dagegen spricht außer der allgemeinen Problematik, die mit der Bestätigung der Nullhypothese verbunden ist, vor allem folgendes: Zu derselben Korrelationsmatrix lassen sich oft nahezu beliebig viele Modelle konstruieren, die an die Daten gleich gut angepaßt sind. Zwischen ihnen läßt sich formal nicht entscheiden. Noch schwieriger ist es, von einem vollständigen Pfaddiagramm ausgehend durch sukzessives Weglassen von Pfaden über die Wirksamkeit der einzelnen Pfade entscheiden zu wollen: Zum einen lassen sich verschiedene vollständige (d.h. keine Freiheitsgrade für einen Modelltest enthaltende) Ausgangsmodelle konstruieren, und zweitens kann man von jedem Ausgangsmodell her die einzelnen Pfade in unterschiedlicher Reihenfolge weglassen. Die Reihenfolge wird in der Regel mit dafür entscheidend sein, bei welchen Pfaden eine signifikante Verschlechterung der Modellanpassung auftritt.

Zusammenfassend stellen wir fest:

Komplexere Pfadanalysen erscheinen in ihren Grundannahmen wesentlich realistischer als einfache Pfadanalysen. Außerdem können vorliegende Kausalmodelle (sofern sie in ihren Annahmen hinreichend restriktiv sind, um einen Modelltest zu ermöglichen) durch die Daten widerlegt werden. Doch bleiben in der Regel viele gleichermaßen plausible Alternativen als mit den Daten vereinbar bestehen, so daß keine davon als durch die Daten bestätigt gelten kann.

9.3.3 Literaturbeispiel

Beispiel nach: WIMMER, H., NASSERI-CHAHPAR, F. & LUKESCH, H.: Die Bedeutung soziokultureller, sprachlicher und kognitiver Merkmale für die Schulleistung von Schulanfängern. Psychologie in Erziehung und Unterricht 22, 1975, 199–208.

Die folgende Darstellung ist gegenüber der Originalarbeit stark gekürzt und vereinfacht:

WIMMER et al. (1975) untersuchten die Bedeutung soziokultureller, sprachlicher und kognitiver Merkmale für die Schulleistung von Schulanfängern. Sie gingen von der Hypothese aus, daß sich der Einfluß der soziokulturellen Umwelt zu einem bedeutsamen Teil über die Ausprägung der sprachlichen und kognitiven Merkmale vollzieht, und insbesondere, daß der Einfluß der sprachlichen Merkmalsausprägung auf die Schulleistung auch bei Ausschaltung des Einflusses der kognitiven Merkmale erhalten bleibt.

Die Umwelt wurde durch fünf Variable (Schulbildung der Eltern, Geschwisterzahl u. ä.), die Sprachentwicklung mit fünf Variablen (Wortschatz, vier Variablen wie Satzlänge u. ä. aus einer Sprachprobe von etwa 80 Wörtern) und die kognitive Entwicklung mit sieben Variablen (Zahlennachsprechen, Analogie-Aufgaben, Matrizen-Test usw.) erfaßt.

Da die Umweltmerkmale allein eine multiple Korrelation von 0.38 zu den Schulnoten zeigen, andererseits aber die Hinzunahme der Umweltmerkmale zu den sprachlichen kognitiven Variablen keinen signifikanten Anstieg der multiplen Korrelation (6% zusätzlich vorhersagbare Varianz) brachte, wird die Hypothese, daß die Wirkung der Umwelt sich zu einem bedeutsamen Teil über die sprachlichen und kognitiven Merkmale vollzieht, als bestätigt angesehen.

Da die Sprachmerkmale allein eine multiple Korrelation von 0.34 zur Schulleistung haben, andererseits die Hinzunahme der Sprachmerkmale zu den kognitiven Merkmalen keinen signifikanten Zuwachs an multipler Korrelation bringen (3% zusätzlicher Varianzanteil), wird geschlossen, daß der Einfluß der Sprachmerkmale auf die Schulleistung sich über die Ausprägung der kognitiven Merkmale vollzieht (entgegen der Ausgangshypothese).

Die Hinzunahme der kognitiven Merkmale (multiple Korrelation zur Schulleistung 0.52) zu den sprachlichen, zur Umwelt, oder zu Umwelt plus Sprachmerkmalen führt in jedem Fall zu einem signifikanten Anstieg der multiplen Korrelation.

Die Autoren fassen ihre Ergebnisse zu dem in Abbildung 9.2 dargestellten «Bedingungsmodell» der Schulleistung zusammen.

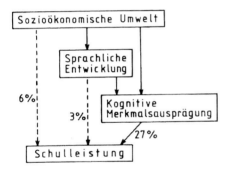

Abb. 9.2: Bedingungsmodell der Schulleistung nach WIMMER (1975).

Diskussion des Beispiels:

Für die Diskussion greifen wir nur die Variablen Sprachmerkmale, kognitive Merkmale und Notendurchschnitt heraus. Wir übergehen, daß die Sprachentwicklung und die kognitive Entwicklung durch mehrere Indikatoren erfaßt wurden, und behandeln die multiplen Korrelationen zwischen Sprachentwicklung und Notenmittel und zwischen kognitiver Entwicklung und Notenmittel wie einfache Korrelationen, die multiple Korrelation aus sprachlichen und kognitiven Variablen wie die multiple Korrelation zweier Prädiktoren zum Kriterium. Das entspricht nicht exakt der Untersuchung von WIMMER et al., weicht aber sachlich auch nicht so sehr ab, daß die Argumente nicht übertragbar wären.

Wir haben es also mit der Interpretation folgender Korrelationen zu tun:

$r(N, Spr) = 0.34$
$r(N, Kog) = 0.52$
$r(Kog, Spr) = 0.344$
N = Notendurchschnitt
Spr = Sprachentwicklung
Kog = kognitive Merkmalsausprägung

Daraus ergibt sich für die Vorhersage des Notendurchschnitts aus Sprachentwicklung und kognitiver Merkmalsausprägung eine multiple Korrelation von $r_{mult} = 0.55$.

Das von WIMMER et al. als Interpretation der Ergebnisse angegebene Bedingungsmodell der Schulleistung «erklärt» diese Korrelationen, wenn man die Variablen für perfekt valide und meßfehlerfrei hält. Sie entspricht dem folgenden Pfaddiagramm (Pfaddiagramm 1, Abb. 9.3):

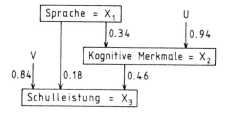

Abb. 9.3: Bedingungsmodell der Schulleistung, Pfaddiagramm 1.

X_1 = Sprache
X_2 = Kognitive Merkmale
X_3 = Schulleistung
U = spezifischer Faktor der Kognitiven Merkmale
V = spezifischer Faktor der Schulleistung

Sind X_1, X_2, X_3, U und V standardisierte Werte, so erhält man aus den angegebenen Korrelationen folgende Pfadkoeffizienten:

$X_1 = X_1$
$X_2 = 0.344\,X_1 + 0.94\,U$
$X_3 = 0.183\,X_1 + 0.46\,X_2 + 0.84\,V$

Dieselben drei Korrelationen (und damit auch die multiple Korrelation) werden aber auch mit Pfaddiagramm 2 (Abb. 9.4) perfekt erklärt:

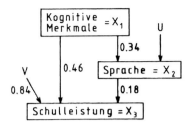

Abb. 9.4: Bedingungsmodell der Schulleistung, Pfaddiagramm 2.

X_1 = Kognitive Merkmale
X_2 = Sprache
X_3 = Schulleistung
U = Spezifischer Faktor der sprachlichen Merkmale
V = Spezifischer Faktor der Schulleistung

Man erhält nun aus denselben drei Korrelationen folgende Pfadkoeffizienten:

$$X_1 = X_1$$
$$X_2 = 0.344\,X_1 + 0.94\,U$$
$$X_3 = 0.46\,X_1 + 0.183\,X_2 + 0.84\,V$$

In einem Fall wirkt sich die Sprache auf die kognitiven Merkmale aus, im anderen umgekehrt.

Beide Diagramme sind indes unrealistisch, weil sie Korrelationen zwischen Meßwerten mit Korrelationen zwischen tatsächlich wirksamen Einflußgrößen gleichsetzen. Stellt man in Rechnung, daß sprachliche und kognitive Tests einerseits Meßfehler enthalten, andererseits die intendierten Größen nicht genau in der Gewichtung erfaßt werden, wie sie für die Schulnoten relevant sind, so kann man, je nachdem, welche Annahmen man über die Validität der Tests macht, zu unterschiedlichen Pfadkoeffizienten kommen:

X_1 = Sprache, valide Komponente
X_2 = kognitive Entwicklung, valide Komponente
X_3 = Testwert Sprache
X_4 = Testwert kognitive Entwicklung
X_5 = Notenmittel

Um die Pfadkoeffizienten lösen zu können, müssen wir die drei beobachteten Korrelationen durch zusätzliche Annahmen ergänzen. Wir machen zunächst die Zusatzannahme $r_{31} = 0.80$ und $r_{42} = 0.86$. Danach wäre die Validität sowohl für die sprachlichen Tests als auch für den Test zur Erfassung der kognitiven Entwicklung hoch, für den kognitiven Test noch etwas höher als für den sprachlichen. Man erhält dann Pfaddiagramm 3 (Abb. 9.5):

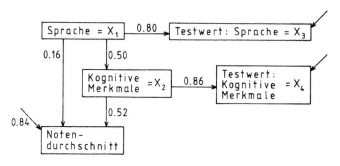

Abb. 9.5: Bedingungsmodell der Schulleistung, Pfaddiagramm 3.

Dieses Pfaddiagramm entspricht in etwa der Interpretation von WIMMER et al., wonach sich die Sprache im wesentlichen über die kognitive Entwicklung auf die Noten auswirkt; die Höhe der Pfadkoeffizienten ist etwas verschoben. Setzt man jedoch die Validität der Tests für die kognitiven Merkmale höher an als für die sprachlichen (die kognitive Entwicklung wurde mit mehr Tests erfaßt; welche Sprachmerkmale bezüglich der kognitiven Entwicklung und der Noten relevant sind, ist weit weniger bekannt), so verschiebt sich das Bild erheblich.

Wir setzen nun probeweise $r_{31} = 0.6$ und $r_{42} = 0.96$ ein und erhalten daraus Pfaddiagramm 4 (Abb. 9.6):

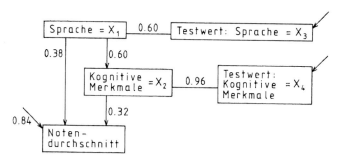

Abb. 9.6: Bedingungsmodell der Schulleistung, Pfaddiagramm 4.

Der Einfluß der kognitiven Merkmale ist gemäß Pfaddiagramm 4 geringer als der direkte Einfluß der Sprache, die kognitiven Merkmale werden zudem in noch höherem Maß als nach Pfaddiagramm 3 durch die sprachlichen bestimmt.

Pfaddiagramm 3 und 4 sind zustande gekommen, indem, ausgehend von Pfaddiagramm 1, zusätzliche Annahmen über die Validität der sprachlichen und kognitiven Tests gemacht wurden. Dasselbe könnte man nun ausgehend von Pfaddiagramm 2, worin die kausale Position von Sprache und kognitiven Merkmalen vertauscht ist, machen. Dies würde zu wieder anderen Pfadkoeffizienten führen, die wir nicht mehr berechnen. Schließlich könnte man auch vermuten, daß die drei beobachteten Korrelationen dadurch zustande kommen, daß alle drei Variablen von der allgemeinen Intelligenz abhängen, wie in Pfaddiagramm 5 (Abb. 9.7) dargestellt:

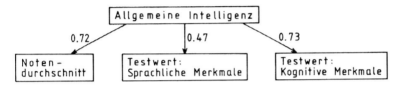

Abb. 9.7: Bedingungsmodell der Schulleistung, Pfaddiagramm 5.

Da alle dargestellten Varianten die beobachteten Korrelationen exakt reproduzieren, dürfte klar sein, daß keine der aufgeführten Hypothesen über das Zustandekommen der Schulnoten als bestätigt anzusehen ist. Es sei denn man akzeptiert Beweise der folgenden Art: «Wie kommt Regen zustande?» – «Ganz einfach: Die Wolken sind große Schwämme und wenn sie zusammenstoßen, drücken sie sich gegenseitig aus.» – «Und kann man das beweisen?» – «Natürlich. Du siehst doch, es regnet.» KALVERAM (1971) nennt dies ein Modell nullter Ordnung.

Anhang

1) $\mathrm{Var}(\hat{Y}) = \rho^2 \, \mathrm{Var}(Y)$

Beweis:

$$\mathrm{Var}(\hat{Y}) = \mathrm{Var}(\beta_{Y/X} \cdot X + \alpha_{Y/X}) = \mathrm{Var}(\beta_{Y/X} \cdot X) =$$
$$= \beta^2_{Y/X} \, \mathrm{Var}(X)$$

Setzt man nun für

$$\beta_{Y/X} = \rho(XY) \sqrt{\frac{Var(Y)}{Var(X)}}$$

ein, so erhält man:

$$Var(\hat{Y}) = \rho^2(XY) \cdot \frac{Var(Y)}{Var(X)} \, Var(X) = \rho^2 Var(Y)$$

2) $Var(Y - \hat{Y}) = Var(Y) - \rho^2 \, Var(Y)$

Beweis:

$$
\begin{aligned}
Var(Y - \hat{Y}) &= Var(Y - \beta_{Y/X} X - \alpha_{Y/X}) = \\
&= Var(Y - \beta_{Y/X} \cdot X) = \\
&= Var(Y) + Var(\beta_{Y/X} \cdot X) - 2 \, Cov(Y, \beta_{Y/X} X) \\
&= Var(Y) + \beta^2_{Y/X} \, Var(X) - 2 \, \beta_{Y/X} \, Cov(XY)
\end{aligned}
$$

Setzt man nun für

$$\beta_{Y/X} = \rho(XY) \sqrt{\frac{Var(Y)}{Var(X)}} \quad \text{und} \quad Cov(XY) = \rho(XY) \sqrt{Var(X)Var(Y)}$$

ein, so erhält man

$$Var(Y - \hat{Y}) = Var(Y) + \rho^2(XY) \cdot \frac{Var(Y)}{Var(X)} \, Var(X) \ -$$

$$-2\rho(XY) \sqrt{\frac{Var(Y)}{Var(X)}} \cdot \rho(XY) \sqrt{Var(X)Var(Y)} = Var(Y) - \rho^2(XY) Var(Y)$$

10. Sinnvolle und irreführende Kovarianzanalysen

10.1 Anwendungsfälle mit verschiedener Zielsetzung

Kovarianzanalysen mit ein oder mehreren Kovariablen können zu jeder Varianzanalyse durchgeführt werden. Bei den folgenden theoretischen Überlegungen wollen wir uns auf die einfache Varianzanalyse mit unabhängigen Gruppen und dazu einer Kovarianzanalyse mit nur einer Kovariablen beschränken. Der theoretische Ansatz ist dann leichter zu überblicken, die Folgerungen sind auf komplexere Designs übertragbar.

Die Zielsetzungen, mit denen Kovarianzanalysen durchgeführt werden, lassen sich grob in drei Gruppen zusammenfassen, die im folgenden als Fall 1 bis 3 vorgestellt werden:

Fall 1: Kovarianzanalyse zwecks Reduktion der Error-Varianz und Verbesserung der Effizienz des Versuchsplans (Reduktion des Beta-Risikos im randomisierten Design):
Beispiel: Die Wirkung eines Medikaments auf die Denkleistung bei Problemlösungsaufgaben soll untersucht werden. Die Vpn werden nach dem Zufall auf drei Bedingungen (Placebo, zwei Dosierungen des Medikaments) aufgeteilt und die Mittelwerte des Problemlösungstests mittels einfacher Varianzanalyse verglichen. Die Effizienz des Versuchs kann verbessert werden, wenn vor (!) Einnahme der Medikamente, am besten noch vor der Gruppenaufteilung, ein Test der allgemeinen Intelligenz durchgeführt wird und diese Werte als Kovariable verwendet werden. Ein Teil der Varianz innerhalb der Bedingungen, die sonst als unaufgeklärte Restvarianz die Prüfgröße im Nenner des F-Tests vergrößert, kann auf individuelle Unterschiede der allgemeinen Intelligenz zurückgeführt und ausgesondert werden. Wie sich zeigen wird, ist diese Verwendung der Kovarianzanalyse in der Regel sinnvoll und die dafür notwendigen Voraussetzungen sind erfüllbar.

Fall 2: Kovarianzanalyse zur Aufklärung der Treatment-Wirkung:
Beispiel: Wie in Fall 1 soll die Wirkung von 3 Medikamentenbedingungen auf die Leistung bei Problemlösungsaufgaben untersucht werden. Wieder werden drei Gruppen nach dem Zufall gebildet. Es soll nun zusätzlich der Frage nachgegangen werden, ob z.B. die Ver-

schlechterung der Leistung unter dem höheren Medikamenteneinfluß auf eine Verschlechterung der allgemeinen Konzentrationsfähigkeit zurückzuführen ist, oder ob eine spezifische Wirkung auf die Denkfähigkeit besteht. Dazu wird *nach* (!) Medikamenteneinnahme sowohl der Problemlösungstest als auch der Konzentrationstest durchgeführt. Es wird eine Kovarianzanalyse mit den von den Medikamenten beeinflußten Konzentrationstestwerten als Kovariable durchgeführt: primär nicht, um die Residualvarianz zu reduzieren, sondern um die Gruppenmittelwerte um die Beträge zu korrigieren, die auf Unterschiede in der Konzentrationsleistung zurückführbar sind. Eventuell verbleibende Unterschiede sollen als spezifische Wirkung des Medikaments auf die Denkfähigkeit interpretiert werden, unabhängig von der Wirkung des Medikaments auf die Konzentration und deren Folgen für die Leistung.

Wie sich im folgenden herausstellen wird, sind solche Anwendungen der Kovarianzanalyse an unrealistische Voraussetzungen gebunden und damit in der Regel fragwürdig.

Fall 3: Kovarianzanalyse zur Korrektur bei ungleicher Ausgangslage:
Beispiel: Der Erfolg eines Entspannungstrainings zur Behandlung der Prüfungsangst soll untersucht werden. Insbesondere soll untersucht werden, von welchen Merkmalen der Probanden der Erfolg abhängt. Die behandelten Probanden werden u. a. nach dem Geschlecht in 2 Gruppen geteilt und die Prüfungsängstlichkeit am Ende der Behandlung festgestellt. Beim Vergleich der Angstscores vor der Behandlung stellt sich jedoch heraus, daß sich Männer und Frauen vor der Behandlung hinsichtlich der Ängstlichkeit signifikant unterschieden haben, also ungleiche Ausgangslage bestand. Um den Einfluß der Ausgangslage zu eliminieren, wird eine Kovarianzanalyse mit den Werten der ersten Messung als Kovariable gerechnet. Zeigt sich in der Kovarianzanalyse ein signifikanter Unterschied, so wird geschlossen, daß die Therapie bei Männern und Frauen unterschiedlich effektiv ist. Um das Ausmaß dieses Unterschieds zu beurteilen, werden die «um den Einfluß der ersten Messung korrigierten» Mittelwerte der zweiten Messung berechnet.

Fragestellungen dieser Art sind in der klinischen Psychologie und pädagogischen Psychologie häufig. Die Diskussion des oben angegebenen Versuchsplans wird zeigen, daß der beabsichtigten Interpretation eine Reihe teils formaler, teils inhaltlicher Einwände entgegensteht. Die Kovarianzanalyse ist nicht geeignet, die mit ungleicher Ausgangslage verbundenen Probleme elegant aus der Welt zu schaffen.

266

10.2 Zur statistischen Theorie von Varianzanalyse und Kovarianzanalyse

Bevor wir nun auf die verschiedenen Anwendungsfälle näher eingehen, sollen Varianzanalyse und Kovarianzanalyse in ihren Grundzügen rekapituliert und Zusammenhänge zur Korrelationsrechnung herausgestellt werden. Dadurch wird es möglich, die bei der Behandlung von multiplen Korrelationen und Partialkorrelationen gemachten Feststellungen auf Varianzanalysen und Kovarianzanalysen zu übertragen, ohne alle Gedankengänge nochmals zu entwickeln.

Auf die Prüfung der allgemeinen Voraussetzungen von Varianzanalyse und Kovarianzanalyse (Normalverteilung, Varianzhomogenität bei der Varianzanalyse; zusätzliche Annahmen über die Regression in der Kovarianzanalyse) gehen wir nicht ein, sondern betrachten diese als erfüllt.

a) Grundgedanken der einfachen Varianzanalyse: Die einfache Varianzanalyse als Modellvergleich; Beziehungen zwischen Varianzanalyse und Korrelation

Wir verwenden folgende Bezeichnungsweisen:
Die unabhängige Variable wird mit A bezeichnet, ihre Stufen mit a_1, $a_2, a_j \ldots a_p$. Die abhängige Variable wird mit X bezeichnet. Es ist:

X_{ij} = Meßwert der Vp i aus Bedingung a_j.

Der Meßwert einer Vp wird in zwei Anteile zerlegt:

$$X_{ij} = \mu_j + \varepsilon_{ij}$$

wobei: μ_j = Populationsmittelwert aus Bedingung a_j
ε_{ij} = Fehler, Residuum (Abweichung des Einzelwerts von μ_j durch individuelle Unterschiede, unkontrollierte Bedingungen u. ä.)

Weiter bezeichnen wir mit

$\overline{X}._j$ = Stichprobenmittelwert aus Gruppe a_j
$\overline{X}..$ = Gesamtmittelwert aus allen Stichproben
n = Anzahl der Versuchspersonen pro Gruppe

Die einfache Varianzanalyse prüft die Frage, ob die aus p verschiedenen Gruppen berechneten Mittelwerte alle Schätzungen desselben gleichen Populationsmittelwertes μ sind. Unter der Nullhypothese genügt der Ansatz:

$$X_{ij} = \mu + \varepsilon_{ij} \text{ für alle Gruppen}$$

Unter der Alternativhypothese ist für jede Gruppe ein eigener Populationsmittelwert μ_j anzusetzen, also:

$$X_{ij} = \mu_j + \varepsilon_{ij}$$

Der Modelltest erfolgt, indem für jedes Modell die Parameter geschätzt werden und die Summe der Abweichungsquadrate berechnet wird. Je kleiner die Summe der Abweichungsquadrate, desto besser die Modellanpassung.

Unter der Nullhypothese genügt es, aus den Gesamtdaten einen Parameter zu schätzen, nämlich $\overline{X}..$ als Schätzung für μ zu berechnen. Die Summe der Abweichungsquadrate von $\overline{X}..$ ist die «Totale Quadratsumme (TQS)».

Unter der Alternativhypothese ist aus jeder der p Stichproben getrennt $\overline{X}._j$ als Schätzung für μ_j zu berechnen. Die Summe der Abweichungsquadrate von $\overline{X}._j$ ist die «Quadratsumme innerhalb (QS_{inn})». Um zwischen den beiden Modellen (Nullhypothese, Alternativhypothese) zu entscheiden, ist zu fragen, ob die Verbesserung der Modellanpassung, die durch die Hinzunahme der weiteren Parameter erreicht wurde, signifikant ist. Die «Quadratsumme zwischen (QS_{zw})», berechnet als $QS_{zw} = TQS - QS_{inn}$, gibt an, um wieviel die Summe der Abweichungsquadrate beim Übergang von 1 auf p aus den Daten geschätzte Parameter reduziert wurde. Unter der Alternativhypothese sollte die Verbesserung der Anpassung durch die zusätzlichen $p - 1$ Parameter überzufällig groß sein. Das wird geprüft, indem das «Mittlere Quadrat zwischen (MQ_{zw})», berechnet als $MQ_{zw} = QS_{zw}/(p - 1)$, gegen das «Mittlere Quadrat innerhalb (MQ_{inn})», berechnet als $MQ_{inn} = QS_{inn}/p \cdot (n - 1)$, getestet wird.

Beziehung der einfachen Varianzanalyse zur Korrelation:

Bei Vorliegen von nur $p = 2$ Gruppen (Gruppe a_1 und Gruppe a_2) kann man die Frage, ob zwischen der unabhängigen Variablen A und der abhängigen Variablen X ein Zusammenhang besteht, nicht nur behandeln, indem man den Mittelwertunterschied von $\overline{X}._1$ und $\overline{X}._2$ auf Signifikanz prüft, sondern man kann ebensogut eine Korrelation ausrechnen. Man wählt dann für a_1 und a_2 eine beliebige Kodierung, z. B. $+1$ für a_1 und -1 für a_2, und berechnet die Korrelation zwischen der so kodierten Variablen A und der Variablen X über alle Meßwertpaare. Wenn die X-Werte in a_1 im Durchschnitt höher (niedriger) sind als in a_2, so sollte das zu einer positiven (negativen) Korrelation r (AX) führen.

Hat die unabhängige Variable mehr als zwei Stufen, so kann man die Gruppenzugehörigkeit der Vp nicht mit einer einzigen Binärvariablen ausdrücken. Man kann aber bei p Gruppen $p-1$ Binärvariablen so definieren, daß die Gruppenzugehörigkeit eindeutig erkennbar ist (z. B. bei $p = 3$ Gruppen: Variable A_1: Stammt die Vp aus Gruppe a_1? ja $= +1$, nein $= -1$; Variable A_2: Stammt die Vp aus Gruppe a_2? ja $= +1$, nein $= -1$). Wenn zwischen den Gruppen Mittelwertsunterschiede bestehen, so führt dies zu einer von Null verschiedenen multiplen Korrelation zwischen den Kodiervariablen A_1, A_2, A_{p-1} und X. Letztere bezeichnen wir mit $r (X, (A_1, A_2 \ldots A_{p-1}))$. Wie die Kodiervariablen im einzelnen gewählt wurden, ist gleichgültig und beeinflußt die Höhe der multiplen Korrelation nicht, sofern nur die Kodiervariablen die Gruppenzugehörigkeit identifizierbar machen.

Zwischen der QS-Zerlegung der Varianzanalyse und der Korrelation zwischen UV und AV besteht folgende Beziehung:

$$\frac{QS_{zw}}{TQS} = r^2(XA) \text{ bzw. } r^2(X, (A_1, A_2 \ldots A_{p-1}))$$

Im weiteren werden wir die Korrelation zwischen unabhängiger und abhängiger Variable mit r (X A) bezeichnen, egal ob es sich um eine einfache oder eine multiple Korrelation handelt. Zwischen den Quadratsummen in der einfachen Varianzanalyse und der Korrelationsrechnung bestehen folgende Entsprechungen:

$TQS / (pn - 1) = s_x^2$
$QS_{zw} = r^2 (XA) \cdot TQS$
$QS_{inn} = (1 - r^2 (XA)) TQS$

b) Grundgedanken der Kovarianzanalyse: Die Kovarianzanalyse als Modellvergleich; Beziehungen zwischen Kovarianzanalyse und Korrelation

Wir verwenden dieselben Bezeichnungsweisen wie bei der Darstellung der einfachen Varianzanalyse. Die unabhängige Variable bezeichnen wir wie zuvor mit A, die abhängige mit X. Zusätzlich benötigen wir ein Symbol für die Kovariable. Wir bezeichnen sie mit Y und verwenden $Y_{ij}, \overline{Y}_{.j}, \overline{Y}_{..}$ analog zu $X_{ij}, \overline{X}_{.j}, \overline{X}_{..}$

In der einfachen Varianzanalyse wurde der Meßwert einer Vp i in der Bedingung a_j zerlegt in

$$X_{ij} = \mu_{xj} + \varepsilon_{ij}$$

und gefragt, ob die μ_{xj} für die einzelnen Bedingungen verschieden sind. In der Kovarianzanalyse wird nun ein Teil der Variabilität von X auf Unterschiede in der Kovariablen Y zurückgeführt:

$$X_{ij} = \mu_{xj} + \beta\,(Y_{ij} - \mu_y) + \varepsilon_{ij}^*$$

Bezogen auf unser Beispiel 1: Untersucht wurde die Wirkung eines Medikaments (unabhängige Variable) auf das Problemlösen (abhängige Variable X), wobei die zuvor erhobene allgemeine Intelligenz als Kovariable (Y) benutzt wird. Ein Teil der im Versuch auftretenden Variabilität der Leistungen im Problemlösen wird auf Unterschiede in der allgemeinen Intelligenz zurückgeführt.

Geprüft werden soll, ob für alle p Gruppen (Medikamentenbedingungen) dasselbe μ_x zutrifft, oder ob für jede Medikamentenbedingung ein eigener Wert μ_{xj} anzusetzen ist.

Unter der Nullhypothese genügt der Ansatz mit demselben Wert μ_x für alle Gruppen:

$$X_{ij} = \mu_x + \beta\,(Y_{ij} - \mu_y) + \varepsilon_{ij}$$

Unter der Alternativhypothese hingegen ist für jede Bedingung ein eigenes μ_{xj} anzusetzen:

$$X_{ij} = \mu_{xj} + \beta\,(Y_{ij} - \mu_y) + \varepsilon_{ij}$$

Die Signifikanzprüfung ist analog zum Vorgehen in der einfachen Varianzanalyse. Sie wird durchgeführt, indem für jedes der beiden Modelle (Nullhypothese und Alternativhypothese) die Parameter geschätzt werden und die Summe der Abweichungsquadrate berechnet wird. Es wird dann geprüft, ob bei Anpassung des der Alternativhypothese entsprechenden Modells die Summe der Abweichungsquadrate stärker reduziert wird, als durch zusätzliche Anpassung von $p-1$ überflüssigen Parametern durch Zufall zu erwarten wäre.

Die Summe der Abweichungsquadrate unter H_0 ist die «korrigierte

Totale Quadratsumme (TQS_{korr})», die Summe der Abweichungsquadrate unter der Alternativhypothese ist die «korrigierte Quadratsumme innerhalb ($QS_{inn,\ korr}$)». Die Differenz zwischen beiden ist die «korrigierte Quadratsumme zwischen ($QS_{zw,\ korr}$)». Mit dem F-Test wird geprüft, ob das korrigierte «Mittlere Quadrat zwischen» signifikant größer ist als das korrigierte «Mittlere Quadrat innerhalb».

Nun zur Berechnung der korrigierten Quadratsummen im einzelnen: Aus dem in der Grundgleichung gemachten Ansatz ergibt sich (die Ableitung wird nicht wiedergegeben, findet sich aber in Lehrbüchern):

$$TQS_{korr} = TQS\,(X) - b^2_T\,TQS\,(Y)$$

wobei b_T der aus den Gesamtdaten errechnete Regressionskoeffizient ist.

$$QS_{inn,\ korr} = QS\,(X)_{inn} - b^2_{inn} \cdot QS\,(Y)_{inn}$$

wobei b_{inn} der gemittelte Regressionskoeffizient innerhalb der Gruppen ist (Näheres zur Berechnung von b_{inn} und b_T siehe Lehrbücher).

Als Differenz der beiden Quadratsummen erhält man

$$QS_{zw,\ korr} = TQS_{korr} - QS_{inn,\ korr}$$

und den F-Wert:

$$F = \frac{QS_{zw,\ korr}/(p-1)}{QS_{inn,\ korr}/(p(n-1)-1)}$$

Betrachten wir nun die Beziehung der Kovarianzanalyse zur Korrelationsrechnung:

In der einfachen Varianzanalyse entsprach der durch die Zahl der Freiheitsgrade geteilten TQS die aus den Gesamtdaten berechnete Varianz von X um den Gesamtmittelwert $\overline{X}$..

In der Kovarianzanalyse wird ein Teil der Varianz von X auf die Kovariable Y zurückgeführt. Der TQS_{korr} entspricht nun die aus Y nicht vorhersagbare Varianz von X, berechnet aus den Gesamtdaten. Gemäß Kapitel 9.1.1 gibt $r^2\,(XY)$ den Anteil der vorhersagbaren Varianz und $1 - r^2\,(XY)$ den Anteil der nicht vorhersagbaren Varianz an. Daher ergibt sich für TQS_{korr}:

$$TQS_{korr} = TQS(1 - r^2(XY))$$

Die Beziehung der $QS_{inn, korr}$ zur Korrelationsrechnung ist im Ergebnis ebenfalls einfach, aber nicht ganz so schnell ersichtlich. Man erhält nach einigen Ableitungsschritten (siehe Anhang, S. 292) als Resultat:

$$QS_{inn, korr} = TQS[1 - r^2(X, (AY))]$$

wobei $r(X, (AY))$ die multiple Korrelation zwischen X und den Prädiktoren A und Y bedeutet.

Die TQS_{korr} ist somit als die Summe der Abweichungsquadrate von der Regressionslinie von X auf Y zu verstehen, die $QS_{inn, korr}$ als die Summe der Abweichungsquadrate der abhängigen Variablen X auf die Prädiktoren A (unabhängige Variable) und Y (Kovariable) bei einer multiplen Korrelation.

Da die «korrigierte Quadratsumme zwischen» als Differenz zwischen TQS_{korr} und $QS_{inn, korr}$ berechnet wird, entspricht ihr Anteil der «inkrementellen Validität» (Zuwachs an r^2) bei Hinzunahme des Prädiktors A zum bereits vorhandenen Prädiktor Y.

$$QS_{zw, korr} = TQS[r^2(X, (AY)) - r^2(XY)]$$

Die Signifikanzprüfung der Effekte der unabhängigen Variablen A läuft damit auf die Signifikanzprüfung des Korrelationszuwachses hinaus, was mit der Prüfung der Partialkorrelation $r(XA/Y)$ rechnerisch identisch ist.

$$F = \frac{QS_{zw, korr}/(p-1)}{QS_{inn, korr}/(p(n-1)-1)} =$$

$$= \frac{TQS[r^2(X, (AY)) - r^2(XY)]}{TQS[1 - r^2(X, (AY))]} \cdot \frac{p(n-1)-1}{p-1} =$$

$$= \frac{r^2(X, (AY)) - r^2(XY)}{1 - r^2(X, AY))} \cdot \frac{p(n-1)-1}{p-1}$$

Zusammenfassung der Beziehungen zwischen Varianzanalyse, Kovarianzanalyse und Korrelation:

A = unabhängige Variable (dargestellt durch die Binärvariablen A_1, $A_2 \ldots A_{p-1}$)

X = abhängige Variable

Y = Kovariable

Varianzanalyse:

$$QS_{zw} = TQS \cdot r^2(AX)$$
$$QS_{inn} = TQS \cdot (1 - r^2(AX))$$

$$F = \frac{r^2(AX)}{1 - r^2(AX)} \cdot \frac{p(n-1)}{p-1}$$

Kovarianzanalyse:

$$TQS_{korr} = TQS \cdot [1 - r^2(XY)]$$
$$QS_{inn, korr} = TQS \cdot [1 - r^2(X, (AY))]$$
$$QS_{zw, korr} = TQS \cdot [r^2(X, (AY)) - r^2(XY)]$$

$$F = \frac{r^2(X, (AY)) - r^2(XY)}{1 - r^2(X, (AY))} \cdot \frac{p(n-1) - 1}{p-1}$$

Unter r (AX) ist die multiple Korrelation zwischen X und den p – 1 Kodiervariablen für die unabhängige Variable A zu verstehen; unter r (X, (AY)) die multiple Korrelation zwischen X und den p – 1 Kodiervariablen für A plus der Kovariablen Y.

Bevor wir nun zur Diskussion der Anwendungsfälle übergehen, noch vorsorglich einige Bemerkungen darüber, was Kovarianzanalysen *nicht* sind; manche Lehrbücher legen hier Mißverständnisse nahe:

1. Eine Kovarianzanalyse ist rechnerisch *nicht* dasselbe wie eine Varianzanalyse mit A als unabhängiger Variabler und den Residuen von X auf Y (totale Regressionslinie) als abhängiger Variabler.

Die Kovarianzanalyse entspricht der Prüfung der Partialkorrelation r (AX/Y) = r [(A – Â), (X – X̂)], d.h. der aus Y vorhersagbare Anteil wird sowohl aus A als auch aus X entfernt.

Bei einer Varianzanalyse mit A als unabhängiger Variabler und den Residuen von X auf Y als abhängiger Variabler hingegen wird nur aus der abhängigen Variablen X der aus Y vorhersagbare Teil entfernt. Das entspricht der Prüfung der Semipartialkorrelation r [A, (X – X̂)].

Zwischen Partialkorrelation und Semipartialkorrelation besteht folgende Beziehung:

$$\rho\,[A,(X-\hat{X})] = \rho\,[(A-\hat{A}),(X-\hat{X})] \cdot \sqrt{1-\rho^2(AY)}$$

Da demnach die Semipartialkorrelation Null ist, wenn die Partialkorrelation Null ist, besteht hinsichtlich der Nullhypothese eine sachliche Entsprechung. Da andererseits die Semipartialkorrelation kleiner/gleich der Partialkorrelation ist, ist die Prüfung der Partialkorrelation das effizientere Verfahren – weshalb eben auch Kovarianzanalysen als Tests der Partialkorrelation durchgeführt werden.
2. In Lehrbüchern (z. B. KIRK, 1968, S. 471) wird folgende Formel angeboten, um die Gruppenmittelwerte in der abhängigen Variablen für Unterschiede in der Kovariablen zu korrigieren:

$$\overline{X}_{\cdot j\,korr} = \overline{X}_{\cdot j} - b_{inn}\,(\overline{Y}_{\cdot j} - \overline{Y}_{\cdot\cdot})$$

Die $QS_{zw,\,korr}$, wie sie in der Kovarianzanalyse berechnet wird, ist *nicht* mit der Quadratsumme zwischen diesen korrigierten Mittelwerten identisch. Inwieweit die so berechneten $\overline{X}_{\cdot j\,korr}$ zutreffend als die «um den Einfluß der Kovariablen Y bereinigten» Mittelwerte interpretiert werden können, wird bei den einzelnen Anwendungsfällen getrennt zu diskutieren sein.

10.3 Diskussion der Anwendungsfälle

10.3.1 Kovarianzanalyse zur Reduktion der Errorvarianz

Ein Beispiel wurde schon auf S. 265 gegeben. Die Wirkung eines Medikaments (unabhängige Variable A) auf die Leistung beim Problemlösen (abhängige Variable X) sollte untersucht werden. Die Versuchspersonen wurden nach dem Zufall auf die experimentellen Bedingungen (Placebo, zwei Medikamente-Bedingungen) aufgeteilt und für jede Gruppe der Mittelwert der Leistung bei den Problemlösungsaufgaben festgestellt. Um die Effizienz des Versuchsplans zu verbessern, wurde vor Einnahme des Medikaments ein allgemeiner Intelligenztest durchgeführt und diese Werte als Kovariable (Y) verwendet. Die Prüfung der Nullhypothese (die Medikamentenbedingungen haben keine Wirkung) soll mittels des F-Tests der Kovarianzanalyse erfolgen. Außerdem sollen nach der oben angegebenen Formel die korrigierten Mittelwerte berechnet werden, um Aussagen über die Größe der durch das Medikament hervorgerufenen Effekte zu machen. Sind die Voraussetzungen der Kovarianzanalyse erfüllt, so macht die theoretische Deutung und inhaltliche Interpretation der Ergebnisse bei diesem Anwendungsfall keinerlei Schwierigkeiten.

Zunächst zum Signifikanztest: Die einfache Varianzanalyse prüft die (multiple) Korrelation zwischen der unabhängigen Variablen (Medikamenten-Bedingungen A, dargestellt durch Kodiervariable) und der abhängigen Variablen (Problemlösen X), also r (AX). Die Kovarianzanalyse prüft die Partialkorrelation zwischen unabhängiger Variablen A und abhängiger Variablen X, bei Auspartialisierung der Kovariablen (allgemeine Intelligenz Y), also r (AX/Y).

Da die Gruppenaufteilung nach dem Zufall erfolgte, können sich die Gruppen nach der allgemeinen Intelligenz nur zufällig unterscheiden. Für die Grundgesamtheit muß gelten: ρ (AY) = 0.

Daraus ergibt sich nun für die Partialkorrelation, wenn man in die allgemeine Formel (S. 242) einsetzt:

$$\rho(AX/Y) = \frac{\rho(AX) - \rho(XY) \cdot \rho(AY)}{\sqrt{(1 - \rho^2(XY)) \cdot (1 - \rho^2(AY))}} = \frac{\rho(AX)}{\sqrt{1 - \rho^2(XY)}}$$

Bezüglich der Nullhypothese besteht somit zwischen ρ (AX) und ρ (AX/Y) eine sachliche Entsprechung: Wenn ρ (AX) = 0, dann ist auch die Partialkorrelation ρ (AX/Y) = 0. Andererseits sieht man an obiger Formel, daß die Partialkorrelation ρ (AX/Y) größer/gleich der Korrelation ρ (AX) ist. Das bedeutet, daß die Prüfung der Partialkorrelation (F-Test der Kovarianzanalyse) mit einem geringeren Beta-Risiko verbunden ist als die Prüfung der Korrelation ρ (AX) (F-Test der einfachen Varianzanalyse). Dieser Gewinn an Effizienz ist umso größer, je größer ρ (XY), d.h. je enger der Zusammenhang zwischen abhängiger Variabler und der Kovariablen.

Zur Interpretation der korrigierten Mittelwerte:

Die Berechnung von korrigierten Gruppenmittelwerten (S. 274) führt zu einer genaueren Schätzung der Unterschiede zwischen den Treatment-Bedingungen. Die Korrektur wird jedoch insbesondere bei größerem Stichprobenumfang nur geringfügig sein, da die Mittelwertsunterschiede in der Kovariablen infolge der Randomisierung gering sein müssen. Der durch eine Kovarianzanalyse erzielte Gewinn entsteht primär durch die Reduktion der Varianz innerhalb, nicht durch die Korrektur der Mittelwerte.

Man beachte, daß der Versuchsplan auch ohne Kovarianzanalyse korrekt wäre: Die Mittelwertsunterschiede zwischen drei unabhängigen Gruppen können mittels einfacher Varianzanalyse auf Signifikanz geprüft werden. Sind die Unterschiede signifikant, so können sie als Medikamenten-Wirkung interpretiert werden. Die Vormessung (allgemeine Intelligenz) wird durchgeführt, um die Effizienz des Versuchsplans zu verbessern, d.h. das Beta-Risiko zu reduzieren. Die Vormessung könnte entweder dazu verwendet werden, die drei Gruppen zu parallelisieren, oder auch – wie hier geschehen – um eine Kovarianzanalyse durchzuführen.

Beide Vorgehensweisen (Parallelisierung und Kovarianzanalyse) sind geeignet, das Beta-Risiko zu reduzieren, und zwar nahezu gleich gut. Die Kovarianzanalyse hat gegenüber der Parallelisierung den Vorteil, daß an den Vortest sofort der Hauptversuch angeschlossen werden kann, während bei der Parallelisierung erst der Vortest ausgewertet werden und die Gruppenaufteilung vorgenommen werden muß. Dadurch werden bei der Parallelisierung in der Regel zwei Sitzungen erforderlich. Nachteil der Kovarianzanalyse ist, daß sie an eine Reihe statistischer Voraussetzungen gebunden ist und man vor dem Experiment nicht sicher sein kann, ob sie erfüllt sein werden. Stellt sich heraus, daß die Voraussetzungen für die geplante Kovarianzanalyse nicht erfüllt sind, so gibt es keine Möglichkeit mehr, die Vormessung nutzbar zu machen. Man muß sich damit abfinden, sie umsonst erhoben zu haben, und sich mit einer Auswertung mittels einfacher Varianzanalyse für unabhängige Gruppen (oder auch Rangvarianzanalyse für unabhängige Gruppen nach KRUSKAL-WALLIS) begnügen. Nach einer Parallelisierung hingegen kann in jedem Fall ein statistisches Verfahren für abhängige Gruppen verwendet werden (Varianzanalyse für abhängige Gruppen oder auch Rangvarianzanalyse für abhängige Gruppen nach FRIEDMAN), was gegenüber der Verwendung von Verfahren für unabhängige Gruppen eine Reduktion des Beta-Risikos bedeutet. Die Verwendung einer Vormessung zur Parallelisierung erscheint somit als das sicherere, die Verwendung als Kovariable als das ökonomischere Vorgehen.

10.3.2 Kovarianzanalyse zur Aufklärung der Treatment-Wirkung

Unser Beispiel lautete: Die Wirkung von drei Medikamenten-Bedingungen (Placebo, zwei unterschiedliche Dosen des Medikaments) auf das Problem-Lösen soll untersucht werden. Insbesondere soll untersucht werden, ob die durch das Medikament hervorgerufene Leistungsminderung auf eine Verschlechterung der Konzentrationsfähigkeit zurückzuführen ist, oder ob darüber hinaus eine spezifische Wir-

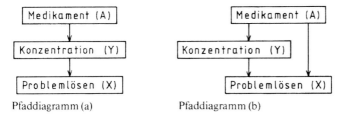

Pfaddiagramm (a)   Pfaddiagramm (b)

Abb. 10.1: Zwei Pfaddiagramme zur Wirkung eines Medikaments auf Problemlösen und Konzentration.

kung auf die Denkfähigkeit besteht. Dazu werden die Versuchspersonen nach dem Zufall auf die drei Medikamenten-Bedingungen aufgeteilt und haben unter Medikamenten-Einfluß sowohl den Konzentrationstest als auch den Problemlösungstest zu bearbeiten.

Die Auswertung sieht vor, zunächst mit einer einfachen Varianzanalyse die Wirkung des Medikaments sowohl auf die Konzentrationsfähigkeit als auch auf das Problemlösen zu überprüfen. Danach soll mit einer Kovarianzanalyse geprüft werden, ob die Leistungsminderung im Problemlösen durch die geminderte Konzentrationsfähigkeit zu erklären ist. Es soll zwischen Pfaddiagramm (a) und Pfaddiagramm (b) entschieden werden (Abb. 10.1).

Pfaddiagramm (a) entspricht der Nullhypothese «Das Medikament hat keinen spezifischen Einfluß auf die Denkfähigkeit», Pfaddiagramm (b) der Alternativhypothese «Das Medikament hat einen über die Beeinträchtigung der Konzentrationsfähigkeit hinausgehenden Einfluß auf das Problemlösen». Wenn der F-Test der Kovarianzanalyse signifikant ist, soll die Alternativhypothese angenommen werden. Darüber hinaus sollen die korrigierten Mittelwerte (Formel S. 274) berechnet werden. Die Unterschiede zwischen den korrigierten Mittelwerten sollen als direkte, d. h. nicht über die Konzentrationsfähigkeit vermittelte, Wirkung des Medikaments interpretiert werden.

Unter welchen Umständen ist nun eine solche Interpretation gerechtfertigt?

Da die Kovarianzanalyse eine Prüfung der Partialkorrelation zwischen Medikamenten-Bedingungen und Problemlösen bei Auspartialisierung der Konzentration ist, können wir auf die Ergebnisse aus Kapitel 9.2 zurückgreifen. Bei der Interpretation von Partialkorrelationen waren wir im wesentlichen auf zwei Probleme gestoßen:

1) Die Variable, die auspartialisiert werden soll (Konzentration), kann nicht frei von Meßfehlern und irrelevanten Komponenten genau

277

in der Zusammensetzung gemessen werden, wie sie sich auf die andere(n) Variable(n) (in unserem Fall das Problemlösen) auswirkt. Als Folge davon gelingt die Auspartialisierung nur unvollständig.

2) Partialkorrelationen sind, was die Kausalinterpretation anlangt, ebenso vieldeutig wie die Korrelationen, aus denen sie berechnet wurden. Eine bestimmte Wirkungsrichtung ist nicht nachzuweisen – es sei denn, man hat weitere Informationsquellen. Zieht man von vornherein nur eine Möglichkeit des Kausalzusammenhangs in Betracht, so kann man zu groben Fehlinterpretationen gelangen.

Wir wenden nun Punkt (1) auf unser Anwendungsbeispiel an:

Es ist unrealistisch, anzunehmen, die Konzentration werde frei von Meßfehlern und für das Problemlösen irrelevanten Komponenten gemessen. Eine irrelevante Komponente könnte z. B. ein numerischer Faktor sein, wenn der Konzentrationstest Rechenaufgaben enthält und der Problemlösungstest keine numerische Komponente enthält. Sofern es nur um Meßfehler geht (oder irrelevante Komponenten, die sich insofern wie Meßfehler verhalten, als sie mit den übrigen Variablen nicht korrelieren), kann man immerhin sagen, daß die Korrektur in die richtige Richtung ging, aber die Wirkung der Konzentration auf das Problemlösen unvollständig eliminiert wurde.

Ein signifikantes Ergebnis in der Kovarianzanalyse läßt somit u. a. folgende Deutungen zu:

a) Das Medikament wirkt sich außer über die Konzentration auch direkt auf das Problemlösen aus.

b) Das Medikament wirkt sich nur über die Konzentration auf das Problemlösen aus. Die Wirkung der Konzentration wurde jedoch infolge von Meßfehlern nur unvollständig eliminiert. Entsprechend können dann auch die nach der Korrektur verbleibenden Mittelwertsunterschiede entweder die Wirkung des Medikaments auf die konzentrationsunabhängige Komponente des Problemlösens (spezielle Wirkung auf die Denkfähigkeit) darstellen, oder aber die nicht eliminierte Restwirkung der Konzentration.

Zwischen diesen beiden Möglichkeiten ist nur unter Hinzunahme weiterer Informationsquellen (inhaltliche Argumente über die Validität des Konzentrationstests) zu entscheiden.

Was wäre nun, wenn das Ergebnis der Kovarianzanalyse nicht signifikant gewesen wäre und die in der Varianzanalyse befundenen Effekte in der Kovarianzanalyse verschwunden wären? Wir nehmen an, der Stichprobenumfang sei groß genug, um einen Beta-Fehler mit hinreichender Sicherheit auszuschließen. Kann man nun Pfaddiagramm (a) als belegt betrachten?

Wenn man, wie in Punkt (2) angesprochen, außer den Pfaddiagrammen (a) und (b) weitere Möglichkeiten in Betracht zieht, so findet man sowohl für das Verschwinden als auch für das Nicht-Verschwinden der Effekte in der Kovarianzanalyse eine Reihe weiterer möglicher Kausalerklärungen.

Betrachtet man die Formel für die Partialkorrelation (S. 275), so stellt man fest, daß die Partialkorrelation Null ist, wenn gilt:

$$\rho(AX) = \rho(AY) \cdot \rho(XY)$$

Diese Beziehung kann aus unterschiedlichsten Gründen erfüllt oder nicht erfüllt sein. In Pfaddiagramm (c) wirkt sich das Medikament auf die allgemeine Konzentrationsfähigkeit überhaupt nicht aus, wohl aber auf die spezifische Komponente des Konzentrationstests (numerischer Faktor) und die spezifische Komponente des Problemlöse-Tests (Denkfähigkeit), siehe Abbildung 10.2.

Auch in diesem Pfaddiagramm kann die Beziehung $\rho(AX) = \rho(AY) \cdot \rho(XY)$ erfüllt sein und damit die Partialkorrelation Null sein, z. B. dann, wenn sich das Medikament auf das Problemlösen wenig auswirkt ($\rho(AX)$ ist dann klein), auf den numerischen Faktor stark auswirkt ($\rho(AY)$ ist dann mittelgroß), und aufgrund der allgemeinen Konzentrationsfähigkeit der Problemlösetest mit dem Konzentrationstest mittelhoch korreliert.

Das Verschwinden der in der Varianzanalyse signifikanten Effekte bei Verwendung des Konzentrationstests als Kovariable läßt also (abgesehen von einer Interpretation als Beta-Fehler) als theoretische Deutungen folgende Extremfälle zu:

a) Das Medikament wirkt sich nur über die Konzentrationsfähigkeit auf das Problemlösen aus.

b) Das Medikament wirkt sich nur auf die für das Problemlösen irrelevante Komponente des Konzentrationstests (numerischer Faktor)

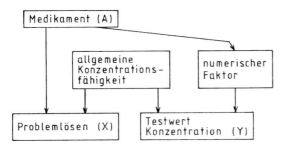

Abb. 10.2: Pfaddiagramm (c) zur Wirkung eines Medikaments auf Problemlösen und Konzentration.

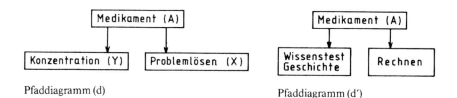

Pfaddiagramm (d)   Pfaddiagramm (d')

Abb. 10.3: Pfaddiagramm (d) und (d') zur Wirkung eines Medikaments auf zwei Leistungen.

und auf die konzentrationsunabhängige Komponente des Problem-löse-Tests aus (spezifische Wirkung auf die Denkfähigkeit).

Weitere Möglichkeiten lassen sich unschwer konstruieren: In Pfaddiagramm (d) (Abb. 10.3) wird angenommen, daß sich das Medikament sowohl auf die Konzentration als auch auf das Problemlösen auswirkt, zwischen Konzentration und Problemlösen jedoch keine kausale Verbindung besteht. Konzentration und Problemlösen dürften jedoch faktisch korreliert sein. Wenn hinsichtlich der Wirkung des Medikaments individuelle Unterschiede bestehen, wird das zusätzlich zur Erhöhung der Korrelation zwischen Konzentration und Problemlösen beitragen. Wenn sich nun das Medikament auf den Konzentrationstest etwas stärker auswirkt als auf das Problemlösen, so wird die Beziehung $\rho\,(AX) = \rho\,(AY)\,\rho\,(XY)$ erfüllt sein, d.h. die Effekte des Medikaments auf das Problemlösen werden in der Kovarianzanalyse mit dem Konzentrationstest als Kovariable verschwinden.

Wie unsinnig es sein kann, aus dem Verschwinden der Medikamenteneffekte in der Kovarianzanalyse zu schließen, die Kovariable müsse das Vermittlungsglied für den Medikamenteneffekt gewesen sein, wird an einem anderen inhaltlichen Beispiel deutlich, das in Pfaddiagramm (d') dargestellt ist (Abb. 10.3). Das Medikament möge generell leistungsbeeinträchtigend wirken, so daß die Versuchspersonen unter Medikamenteneinfluß sowohl beim Wissenstest Geschichte als auch beim Rechnen schlechter abschneiden. Das Rechnen sei etwas stärker betroffen als der Wissenstest. Rechnen und Geschichtswissen sind als Schulfächer vermutlich korreliert, wobei diese Korrelation durch den Medikamenteneinfluß noch steigen kann. Bei dieser Konstellation wird der Einfluß der Medikamenten-Bedingungen auf den Wissenstest Geschichte verschwinden, wenn eine Kovarianzanalyse mit «Rechnen» als Kovariable durchgeführt wird. Es ist jedoch bei diesem Beispiel aus inhaltlichen Gründen offensichtlich töricht, anzunehmen, das Medikament wirke sich vermittels der Rechenfähigkeit auf den Wissenstest aus oder die korrigierten Mittelwerte seien die um den Einfluß der Rechenfähigkeit bereinigten Mittelwerte im Geschichte-Test.

Zusammenfassend kommen wir zu folgenden Ergebnissen: Die Kovarianzanalyse führt weder bei einem signifikanten F-Wert noch bei Beibehaltung der Null-Hypothese zu einem zwingenden Schluß bezüglich der Frage, ob sich die unabhängige Variable (Medikament) nur vermittels der Kovariablen (Konzentration) oder auch direkt auf die abhängige Variable (Problemlösen) auswirkt. Sowohl ein signifikanter F-Wert als auch ein Verschwinden der in der Varianzanalyse signifikanten Effekte lassen mehrere theoretische Deutungen zu, zwischen denen aus formalen Gründen allein nicht zu entscheiden ist.

Glücklicherweise aber ist nicht jede Möglichkeit, die theoretisch-statistisch denkbar ist, auch inhaltlich plausibel. Es ist daher nicht ausgeschlossen, daß man in Einzelfällen zu überzeugenden Interpretationen kommt, auch wenn die entsprechenden Schlüsse mathematisch gesehen nicht zwingend sind.

10.3.3 Kovarianzanalyse zur Korrektur bei ungleicher Ausgangslage

Unser Beispiel lautete: Es soll untersucht werden, ob eine Therapie zur Reduktion von Prüfungsangst bei Männern und Frauen unterschiedlich wirksam ist. Es wird folgender Versuchsplan verwendet:

Männer: Erste Angstmessung – Behandlung – Zweite Angstmessung
Frauen: Erste Angstmessung – Behandlung – Zweite Angstmessung

Zur Beurteilung des Behandlungserfolgs werden die Ergebnisse der zweiten Messung herangezogen. Der Tatsache, daß bei der ersten signifikante Unterschiede zwischen Männer und Frauen bestanden haben (ungleiche Ausgangslage), soll Rechnung getragen werden, indem eine Kovarianzanalyse mit den Werten der ersten Messung als Kovariable durchgeführt wird. Wenn sich dann in der zweiten Messung «nach Abzug der auf die unterschiedliche Ausgangslage rückführbaren Anteile» noch Unterschiede zwischen Männern und Frauen zeigen, so wird geschlossen, daß die Therapie bei Männern und Frauen unterschiedlich erfolgreich war und daß dieser unterschiedliche Erfolg nichts mit der Ausgangslage zu tun hat.

Als erstes wollen wir an einem leicht überschaubaren Bespiel mit physikalischen Maßen zeigen, daß schon Meßfehler bei der ersten Messung genügen, um bemerkenswerte Artefakte zu produzieren. Mit Hilfe eines nach obigem Versuchsplan aufgebauten Experiments läßt sich «beweisen», daß dieselbe Tasche in der Hand eines Mannes weit mehr wiegt als in der Hand einer Frau. Alles was dazu benötigt wird, ist eine etwas ungenaue Waage mit zufälligen Meßfehlern. Das Experiment kann dann wie folgt durchgeführt werden:

Männer: Erste Gewichtsmessung – Ergreifen der Tasche – Zweite Gewichtsmessung

Frauen: Erste Gewichtsmessung – Ergreifen der Tasche – Zweite Gewichtsmessung

Wir nehmen folgende Ergebnisse an:

Erste Gewichtsmessung ohne Tasche (Kovariable Y)
Männer: $\overline{Y} = 80$ kg   s $= 5$ kg
Frauen: $\overline{Y} = 60$ kg   s $= 5$ kg

Zweite Gewichtsmessung mit 3 kg schwerer Tasche (abhängige Variable X)
Männer: $\overline{X} = 83$ kg   s $= 5$ kg
Frauen: $\overline{X} = 63$ kg   s $= 5$ kg

Die Reliabilität der Wägung (Korrelation zwischen erster und zweiter Messung) sei Rel $= \rho\,(XY) = 0.90$ (sowohl für Männer als auch für Frauen).

Wir berechnen nun die «um die Wirkung der Ausgangswerte bereinigten» Werte der zweiten Messung:
Die Formel (vgl. S. 274) lautete:

$$\overline{X}_{\cdot j\,korr} = \overline{X}_{\cdot j} - b_{inn}\,(\overline{Y}_{\cdot j} - \overline{Y}_{\cdot\cdot})$$

Für den Regressionskoeffizienten b_{inn} (Regression von X auf Y) erhalten wir:

$$b_{inn} = r(XY) \cdot \frac{s_X}{s_Y} = 0.9 \cdot \frac{5}{5} - 0.9$$

Für $\overline{Y}_{\cdot\cdot}$, den Gesamtmittelwert der ersten Wägung, erhalten wir:

$$\overline{Y}_{\cdot\cdot} = \frac{1}{2}\,(80 + 60) = 70$$

Diese Werte setzen wir in die Formel ein und erhalten dann die korrigierten Mittelwerte für

Männer: $\overline{X}_{korr} = 83 - 0.9\,(80 - 70) = 74$
Frauen: $\overline{X}_{korr} = 63 - 0.9\,(60 - 70) = 72$

Nach der Kovarianzkorrektur ergibt sich also ein Unterschied von 2 kg zu Lasten der Männer. Ob die Kovarianzanalyse signifikant wird, ist jetzt eine Frage des Stichprobenumfangs.

Wenn man (analog zum Therapiebeispiel) die nach der Korrektur für die Ausgangswerte verbleibenden Unterschiede in der zweiten Messung dahingehend interpretiert, daß sich das Treatment auf Männer und Frauen unterschiedlich ausgewirkt hat, so gelangt man zu dem Schluß, daß die Tasche für Männer um 2 kg schwerer ist als für Frauen: Offensichtlich ist das ein Artefakt.

Dieses Artefakt ist durch Meßfehler bedingt. Der Ausgangswert wurde mit einem unvollständig reliablen Maß gemessen und wird daher aus der zweiten Messung nicht vollständig herauskorrigiert. (Der Leser mag sich überzeugen, daß das Artefakt bei perfekter Reliabilität nicht aufgetreten wäre.) Will man diesen zunächst in der Terminologie der Kovarianzanalyse ausgedrückten Sachverhalt auch in der Terminologie der Partialkorrelation ausdrücken, so kann man sagen: Es bleibt eine Partialkorrelation zwischen Geschlecht (unabhängige Variable A) und zweiter Messung bestehen, weil das Gewicht durch die erste Messung nicht meßfehlerfrei erfaßt wurde. Die Bedingung, unter der die Partialkorrelation Null wird, nämlich

$$r\,(AX) = r\,(AY) \cdot r\,(XY)$$

ist nicht erfüllt, weil das Geschlecht mit erster und zweiter Messung gleich hoch korreliert, also $r\,(AX)$ gleich $r\,(AY)$, aber $r\,(XY)$ kleiner als 1 ist.

Meßfehler können, wie gezeigt, in der Kovarianzanalyse zur Interpretation von Artefakten führen. Solange es nur um Meßfehler geht, ist das Problem indes nicht unlösbar: LORD (1960) gibt Formeln an, die es ermöglichen, Reliabilitätsmängel der Kovariablen zu berücksichtigen und Artefakte der Art, wie sie eben dargestellt wurden, zu vermeiden. Schwieriger zu lösen sind andere Probleme, die bei dem Beispiel mit der Tasche nicht auftreten, wohl aber bei dem Therapiebeispiel und anderen psychologischen Anwendungsfällen:

Bei dem Beispiel einer zweimaligen Wägung unmittelbar hintereinander ist klar, daß die Werte ohne Treatment-Einfluß (Tasche) bis auf

Meßfehler gleich bleiben müssen. Eine Änderung des Gewichts von der ersten zur zweiten Messung ist einwandfrei auf das «Treatment» zurückzuführen. Eine bei Männern und Frauen unterschiedlich starke Änderung (die man nach der Reliabilitätskorrektur auch in der Kovarianzanalyse nicht finden wird) wäre auf bei Männern und Frauen unterschiedlich starke Treatment-Wirkung zurückzuführen.

Bei dem Therapiebeispiel hingegen besteht kein Anlaß zu erwarten, daß ohne Therapie die zweite Messung zum selben Ergebnis führen würde wie die erste. Über einen längeren Zeitraum mag sich die Prüfungsangst unbehandelt verstärken oder auch abschwächen. Die Tendenz zur Spontanheilung oder auch Verschlimmerung kann bei Männern und Frauen verschieden sein, sei es aus Gründen, die mit der unterschiedlichen Ausgangslage (Angstniveau bei der ersten Messung) zusammenhängen, oder aus ganz anderen Gründen. Um überhaupt von einem Therapieerfolg sprechen zu können, muß für Männer und Frauen jeweils eine nicht behandelte Kontrollgruppe zur Verfügung stehen. Der Therapieerfolg ist dann nicht relativ zur ersten Messung der Versuchsgruppe (Messung vor Behandlungsbeginn), sondern relativ zur zweiten Messung der Kontrollgruppe zu bestimmen. Das kann geschehen, indem man als Maß für den Therapieerfolg die Abweichung von der Regressionsvorhersage aus der Kontrollgruppe verwendet oder auch einfach die Differenz zu einem nicht behandelten Paarling. Der Vergleich solcher Differenzen (Differenz zwischen zwei Paarlingen oder auch Differenz zwischen der behandelten Versuchsperson und einem aus der Kontrollgruppe für den Fall der Nicht-Behandlung errechneten Erwartungswert) stellt allerdings harte Anforderungen an das Skalenniveau der Angstmessung (siehe Kap. 7.1).

Nehmen wir nun an, unser Meßinstrument hätte Intervalleigenschaften und der Therapieerfolg sei als Differenz zu einem unbehandelten Paarling bestimmt worden. Es habe sich herausgestellt, daß der Therapieerfolg bei Männern größer ist als bei Frauen. Es soll nun untersucht werden, ob der größere Erfolg bei Männern durch die unterschiedlichen Ausgangswerte (höheres Angstniveau zu Beginn der Behandlung) bedingt ist. Dic Nullhypothese lautet: «Das Geschlecht wirkt sich nur über die Ausgangswerte auf den Therapieerfolg aus», die Alternativhypothese «Das Geschlecht wirkt sich (außer über die Ausgangswerte) auch über andere Variablen auf den Therapieerfolg aus». Kann diese Frage entschieden werden, indem man eine Kovarianzanalyse mit Geschlecht als unabhängige Variable, Therapieerfolg als abhängige Variable und Angstniveau vor der Behandlung als Kovariable rechnet?

Fragestellungen dieser Art wurden als Anwendungsfall (2) der Kovarianzanalyse «Kovarianzanalyse zur Aufklärung der Treatment-Wirkung» bereits behandelt. Wir können die Antwort von dort übernehmen: Für jedes mögliche Ergebnis der Kovarianzanalyse wird man mehrere plausible Erklärungen beibringen können, zumal, wenn man an die Vielzahl von Variablen denkt, hinsichtlich derer sich Männer und Frauen unterscheiden, von denen jede auch mit dem Angstniveau vor der Behandlung korreliert/nicht korreliert sein kann und mit dem Therapieeffekt interagieren/nicht interagieren kann. Zu einer abschließenden Kausalaussage wird man sicher nicht gelangen. In günstigen Fällen kann man in der Hypothesenbildung ein Stück weiter kommen: Wenn zwischen Ausgangswerten und Therapieerfolg ein enger Zusammenhang besteht und die Geschlechterunterschiede bei einer Kovarianzanalyse mit den Ausgangswerten als Kovariable verschwinden, so wird man sich vorzugsweise unter den mit der Ausgangslage korrelierten Variablen umschauen, wenn man den unterschiedlichen Therapieerfolg bei Männern und Frauen erklären will. Wäre das z.B. Kooperationsbereitschaft, so könnte man versuchen, die Kooperationsbereitschaft experimentell zu variieren, usw.

Zusammenfassend stellen wir fest:

1) Will man wissen, ob der Treatmenteffekt (Therapie-Erfolg) bei zwei Gruppen (Männern und Frauen), die sich in der Ausgangslage unterscheiden (Angstniveau zu Beginn der Behandlung), gleich oder verschieden ist, so genügt es nicht, die unterschiedliche Ausgangslage in einer Kovarianzanalyse «herauszukorrigieren», und zwar aus folgenden Gründen:

a) Die Messung der Ausgangslage enthält Meßfehler und vermutlich auch irrelevante Komponenten. Meßfehler führen zu einer Unterkorrektur, irrelevante Komponenten können zu einer Unter- oder Überkorrektur führen.

b) Auch wenn es gelänge, die Messung am Ende der Therapie bezüglich der ungleichen Ausgangslage zu korrigieren, so wäre das in der Regel kein zulängliches Maß für den Therapie-Erfolg. Der Therapie-Erfolg sollte vielmehr relativ zu einer geeignet gewählten Kontrollgruppe gemessen werden.

2) Wenn man festgestellt hat, daß sich die unabhängige Variable (Geschlecht) auf den in geeigneter Weise gemessenen Therapie-Erfolg auswirkt, kann man weiter fragen, inwieweit dieser unterschiedliche Erfolg auf die ungleiche Ausgangslage zurückgeht. Zur Beantwortung dieser Frage kann man eine Kovarianzanalyse in Betracht ziehen. In aller Regel bleiben die Ergebnisse jedoch auch nach einer Kovarianzanalyse inhaltlich mehrdeutig.

10.4 Artefakte durch nichterfüllte Voraussetzungen

Bisher waren wir bei allen Anwendungsbeispielen davon ausgegangen, daß die formal-statistischen Voraussetzungen der Kovarianzanalyse erfüllt sind. Nun soll an einem Beispiel gezeigt werden, daß nichterfüllte Voraussetzungen zu Fehlinterpretationen führen können.

Wir greifen auf unser Beispiel für Anwendungsfall 2 (Kovarianzanalyse zur Aufklärung der Treatment-Wirkung) zurück und nehmen folgendes an:

Die Wirkung eines anregenden Medikaments, verglichen mit einem Leerpräparat, auf die Problemlösefähigkeit soll untersucht werden. Es soll weiter untersucht werden, ob sich das Medikament nur vermittels der Konzentrationsfähigkeit oder auch unabhängig davon auf das Problemlösen auswirkt.

Tatsächlich wirke sich das Medikament nur durch eine Steigerung der Konzentrationsfähigkeit auf das Problemlösen aus. Es stehe ein idealer Konzentrationsleistungstest zur Verfügung, der genau die für das Problemlösen relevanten Aspekte frei von Meßfehlern und irrele-

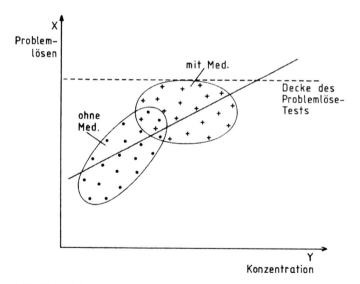

Abb. 10.4: Nicht-lineare Regression in Folge eines Decken-Effekts.

———— = Regressionsgerade des Problemlösetests auf den Konzentrationstest. Infolge des nicht-linearen Regressionsverlaufs liegen in der Verteilung «mit Medikament» mehr Punkte über der Regressionsgeraden, in der Verteilung «ohne Medikament» mehr Punkte unter der Regressionsgeraden. Die Abweichungen von der Regressionsgeraden korrelieren mit der Medikamentenbedingung.

vanten Komponenten mißt. Damit wären anscheinend alle Voraussetzungen gegeben, damit die Wirkung der Konzentration erfolgreich eliminiert wird. Die in der Varianzanalyse signifikanten Effekte sollten
in der Kovarianzanalyse verschwinden.

Nun nehmen wir aber an, der Problemlösungstest messe nur im
unteren und mittleren Bereich gut, im oberen Bereich jedoch infolge
zu niedriger Decke sehr ungenau. Was wären die Folgen?

Die Punktwolke könnte aussehen wie in Abbildung 10.4 dargestellt,
und die Voraussetzungen der Kovarianzanalyse wären nicht erfüllt:
Die Regressionskoeffizienten innerhalb wären nicht homogen und die
Varianzen der Residuen um die Regressionslinien innerhalb nicht
gleich. All das würde dem aufmerksamen Forscher sicher nicht ent-
gehen. Aber es soll ja auch weniger aufmerksame geben und nicht
jedes Computerprogramm testet von sich aus die Voraussetzungen.
Was würde also geschehen, wenn der Computer trotzdem eine Kovarianzanalyse unter Zugrundelegung eines linearen Zusammenhangs
rechnen würde?

Aus Abbildung 10.4 sieht man, daß bei Anpassung einer Regres-
sionsgeraden durch beide Punktwolken mehr Punkte aus der Placebo-
Bedingung als aus der Medikamenten-Bedingung unter die Regres-
sionsgerade zu liegen kommen. Da die Residuen also noch mit den
Treatmentvariablen korrelieren, wird die Kovarianzanalyse einen
Treatmenteffekt ausweisen. Das würde in diesem Fall zu dem irrigen
Schluß führen, daß das Medikament einen über die Förderung der
Konzentration hinausgehenden positiven Effekt auf das Problemlösen
habe.

10.5 Literaturbeispiele

Beispiel 1 nach: BAYER, A.E. & AUSTIN, H.S.: Sex differencials in
the academic reward system. Science 188, 1975, 796–802. Referiert
nach WOLINS (1976).

BAYER & AUSTIN befragten je 2000 männliche und weibliche Wissenschaftler, die im akademischen Bereich tätig waren. Dabei wurde
u.a. die akademische Position, die Zahl der Publikationen und das
Einkommen erfragt. Es zeigte sich, daß Frauen häufiger in unteren
akademischen Rängen anzutreffen waren, geringeres Einkommen bezogen und eine geringere Zahl von Publikationen aufzuweisen hatten.

Um die Frage zu beantworten, ob Frauen benachteiligt werden,
führten BAYER & AUSTIN eine Kovarianzanalyse mit Geschlecht als
unabhängige Variable, Einkommen als abhängige Variable und Zahl

der Publikationen als Kovariable durch. Auch bei Berücksichtigung der Zahl der Publikationen als Kovariable zeigte sich ein Einkommensunterschied zuungunsten der Frauen, was BAYER & AUSTIN im Sinne einer Benachteiligung der Frauen trotz gleicher Leistung interpretieren. WOLINS (1976) führt an dieser Arbeit eine exemplarische und für viele ähnlich angelegte Untersuchungen instruktive Reanalyse durch:

Er dreht den Spieß um, indem er die Zahl der Publikationen als abhängige Variable betrachtet und das Einkommen als Kovariable verwendet. Auch in diesem Fall kommt man zu einem Mittelwertsunterschied zuungunsten der Frauen, der aber diesmal besagt, daß Frauen bei gleicher Bezahlung weniger publizieren – was bezüglich der Gerechtigkeit der Bezahlung den entgegengesetzten Schluß nahelegt.

Wie ist nun dieses anscheinend paradoxe Ergebnis verständlich zu machen? Sowohl Einkommen als auch Zahl der Publikationen hängen von einem Bündel von Variablen ab, die die akademische Leistung ausmachen (und können beide als – wenn auch unzulängliche – Indikatoren der akademischen Leistung angesehen werden). In allen diesen Variablen bestehen vermutlich Geschlechterunterschiede zuungunsten der Frauen, d.h. die Variablen korrelieren mit dem Geschlecht. Es ist dann nicht verwunderlich, wenn das Einkommen aus Zahl der Publikationen und Geschlecht besser vorhergesagt werden kann als aus der Zahl der Publikationen allein. Ebenso ist zu erwarten, daß die Zahl der Publikationen aus Einkommen und Geschlecht besser vorherzusagen ist als aus dem Einkommen allein. Dies liegt daran, daß das Geschlecht jeweils ein indirekter Indikator für weitere Variablen ist, die die abhängige Variable (Zahl der Publikationen oder Einkommen) beeinflussen.

Das Beispiel läßt sich Anwendungsfall 2 aus Kapitel 10.1 (Kovarianzanalyse zur Aufklärung der Treatment-Wirkung) zuordnen: Es sollte entschieden werden, ob sich das Geschlecht nur vermittels der Zahl der Publikationen oder auch direkt auf das Einkommen auswirkt. Da die Zahl der Publikationen nur ein sehr unzulänglicher Indikator der akademischen Leistung ist, wird letztere nicht vollständig auspartialisiert, und Unterschiede der akademischen Leistung stellen weiterhin eine naheliegende Erklärung für den verbleibenden Rest-Zusammenhang zwischen Geschlecht und Bezahlung dar.

Beispiel 2 nach: AUSUBEL, D. P. & YOUSSEF, M.: Role of Discriminability in meaningful learning. Journal of Educational Psychol. 54, 1963, 331 – 336.

Die folgende Kurzdarstellung umfaßt nur einen Teil der Arbeit von AUSUBEL & YOUSSEF.

Gegenstand der Untersuchung ist das Erlernen verbaler Inhalte, wie es in vielen Schulfächern, z. B. Geschichte, Philosophie usw. gefordert wird. Die Hypothese lautet: Neue Inhalte (ideas) werden schlechter gelernt, wenn sie von bereits bekannten (old ideas) schlecht unterscheidbar sind – sei es, daß die alten Inhalte selbst unklar sind, sei es, daß die neuen von alten schlecht abgehoben sind.

Erster Versuchsteil:

Als neu zu erlernendes Material wurde ein Text über die Grundgedanken des Buddhismus gewählt. Die wesentlichen Inhalte des Christentums konnten als allgemein bekannt vorausgesetzt werden und stellten die alten, bekannten Inhalte dar. Die Unterscheidbarkeit der neuen Inhalte (Buddhismus) von den alten (Christentum) sollte experimentell variiert werden, indem vor der Lernphase ein Einleitungstext geboten wurde. Dieser sollte in der Versuchsgruppe von Unterschieden zwischen Christentum und Buddhismus handeln (erhöhte Abhebung der Inhalte), in der Vergleichsgruppe historische und biographische Informationen über Christentum und Buddhismus enthalten.

Versuchsablauf: An dem Versuch nahmen 162 Studenten teil. Zunächst wurde eine Vortestung durchgeführt. Diese enthielt einen Wissenstest über das Christentum und den SCAT (School and College Ability Test, ein verbaler Test der allgemeinen schulischen Leistungsfähigkeit). Die Versuchspersonen wurden nach den Ergebnissen des Wissenstests über das Christentum in drei Gruppen geteilt (hohes, niedriges, mittleres Wissen). Jede der drei Gruppen wurde dann nach dem Zufall in zwei Hälften geteilt, von denen die eine die Versuchsbedingung (Einleitungstext mit erhöhter Abhebung), die andere die Vergleichsbedingung (historischer Einleitungsteil) erhielt. Darauf folgte der Informationstest über den Buddhismus (Lernphase) und die Wissenabfrage über diesen Text.

Hypothesen: Es wurde erwartet, daß

a) Schüler mit höherem Wissen über das Christentum (klarere «alte Inhalte») den Buddhismus-Text besser lernen

b) Schüler der Versuchsgruppe (Einleitungstext, der auf erhöhte Abhebung der neuen Inhalte abzielt) den Buddhismus-Text besser lernen als die Schüler der Vergleichsgruppe (historischer Einleitungstext).

Auswertung: Die Auswertung erfolgte mittels Kovarianzanalyse. Unabhängige Variablen waren die Art des Einleitungstextes und das Wissen über das Christentum. Abhängige Variable war der Punktwert bei der Wissensabfrage über den Buddhismus am Ende des Versuchs.

Tab. 10.1: Ergebnisse des Wissentests über Buddhismus. Für Unterschiede im SCAT korrigierte Mittelwerte.

Wissen über Christentum	Versuchsgruppe	Vergleichsgruppe
oberstes Drittel	20.6	18.7
mittleres Drittel	19.1	17.6
unterstes Drittel	18.5	16.5

Die Ergebnisse des SCAT wurden als Kovariable verwendet, um die «allgemeine schulische Leistungsfähigkeit» zu kontrollieren. Tabelle 10.1 gibt die korrigierten Mittelwerte an:

Die Kovarianzanalyse ergab die Signifikanz beider Haupteffekte und keine Wechselwirkung. Das Ergebnis wurde als volle Bestätigung beider Hypothesen angesehen, daß nämlich sowohl die Klarheit des alten Wissens (Haupteffekt Christentum) als auch die Abhebung des neuen Stoffes (Haupteffekt Versuchsbedingung/Vergleichsbedingung) die Diskriminierbarkeit der neuen Inhalte von den alten erhöht und damit das Lernen verbessert.

Diskussion des ersten Versuchsteils: Die Interpretation des Haupteffekts Versuchsgruppe/Vergleichsgruppe als Wirkung der unterschiedlichen Einleitungstexte ist gerechtfertigt, da die Vpn den beiden Bedingungen nach dem Zufall zugewiesen wurden (entspricht Anwendungsfall 1 in Kap. 10.1). Der Haupteffekt «Wissen über das Christentum» entspricht hingegen Anwendungsfall 2 in Kapitel 10.1 (unabhängige Variable und Kovariable sind korreliert) und läßt verschiedene Alternativinterpretationen zu:

a) Die Studenten mit hohem Wissen über das Christentum sind die allgemein «guten Schüler», also solche, die besser lernen. Diesem Einwand suchen die Autoren Rechnung zu tragen, indem sie den SCAT als Kovariable hinzuziehen. Der SCAT ist jedoch ein Breitbandverfahren, das zahlreiche in Hinblick auf die vorliegende Fragestellung irrelevante Komponenten enthält. Wenn das der Fall ist, können Unterschiede der Lernfähigkeit durch eine Kovarianzanalyse nur zum geringen Teil eliminiert werden.

b) Studenten mit hohem Wissen über das Christentum sind solche mit stärkerem Interesse an religiösen Fragen und haben vermutlich auch bessere Vorkenntnisse über Buddhismus. Die besseren Lernergebnisse der Studenten mit höherem Wissen über das Christentum wären dann nicht auf die bessere Diskrimination zwischen alten und neuen Inhalten zurückzuführen, sondern auf unterschiedlich starke Lernmotivation oder sogar direkte Unterschiede bezüglich des Vorwissens über den Buddhismus. Dieser Einwand wird von den Autoren zwar gesehen, kann jedoch nicht ausgeräumt werden. Lösungsvorschlag: Die Hinzunahme weiterer Kovariablen (Vorkenntnisse über Buddhismus, Interesse an religiösen Fragen) könnte den Versuch allenfalls etwas verbessern, aber die Einwände gegen die beabsichtigte Interpretation für den Haupteffekt «Wissen über das Christentum» nicht voll ausräumen. Statt dessen könnte man durch eine vorgeschaltete Instruktionsphase des Wissens über das Christentum experimentell variieren: Die Versuchspersonen könnten nach dem Zufall aufgeteilt und hinsichtlich des Christentums unterschiedlich stark unterwiesen werden. Die Variablen Vorkenntnisse, Lernfähigkeit usw. wären dann randomisiert und würden der Interpretation nicht mehr im Wege stehen.

Zweiter Versuchsteil:

Nach erfolgter Abfrage über die Buddhismus-Passage hatten die Studenten einen Text über Zen-Buddhismus zu lernen. Es wurde erwartet, daß Studenten mit höherem Wissen über den Buddhismus-Text den Zen-Buddhismus-Text besser lernen.

Die Auswertung erfolgte analog zum ersten Versuchsteil: Die Buddhismus-Kenntnisse waren unabhängige Variable, die Zen-Buddhismus-Kenntnisse abhängige Variable und der SCAT Kovariable. Die Ergebnisse bestätigten die Erwartung: Der Haupteffekt Buddhismus-Kenntnisse war sogar noch deutlicher als der Haupteffekt «Wissen über das Christentum» im ersten Versuchsteil. Die Autoren interpretieren, daß das größere bzw. geringere Wissen über den Buddhismus Ursache für den besseren bzw. schlechteren Erwerb des Zen-Buddhismus-Stoffes sei.

Diskussion des zweiten Versuchsteils: Daß die Lernscores im Buddhismus-Test mit den Lernscores im Zen-Buddhismus-Test korrelieren, überrascht nicht. Die Tatsache, daß dieser Zusammenhang auch nach Auspartialisieren des SCAT signifikant bleibt, steht zwar in Einklang mit dem postulierten Kausalzusammenhang, belegt ihn aber nicht: Ebenso plausibel ist es anzunehmen, daß durch den Buddhismus-Lerntest die für das Erlernen des Zen-Buddhismus-Textes erforderliche Lernfähigkeit weit spezifischer erfaßt wurde als durch den SCAT. Es wäre dann nicht verwunderlich, daß die Hinzunahme des Buddhismus-Lern-Tests als zusätzlicher Prädiktor zum SCAT die Vorhersage des Zen-Buddhismus-Lern-Tests verbessert. – Nichts anderes wird durch die Kovarianzanalyse gezeigt. In diesem Fall wären aber gute Buddhismus-Kenntnisse (klare «alte Inhalte») nicht sachliche Voraussetzung für den Erwerb der Zen-Buddhismus-Kenntnisse, sondern lediglich Indikator für Variablen, die beiden Lernprozessen zugrunde liegen (z. B. spezifische Lernfähigkeit, Motivation usw.).

Man könnte folgende Zusatzauswertung machen: Der Spieß wird umgedreht und die Ergebnisse des Zen-Buddhismus-Tests werden als unabhängige Variable verwendet, die Ergebnisse des Buddhismus-Tests als abhängige Variable und der SCAT wie zuvor als Kovariable. Vermutlich würde man nun einen signifikanten Haupteffekt «Zen-Buddhismus» finden. Es ist aber absurd, anzunehmen, daß der zweite Versuchsteil die Ergebnisse im ersten Lernversuch beeinflußt haben könnte. Damit ist offensichtlich, daß der signifikante Haupteffekt lediglich einen Zusammenhang zwischen unabhängiger und abhängiger Variable, nicht aber eine Kausalrichtung (die unabhängige Variable beeinflußt die abhängige) belegen kann.

Der Einfluß der Variable «Klarheit der Kenntnisse in Buddhismus» könnte nachgewiesen werden, wenn die Gruppen nach dem Zufall gebildet und die Variable «Klarheit der Buddhismus-Kenntnisse» experimentell variiert würde (siehe Diskussion des ersten Versuchsteils).

Anhang

Es soll gezeigt werden, daß

$$QS_{inn, korr} = TQS(X) [1 - r^2(X, (AY))]$$

Gemäß S. 271 war $QS_{inn, korr}$ bestimmt als

$$QS_{inn, korr} = QS(X)_{inn} - b^2_{inn} QS(Y)_{inn}$$

Eine Beziehung von dieser Formel zur Korrelationsrechnung läßt sich durch folgende Überlegungen herstellen:

Hätte man aus der unabhängigen Variable A die abhängige Variable X mittels (multipler) Regression vorherzusagen, so wären die aus A vorhergesagten Werte die Gruppenmittelwerte $\overline{X}_{.j}$. Die Abweichungen $X_{ij} - \overline{X}_{.j}$ sind also dasselbe wie die Abweichungen der Variable X von der Regressionsvorhersage von X aus A.

Analoges gilt für die Kovariable: Die Beträge $Y_{ij} - \overline{Y}_{.j}$ lassen sich als Abweichungen von der (multiplen) Regressionsvorhersage von Y aus A auffassen.

Die Korrelation der Residuen $X_{ij} - \hat{X}$ und $Y_{ij} - \hat{Y}$ ist die Partialkorrelation (Kap. 9), der Regressionskoeffizient zur Vorhersage von $X_{ij} - \hat{X}$ aus $Y_{ij} - \hat{Y}$ der Partialregressionskoeffizient b_{inn}:

$$b_{inn} = r[(X - \hat{X}), (Y - \hat{Y})] \cdot \frac{\sigma(X - \hat{X})}{\sigma(Y - \hat{Y})} = r(XY/A) \sqrt{\frac{QS_{inn}(X)/p(n-1)}{QS_{inn}(Y)/p(n-1)}}$$

und

$$b_{inn}^2 = r^2(XY/A) \cdot \frac{QS_{inn}(X)}{QS_{inn}(Y)}$$

Setzt man dieses Ergebnis oben ein, so erhält man:

$$QS_{inn, korr} = QS(X)_{inn} - r^2(XY/A) \frac{QS(X)_{inn}}{QS(Y)_{inn}} \cdot QS(Y)_{inn}$$

$$= QS(X)_{inn}(1 - r^2(XY/A))$$

Damit haben wir bereits die $QS_{inn, korr}$ durch die QS $(X)_{inn}$ und die Partialkorrelation $r^2(XY/A)$ dargestellt. Wir wollen nun noch den Zusammenhang zur TQS (X) und zur multiplen Korrelation herstellen: Wir setzen nun nach S. 269 für:

$$QS(X)_{inn} = TQS(X)(1 - r^2(AX))$$

und erhalten

$$QS_{inn, korr} = TQS(X) \cdot (1 - r^2(AX)) \cdot (1 - r^2(XY/A))$$

Setzt man für

$$(1 - r^2(AX))(1 - r^2(XY/A)) = 1 - r^2(X, (AY))$$

(siehe LORD & NOVICK, 1968, S. 267), so erhält man das Ergebnis

$$QS_{inn, korr} = TQS(X)[1 - r^2(X, (AY))]$$

Schlußbemerkung

Außer den in Kapitel 1 bis 10 genannten, sind noch viele weitere Fehler möglich. Da es aber auch ein Fehler wäre, nie mit dem Text zu Ende zu kommen, soll es bei den 10 Kapiteln bleiben; zuzüglich einer Bemerkung über den Computer, unseren Freund und Helfer, Statussymbol und Sündenbock.

Die meisten statistischen Auswertungen laufen ja mittlerweile über Computer. «Menschen können irren – ein richtiges Chaos anrichten kann nur unser Computer», so steht es an der Tür eines Rechenzentrums zu lesen. Würde der Computer indes wirklich von Zeit zu Zeit ein Chaos anrichten, so würde das den Benutzern vermutlich auffallen. Mir ist jedoch nur ein einziger, weit zurückliegender Fall bekannt, wo der Benutzer statt der gewünschten Signifikanzen seine Lochkarten mit dem lapidaren Vermerk «Card brake» zerrissen zurück bekam. Kleinere Auswertungsfehler sind häufiger und fallen weniger auf: Wenn irgendwo eine Lochkarte fehlt oder zu viel ist, so daß der angegebene Stichprobenumfang falsch ist, oder wenn auf der Lochkarte eine Zahl falsch plaziert ist, so daß sie mit 10 oder 100 multipliziert eingelesen wird, oder wenn in einer Auswertung von 0/1 Daten die 9 statt als «Missing-Data-Code» als Ziffer verrechnet wird, so kann das interessante Effekte erzeugen, ohne bemerkt zu werden. Es empfiehlt sich also, auch bei der Benutzung bewährter Programme stichprobenweise nachzurechnen.

Das alles kann dazu führen, daß man seine Arbeit nie zu Ende bringt, oder daß man schließlich eine sorgfältig durchgeführte Untersuchung mit gutem Gewissen publiziert – nachdem man mit Arbeitsstörungen, psychischer Sättigung u. ä. umzugehen gelernt hat.

Literatur

ADAMS, E.F.: A multivariate study of subordinate perceptions of and attitudes toward majority and minority managers. Journal of Applied Psychology 63, 1978, 277 – 288.

AMTHAUER, R.: Intelligenz-Struktur-Test (IST). Göttingen: Hogrefe 1953.

ANDERSON, G.L.: A comparison of the outcomes of instruction under two theories of learning. Unpublished doctoral dissertation. Univ. of Minnesota 1941. Zit. nach: CRONBACH & WEBB, 1975.

ANDERSON, T.W.: An introduction to multivariate analysis. New York: Wiley 1958.

ANDREWS, D.F., GNANADESIKAN, R. & WARNER, J.L.: Methods for assessing multivariate normality. In: KRISHNAIAH, P.R. (Ed.): Multivariate analysis Vol. III. New York: Academic Press 1973.

ARNOLD, W.: Der Pauli-Test. München: Barth 1961[3].

AUSUBEL, D.P. & YOUSSEF, M.: Role of discriminability in meaningful learning. Journal of Educational Psychology 54, 1963, 331 – 336.

BÄUMLER, G.: Kritische Anmerkungen zur Verwendung des Pauli-Test-Schwankungsprozents als individuellen Kennwert. Psychologie und Praxis 12, 1968, 133 – 139.

BAYLEY, N.: Consistency and variability in the growth of intelligence from birth to eighteen years. Journal of Genetic Psychology 75, 1949, 165 – 196.

BEREITER, C.: Some persisting dilemmas in the measurement of change. In: HARRIS, CH.W. (Ed.): Problems in measuring change. Wisconsin: Madison Press 1963.

BLOOM, B.S.: Stability and change in human characteristics. New York: Wiley 1964.

BORTZ, J.: Lehrbuch der Statistik. Heidelberg: Springer 1979.

BOX, G.E.P.: Some theorems on quadratic forms applied in the study of analysis of variance problems. Effect of inequality of variance in the one way classification. Annals of Mathematical Statistics 25, 1954, 290 – 302 und 484 – 498.

BOZIVICH, H., BANCROFT, T.A. & HARTLEY, H.O.: Power of analysis of variance procedures for certain incompletely specified models. Annals of Mathematical Statistics 27, 1956, 1017 – 1043.

BREWER, K.J.: On the power of statistical tests in the American Educational Research Journal. American Educational Research Journal 9, 1972, 391 – 401.

BROWNE, M.W.: A comparison of single sample and cross-validation methods for estimating the mean squared error of prediction in multiple linear regression. British Journal of Mathematical and Statistical Psychology 28, 1975, 112 – 120. (a)

BROWNE, M.W.: Predictive validity of a linear regression equation. British Journal of Mathematical and Statistical Psychology 28, 1975, 79 – 87. (b)

CAMPBELL, D.T., ERLEBACHER, A.: How regression artifacts in quasi-experimental evaluations can mistakenly make compensatory education look harmful. In: STRUENING, E.L. & GUTTENTAG, M. (Eds.): Handbook of evaluation research, Vol. I. Beverly Hills, California: Sage Public. 1975.

CAMPBELL, D.T. & STANLEY, J.C.: Experimental and quasi-experimental designs for research on teaching. In: GAGE, N.L. (Ed.): Handbook of research on teaching. Chicago: Rand McNally 1963.

CANTOR, G.N.: A note on a methodological error commonly committed in medical and psychological research. American Journal of Mental Deficiency 61, 1956, 17 – 18.

CHASE, L.J. & CHASE, R.B.: A statistical power analysis of applied psychological research. Journal of Applied Psychology 61, 1976, 234 – 237.

CHASE, L.J. & TUCKER, R.K.: A power analytic examination of contemporary communication research. Speech Monographs 42, 1975, 29 – 41.

CICIRELLI, V. et al.: The impact of Head Start: An evaluation of the efforts of Head Start on children's cognitive and affective development. Ohio University 1969. Zit. nach: CAMPBELL und ERLEBACHER 1975.

COHEN, J.: The statistical power of abnormal social psychological research: a review. Journal of Abnormal and Social Psychology 65, 1962, 145 – 153.

COHEN, J.: Statistical power analysis for the behavioral sciences. New York: Academic Press 1969, 1977².

COHEN, J. & COHEN, P.: Applied multiple regression-correlation analysis for the behavioral sciences. New York: Wiley 1975.

COLLIER, R.O., BAKER, F.B., MANDEVILLE, G.K. & HAYES, TH.F.: Estimates of the test size for several procedures based on conventionals variance ratios in the repeated measures design. Psychometrika 32, 1967, 339 – 353.

COLLINS, A., ADAMS, M.J. & PEW, R.W.: Effectiveness of an interactive map display in tutoring geography. Journal of Educational Psychology 70, 1978, 1 – 7.

CRONBACH, L.J. & FURBY, L.: How we should measure «change» – or should we? Psychological Bulletin 74, 1970, 68 – 80.

CRONBACH, L.J. & WEBB, N.: Between class and within class effects in a reported aptitude × treatment interaction: Reanalysis of a study by G.L. ANDERSON. Journal of Educational Psychology 67, 1975, 717 – 724.

DAVIDSON, M.L.: Univariate vs. multivariate tests in repeated measures experiments. Psychological Bulletin 77, 1972, 446 – 452.

DÜKER, H. & LIENERT, G.A.: Konzentrations-Leistungs-Test (KLT). Göttingen: Hogrefe 1959.

FITZGERALD, D. & AUSUBEL, D.P.: Cognitive versus affective factors in the learning and retention of controversial material. Journal of Educational Psychology 54, 1963, 73 – 84.

GEER, VAN DE, J.P.: Introduction to multivariate analysis for the social sciences. San Francisco: Freeman 1971.

GEISSER, S. & GREENHOUSE, S.W.: An extension of BOX's results on the use of the F-distribution in multivariate analysis. Annals of Mathematical Statistics 29, 1958, 885 – 891.

GOLDSTEIN, G. & HALPERIN, K.M.: Neuropsychological differences among subtypes of schizophrenia. Journal of Abnormal Psychology 86, 1977, 34 – 40.

GUSTAFSSON, J.E.: A note on class effects in aptitude × treatment interactions. Journal of Educational Psychology 70, 1978, 142 – 146.

GUTHKE, J.: Zur Diagnostik der intellektuellen Lernfähigkeit. Berlin: Deutscher Verlag der Wissenschaften 1972.

HARRIS, CH.W. (Ed.): Problems in measuring change. Madison: University of Wisconsin Press 1963.

HAVLICEK, L.L. & PETERSON, N.L.: Effect of the violation of assumptions upon significance levels of the Pearson r. Psychological Bulletin 84, 1977, 373 – 377.

HELMREICH, R.: Strategien zur Auswertung von Längsschnittdaten. Stuttgart: Klett 1977.

HOVLAND, C.L., LUMSDAINE, A.A. & SHEFFIELD, F.D.: Experiments on mass communication. Princeton: Princeton University Press 1949. Zit. nach: CAMPBELL & ERLEBACHER, 1975.

HUBER, H.P.: Psychometrische Einzelfalldiagnostik. Weinheim: Beltz 1973.

HUYNH, H.S.: Some approximate tests for repeated measurement designs. Psychometrika 43, 1978, 161 – 175.

HUYNH, H.S. & FELDT, L.S.: Estimation of the BOX correction for degrees of freedom from sample data in randomized block and split plot designs. Journal of Educational Statistics 1, 1976, 69 – 82.

IRLE, M.: Berufs-Interessen-Test (BIT). Göttingen: Hogrefe 1955.

JÖRESKOG, K.G. & SÖRBOM, D.: LISREL IV, User's Guide. Chicago: Educational Services 1978.

KAHNEMAN, D. & TVERSKY, A.: Belief in the law of small numbers. Psychological Bulletin 76, 1971, 105 – 111.

KALVERAM, K.TH.: Kompensatorische Kovarianz als Beispiel für einen Selektionseffekt. Oder: Wie man aus positiven Korrelationskoeffizienten negative macht. Archiv für die gesamte Psychologie 121, 1969, 255 – 265.

KALVERAM, K.TH.: Über Faktorenanalyse. Kritik eines theoretischen Konzepts und seine mathematische Neuformulierung. Archiv für die gesamte Psychologie 122, 1970, 92 – 118. (a)

KALVERAM, K.TH.: Probleme der Selektion in der Faktorenanalyse. Archiv für die gesamte Psychologie 122, 1970, 223 – 230. (b)

KALVERAM, K.TH.: System und Theorie in systemtheoretischer Sicht. Psychologische Beiträge 13, 1971, 366 – 375.

KETTEL, K.J.: Interpretationshilfen für den HAWIE. Diagnostica 15, 1969, 186 – 199.

KIRK, R.E.: Experimental design: Procedures for the behavioral sciences. Belmont: Wadsworth Publ. Comp. 1968.

KRISTOF, E.: Zur Frage der statistischen Sicherung von Profildifferenzen. Zeitschrift für experimentelle und angewandte Psychologie 4, 1957, 692 – 696.

LIENERT, G.A.: Testaufbau und Testanalyse. Weinheim: Beltz 1961[3].

LINN, R.L. & SLINDE, J.A.: Significance of pre- and posttest change. Review of Educational Research 47, 1977, 121 – 150.

LOCKE, E.A.: What's in a name? American Psychologist 16, 1961, 607.

LOMBARD, J.P., GILBERT, J.G. & DONOFRIO, A.F.: Reply to Dr. GORDON N. CANTOR'S: «A note on a methodological error commonly committed in medical and psychological research.» American Journal of Mental Deficiency 61, 1956, 19.

LORD, F.M.: Large sample covariance analysis when the control variable is fallible. Journal of the American Statistical Association 55, 1960, 307 – 321.

LORD, F.M.: Elementary models in measuring change. In: HARRIS, CH.W. (Ed.): Problems in measuring change. Wisconsin: Madison Press 1963.

LORD, F.M. & NOVICK, M.R.: Statistical theories of mental test scores. Reading, Mass.: Addison-Wesley 1968.

MACCOBY, E.E. & JACKLIN, C.N.: The psychology of sex differences. Stanford: University Press 1974.

MCNEMAR, Q.: A critical examination of the University of Iowa studies of environmental influences upon IQ. Psychological Bulletin 37, 1940, 63 – 92. Zit. nach: CAMPBELL & ERLEBACHER, 1975.

MCNEMAR, Q.: Psychological Statistics. New York: Wiley 1969[4].

MEILI, R.: Analytischer Intelligenztest (AIT), Interpretation und Prüfungsanweisungen. Bern: Huber 1966.

MERZ, F. & STELZL, I.: Modellvorstellungen über die Entwicklung der Intelligenz in Kindheit und Jugend. Zeitschrift für Entwicklungspsychologie und Pädagogische Psychologie 5, 1973, 153 – 166.

MESSNER, K.: Zur Schätzung der Intelligenz in einer psychosomatischen Klinik. Vergleich zweier Testbatterien. Psychologie und Praxis 14, 1970, 112 – 125.

MITTENECKER, E.: Planung und statistische Auswertung von Experimenten. Eine Einführung für Psychologen, Biologen und Mediziner. Wien: Deuticke 1970[8].

MOOSBRUGGER, H.: Multivariate statistische Analyseverfahren. Stuttgart: Kohlhammer 1978.

MORRISON, D.F.: Multivariate statistical methods. New York: McGraw-Hill 1967.

297

O'CONNOR, E. F.: Response to CRONBACH and FURBY's «How we should measure change – or should we? Psychological Bulletin 78, 1972, 85 – 86.

OEVERMANN, U.: Sprache und soziale Herkunft. In: Studien und Berichte des Instituts für Bildungsforschung in der Max-Planck Gesellschaft, Nr. 18, Berlin 1970. Zit. nach SAUER, 1976.

OSWALD, W. D. & ROTH, E.: Zusammenhänge zwischen EEG- und Intelligenzvariablen. Psychologische Beiträge 16, 1974, 1 – 47.

OVERALL, J. E.: Classical statistical hypothesis testing within the context of Bayesian theory. Psychological Bulletin 71, 1969, 285 – 292.

PETERMANN, F.: Veränderungsmessung. Stuttgart: Kohlhammer 1978.

PETERMANN, F., HEHL, F. J. & SCHNEIDER, W. (Hrsg.): Einzelfallanalyse. Fortschritte der klinischen Psychologie. München: Urban & Schwarzenberg 1978.

PRIESTER, H. J. & KEREKJARTO, M. v.: Weitere Forschungsergebnisse zum Hamburg-Wechsler-Intelligenztest für Erwachsene (HAWIE) und Hamburg-Wechsler-Intelligenztest für Kinder (HAWIK). Diagnostica 6, 1960, 86 – 94.

REINERT, G., BALTES, P. B. & SCHMIDT, L. R.: Faktorenanalytische Untersuchungen zur Differenzierungshypothese der Intelligenz: Die Leistungs-Differenzierungs-Hypothese. Psychologische Forschung 28, 1965, 246 – 300.

RHEINBERG, F. & ENSTRUP, B.: Selbstkonzept der Begabung bei Normal- und Sonderschülern gleicher Intelligenz: Ein Bezugsgruppeneffekt. Zeitschrift für Entwicklungspsychologie und Pädagogische Psychologie 9, 1977, 171 – 180.

RIPPLE, R. E. & MAY, F. B.: Caution in comparing creativity and IQ. Psychological Reports 10, 1962, 229 – 230.

ROGAN, J. L., KESELMAN, H. J. & MENDOZA, J. L.: Analysis of repeated measurements. British Journal of Mathematical and Statistical Psychology 32, 1979, 269 – 286.

ROST, J.: Diagnostik des Lernzuwachses. Ein Beitrag zur Theorie und Methodik von Lerntests. Arbeitsbericht des Instituts für die Pädagogik der Naturwissenschaften 26, Kiel 1977.

RYAN, T. A.: Comment on «protecting the overall rate of type I errors for pairwise comparisons with an omnibus test statistic». Psychological Bulletin 88, 1980, 354 – 355.

SAUER, J.: Sozialstatus und Intelligenz. Wien: Ketterl 1976.

SCHELLER, R.: Zur Brauchbarkeit des HAWIE als differentialdiagnostisches Instrument. Psychologie und Praxis 17, 1973, 68 – 80.

SCHRADER, W. B.: Validierungsuntersuchungen und Normen als Hilfsmittel bei der Interpretation von Testwerten. In: INGENKAMP, K. & MARSOLEK, TH. (Hrsg.): Möglichkeiten und Grenzen der Testanwendung in der Schule. Weinheim: Beltz 1968.

SHAW, M. C. & McCUEN, J. T.: The onset of academic underachievement in bright children. Journal of Educational Psychology 51, 1960, 103 – 108.

SIEGEL, S.: Nonparametric statistics for the behavioral sciences. New York: McGraw-Hill 1956.

STAKE, J. E. & GRANGER, CH. R.: Same-sex and opposite-sex teacher model influences on science career commitment among high school students. Journal of Educational Psychology 70, 1978, 180 – 186.

STELZL, I.: Ein Verfahren zur Prüfung der Hypothese multivariater Normalverteilung. Psychologische Beiträge 22, 1980, 610 – 621.

TENT, L.: Die Auslese der Schüler für die weiterführenden Schulen. Göttingen: Hogrefe 1969.

THISTLETHWAITE, D. L. & CAMPBELL, D. T.: Regression-discontinuity analysis: An alternative to the ex post facto experiment. Journal of Educational Psychology 51, 1960, 309 – 317.

THORNDIKE, R.L.: Regression fallacies in the matched groups experiment. Psychometrika 7, 1942, 85 – 102.

WECHSLER, D.: Die Messung der Intelligenz Erwachsener. Deutsche Bearbeitung von HARDESTY, B.S. & LAUBER, H. Bern: Huber 1956.

WEISE, G.: Psychologische Leistungstests. Göttingen: Hogrefe 1975.

WERNER, P.D. & BLOCK, J.: Sex differences in the eyes of expert personality assessors: Unwarrented conclusions. Journal of Personality Assessment 39, 1975, 110 – 113.

WILKINSON, L.: Tests of significance in stepwise regression. Psychological Bulletin 86, 1979, 168 – 174.

WIMMER, H., NASSERI-CHAHPAR, F. & LUKESCH, H.: Die Bedeutung soziokultureller, sprachlicher und kognitiver Merkmale für die Schulleistung von Schulanfängern. Psychologie in Erziehung und Unterricht 22, 1975, 199 – 208.

WINER, B.J.: Statistical principles in experimental design. New York: McGraw-Hill 1962.

WOLINS, L.: Secondary analysis of published research in the behavioral sciences. Proceedings of the American Statistical Association 1976, 109 – 117.

Personenregister

Sachregister